Das Funkkolleg 1966–1998

Das Funkkolleg 1966–1998

Ein Modell wissenschaftlicher Weiterbildung
im Medienverbund

Erfahrungen – Auswertungen – Dokumentation

Im Auftrag der
Planungskommission für das Funkkolleg
herausgegeben von Jochen Greven
unter Mitarbeit von Walburga Borgert

DEUTSCHER
STUDIEN
VERLAG

Weinheim 1998

Satz und Reproduktion: Satz- und Reprotechnik GmbH, 69502 Hemsbach
Druck und buchbinderische Verarbeitung: Druckhaus »Thomas Müntzer«, 99947 Bad Langensalza/Thüringen
Umschlaggestaltung: Atelier Warminski, 63654 Büdingen
Printed in Germany

ISBN 3 89271 819 9

Vorwort

32 Jahre lang hat das Funkkolleg Bestand gehabt und ein Stück Rundfunk- und Mediengeschichte, aber auch Bildungsgeschichte in der Bundesrepublik geschrieben. Mehr als 700000 Menschen haben sich in dieser Zeit zu den Kursen angemeldet und ein halbes oder ganzes Jahr hindurch intensiv an einem Fernstudium im Medienverbund teilgenommen, viele Millionen verfolgten zumindest die Sendungen im Radio, weitere Hunderttausende lasen die Inhalte in Büchern nach. Funkkollegs haben in manchen Fällen die innerwissenschaftliche Diskussion nachhaltig beeinflußt, vor allem jedoch spielten sie in den Biographien vieler Teilnehmender eine wichtige Rolle, waren ihnen Anreiz und Hilfe in der beruflichen Fortentwicklung und haben ihren geistigen Lebenshorizont grundlegend erweitert. Bei alledem ist das Funkkolleg als Modell jedoch auch selbst lebendig geblieben und vollzog – innerhalb des einmal gefundenen Rahmens – in kleineren und größeren Schritten eine ständige Fortentwicklung. In seinen sich wandelnden Themen und Präsentationsformen spiegeln sich auch drei Jahrzehnte gesellschaftlicher, kultureller und bildungspolitischer Veränderungen sowie ein allmählicher Generationswechsel im großen Kreis der beteiligten »Macher«.

Daß das Funkkolleg in seiner bisherigen Form – als universitätsorientiertes Fort- und Weiterbildungsangebot mit Radiosendungen und Studienbriefen, Begleitzirkeln, Prüfungen und Zertifikaten – nun nicht mehr fortgeführt wird, ist von vielen Seiten beklagt worden. Dafür gaben Faktoren, denen gegenüber die am Ende noch kooperierenden Veranstalter machtlos waren, den Ausschlag: Veränderungen in der Medienlandschaft und vor allem auch im Nutzungsverhalten der Menschen gegenüber dem Radio, daneben ein Wandel in der Einstellung zu wissenschaftlichen Bildungsangeboten und nicht zuletzt ökonomische Zwänge.

Als sich vor zwei Jahren das unwiderrufliche Ende des Funkkollegs abzeichnete, beschloß die Planungskommission, in der die beteiligten Rundfunkanstalten, Bundesländer, Landesverbände der Volkshochschulen, Landesrektorenkonferenzen oder Landesuniversitäten sowie das Deutsche Institut für Fernstudienforschung an der Universität Tübingen (DIFF) vertreten waren, eine Bilanz des gemeinsamen Unternehmens zu ziehen. Seine Geschichte sollte in einem Buch beschrieben und dokumentiert, die Erfahrungen, die mit dem Funkkolleg aus der je verschiedenen Sicht der Veranstalter gemacht wurden, sollten festgehalten werden, und über seine Teilnehmerschaft war soviel wie möglich mitzuteilen.

Allein daß ein Verbund so heterogener Partner über 32 Jahre hin relativ reibungslos funktioniert hat, ist ein kleines Wunder. Schließlich ist das Funkkolleg nie eine Institution wie eine Schule oder eine Hochschule gewesen: Es wurde immer als

Modellversuch, auch für die Beteiligten als fortgesetztes Laborexperiment verstanden. Im Rückblick soll das Positive der gemeinsam erreichten Leistungen herausgestellt werden. Aber auch innere Probleme und Spannungen, verbliebene Defizite, Kritik von außen müssen zu Wort kommen, damit das Buch seinem intendierten Nutzen dienen kann: daß man aus den angesammelten Erfahrungen etwas lernt.

Frankfurt am Main, Mai 1998

Dr. Heinz-Dieter Sommer
Vorsitzender der Planungskommission
für das Funkkolleg

Jochen Greven

Biographie eines Bildungsprojekts

1. Die Geburt: Ein Sender, eine Universität und ein Minister

Am 5. Mai 1966, einem Donnerstag, um 17.15 Uhr stellte im Zweiten Programm des Hessischen Rundfunks der Frankfurter Erziehungswissenschaftler Professor Hans Scheuerl den Hörerinnen und Hörern eine neue Sendereihe vor[1]. Einführend sprach er über Sinn und Ziele, Praxis und künftige Pläne eines »Funk-Kollegs zum Verständnis der modernen Gesellschaft«, das mit diesem Vortrag begann.

Die Reihe war, allein das etwas Besonderes, auf drei Jahre angelegt. Den Auftakt bildete in den darauffolgenden Wochen dcs Frühjahrs/Sommers 1966 eine Ringvorlesung, die jeweils vier Vorträge über Politikwissenschaft, Geschichte, Volkswirtschaft, Jurisprudenz und Soziologie umfaßte. Die beteiligten Professoren, die wie Scheuerl an der Johann Wolfgang Goethe-Universität lehrten, waren Iring Fetscher, Paul Kluke, Karl Häuser, Rudolf Wiethölter sowie Walter Rüegg, der als zweiten Soziologen noch Friedrich H. Tenbruck beizog. Sie würden im Anschluß daran – in etwas anderer Reihenfolge – je eine einsemestrige Einführung in ihr jeweiliges Fachgebiet halten. Immer 20 Wochen lang sollte dafür donnerstags eine 45minütige Vorlesung und am folgenden Tag ein sich daran anschließendes Kolloquium zwischen dem Professor und einigen Mitarbeitern im Radio übertragen werden. Der Sender hatte in seiner Ankündigung von einem »Experiment«, einem Modellversuch gesprochen.

Bildungsprogramme im Radio, zumal Sendereihen mit akademischen Vorträgen, gab es in Deutschland zwar schon, seit der Rundfunk überhaupt existierte. Im Dezember 1924 hatte, vorausgegangenen Hamburger und Berliner Vorbildern folgend, zum Beispiel auch der von der »Südwestdeutscher Rundfunkdienst A-G.« betriebene Sender Frankfurt eine »Frankfurter Volks-Funkhochschule« begonnen, die aus Vorlesungszyklen von Dozenten der Frankfurter Universität bestand. Der Hessische Rundfunk, ja bereits sein unter Regie der amerikanischen Besatzung betriebener Vorläufer, hatte wie die übrigen späteren ARD-Anstalten nach dem Zweiten Weltkrieg wieder an diese Tradition angeknüpft und entsprechende Reihen gesendet. Unter anderem war der Hessische Rundfunk in der Bundesrepublik auch federführend für die »Internationale Rundfunkuniversität«, ein von der – über Europa hinausreichenden – »European Broadcasting Union« organisiertes und angebotenes Vortragsprogramm.

Aber dieses 1966 begonnene »Funk-Kolleg zum Verständnis der modernen Ge-

1 Siehe Dokumentation S. 143ff.

sellschaft« war nun tatsächlich nicht nur durch seine zeitlich ausgreifende Planung etwas Neues. Es war eine echte Universitätsveranstaltung im Radio. Interessierte wurden, soweit sie bestimmten Gruppen angehörten, zur schriftlichen Anmeldung aufgefordert: Berufstätige, die kein Abitur besaßen, aber dennoch ein Hochschulstudium anstrebten, Studierende an hessischen Hochschulen sowie bereits fertige Lehrer und Lehrerinnen. Sie erhielten dann, zwar noch nicht zum Vor-, aber zu den folgenden Fachsemestern, gewisse schriftliche Materialien und Hausaufgaben per Post zugesandt. An einer Reihe von Orten hatten sie auch die Möglichkeit, nach und nach entstehende begleitende Arbeitskreise zu besuchen. Außerdem konnten sie sich am Ende jedes der fünf Fachsemester einer Prüfung stellen, deren Bestehen in einem Zertifikat bestätigt wurde und ihnen gewisse Berechtigungen eröffnete. Zuhören und mitmachen durften natürlich auch alle anderen Interessierten, aber für sie gab es keine Prüfungen und Zertifikate.

Um zu verstehen, wie es zu dem damals sogleich vielbeachteten Unternehmen gekommen ist, muß man sich die historische Situation vergegenwärtigen und zugleich mit einigen Personen bekanntmachen, die sich in der Reaktion auf diese verbündeten.

Es war damals erst einige Jahre her, daß Georg Picht das Schlagwort von der deutschen »Bildungskatastrophe« in Umlauf gebracht hatte. Vielerlei Bemühungen hatten eingesetzt, den im internationalen Vergleich statistisch nachgewiesenen Rückstand der Bundesrepublik, was höhere Schulabschlüsse und Studentenzahlen anging, wettzumachen. Sorgen um die künftige wirtschaftliche Entwicklung – fast schon eine »Standortdebatte« – gingen Hand in Hand mit mehr idealistisch-demokratischen Motiven, die unausgeschöpften »Bildungsreserven« zu mobilisieren. Bildungsplanung wurde zur politischen Forderung des Tages, und dabei sollten nun besonders auch die bisher bei der Verteilung von Bildungschancen Benachteiligten gefördert werden. »Bildung ist Bürgerrecht«, hatte 1965 Ralf Dahrendorf postuliert. Immer wieder zitiert wurde das *katholische Mädchen aus der Arbeiterfamilie vom Lande*, bei dem die ausgemachten negativen Faktoren, »Bildungsbarrieren« genannt, kulminierten.

Inzwischen hatte Mitte der 60er Jahre bereits ein starker Zustrom zu den Universitäten eingesetzt und dort – trotz der vollzogenen Neugründungen – zu einer vielbeklagten Überfüllung geführt, die freilich, wie sich zeigen sollte, ihren Höhepunkt noch lange nicht erreicht hatte. Auf die »Bildungskatastrophe« folgte also eine »Bildungsexplosion«.

An den überlasteten Hochschulen andererseits sorgten sich, während die Universität offenbar unaufhaltsam zur immer stärker berufsbezogenen Massenausbildungsstätte mit hochspezialisierten Studiengängen wurde, zumindest ein Teil der Professoren um das, was dabei endgültig verloren zu gehen drohte: den Geist einer übergreifenden humanistischen Bildung, das Ideal und die zumindest ansatzweise Verwirklichung eines *studium generale*.

Hinzu kamen aktuelle Probleme, die mit Reformen im Schulwesen zusammenhingen. Durch gewisse neonazistische Vorfälle und das Erstarken der rechtsextremen NPD aufgeschreckt, wollte man in Hessen, aber nicht nur dort, zum Beispiel den Sozial- beziehungsweise Gemeinschaftskundeunterricht verstärken. Es mangelte jedoch an dafür ausgebildeten Lehrern. Der Gedanke kam auf, bereits unterrichtenden Lehrern anderer Fächer das entsprechende Rüstzeug als Fortbildung anzubieten und sie anzuregen, ihre Lehrbefähigung so formell zu erweitern.

Eine wissenschaftliche Fortbildung von bereits in der Praxis Stehenden schien angesichts der Umwälzungen in vielen Fächern prinzipiell auch für andere akademische Berufe wichtig; der Wissenschaftsrat erfand dafür der Ausdruck »Kontaktstudium«. Nur sahen sich die Universitäten kaum in der Lage, nun auch diese Aufgabe noch in einer geregelten Form zu erfüllen.

Als Rektor der Frankfurter Universität amtierte 1966 Professor Dr. Walter Rüegg. Der damals 48 Jahre alte Ordinarius für Soziologie war Schweizer und blickte auf einen etwas unkonventionellen Bildungs- und Berufsweg zurück: Neben Sozialökonomie hatte er auch Altertumswissenschaften und Philosophie studiert und seine Habilitationsschrift über die Geschichte der Geisteswissenschaften, speziell des Humanismus, geschrieben. Er war dann aber zunächst jahrelang als Manager großer Wirtschaftsverbände tätig gewesen. Rüegg, politisch liberal-konservativ, hielt nichts von einem »Elfenbeinturm« der Wissenschaft; er betonte die öffentliche Verantwortung der Universität und hatte, was die Massenmedien anging, keine Berührungsscheu.

Die hessischen Hochschulen, vertreten durch ihre Landesrektorenkonferenz, standen im übrigen bereits seit Jahren in einem lockeren, immerhin bereits institutionalisierten Kontakt mit dem Hessischen Rundfunk. Dort war in erster Linie Dr. Gerd Kadelbach ihr Gesprächspartner, der – nach einer Zeit als Lehrer, Schulleiter und schließlich Schulreferent der Stadt Mannheim – seit 1956 die Hauptabteilung Bildung und Erziehung des Hörfunks leitete und schon 1964 mit den Rektoren Gespräche über den Gedanken »einer Art Funk-Universität« begonnen hatte.

Nicht in allen deutschen Rundfunkanstalten war den Bildungsprogrammen, vom Kinderfunk bis zu Gesellschaftsfragen reichend, eine Hauptabteilung eingeräumt beziehungsweise stand der Bildungsgedanke bei der Bündelung der entsprechenden Redaktionsressorts so ausdrücklich im Vordergrund wie in Frankfurt. Kadelbach, der seit 1961 auch einen Lehrauftrag »Schule und Massenkommunikationsmittel« an der Frankfurter Universität hatte (1967 wurde er dort Honorarprofessor), engagierte sich in besonderer Weise auch für die Belange der Erwachsenenbildung, was in vielerlei ehrenamtlichen Funktionen zum Ausdruck kam, die er unter anderem im Hessischen Landesverband für Erwachsenenbildung (später: Volkshochschulverband) wahrnahm. Kadelbach war, als er vor allem mit Rüegg zusammen das Funkkolleg begründete, 47 Jahre alt, ein Mann mit großen idealistischen Visionen, fest in seinem protestantisch-christlichen Ethos wurzelnd, vor allem aber auch ein äußerst tatkräftiger Pragmatiker, dessen volksbildnerischer Schwung andere mitzureißen vermochte.

Als ein dritter »Vater des Funkkollegs« wirkte der damalige hessische Kultusminister mit (bezeichnenderweise lautete sein Titel ursprünglich »Minister für Erziehung und Volksbildung«): Professor Ernst Schütte. Er war zu jener Zeit bereits Anfang 60. Als Arbeiter und Bergmannssohn aus dem Ruhrgebiet hatte er sich in den 20er Jahren mühsam den Weg zum nachgeholten Abitur und zur Universität erkämpft, hatte dann promoviert und war Lehrer, später Professor und Rektor an einer Pädagogischen Akademie geworden, ehe er, zunächst noch in Düsseldorf, in die Kultusverwaltung eintrat. Schütte war in den 60er Jahren einer der ersten leidenschaftlichen Anwälte einer radikalen Hochschulreform. Zu seinen besonderen Anliegen gehörte im übrigen die Überwindung des Lehrermangels an den Volksschulen und eine Neuregulierung der Lehrerausbildung.

Schüttes verschiedene Reformpläne brachten ihn etwas später in Gegensatz zu den Universitäten seines Landes, an denen er unter anderem die drittelparitätische Mitbestimmung einführte und deren Rektoren unter ihm durch Präsidenten ersetzt wurden. Aber bei der Konzeption des Funkkollegs war man noch eines Sinnes: Der Hilferuf des Ministers, ihm bei einer nachträglichen, ergänzenden Qualifizierung von Lehrern für Sozialkunde zu helfen, wurde vom Frankfurter Universitätsrektor bereitwillig aufgegriffen, und der Hessische Rundfunk in der Person von Kadelbach stellte dafür nicht nur Sendezeit, sondern auch sein organisatorisches und nicht zuletzt finanzielles Potential zur Verfügung.

Denn hier wurde improvisierend etwas auf die Beine gestellt, wofür kein Vorbild existierte und was gegen mancherlei Regeln und Gewohnheiten der Kultusbürokratie wie der Universität verstieß. Man kann sich leicht vorstellen, daß es dort Unsicherheiten, ja Widerstände gab. Erst mit Verzögerung wurden z.B. im Wiesbadener Ministerium tatsächlich die Erlasse formuliert, die die Anerkennung der Prüfungszertifikate regelten, und die Mittel in den nächsten Landeshaushalt eingestellt, die für die administrative Abwicklung des bereits laufenden Projekts benötigt wurden. Wäre nicht 1967 die Stiftung Volkswagenwerk auf einen von der Universität gestellten Antrag hin mit einem Zuschuß in Höhe von 150.000 DM beigesprungen, an den freilich gewisse Auflagen geknüpft waren, hätte die Finanzierung des Funkkollegs, das ja nicht nur aus den Sendungen bestand, auch weiterhin auf schwachen Füßen gestanden.

Kadelbach hätte das »Experiment« nicht beginnen und zumal nicht die benötigten personellen und finanziellen Vorleistungen dafür erbringen können, wenn seine Vorgesetzten Dr. Henning Wicht, der Programmdirektor Hörfunk, und Werner Hess, der Intendant des Hessischen Rundfunks, nicht ebenfalls nachdrücklich hinter diesem Versuch gestanden hätten. Beide waren vom Bildungsauftrag des öffentlich-rechtlichen Rundfunks überzeugt und sahen in ihm nicht nur eine gesetzliche Pflicht, sondern setzten sich auch persönlich mit lebhaftem Interesse dafür ein. Wicht blieb dem Funkkolleg schließlich bis zu seiner Pensionierung 1987 in besonderem Maße verbunden: Nicht weniger als 20 Jahre lang sollte er als Vorsitzender in souveräner Weise die Sitzungen der 1967 entstandenen Planungskommission des immer größer werdenden Verbunds leiten.

Die Funktion, die dem »Funkkolleg zum Verständnis der modernen Gesellschaft« als Maßnahme einer gezielten Lehrerfortbildung zukam, war nicht seine einzige. Von Anfang an schwebte allen Beteiligten daneben besonders jene fortgesetzte »Erschließung von Bildungsreserven« und Hilfe bei der »Überwindung von Bildungsbarrieren« vor, die sich mit den Stichworten der Begabtenprüfung und des Zweiten beziehungsweise Dritten Bildungswegs verband: Besonders begabten Berufstätigen ohne Abitur war der Hochschulzugang eröffnet worden, wenn sie eine entsprechende Prüfung ablegten. Zur Voraussetzung bereits für die Zulassung zu dieser Prüfung wurden jedoch zwei Gutachten von Hochschullehrern gemacht, die den zu Prüfenden Studierfähigkeit unter anderem in dem von ihnen angestrebten Fach bescheinigen mußten. Solche Gutachten, die sonst praktisch nur nach einer als

Gasthörer an einer Hochschule zugebrachten Zeit zu erlangen waren, konnten nun auch durch eine erfolgreiche, mit Prüfung abgeschlossene Teilnahme an einem der Funkkolleg-Fachsemester erworben werden.

Schließlich erkannten – nach anfänglichen Vorbehalten – alle hessischen Hochschulen die beim Funkkolleg ausgestellten Zertifikate auch selbst anstelle von Scheinen an, wie sie im normalen Lehrbetrieb für Proseminare ausgestellt wurden.

Damit waren also drei Zielgruppen definiert: bereits an Schulen Lehrende, die eine zusätzliche Fakultas erwerben wollten, Berufstätige, die die sogenannte Begabtenprüfung anstrebten (sie wurden meist sogar an erster Stelle genannt), und Studierende der verschiedensten Fächer. Freilich stellten diese drei Gruppen auch zusammengenommen nur eine sehr kleine Minderheit der Bevölkerung dar. Der Rundfunk, der, wie es fast überall in den Gesetzen stand, »Sache der Allgemeinheit« sein und dessen Inhalte zumindest der Idee nach jeden ansprechen sollten, mußte sich also eventuell fragen lassen, ob er seine Aufgabe nicht zu eng auffaßte, wenn er sich zum Verbreiter einer so minoritären Universitätsveranstaltung machte.

Intendant Hess setzte sich in seinem »Wort an die Hörer« zum Start des Funkkollegs[2] rechtfertigend damit auseinander. Seit der Einrichtung eines zweiten Radioprogramms (inzwischen gab es auch schon ein drittes) sei, so sein Argument, eine größere Ausdifferenzierung der Programmangebote möglich. Im übrigen konnte man gerade bei den Themen eines »Funkkollegs zum Verständnis der modernen Gesellschaft« voraussetzen, daß auch der damals gern zitierte »gebildete Laie« davon irgendwie in seinen Interessen, seiner intellektuellen Neugier getroffen werde, daß also die Sendereihe trotz ihres kollegförmigen akademischen Charakters auch eine – wenn auch kaum kontrollierbare – Wirkung im Sinne von *studium generale* und allgemeiner Erwachsenenbildung haben würde. Diese erhoffte Wirkung des Funkkollegs als einer staatsbürgerlichen Aufklärung für breitere Hörerkreise betonte auch Gerd Kadelbach immer wieder; ebenso sprach sie Kultusminister Schütte in seinem Geleitwort[3] an, und zwar sogar noch vor den anderen Zielen.

Die Frage, für wen Funkkollegs eigentlich bestimmt waren, erhob sich also gleich zu Anfang. Die gewisse Spannung, die in dem Sowohl-als-auch der Adressierung einesteils an engere Kreise von beruflich und fachlich Interessierten, in bestimmten institutionalisierten Ausbildungs- und Berufszusammenhängen Stehenden, andernteils aber an ein unbekanntes, diffuses Hörerpublikum lag, hat das Funkkolleg bis zu seinem Ende begleitet. Je nach Thema waren die möglichen Konflikte, die darin lagen, unterschiedlich ausgeprägt und wurden auch unterschiedliche Antworten gesucht und Schwerpunkte gesetzt, wobei etwa zwischen der Lehrerfortbildung in klassischen Fächern wie Literatur oder Kunst und der allgemeinen Erwachsenenbildung noch am ehesten ein gemeinsamer Nenner bestand. Mit Bekenntnissen zu »öffentlicher Wissenschaft«, mit Betonungen des doppelten Wertes des hier zu Lernenden als Fachwissen *und* Allgemeinbildung wurde die Polarität rhetorisch überbrückt. Das grundsätzliche Dilemma freilich blieb bestehen, daß umso größere Publikumsteile frustriert wurden und sich ausgeschlossen fühlten, je genauer der Zuschnitt des Lehrangebots auf eine bestimmte Nutzergruppe paßte, oder umge-

2 Siehe Dokumentation S. 142f.
3 Siehe Dokumentation S. 141f.

kehrt, daß der praktische Fortbildungsnutzen für eine engere Zielgruppe umso geringer ausfiel, je mehr auf die Interessen und den Wissenshorizont einer heterogenen Mehrheit von »Zaungästen« Rücksicht genommen wurde.

Von dieser latenten Problematik war freilich, als das erste Funkkolleg im Frühjahr 1966 angekündigt wurde, zunächst noch wenig zu bemerken. Der Hessische Rundfunk wurde vielmehr sofort überrollt von hunderten Anrufen und nicht weniger als 1500 Zuschriften, in denen nähere Auskünfte erbeten wurden.

Viele Zeitungen brachten hinweisende Notizen oder größere Artikel. Der »Mannheimer Morgen« etwa nannte das Funkkolleg »in der westlichen Welt beispielhaft«, der »Spiegel« schrieb unter der Überschrift »Glück im Heim«: »Hessens Professoren, angeführt von dem Frankfurter Universitäts-Rektor Walter Rüegg, brachen mit alter Tradition«, weil sie nämlich nicht populärwissenschaftliche Vorträge, sondern richtige Vorlesungen im Radio halten würden, und zwar »für Werktätige, Hausfrauen, Rentner und Jung-Hörer«. Der Arbeitgeberverband versprach darauf hinzuwirken, daß Berufstätige, die sich angemeldet hatten, die Sendungen in ihren Betrieben hören dürften, wenn sie in die Arbeitszeit fielen. Im übrigen wurde wegen des großen Interesses sogleich ein Wiederholungstermin am Samstagnachmittag im Dritten Programm eingerichtet (auch die Kolloquien wurden später am Wochenende wiederholt).

Die vielen freilich, die sich wegen Manuskripten an den Sender wandten, erhielten hektographierte Absagen, und zwar nicht nur aus Kostengründen: »Wir empfehlen Ihnen, die Vorträge jeweils mitzuschreiben und auf die Literaturhinweise zu achten, die die Dozenten am Ende der Vorlesung bekanntgeben. Auch im Universitätsbetrieb ist es nicht üblich, Skripte der gehaltenen Vorlesungen zu verteilen. Das Funk-Kolleg will sich auch da ganz den Gegebenheiten anpassen, die an den Universitäten üblich sind«, schrieb ihnen Kadelbach. Die auditive Vermittlung des Lehrstoffs stand also ganz im Vordergrund, das hektographierte schriftliche Ergänzungsmaterial bestand vor allem aus Literaturlisten, Tabellen und aus Hausaufgaben, die auszufüllen und zurückzusenden waren. Diese Aufgaben hatten die Form von längeren Fragebögen, wobei unter mehr oder weniger zahlreichen vorgegebenen Antworten die richtigen anzukreuzen, zum Teil auch Worte in Texten zu unterstreichen oder Zahlen als Antworten einzusetzen waren.

»Infratest« befragte für den Hessischen Rundfunk alle, die sich während des Vorsemesters angemeldet hatten, und wertete die Ergebnisse demographisch aus.[4] Unter den 1800 Personen, die ihr Interesse bekundet hatten, waren allein 600 Berufstätige, die über die Begabtenprüfung ein Universitätsstudium anstrebten. Im September 1966 begann das erste Fachsemester des Funkkollegs: »Volkswirtschaftslehre« von Professor Karl Häuser. Neun fakultative begleitende Studienzirkel wurden an verschiedenen Orten eingerichtet, und zwar an Volkshochschulen, gewerkschaftlichen und konfessionellen Bildungseinrichtungen. Im Januar 1967 nahm ein bei der Universität eingerichtetes Kontaktbüro die Arbeit auf, das nun für die – bis dahin allein vom Hessischen Rundfunk geleistete – Beratung der Teilnehmenden und für weitere Planungen zuständig war. Es wurde der Vorläufer des später von

4 Siehe Dokumentation S. 149f.

allen beteiligten Bundesländern getragenen, aber weiterhin an die Frankfurter Universität angeschlossenen Funkkolleg Zentralbüros.

Im Februar 1967 erschienen als Band 846 der Fischer Bücherei die von Gerd Kadelbach unter dem Titel »Wissenschaft und Gesellschaft« herausgegebenen Vorlesungstexte des Vorsemesters. Zugleich wurden dem Buchhandel bereits die fünf Fachbände angekündigt, die die Vorlesungen der weiteren Semester enthalten würden. »Die Serie Funk-Kolleg in der Fischer Bücherei ist ein interessantes Objekt nicht nur für Universitätsbuchhandlungen im gesamten Bundesgebiet, sondern für alle Sortimente, die Verbindung mit Höheren Schulen, Fachschulen und Volkshochschulen haben oder suchen«, hieß es dazu. Tatsächlich wurde diese Taschenbuchreihe, zu der die Initiative vom Verlag ausgegangen war, dann über 20 Jahre hin fortgeführt, und ihre Bände erreichten zusammengenommen eine Auflage von 1,5 Millionen Exemplaren.

Dieser große Verkaufserfolg vor allem in den späteren Jahren des »Quadriga«-Funkkollegs, aber etwa auch schon im Falle der August 1967 erschienenen »Volkswirtschaftslehre« von Häuser, hat in Wechselwirkung mit dem sich inzwischen über Hessen hinaus ausbreitenden Funkkolleg gestanden. Die Werbung für die einzelnen Kollegs und die Sendereihen selbst bereiteten den Taschenbüchern den Weg, aber diese verbreiteten wiederum die Kolleginhalte noch weit über die Sendegebiete hinaus und verlängerten, indem sie an den Hochschulen vielfach als Einführungstexte Verwendung fanden, deren Wirkung über viele Jahre hin. Das beglaubigte auch den wissenschaftlichen Standard der Veranstaltungen. Die Auflagen mehrerer Bände gingen rasch weit über 100.000 Exemplare hinaus.

Im Frühjahr 1967 fanden die Schlußprüfungen für diejenigen statt, die an dem ersten Semester »Volkswirtschaftslehre« teilgenommen und bei den in seinem Verlauf gestellten drei schriftlichen Hausaufgaben die nötige Punktzahl erreicht hatten. Von 298 Personen, die alle drei Arbeiten abgeliefert hatten, wurden 226 zugelassen, 197 davon stellten sich der Prüfung. Sie wurde für die verschiedenen Gruppen getrennt abgehalten und bestand aus einer Klausur sowie einer mündlichen Befragung. Am Ende erhielten 168 der Teilnehmenden ein Zertifikat, nämlich 111, die das Abitur anstrebten, 20, die bereits studierten, 21 an Oberschulen Unterrichtende und 16 Volksschullehrer oder -lehrerinnen.

Auch dieses ganze Prüfungsverfahren hatten sich die für das Funkkolleg Verantwortlichen gewissermaßen selbst erfinden müssen. Sie griffen dabei auf anderswo praktizierte Modelle zurück – Kadelbach hatte schon 1964 Informationen zum Beispiel über das *credit-point*-System bei Fernsehkursen amerikanischer Universitäten gesammelt –, besaßen aber selbst noch keine Erfahrungen mit Leistungskontrollen bei solchen Kursen, die über ein Medium an größere Zahlen von unbekannten, externen Teilnehmern vermittelt wurden. Für alle stand jedoch fest, daß das ganze Projekt Funkkolleg nur Sinn hatte, wenn es mit Prüfungen und der Ausgabe von Zertifikaten verknüpft war. Dabei kam es nicht nur auf die didaktische Bedeutung einer Leistungs-Rückmeldung an die Teilnehmenden selbst an, sondern entscheidend war auch die Gratifikation, die seitens des Staates oder der Universität in Aussicht gestellt wurde und die in einer – je nach Gruppe unterschiedlichen – *Zulassung* bestand: zur Begabtenprüfung und damit gegebenenfalls zum Hochschulstudium, zur Teilnahme an gehobeneren Universitätsseminaren oder, nach Erwerb mehrerer

Zertifikate, zur Unterrichtung eines zusätzlichen Fachs (Volkschullehrer und -lehrerinnen konnten dadurch sogar in den Realschuldienst aufsteigen und so eine höhere Besoldungsstufe erreichen).

Die aufgezeichneten Vorlesungen des Volkswirtschaftssemesters wurden im Sommer 1967 neben dem neuen Semester »Politische Wissenschaften« von Iring Fetscher wiederholt, um die vielen Nachzügler, die sich zu spät gemeldet hatten, nicht zu enttäuschen. Am 12. Oktober 1967 begann das dritte Semester: »Rechtswissenschaften« von Rudolf Wiethölter. Zu diesem gab es erstmals auch einen Begleitkurs im Dritten Fernsehprogramm des Hessischen Rundfunks, nämlich eine 13teilige Sendereihe »Rechtsfälle des Alltags«. Die Teilnahme daran war nicht verbindlich, aber die an Volkshochschulen eingerichteten Studienbegleitzirkel sahen sich die Sendungen zum Teil gemeinsam an. Unterstützt mit Mitteln der Stiftung Volkswagenwerk wurden nun auch mehrere Wochenendseminare in der Heimvolkshochschule Falkenstein angeboten. Die Forderung der VW-Stiftung, die schriftlichen Arbeitsmaterialien zu erweitern, wurde erfüllt; außerdem konnte die demographische Untersuchung der Neuanmeldungen – die Zahl der Lehrer und Lehrerinnen darunter hatte sich deutlich vermehrt – aus Stiftungsmitteln finanziert werden.

Im Sommersemester 1968, als Paul Kluke über »Neuere Geschichte« las und Kolloquien abhielt, wozu es erneut Fernsehsendungen gab, hatte sich die Zahl der vor allem von Volkshochschulen an verschiedenen hessischen Orten angebotenen Studienbegleitzirkel bereits auf 16 erhöht. Im Winter 1968/69 folgte als letztes das Soziologie-Semester von Walter Rüegg mit 850 Anmeldungen. Auch dazu wurde eine ergänzende 13teilige Fernsehserie im hessischen Dritten Programm angeboten: »Deformierte Gesellschaft? Soziologie in der Bundesrepublik Deutschland«. Wie sehr die Radio-Vorlesungen auch an der Universität wahrgenommen wurden, machte am 27. Dezember 1968 ein »Go-in« von Frankfurter Studenten in Kadelbachs Büro im Hessischen Rundfunk deutlich. An einem Februar-Wochenende, an dem in der Heimvolkshochschule Falkenstein ein Internatskurs für Teilnehmende des Funkkollegs mit Rüegg stattfand, stellte sich daraufhin der Professor und Universitätsrektor den mit seinen politischen und theoretischen Auffassungen Unzufriedenen in einer Diskussion.

3280 Personen insgesamt hatten sich zu einem oder mehreren Semestern dieses sogenannten »Modells I« des Funkollegs, wie es zuletzt bereits genannt wurde, eingeschrieben. (Bei den einzelnen Fächern schwankten die Anmeldezahlen zwischen 550 und 1000.) Rund 200 Lehrer und Lehrerinnen erlangten durch die Kombination mehrerer Semesterzertifikate die Voraussetzungen für die angestrebte zusätzliche Lehrbefähigung für Sozial- beziehungsweise Gemeinschaftskunde. 436 Zertifikate wurden Berufstätigen, die die Begabtenprüfung anstrebten, erteilt (288 erhielten dazu ein positives »Sondergutachten«). Die Zahl der zum Ersatz eines Proseminarscheins ausgegebenen Zertifikate blieb unter 100. Wie viele Nur-Hörer die Sendungen mehr oder weniger regelmäßig verfolgt hatten, konnte man nur schätzen. Man nahm zum Beispiel die Verkaufszahlen der Funkkolleg-Taschenbücher als Indiz dafür, hier mit etwa 25000 zu rechnen.

Die erreichten Teilnahmezahlen konnte man verschieden interpretieren. Zum Beispiel war auffällig, daß zuletzt doch nur ein Bruchteil der Angemeldeten tatsächlich bis zu den Prüfungen durchhielt (während diese dann überdurchschnittlich gute

Ergebnisse erbrachten). Von den Verantwortlichen beim Hessischen Rundfunk, an der Frankfurter Universität und im hessischen Kultusministerium wurde das Funkkolleg insgesamt jedenfalls als ganz überraschender Erfolg aufgefaßt. Niemand hatte ein Echo in dieser Größenordnung erwartet. Es wurde als Ermutigung zu einer Fortsetzung des Experiments genommen – auf der Grundlage der gesammelten praktischen Erfahrungen und auf einer verbreiterten Basis beteiligter Veranstalter.

2. Das »Quadriga«-Funkkolleg 1969–1974

Schon im Herbst 1966, das erste Fachsemester des ersten Funkkollegs hatte gerade begonnen, erörterte Kadelbach in Gesprächen die Frage der Fortsetzung über 1969 hinaus. Werner Hess, der Intendant des Hessischen Rundfunks, favorisierte dafür naturwissenschaftliche Fächer, bei denen sich eine Kombination Hörfunk/Fernsehen erproben ließe. (Auch Minister Schütte war sehr an Fernsehsendungen mit naturwissenschaftlichen Labordemonstrationen gelegen, durch die Lehrer zu anschaulicheren Unterrichtsformen angeregt werden könnten.) Die Rektoren der Hessischen Hochschulen dagegen schlugen einen Ausbau in Richtung der Geisteswissenschaften vor: Germanistik und die sogenannten »P«-Fächer, nämlich Philosophie, Psychologie und Pädagogik.

Parallel dazu gab es Kontakte mit benachbarten Sendeanstalten. Besonders der Saarländische Rundfunk hatte sich früh für das hessische Funkkolleg und die damit gemachten Erfahrungen interessiert (er richtete dann zunächst eine eigene, jedoch konventionellere Sendereihe mit gleichem Titel ein). Im Juli 1967 trafen sich in Frankfurt die Programmdirektoren der sogenannten »Quadriga«, zu der außer dem Hessischen der Saarländische und der Süddeutsche Rundfunk sowie der Südwestfunk gehörten und in der Programmaustausch wie Co-Produktionen von Sendungen gepflegt wurden. Man beriet über eine eventuelle gemeinsame Fortsetzung des Funkkollegs.

Bei der Fortführung dieser Gespräche zwischen den Anstalten wurden dann auch zwei externe Berater und mögliche künftige Partner beigezogen: Dr. Hans Tietgens von der Pädagogischen Arbeitsstelle des Deutschen Volkshochschulverbands und Professor Dr. Günther Dohmen vom Deutschen Institut für Fernstudien an der Universität Tübingen. Dieses letztere Institut war erst im Februar 1967 mit einer Startfinanzierung der Stiftung Volkswagenwerk gegründet worden, um Fernstudienlehrgänge auf Hochschulebene zu entwickeln und zu erproben und um auf diesem Gebiet empirische wie theoretische Forschungsarbeit zu leisten. Das DIFF, wie es kurz genannt wurde, sah ein Hauptfeld seiner Arbeit ebenfalls in der Lehrerfortbildung, und die VW-Stiftung hatte die von ihr gleichermaßen unterstützten hessischen Funkkolleg-Veranstalter bereits gedrängt, zu einer Zusammenarbeit mit ihm zu finden, etwa bei einer Begleituntersuchung. Nunmehr bestand die vor allem vom Süddeutschen Rundfunk vertretene Perspektive, daß das Tübinger Institut auch das gesamte schriftliche Begleitmaterial zu einem künftigen »Quadriga«-Funkkolleg entwickeln sollte.

Die drei neu hinzustoßenden südwestdeutschen Rundfunkanstalten informierten die Kultusminister ihrer Länder, die sich sofort am Funkkolleg sehr interessiert zeigten. Am 13. November 1967 fand im Studio Karlsruhe des Süddeutschen Rundfunks eine Konferenz statt, mit der sich eine Planungskommission für das gemeinsame Unternehmen konstituierte. Wie das Protokoll[5] belegt, gewann das Projekt damals – bis auf ein paar noch offene Fragen – im Grunde bereits die Form, die es dann für viele Jahre behielt: Es sollte sich wiederum als Modellversuch verstehen; das neue Funkkolleg würde für dieselben engeren Gruppen von Zertifikatsinteressenten wie das »Modell I« – zum Studium Strebende ohne Abitur, Lehrende und Studierende – veranstaltet und auf diese zugeschnitten sein. Es sollte aber zugleich sonstigen Angehörigen akademischer Berufe eine Fortbildung im Sinne eines informellen Kontaktstudiums vermitteln und schließlich auch den vielen »Zaungästen« einen allgemeinbildenden Profit bieten.

Als nächstes Thema wurde Pädagogik ins Auge gefaßt: Man rechnete mit einer Verdoppelung der Lehrerstellen in den nächsten zehn Jahren, aber zum Beispiel auch mit einem großen Bedarf an Sozialpädagogen. Das DIFF sollte mit dem Leiter des noch einsemestrig gedachten Kollegs Begleitbriefe erarbeiten, die gegen eine Gebühr allen Interessenten monatlich zugesandt würden. Die Landesverbände der Volkshochschulen in den beteiligten Ländern sollten sich um die Einrichtung von Studienbegleitzirkeln kümmern, wobei besondere Aufmerksamkeit der thematischen und didaktischen Einweisung der Kursleiter und -leiterinnen zu schenken war (sie sollten später auch Skripte aller Vorlesungen und außerdem die Begleitbriefe erhalten). Die »Anerkennungsgebühren« für das Begleitmaterial und auch die Teilnahmegebühren für die Volkshochschulkurse konnten vermutlich nicht kostendeckend sein, daher sollte die Stiftung Volkswagenwerk verbleibende Finanzierungslücken schließen.

Es gab weitere Gespräche, unter anderem zwischen den Intendanten der neu dazustoßenden Rundfunkanstalten und den Kultusministern von Baden-Württemberg, Rheinland-Pfalz und dem Saarland. Eine Anerkennung der Zertifikate in weitgehender Analogie zu den hessischen Regelungen wurde auch in diesen Ländern vorbereitet. Bei einer Planungskommissionssitzung am 27. Mai 1968 in Frankfurt stand bereits fest, daß das erste »Quadriga«-Funkkolleg aus zwei Semestern Erziehungswissenschaft unter Leitung von Professor Dr. Wolfgang Klafki, Universität Marburg, bestehen würde. Dem DIFF würden für die Entwicklung der Begleitbriefe zwei von der VW-Stiftung bezahlte wissenschaftliche Mitarbeiter Klafkis zugeordnet werden. Zu einer zumindest von zweien der neuen Länder zusätzlich gewünschten Übernahme beziehungsweise Wiederholung des »Modells I« sahen sich die Sender indessen nicht in der Lage.

Interessant ist, daß in der Diskussion nun bereits die Funktion des Funkkollegs als »Kontaktstudium«-Angebot in den Vordergrund rückte: Der Kurs in Erziehungswissenschaft sollte zwar auch für Erststudierende zum Beispiel an Pädagogischen Hochschulen sowie für Referendare und Referendarinnen von Nutzen sein, aber der Schwerpunkt lag auf der Fortbildung von bereits im Schuldienst Tätigen sowie der wachsenden Gruppe des pädagogischen Hilfspersonals. Das bedeutete, daß – anders als beim »Modell I« – nun auch diesem Kreis der Erwerb von Zertifikaten angeboten werden sollte, obgleich die Frage von deren Anerkennung mangels

5 Siehe Dokumentation S. 152ff.

entsprechender Richtlinien offen bleiben mußte. Immerhin rechneten, wie es im Protokoll heißt, auch die Vertreter der Kultusministerien damit, »daß in überschaubarer Zukunft Beförderungen, Stellenanhebungen o. ä. an die Absolvierung eines solchen Kontakt-Studiums geknüpft werden«, und zwar in allen akademischen Berufen, nicht nur beim Lehrpersonal. Für die Durchführung solcher Studien könne das Funkkolleg Modellcharakter erhalten.

Gerade in dieser Hinsicht sollte die Zukunft die damals recht euphorisch geäußerten Erwartungen nicht einlösen. Selbst bei Lehrern und Lehrerinnen blieb es bis zum Ende des Funkkollegs dabei, daß dessen Zertifikate, obwohl sie nach einem sehr aufwendigen, unter staatlicher und universitärer Beteiligung durchgeführten Prüfungsverfahren von Ministerien erteilt wurden, lediglich als Nachweis einer unverbindlich erbrachten Fortbildungsleistung zu den Personalakten gegeben werden konnten. Irgendein weitergehender Anspruch war damit nicht verknüpft; treffend sprach man bald von einem »Fleißkärtchen«. Erst recht galt in anderen Berufen, zumal in der freien Wirtschaft, daß eventuelle konkrete Gratifikationen ins Belieben der Vorgesetzten gestellt waren. Entsprechend hoch hatte die Eigenmotivation der Teilnehmenden zu sein, die ein ganzes Jahr hindurch große Lernleistungen erbringen und, wie Kadelbach immer wieder sagte, dafür »ihr Leben ändern« mußten. (Der wöchentliche Zeitaufwand wurde auf bis zu zehn Stunden geschätzt.)

Das Funkkolleg »Erziehungswissenschaft«, federführend nochmals vom Hessischen Rundfunk in der Person von Kadelbach betreut, nahm rasch Gestalt an: Es sollte 40 einstündige Sendungen je Semester umfassen, verteilt auf Vorlesungen und Kolloquien, und im Niveau etwa einer universitären Einführungsvorlesung entsprechen. Professor Klafki würde es zusammen mit einem siebenköpfigen Team seines Instituts durchführen. Zur Aufnahme der Sendungen schickte der Hessische Rundfunk jeweils einen Übertragungswagen nach Marburg.

Durch das DIFF wurden Elemente einer professionell gehandhabten Fernstudiendidaktik in den Verbund eingeführt, die beim ersten Modell noch gefehlt hatten. Sein Direktor Dohmen hatte in einem Papier auch daran erinnert, daß die klassische Vorlesung sogar beim Direktstudium an den Hochschulen unter didaktischen Gesichtspunkten inzwischen als im Grunde »veraltete« und mangelhafte Form der Wissensvermittlung angesehen werde; »bloßes Dozieren«, nun auch noch über Radio, sei keinesfalls angemessen. Klafki sah das ähnlich, und tatsächlich wurden die Sendungen von ihm und seinen Mitarbeitern als *team teaching*, vielfach auch mit Hörszenen, Statements, Interviews und Diskussionen gestaltet. Die vom DIFF erarbeiteten schriftlichen Unterlagen erhielten zugleich – auch wenn immer noch von »vorbereitendem« oder »begleitendem« Material gesprochen wurde – ein wesentlich größeres Gewicht. Die »Lehrbriefe« sollten allen denjenigen zugehen, die zumindest die Absicht bekundeten, die Schlußprüfung abzulegen. Unsicher war man noch, ob nicht auch den interessierten »Zaungästen« eine Kurzfassung mit den »für das Verständnis der Vorlesung absolut notwendigen Fakten« zugeschickt werden müßte, obwohl die Sendungen im Prinzip für sich allein rezipierbar sein sollten.

Für den Druck und Versand der »Lehrbriefe« brachte das DIFF als Dienstleister den Beltz Verlag, Weinheim, mit dem es ohnehin zusammenarbeitete, in den Verbund ein. Nun tauchte jedoch auch das Problem der Werbung auf: Das Angebot des neuen Funkkollegs mußte in anderer und viel breiterer Form an die potentiellen

Interessentengruppen in vier Bundesländern herangetragen werden, als das beim ersten Modell geschehen war. Auch diese Aufgabe übernahm der Beltz Verlag, der sie schließlich bis in die 90er Jahre hinein für die wechselnden federführenden Rundfunkanstalten wahrgenommen hat. Sie wurde – mit einem hohen Anteil an Direktwerbung bei Lehrern und sonstigen jeweils einschlägigen Berufsgruppen, bei deren Verbänden sowie allgemeinen Bildungseinrichtungen – in Analogie zu einer Werbung für eine Fachzeitschrift oder eine Fachbuchreihe durchgeführt. Das wichtigste Werbemittel war immer ein in hoher Auflage gedruckter Prospekt, später auch etwas hochtrabend »Informationsbroschüre« genannt. Dazu kamen Plakate, die vor allem an die Volkshochschulen versandt wurden, ferner Werbebriefe, Pressetexte und Anzeigen. Natürlich warben die Rundfunkanstalten auch selbst mit Voraussendungen und in die Programme eingestreuten kurzen »Spots« für das Funkkolleg und bedienten alle, die sich daraufhin meldeten, mit dem Prospekt.

Im Sommer 1968 rechnete man beim ersten »Quadriga«-Funkkolleg mit maximal 7000 Anmeldungen und einer Dauerbeteiligung von 4000 Kollegiatinnen und Kollegiaten. Kurz vor dem Beginn Ende April 1969 waren es jedoch 8700 Einzelpersonen, 80 Volkshochschulen und 50 pädagogische Studienseminare, die sich zur Teilnahme gemeldet hatten, und schließlich wurden insgesamt 13495 Einschreibungen gezählt. Bemerkenswert war auch die Wirkung über die beteiligten Sendegebiete und Bundesländer hinaus: Universitätsinstitute in Niedersachsen, Bayern, Berlin, sogar in Österreich und der Schweiz schlossen sich dem Funkkolleg entweder mit einem Hauptseminar an oder wollten es wissenschaftlich auswerten.

Die breitere regionale Basis des Funkkollegs und erst recht solche Teilnahmezahlen brachten Probleme für die Hausarbeiten und Prüfungen mit sich. Es war klar, daß von Hand korrigierte Klausuren und mündliche Prüfungen praktisch nicht mehr durchführbar waren, insbesondere, wenn die Ergebnisse noch »objektiv« und vergleichbar sein sollten. Nur standardisierte schriftliche Tests kamen in Frage, bei denen die Lösungen elektronisch ausgewertet werden konnten. Die Klausuren mußten an vielen Orten gleichzeitig abgehalten werden, wofür Volkshochschulen Räume und Personal zur Verfügung stellten. Das Funkkolleg Zentralbüro, nun gemeinsam von den beteiligten Ländern getragen, übernahm die komplizierte Organisation. Die elektronische Verarbeitung der von den Kollegiaten und Kollegiatinnen bei den Hausarbeiten und Klausuren ausgefüllten Markierungsbögen erfolgte in diesem ersten Fall bei IBM, später jahrzehntelang bei einer dafür eingerichteten Tochtergesellschaft des Beltz Verlags.

Mit den Eigenarten der für Deutschland neuen *multiple choice*- oder »Antwortvorgabenauswahl«-Prüfungstechnik hatten auch Erziehungswissenschaftler wenig Erfahrung. Die Entwicklung hinreichend vieler inhaltlich und logisch stimmiger, auch die erwünschte Trennschärfe herstellender Aufgaben für die Tests sollte bei allen weiteren Funkkollegs eine Leistung bleiben, die die wissenschaftlichen Autoren kaum erbringen konnten. Hier brachte jedoch wieder das DIFF seinen speziellen Sachverstand ein, das daher vom Funkkolleg »Erziehungswissenschaft« an (bei diesem noch in Verbindung mit einem Stuttgarter Institut) die Aufgabengenerierung wesentlich mitübernahm, auch jeweils Vor-Tests zur Überprüfung der Aufgaben durchführte und zuletzt – als Basis für Bewertung und Benotung – die Statistik der Lösungsergebnisse analysierte.

Beim Funkkolleg »Erziehungswissenschaft« wurde – nach erfolgreicher Teilnahme an je einer Hausarbeit und einer Klausur – noch ein Zertifikat pro Semester erteilt. Im ersten Semester nahmen 3288, im zweiten 3507 Personen, mehr als ein Viertel der Teilnehmerschaft, an der abschließenden Kausur teil. Nur etwa 60 erhielten kein Zertifikat, die anderen schnitten überwiegend mit gutem oder sogar sehr gutem Erfolg ab. Die Presse ging ausführlich auf diese Ergebnisse ein.[6] Die Taschenbücher, in denen nach dem Abschluß die Sendetexte vorgelegt wurden, entwikkelten sich rasch zu Bestsellern (der erste Band erreichte eine Auflage von zuletzt 450.000) und wurden für Jahre zur meistgenutzten Einführung in die Erziehungswissenschaft.

In der Vorbereitungsphase des ersten »Quadriga«-Funkkollegs war bereits vorgesehen worden, daß die Federführung bei weiteren Veranstaltungen nun in einem gewissen Rhythmus unter den beteiligten Sendern wechseln sollte. Das nächste zweisemestrige Funkkolleg, dessen Vorbereitung sich mit dem eben abgeschlossenen überschnitten hatte, bot daher der Südwestfunk an. Dr. Albert Eßer, der hier Verantwortliche, hatte Mathematik als Gegenstand gewählt und zog für die wissenschaftliche Leitung die Professoren Dr. Harro Heuser, Karlsruhe, und Dr. Heinz-Günther Tillmann, Mainz, heran.

Mathematik war schon alternativ zu Erziehungswissenschaft als Thema im Gespräch gewesen, aber wegen der zu erwartenden Schwierigkeit einer vor allem auditiven Vermittlung zurückgestellt worden. Es bestand jedoch ein aktueller, von den Kultusbeamten nachdrücklich vertretener Bedarf: An den Schulen der gesamten Bundesrepublik wurde gerade mit der Mengenlehre eine »neue Mathematik« eingeführt, mit der alle Eltern, aber auch viele ältere Lehrer und Lehrerinnen Schwierigkeiten hatten. Wieder lag hier also – neben einer möglichen Vorbereitung auf die Zulassung zur »Begabtenprüfung« und einer Ergänzung des Direktstudiums – der Schwerpunkt auf der Lehrerfortbildung in Form des Kontaktstudiums, und man konnte zugleich mit einer breiteren Akzeptanz im Sinne allgemeiner Erwachsenenbildung rechnen.

Tatsächlich meldeten sich zum Funkkolleg »Mathematik« dann sogar fast 26000 Teilnehmer und Teilnehmerinnen an. Allerdings brachen ungewöhnlich viele, nämlich rund 35 Prozent, ihre Mitarbeit vorzeitig ab, indem sie sich beim zweiten Semester nicht mehr zurückmeldeten. Das lag wahrscheinlich an der spröden Materie, die zudem in den Sendungen diesmal wieder in reiner Vorlesungsform vermittelt wurde, wobei das Tempo manchen überforderte. Den über 250 eingerichteten Studienbegleitzirkeln fiel daher eine besonders wichtige Rolle zu.[7] Die Prüfungsbeteiligung (von jetzt an gab es nur noch jeweils ein Zertifikat) lag niedriger als bei »Erziehungswissenschaft«.

Als drittes »Quadriga«-Funkkolleg bot der Hessische Rundfunk im Frühjahr/Sommer 1971 einsemestrig »Volkswirtschaftslehre« an, eine überarbeitete, durch neuentwickelte Studienbegleitbriefe des DIFF ergänzte Wiederholung des viereinhalb Jahre zuvor, damals jedoch nur vom Hessischen Rundfunk, ausgestrahlten Kursus von Professor Karl Häuser, Frankfurt. Bei den Teilnehmenden wurde die

6 Siehe Dokumentation S. 159ff.
7 Siehe Dokumentation S. 162f.

Kenntnis des inzwischen in 60.000 Exemplaren aufgelegten Taschenbuchs mit den früheren Vorlesungen vorausgesetzt. Bei diesem Funkkolleg schloß sich erstmals auch Radio Bremen dem Verbund der Sender an. Die Anmeldungen fielen trotzdem auf 8247 zurück.

Beim Funkkolleg »Sprache« des Süddeutschen Rundfunks (1971/72; verantwortlich: Reinfried Hörl), das wie alle weiteren bis 1994 wieder zweisemestrig angelegt war, stieg sie erneut auf 16950. Hier wurden – unter der wissenschaftlichen Leitung von Professor Dr. Klaus Baumgärtner, Stuttgart, und Professor Dr. Hugo Steger, Freiburg – die Grundzüge der an deutschen Universitäten erst im letzten Jahrzehnt heimisch gewordenen, aber inzwischen bereits in die Lehrpläne der Schulen vordringenden modernen Linguistik an in der Unterrichtspraxis Stehende und sonstige Interessierte herangetragen. Als einführende Synopse der sich bereits in viele Unterzweige auffächernden strukturalistischen Linguistik wurde die Taschenbuchausgabe der Sendetexte noch lange geschätzt.

»Pädagogische Psychologie« war das nächste Funkkolleg des Hessischen Rundfunks (1972/73). Das Thema hatte sich bei den vorausgehenden Kollegs als ausgesprochenes Desiderat herausgestellt. Kadelbach gewann Professor Dr. Franz E. Weinert, Heidelberg, für die wissenschaftliche Leitung. Nicht nur die an Schulen oder sonstigen Bildungseinrichtungen Unterrichtenden und die sich auf den Lehrberuf Vorbereitenden, sondern etwa auch Kindergärtnerinnen, in der Sozialarbeit Tätige, Ausbilder und Ausbilderinnen in Wirtschaft und Industrie und andere waren hier angesprochen. Um die unterschiedlichen Wissensvoraussetzungen der Teilnehmenden auszugleichen, gab es zu diesem Funkkolleg eigens einen Vorkurs. Außerdem wurden dazu zwei »Reader«-Bände mit ausgewählten Fachtexten in der Fischer Bücherei vorgelegt. Der Erfolg übertraf mit 40653 Anmeldungen alles Vorherige.

Beim Funkkolleg »Biologie – Systeme des Lebendigen«, dem ersten, das der Saarländische Rundfunk realisierte (1973/74; verantwortlich: Hans Jürgen Koch), stand die Vermittlung neuer Sichtweisen und Ergebnisse einer stark im Umbruch befindlichen Naturwissenschaft an die dieses Fach an Schulen Unterrichtenden und an Erstsemester des Medizinstudiums im Vordergrund. Dieses Funkkolleg, dessen wissenschaftliche Leitung bei Dozent Dr. Dietmar Todt, Freiburg, lag, hatte rund 20000 Teilnehmer und Teilnehmerinnen. Ihm folgte 1974/75 ein gut 23000 Anmeldungen erreichendes sozialwissenschaftliches Funkkolleg, das der Südwestfunk unter wissenschaftlicher Leitung von Professor Dr. Theodor Hanf, Freiburg, und Professor Dr. Manfred Hättich, Tutzing, realisierte: »Sozialer Wandel«. Von nun an übernahm für eine Reihe von Jahren auch der Schweizer Rundfunk die Sendungen, um sie auf seinem Telefon-Rundspruch-Kanal zu verbreiten.

Versuchen wir hier eine Zwischenbilanz: Das Funkkolleg hatte sich nach nunmehr acht recht unterschiedlichen Veranstaltungen als Lehrerfortbildungsmaßnahme wie als Breiten-Bildungsangebot bewährt. Kultusminister und andere Bildungspolitiker jeder Parteizugehörigkeit hatten ihm große Anerkennung ausgesprochen, es hatte längst auch im Ausland Interesse geweckt und wurde dort in Zeitungsberichten wie in Vergleichsuntersuchungen zu Modellen eines Fernstudiums im Medienverbund rühmend erwähnt.

Eine gewisse Routine hatte sich eingestellt, ohne die die Kooperation eines solchen Verbunds heterogener Partner kaum funktionieren konnte. Sie blieb jedoch flexibel für Modifikationen. Weiterhin wurde jede Veranstaltung als Modellversuch angesprochen, und bis zuletzt wurde auch jeweils nur für das nächste Thema und damit für ein weiteres Jahr der Zusammenarbeit eine Verwaltungsvereinbarung geschlossen, die die Verteilung der Zuständigkeiten, Pflichten und finanziellen Lasten unter den Rundfunkanstalten, Kultusministerien, Volkshochschulverbänden und dem DIFF regelte.

Damit wurde die Motivation der Mitveranstalter jedesmal erneut auf die Probe gestellt. Theoretisch konnte sich jeder Beteiligte beim nächsten Mal zurückziehen, so wie andererseits immer wieder neue Partner in den Kreis aufgenommen wurden. Der Mangel an Institutionalisierung wurde ausgeglichen durch den Sog des Erfolgs und der Anerkennung und den dadurch angeregten Willen aller zur Kontinuität. Es wurden im übrigen auch Treu-und-Glauben-Bindungen loyal gewahrt: Häufig kamen die Verwaltungsvereinbarungen infolge bürokratischer Umstände erst zustande, wenn längst große Vorleistungen darauf erbracht waren. In den Fällen einer Aufkündigung der ferneren Kooperation trugen später die ausscheidenden Partner in der Regel die schon in der – im allgemeinen drei Jahre erfordernden – Vorplanung befindlichen Funkkollegs noch mit.

Der Umstand, daß das Funkkolleg nie eine dauerhafte Vertragsgrundlage, nicht einmal eine Satzung oder Geschäftsordnung besaß, stellte freilich hohe Ansprüche an die Konsensfindung in der immer größer werdenden Planungskommission. Mehrheitsbeschlüsse, die die Unterlegenen gegebenenfalls zum Auszug hätten veranlassen können, mußten vermieden werden. Bei den Rundfunkanstalten hätte es gegen ihre unveräußerliche Programmverantwortung verstoßen, wenn ihnen die anderen Partner ein Thema hätten aufoktroyieren wollen, von dem sie selbst nicht überzeugt waren. Genausowenig konnte die Kommission irgendein Bundesland, das DIFF oder die Volkshochschulen gegen deren Willen zu Aktivitäten und gar zu finanziellen Aufwendungen veranlassen. Abstimmungen in den Sitzungen der Planungskommission dienten daher nur der Meinungserhebung, beziehungsweise sie bestätigten zuletzt eine – gegebenenfalls nach längerer Kompromißsuche erzielte – einhellige Übereinkunft.

Bei aller Rücksichtnahme auf die Vorstellungen der anderen nahmen die Rundfunkanstalten, die – voran der Hessische Rundfunk – das Funkkolleg »erfunden« hatten, die ihm die große Verbreitung sicherten und 80 oder mehr Stunden Sendezeit im Jahr einräumten, in der Planungskommission ein gewisses Vorrecht bei der Themenbestimmung von Funkkollegs und der Auswahl der wissenschaftlichen Leitungen in Anspruch. Diese Vorrangstellung kam äußerlich auch darin zum Ausdruck, daß der Programmdirektor Hörfunk des Hessischen Rundfunks undiskutiertermaßen als Vorsitzender der Kommission fungierte und die Sitzungen meist in einem Funkhaus oder -studio, schließlich regelmäßig in Frankfurt beim Hessischen Rundfunk stattfanden.

Mit Stolz konnten die Veranstalter immer wieder auf die mit den Funkkollegs vollbrachten innovativen Leistungen verweisen, und zwar sowohl in medientechnischer und fernstudiendidaktischer wie in inhaltlicher und in sozialer Hinsicht. »Die das Prüfungssystem betreffenden Sachverhalte«, schrieb Kadelbach 1972 in einem Pressetext zum Funkkolleg »Pädagogische Psychologie«, »sind wohl der interessanteste Beitrag der Funkkollegs im Zusammenhang mit der Bildungsreform in

Deutschland. Sie machen jedoch keinesfalls seine ureigene Bedeutung aus. Viel wichtiger war den Veranstaltern von Anfang an der Verbund der Medien und der Institutionen zur Durchsetzung curricularer Ziele. Dabei wurde von den zu Beginn des Funkkollegs registrierten Modernitätsrückständen des Bildungswesens ausgegangen.« Aus den Funkkollegs, die mit avancierten wissenschaftlichen Ansätzen immer mehr einzelne Fächer vorstellten, sah Kadelbach auch bereits Bausteine erwachsen, die zu einem teils geistes-, teils sozial- und teils naturwissenschaftlichen Grundstudien-System kombinierbar sein würden, einem Baukasten, der – durch Überarbeitungen immer wieder aktualisiert – an den Hochschulen und besonders im Rahmen neuentstehender Fernstudieneinrichtungen vielfach weiterzuverwenden sein würde.

Der Erfolgsbilanz und erst recht solchen Höhenflügen der Erwartung standen jedoch unübersehbar auch gewisse ungelöste Probleme und latente Konfliktfelder gegenüber. Zum Beispiel widersprach die Wirklichkeit gelegentlich deutlich der Vorstellung, daß das Funkkolleg als neutraler multimedialer Transmissionsriemen einfach objektive, gesicherte Ergebnisse der Wissenschaft an die lernbegierigen Teile der Gesellschaft vermittle. Die Inhalte einzelner Kollegs wurden vielmehr Gegenstände eines heißen ideologischen Widerstreits, so etwa im Fall der »Volkswirtschaftslehre« von Professor Häuser, die nicht nur von linksextremen Studenten als zu einseitige und unkritische Darbietung kapitalistisch-marktwirtschaftlicher Positionen angegriffen wurde.[8] Einer ausholenden kritischen Polemik wurde von linker Seite auch das Funkkolleg »Pädagogische Psychologie« unterzogen,[9] und ähnliche Fälle wiederholten sich später bei »Humanökologie« oder, mit umgekehrten politischen Fronten, bei »Literatur«[10]; das Funkkolleg »Medien und Kommunikation« wurde – freilich aus reinem Mißverständnis – von rechter *wie* linker Seite angegriffen. Feministische Kritik richtete sich – abgesehen von der oft berechtigten Klage, daß zu wenige Wissenschaftlerinnen an Funkkollegs beteiligt waren, – später besonders gegen »Der Mensch – Anthropologie heute« und »Literarische Moderne«.

In den erstgenannten und anderen Fällen kam neben der politischen Umstrittenheit gewisser Lehrmeinungen auch eine Frustration von Teilnehmern und Teilnehmerinnen zum Ausdruck, die sich von einem Funkkolleg ausgesprochene Praxisnähe, ja ein Element unmittelbarer Berufs- und Lebenshilfe versprochen hatten und sich statt dessen einem Berg hochabstrakten Theoriewissens ohne sichtbaren Anwendungsbezug konfrontiert sahen. Auch diese Divergenz von persönlichen Bedürfnissen und Erwartungen bei vielen Teilnehmenden und dem, was die Funkkollegs demgegenüber an Universitätswissenschaft zu bieten hatten, brach später immer wieder einmal auf.

Eine andere grundsätzliche Frage war, ob die Funkkollegs tatsächlich in der Lage waren, Bildungsbarrieren zu überwinden. Mehr als die Hälfte der an den »Quadriga«-Veranstaltungen Teilnehmenden waren Lehrer und Lehrerinnen gewesen – wie stand es aber zum Beispiel mit Arbeitern? Dem gingen drei Mitarbeiter des DIFF

---

8 Siehe Dokumentation S. 163f.

9 Almuth Bruder-Bezzel; Klaus-Jürgen Bruder: *Die Quadriga der Ideologen*. In: *betrifft erziehung* 11/1973.

10 Siehe Dokumentation S. 165f.

anhand des Funkkollegs »Pädagogische Psychologie«[11] nach und kamen zu dem Ergebnis, daß echte Arbeiter oder gar Arbeiterinnen nicht allein eine verschwindende Minderheit in der Teilnehmerschaft darstellten (0,8 Prozent in einer gezogenen Stichprobe von 2000), sondern daß sie sich in der Mehrzahl auch kaum den Anforderungen gewachsen fühlten und daher sehr häufig ihre Mitarbeit abbrachen. »Die Inhalte des Funkkollegs ›Pädagogische Psychologie‹ werden von den Arbeiter-Kollegiaten als zu umfangreich und zu fremd angesehen. Es fehlen die entsprechenden Vorkenntnisse. Die Sprache ist zu wissenschaftlich«, resümierten die Autoren die von den Befragten genannten, kaum überwindbaren Hindernisse auf dem Weg zu einem erfolgreichen Abschluß. Sie schlossen daraus unter anderem: »Es erscheint problematisch, mit einer Fernstudieneinheit mehrere verschiedene Adressatengruppen erreichen zu wollen.«

Kadelbach stellte in einer brieflichen Stellungnahme zu der Veröffentlichung klar, daß das Funkkolleg eigentlich nur ein Fernstudien-Großversuch und als solcher eben eindeutig universitätsorientiert sei. Die Veranstalter seien zwar glücklich, damit auch einer nicht ganz kleinen Zahl von Arbeiterkindern den Weg zur Begabtenprüfung für Hochschulanwärter zu ebnen, aber um eine Fortbildungseinrichtung für Arbeiter handele es sich dem eigenen Anspruch nach beim Funkkolleg nicht.

Immerhin wollte man sich bemühen, Sprachbarrieren, wie sie weniger bei den Sendungen, aber desto mehr am schriftlichen Begleitmaterial beklagt wurden, womöglich abzubauen. Zu den inneren Problemen des Funkkollegs, deren Lösung man hoffnungsvoll von der Zukunft erwartete, gehörte im übrigen neben der didaktisch noch nicht optimierten Gestaltung der Sendungen und Begleitmaterialien und ihrer wechselseitigen Verknüpfung die zu geringe Zahl und mangelnde didaktische Anbindung der Studienbegleitzirkel. Am liebsten hätte man auch diese sogenannte »soziale Phase«, an der sich höchstens ein Drittel der Kollegiaten und Kollegiatinnen beteiligte, zumindest in der Form von »Studientagen« obligatorisch gemacht, aber dem standen allzu große Hindernisse im Weg.

Auch die Prüfungen mit den nicht unbedingt beliebten MC-Tests stellten insbesondere für Dr. Karlheinz Rebel, dem für das Funkkolleg Verantwortlichen beim DIFF, der als Nachfolger von Professor Dohmen dann dessen Leitung übernahm, wie für Kadelbach ein wesentlich zugehöriges Element des als Einheit verstandenen Medienverbund-Lernsystems dar, an dessen Verbesserung weiter zu arbeiten blieb.

Es gab daneben institutionelle Reibungen und Frustrationen. So wurden, was die Zertifikate anging, zumal von Kadelbach immer wieder die Vorzüge des amerikanischen *credit-point*-Systems beschworen, in dem nach und nach erworbene einzelne Leistungsnachweise im Rahmen einer bestimmten Punktebewertung miteinander kombiniert und schließlich zu einem übergreifenden »Diplom« zusammengefaßt werden konnten. Aber die Verheißungen erfüllten sich nicht: Weder Kultusbehörden noch Universitäten fanden sich zu Schritten bereit, kurz- oder mittelfristig etwas Ähnliches in Deutschland zu verwirklichen und dabei die Funkkolleg-Zertifikate entsprechend zu valutieren.

Während Kadelbach und seine Funkkolleg-Mitstreiter sich als erfolgreiche deut-

---

11 Uwe BRANDES; Ingrid MÖLLER; Hermann SIGELEN: *Bildungsbarrieren für Arbeiter im Quadriga-Funkkolleg*. In: *Volkshochschule im Westen*, 5/74.

sche Pioniere eines Fernstudiums im Medienverbund fühlen konnten, lief die zeitweilig hitzig geführte bildungspolitische Debatte zu diesem Thema – 1973 erwartete die Kultusministerkonferenz mögliche Einsparungen in Milliardenhöhe durch ein solches Fernstudium! – dennoch zum Teil an ihnen vorbei. So wurde die nordrhein-westfälische Fernuniversität Hagen 1974 gegründet, ohne daß man sich von dort um Kooperation oder Erfahrungsaustausch bemüht hätte.

Die Einstellung der Universitäten als Institutionen zum Funkkolleg blieb ebenfalls ambivalent. Das kam zum Beispiel 1971 zum Ausdruck, als die Hessische Landesrektorenkonferenz Sitz und Stimme in der Planungskommission für das Funkkolleg forderte. Deren Vorsitzender verwies darauf, daß nur die das Funkkolleg tatsächlich durchführenden und finanzierenden Partner zu deren Mitgliedern zählten und daß im übrigen ja die Universitäten in der Kommission durch die Professoren vertreten seien, die die laufenden, beziehungsweise nächstgeplanten Funkkollegs leiteten. Das genügte den Rektoren jedoch nicht: Sie wollten *ex officio* an der Planung eines Bildungsmodells beteiligt sein, das von Hochschulen zehrte, in sie zurückwirkte und seine Zertifikate von ihnen anerkannt sehen wollte. Man muß darin wohl auch ein gewisses Unbehagen gegenüber dem Wildwuchs einer konkurrierenden Fernstudieneinrichtung sehen. Schließlich wurde vereinbart, daß die Landesrektorenkonferenzen oder Landesuniversitäten der beteiligten Bundesländer je eine Person in die Planungskommission delegierten.

Die Frage einer direkten Integration von Funkkollegs in das Lehrsystem der Hochschulen und ihrer eventuellen Weiterverwertung dort wurde immer nur punktuell gelöst. Am 1. März 1974 fand dazu auf Einladung des Unterausschusses Fernstudium im Medienverbund (FiM) der Universität Frankfurt eine erste und letzte Konferenz[12] statt. Hatte zum Beispiel im Fall von »Biologie« die entsprechende Fachkommission der Hochschulvereinigung für das Fernstudium eine ausdrückliche Anerkennungsempfehlung an die Fachbereiche ausgesprochen (und der Fachbereich Humanmedizin in Frankfurt das Funkkolleg zur Pflichtveranstaltung für alle Erstsemester gemacht), so fanden sich gerade die einschlägigen Fachbereiche später immer seltener bereit, Begleitseminare zu Funkkollegs einzurichten und die Zertifikate zu honorieren. Das hatte gewiß auch mit der zunehmenden Interdisziplinarität von Funkkollegthemen zu tun, aber mindestens ebensosehr mit allerlei Vorbehalten gegenüber den jeweiligen Konzepten, die mit Rivalitäten gegenüber den betreffenden wissenschaftlichen Leitungs- und Autorenteams zusammenhingen, zumal wenn diese an anderen Hochschulen lehrten. Nachbardisziplinen, Fachhochschulbereiche usw. zeigten sich oft eher für Teilnahme und Anerkennung aufgeschlossen.

3. Das Funkkolleg zwischen 1975 und 1994

Die 20 Jahre, die nun folgten und die man gewissermaßen als das »Erwachsenenalter« des Funkkollegs bezeichnen könnte, lassen sich zunächst einfach als Phase kontinuierlicher Weiterarbeit ansehen: Nach dem einmal gefundenen Konstruktions-

12 Siehe den Bericht von Prof. Horst Dieter Schlosser, der die Konferenz leitete (Dokumentation S. 164f.).

plan wurde das erfolgreiche »Modell« nun immer wieder reproduziert und zum Gefäß für die unterschiedlichsten curricularen Inhalte gemacht. Immer größere Sendegebiete wurden damit erreicht: Beginnend mit dem Funkkolleg »Musik« des Südwestfunks schloß sich 1977 auch der große Westdeutsche Rundfunk dem Verbund an, und ab dem Funkkolleg »Moderne Kunst« des Saarländischen Rundfunks stieß 1989, wenn auch nur als übernehmende Anstalt, der Norddeutsche Rundfunk ebenfalls dazu. Zugleich traten die entsprechenden Bundesländer und Volkshochschul-Landesverbände dem Kreis der Veranstalter bei. Zuletzt standen also in der alten Bundesrepublik nur Bayern und Berlin noch abseits. In die Planungskommission zogen damit viele neue Gesichter ein, und es gab hin und wieder auch Ablösungen bei den Vertretern der Rundfunkanstalten, des DIFF, der Kultusministerien, der Volkshochschulen und der Universitäten. Trotzdem blieb die personelle Kontinuität relativ groß.

Auf alle 20 Veranstaltungen dieser Zeit[13] kann hier nicht eingegangen werden, Beispiele mögen genügen. Gleich das erste Funkkolleg des Abschnitts, »Beratung in der Erziehung«, vom Süddeutschen Rundfunk produziert, wurde mit 50650 Teilnehmern und Teilnehmerinnen das erfolgreichste überhaupt. Zahlen von über 35000 erreichten aber auch »Musik« (1977/78, Südwestfunk), »Kunst« (1984/85) und »Moderne Kunst« (1989/90, beide vom Saarländischen Rundfunk). Dazwischen kam es freilich zu »Einbrüchen«: Für »Recht« ließen sich 1982/83 nur gut 14000 Menschen interessieren, für »Umwelt und Gesundheit« (1978/79), »Jahrhundertwende 1880–1930. Die Entstehung der modernen Gesellschaft« (1988/89), »Medien und Kommunikation – Konstruktionen von Wirklichkeit« (1990/91) oder »Humanökologie – Weltbevölkerung, Ernährung, Umwelt« (1991/92) nur jeweils zwischen 18000 und 20000.

Ein eindeutiger Trend – etwa in dem später behaupteten Sinn, daß das Funkkolleg seine Attraktivität kontinuierlich eingebüßt habe, – läßt sich aus den Zahlen, die im Verlauf dieser zwei Jahrzehnte um einen Mittelwert von 26 000 stark schwankten, nicht ablesen. Unterschiedlich attraktiv waren offenbar die Themen, und zwar so sehr, daß dadurch auch der Faktor der jeweils beteiligten Sendegebiete und damit der theoretisch zu erreichenden Hörerzahlen überdeckt wurde.

Aber sollte beim Funkkolleg überhaupt so sehr auf den quantitativen Erfolg geschaut werden? Wenn es um neue Themenvorschläge ging, diskutierte die Planungskommission tatsächlich meist an erster Stelle deren bildungspolitische Relevanz, die innovative Wirkung, die man sich, wenn das curriculare Konzept angemessen war, von einem bestimmten Funkkolleg auf Schule, Universität und auf die Gesellschaft überhaupt versprechen konnte. Nicht das Populäre, sondern das in diesem Sinn Wichtige, Wertvolle und Herausfordernde wurde verlangt und an den Vorschlägen herausgestellt.

Und doch stand natürlich auch der Gedanke an zu vermutende Bedürfnisse und Neigungen des Publikums im Raum, die zu befriedigen legitim wäre, und den Veranstaltern machte es, wie konnte es anders sein, Freude, ihre Angebote durch eine recht hohe Nachfrage bestätigt zu erhalten. (Übrigens wurden in den – inzwischen vom

13 Vgl. die Gesamtübersicht S. 43ff., in der auch die jeweiligen wissenschaftlichen Leitungen verzeichnet sind.

DIFF – regelmäßig durchgeführten Begleituntersuchungen auch Präferenzen der Teilnehmenden für weitere Funkkollegthemen erfragt; die Ergebnisse, die eher phantasielos, normorientiert und unverbindlich blieben, waren jedoch nur sehr begrenzt verwertbar.) Relative »Mißerfolge« wurden daher in der Manöverkritik nicht nur in Hinblick auf die vermutlichen Ursachen, sondern auch mit dem Wunsch erörtert, sie künftig womöglich zu vermeiden. Insofern standen die »Macher« der Funkkollegs insbesondere in den Rundfunkanstalten also doch unter einem gewissen Erfolgsdruck; immerhin mußten sie auch die ihnen eingeräumten Sendezeiten ständig gegen konkurrierende Interessen anderer Redaktionen verteidigen. Für die Volkshochschulen galt das Gleiche: Bei Kollegs mit geringeren Teilnehmerzahlen kamen geplante Studienbegleitzirkel an kleineren Orten oft nicht zustande, was Frustrationen auslöste, die man lieber vermieden sah. Beim DIFF schließlich führten solche Veranstaltungen zu empfindlichen Finanzierungslücken, zumal die Teilnahmegebühren die Kosten für die Entwicklung der Studienbriefe ohnehin nicht deckten.

Hintergrund von Themendiskussionen in der Spannung zwischen normativen Orientierungen und einem Streben nach hohen Anmeldezahlen war auch, daß dem Funkkolleg nach und nach die Funktion abhanden kam, die ihm in den Anfangsjahren im Rahmen konkreter staatlicher Bildungsreformen zugefallen war. Zwar blieb es ein Fortbildungsangebot, das sich besonders an Lehrer und Lehrerinnen richtete und von ihnen auch mehr oder weniger stark genutzt wurde, aber das unmittelbare Korrelat zu länderübergreifenden Stundentafel- und Lehrplanentwicklungen, das ihm zunächst die Richtschnur geboten hatte, entfiel.

So ging denn auch der Anteil von zunächst über 50 Prozent in der Schulpraxis stehenden oder sich darauf vorbereitenden Teilnehmern und Teilnehmerinnen allmählich auf ein Drittel, zuletzt auf ein Viertel und weniger zurück. Seine von Anfang an gegebene Sowohl-als-auch-Funktion erlaubte dem Funkkolleg zwar, diese Verluste anderswo wettzumachen, nämlich in der wissenschaftlichen Erwachsenenbildung im allgemeinen. Aber damit wurden auch andere Horizonte und Leitkriterien der Curriculumsplanung bestimmender.

Das zeigte sich etwa in der Zunahme interdisziplinärer Themen wie »Umwelt und Gesundheit« (1978/79), »Mensch und Umwelt« (1981/82), »Psychobiologie – Verhalten bei Mensch und Tier« (1986/87), »Jahrhundertwende 1880–1930. Die Entstehung der modernen Gesellschaft« (1988/89). Jedes für sich konnten sie wohl in Anspruch nehmen, auch für einen modernen Schulunterricht wichtige Impulse zu vermitteln, waren aber doch eher nach wissenschaftsjournalistischen Gesichtspunkten als nach solchen der Schulplanung ausgewählt. Auch weitere »Ein-Fach-Funkkollegs« wie »Praktische Philosophie/Ethik« (1980/81), »Recht« (1982/83), »Politik« (1985/86) oder »Literarische Moderne« (1993/94) waren offensichtlich nicht in erster Linie auf die Nutzbarmachung in klassischen Schulfächern hin entworfen. Bezeichnend auch der Fall des interkonfessionellen Funkkollegs »Religion« (1983/84): Trotz langen Ringens verweigerte ihm die katholische Kirche schließlich die Anerkennung, die es benötigt hätte, um als Fortbildung für Ausübende des katholischen Religionsunterrrichts Gültigkeit zu haben; durchgeführt wurde es selbstverständlich gleichwohl.[14]

---

14 Vgl. Dokumentation S. 170ff.

Mit allen seinen Angeboten schlug das Funkkolleg Brücken zwischen Universität und Öffentlichkeit, lud es zu einem *studium generale* außerhalb der Hochschulen ein, stellte es wichtige und aktuelle, manchmal brisante Themen zur Diskussion. Weiterhin vermittelte es Wissenselemente, die »zum Verständnis der modernen Gesellschaft«, um den Titel der allerersten Veranstaltung zu zitieren, unentbehrlich schienen. Akademikern bot es eine Anschlußmöglichkeit an neuere Entwicklungen in den von ihnen vor Jahren studierten Fächern und eröffnete ihnen Einblicke in Nachbarfächer. Aber so ernst alle Beteiligten diese Aufgaben nahmen und sich dabei in der Kontinuität des Unternehmens Funkkolleg stehen sahen, war das eben eine wissenschaftliche Weiterbildung für Erwachsene, die sich frei und unverbindlich in einer immer unübersichtlicher werdenden Bildungslandschaft, auf einem von konventionellen wie neuen Medien immer stärker besetzten Bildungsmarkt vollzog.

Dieser allmähliche Wandel spiegelte sich auch in den Angaben der Kollegiaten und Kollegiatinnen zu den Gründen ihrer Teilnahme.[15] Die Rolle, die die sogenannte Begabtenprüfung für den Hochschulzugang spielte, wurde im Laufe der Zeit statistisch immer unbedeutender, damit auch die Motivation zur Beteiligung an Funkkollegs als möglicher Vorbereitung darauf. Als Teil oder Ergänzung eines Hochschulstudiums wurden diese je nach Thema nur von drei bis höchstens zehn, elf Prozent der Teilnehmenden genutzt. In gewissen Fällen haben Menschen ihre mit Funkkollegs erworbenen Kenntnisse und Zertifikate sehr eindrucksvoll in eine unkonventionelle Ausbildungs- und Berufskarriere einbauen können, zumal wenn diese in eine im weiteren Sinn pädagogische Tätigkeit mündete; aber auch das war eher die Ausnahme als die Regel. Von der schrumpfenden Stammgruppe der Lehrer und Lehrerinnen abgesehen, überwogen bei den Teilnehmenden je länger desto stärker privat-persönliche Motive, und unter diesen scheint – neben Interesseneigungen zu bestimmten Themen, Kompensationsbedürfnissen zur Berufsarbeit und milieubezogenem Prestigestreben – nicht zuletzt auch die schiere Lernlust eine sehr große Rolle gespielt zu haben: das wiederholte Absolvieren äußerst fordernder, sich über zehn Monate hinziehender Mitvollzugs- und Gedächtnisleistungen als eine Art »geistiges Fitness-Programm«.

Die Adressierung der Funkkollegs an dieses diffusere Publikum »gebildeter Laien«, wie man früher gesagt hätte, brachte immer wieder die Versuchung mit sich, die tatsächlich ziemlich hohen Zugangsschwellen in der Werbung eher herunterzuspielen. Gelegentlich, wie etwa im Falle des Funkkollegs »Musik«, führte das zu Kritik in der Presse[16], aber fast regelmäßig machten die Kollegiaten und Kollegiatinnen ihren Verständnisschwierigkeiten in Briefen an die Veranstalter und zumal in Diskussionen der Studienbegleitzirkel Luft. Regelmäßig wurden die Barrieren der formalisierten, abstrakten und mit Mengen fremder Vokabeln durchsetzten Fachsprachen der Wissenschaft auch in den sogenannten *feed-back*-Sendungen beklagt, die in der Form von Studiodiskussionen meist zur Halbzeit und nochmals am Ende jedes Funkkollegs veranstaltet wurden.

Die Redaktionsgruppen, die beim DIFF die hier vor allem betroffenen Studienbriefe bearbeiteten, blieben zwar bemüht, den Stil so verständlich wie möglich zu

15 Vgl. hierzu den Beitrag zur Statistik der Teilnehmerschaft S. 91ff.
16 Siehe Dokumentation S. 166f.

machen, aber ihren Eingriffsmöglichkeiten waren Grenzen gesetzt – nicht zuletzt durch die Autoren. Außerdem waren in jener Zeit die Redakteure überwiegend selbst junge Wissenschaftler der betreffenden Fächer, die beim DIFF jeweils projektbezogen mit Zeitverträgen beschäftigt wurden.

Im Grunde war das Problem nicht lösbar, denn das Wissen, das die Funkkollegiaten und -kollegiatinnen vermittelt bekommen sollten und wollten, war aus den Diskursen der jeweiligen Wissenschaft kaum herauszulösen und in Alltagssprache zu übersetzen, ohne in seiner Authentizität beschädigt zu werden. Zur Einführung in eine wissenschaftliche Disziplin gehöre in gewissem Umfang auch das Erlernen ihrer Fachsprache, betonte gelegentlich Professor Hans Tietgens, Leiter der Pädagogischen Arbeitsstelle des Deutschen Volkshochschulverbandes, in der Planungskommission. Wissenschaftliche Weiterbildung, könnte man auch sagen, schloß unvermeidliche Erfahrungen mit exklusiven Kommunikationsstilen und -ritualen ein, wie sie an der Universität gepflegt werden.

Bedauerlich war freilich, daß solche Abgrenzungsmomente sich zuweilen auch dort in Funkkollegs wiederfanden, wo es eigentlich um interdisziplinäre Verständigung gehen sollte: Nicht selten beharrten die Autoren einzelner Studieneinheiten recht dogmatisch auf Begriffsdefinitionen und axiomatischen Prinzipien ihrer jeweiligen Disziplin, so daß zuletzt eher ein additives Nebeneinander als eine dialogische Verknüpfung der fachspezifischen Ansätze entstand. Überhaupt zeigte sich, je mehr zu den Funkkollegs namhafte Autoren von vielen verschiedenen Universitäten herangezogen wurden, wie schwer manchen Wissenschaftlern Teamkooperation und dazu auch noch die Einhaltung eines rigiden Zeitplans fiel. Auch nach einer intensiven Vorplanung und Strukturierung des jeweiligen Curriculums, nach Autorentagungen, ausgedehnter Korrespondenz und schließlich vielen Arbeitssitzungen der Wissenschaftlichen Leitung zusammen mit den Redakteuren des DIFF und der federführenden Rundfunkanstalt verblieben nicht selten Unebenheiten, Schwächen oder gar innere Widersprüche in dem, was – zuletzt meist unter hohem Zeitdruck fertigproduziert – als Funkkolleg an die Öffentlichkeit kam. Daß auch Wissenschaft nur Menschenwerk ist, gehörte so zu den zwar unbeabsichtigten, aber vielleicht nicht unangebrachten Lernerfahrungen aufmerksamer Teilnehmer und Teilnehmerinnen, und die Kritik hatte neben vielem Lob hie und da Tadel auszusprechen.[17]

Übrigens war die weitere Hochschulorientierung des Funkkollegs Anfang der 80er Jahre von Kadelbach, Wicht und anderen bei der Erörterung von Zukunftsperspektiven zeitweilig durchaus in Frage gestellt worden. Überlegungen, ob nicht in der kommenden Zeit eher das berufsbildende Schulwesen, das große Mängel aufwies, eine solche »Hilfsaktion« nötig habe, wie sie das Funkkolleg – zumindest in den Augen seiner Väter – in einer bestimmten Situation für die Hoch- und allgemeinbildenden Schulen geleistet hatte, blieben jedoch episodisch.

Die Studienbriefe – bis 1989 noch Studien»begleit«briefe genannt – behielten bis in die beginnenden 90er Jahre ihre Form und Gliederung im wesentlichen bei: Zu

17 Nicht zu allen Funkkollegs erschienen – nach ankündigenden Vorbesprechungen – eingehende Rezensionen in der Presse. Die in der Dokumentation S. 174ff. gebotenen Beispiele dürften gerade wegen der darin geäußerten kritischen Gesichtspunkte von Interesse sein, sind aber damit nicht unbedingt repräsentativ.

jeder der 30 Studieneinheiten eines Kollegs gab es, bezogen auf die Kollegstunde im Radio, einen einführenden sogenannten *Vor-*, einen *Während-* sowie den umfangreichen *Nach*text (der *Während*-Teil enthielt Tabellen, Grafiken, Abbildungen und ähnliches Material zu in der Sendung angesprochenen Sachverhalten, der *Nach*text das eigentliche Lernpensum der Studieneinheit). Bei den Kollegstunden hatte es jedoch schon seit »Quadriga«-Zeiten einen Wechsel zwischen der vom Autor selbst gesprochenen Vorlesung und anderen Formen gegeben. Zum Teil wurde eine strenge Didaktisierung der auf mehrere Sprecher verteilten, mit Merksätzen usw. strukturierten Kollegtexte versucht, zum Teil wurden Themen in Studiogesprächen erörtert oder mit fiktional-spielerischen Elementen aufgelockert und veranschaulicht.

Mitte der 80er Jahre verstärkte sich allgemein der Ruf nach funkgerechteren Formen. Der Wunsch, den Kollegiaten und Kollegiatinnen in jedem Medium das zu geben, was dieses am besten zu leisten vermag, ging dabei Hand in Hand mit der Forderung nach größerer »Programmverträglichkeit« der Kollegsendungen. Die Kulturprogramme der Anstalten, ohnehin nur von einer schrumpfenden Minderheit genutzt, mußten versuchen, jederzeit wenigstens für eine Mehrheit dieser Minderheit attraktiv zu bleiben. »Hörerbindung«, »Programmfluß«, Vermeidung von »Hörschwellen« waren seit einigen Jahren Schlagworte der Programmphilosophie, und auch die Definition des Kulturprogramms als eines »Einschaltprogramms« für wechselnde Gruppen Interessierter schützte nicht vor der Befürchtung, daß nach der fünfzehnten oder dreiundzwanzigsten Folge einer hochakademischen Vorlesungsreihe viele, die sich davon abgewiesen fühlten, nicht mehr den Weg zurück zu dem betreffenden Kanal fanden.

Beim Funkkolleg »Psychobiologie« ließ der Westdeutsche Rundfunk (verantwortlich: Dr. Ingrid König) 1986/87 die Wissenschaftler die Sendungen zum erstenmal nicht mehr selbst entwerfen; sie erstellten Exposés, nach denen Funkjournalisten dann »Features« erarbeiteten, eine Form, die einen darstellenden, meist dramaturgisch auf mehrere Sprecher verteilten Text mit Elementen wie Reportage, Originalton-Dokumentation, Interview und Hörszene abwechslungsreich verknüpfte. Spätere Funkkollegs anderer Anstalten kehrten zum Teil zum früheren Brauch zurück, die Texte der Wissenschaftler wurden aber zumindest stärker »radiophon« aufbereitet, durch Gespräche, Lesungen und anderes ergänzt oder mit Originaltönen aus dem Archiv illustriert.

Jede Benutzung von solchen freieren Formen, durch die die Radiosendungen bunter, anschaulicher, anregender und vor allem auch interessanter für Zufallshörer wurden, setzte jedoch eine inhaltliche Reduktion voraus: Selbst in der Vorlesungsform hatte eine Kollegstunde den Wissensstoff einer ganzen Studieneinheit nur verknappt vermitteln können; nunmehr mußte sie sich darauf beschränken, in das Thema einzuführen und exemplarische Problemausschnitte, Anwendungsbeispiele, Hintergründe dazu zu veranschaulichen. Da in den Prüfungen zum Funkkolleg ohnehin nur das vorausgesetzt werden konnte, was schwarz auf weiß in den Studienbriefen stand, war diese Auflockerung, die keine Senkung des Niveaus bedeuten sollte, prinzipiell möglich. Aber die erwünschte Verzahnung zwischen Sendung und Studienbrief, die zeitlich keineswegs parallel an verschiedenen Orten von getrennten Redaktionen bearbeitet wurden, geriet damit erst recht zum Problem. Manchen Hörern behagten die neuen Sendeformen im übrigen auch nicht, sie vermißten den strengen, konzentrierten Lehrtext. Die Mehrzahl allerdings reagierte offensichtlich positiv.

Daß die zuletzt stark nachlassende Nachfrage 1987 zur Einstellung der Fischer-Taschenbuchreihe mit den Sendetexten führte, dürfte verschiedene Ursachen gehabt haben: Auf dem überfüllten Taschenbuchmarkt lagen inzwischen vielerlei neue Einführungen in alle möglichen Wissensgebiete vor; das Radio hatte seine prominente Leitfunktion als breitenwirksames Bildungs- und Kulturmedium allmählich eingebüßt; und die Funkkollegs hatten sich, wie beschrieben, in den Themen und Formen gewandelt. In Einzelfällen wurden Funkkolleg-Sendetexte zur Grundlage von Taschenbuchausgaben auch in anderen Verlagen. Daneben wurden die Studienbriefe, einfach zu Buchausgaben zusammengebunden oder in überarbeiteter Form als Lehrbücher herausgegeben, häufig über den Buchhandel weitervertrieben.

Zum Funkkolleg »Jahrhundertwende 1880–1930« wurde 1988/89 erstmals wieder das Fernsehen als ergänzendes Medium herangezogen: Der Süddeutsche Rundfunk (verantwortlich: Heidi Büchler-Krienke) stellte ein umfangreiches Programm aus Spielfilmen, archivierten Dokumentationen, Features und Porträts historischer Personen zusammen. Sonntagmittags in den dritten Programmen der Südwestsender, Hessens und des WDR ausgestrahlt, begleitete es die Kollegsendungen Woche für Woche. Demgegenüber verkürzte, mit den Studieneinheiten daher nicht so gut koordinierbare Fernsehbegleitprogramme, an denen sich auch der Norddeutsche Rundfunk beteiligte, wurden im folgenden auch zu den Funkkollegs »Moderne Kunst« und »Medien und Kommunikation« sowie »Der Mensch – Anthropologie heute« und »Literarische Moderne« angeboten.

Diese als fakultative Ergänzung gedachten Fernsehprogramme dienten der Veranschaulichung und ermöglichten zudem Wiederbegegnungen mit bedeutenden Filmen und interessanten Produktionen. Viele begrüßten sie, in manchen Begleitzirkeln erhob sich jedoch ein Stöhnen: nun noch fast zwei Wochenstunden Fernsehen zusätzlich! Mißlich war außerdem, daß die aus den Archiven geholten Fernsehsendungen in ihrem Tenor den im Funkkolleg vertretenen Theorien nicht immer genau entsprachen und daher gelegentlich Verwirrung anrichteten – und vor allem, daß sie wegen regionaler Sportereignisse, denen im Fernsehprogramm aktuell Vorrang eingeräumt wurde, auch schon einmal ausfielen oder abgebrochen wurden.

1986 beging das Funkkolleg sein 20jähriges Jubiläum mit einer kleinen Veranstaltung in der Frankfurter Universität. Über 400000 Menschen hatten zu diesem Zeitpunkt bereits an den Kursen teilgenommen, mehr als 100000 ein Zertifikat erworben. Kadelbach, seit 1985 im Ruhestand, sprach damals über »Erreichtes und Unerreichtes« und stellte dabei unter anderem diese Hauptleistung heraus: »Auch wenn das Studienprogramm an den Standards der Universität und ihren Bedürfnissen orientiert ist – denn die Teilnehmer wollten zur Universität, studierten dort oder wollten ihre an den Hochschulen erworbenen Kenntnisse vertiefen oder weiterführen –: so hat doch ein wesentlicher, zusätzlicher Personenkreis Einblick nehmen können in die Inhalte, Methoden und Ergebnisse hochschulorientierter Wissenschaft, der bis dahin kaum einen Zugang zu solchen Veranstaltungen hatte.«

Kadelbach wiederholte im übrigen seine Vorschläge für eine Weiterverwertung der abgelaufenen Kollegs und für eine Integration des Funkkollegs in ein übergreifendes Fernstudiensystem mit *credit points*; das Prüfungsverfahren müsse verbessert, die Rückkopplung zwischen Veranstaltern und Kollegiatenschaft intensiviert und die »soziale Phase« verstärkt werden. Und: Er wünschte den Kollegstunden günstigere Sendezeiten in den Programmen. 1988 zeichnete der Fachbereich Erziehungswissenschaften der Philipps-Universität Marburg Kadelbach mit der Ehrendoktorwürde aus, wobei die Gründung, Ausgestaltung und Weiterentwicklung des Medienverbundsystems Funkkolleg als sein Hauptwerk bezeichnet wurde.

1989 beschloß der Düsseldorfer Erziehungswissenschaftler Rainald Merkert, ein kompetenter Langzeitbeobachter des Funkkollegs, eine ausführliche und zu sehr positiven Wertungen kommende »Analyse und Dokumentation«[18] dieses Bildungsprogramms mit dem Satz: »Das Funkkolleg leidet noch keineswegs an Alterserscheinungen, auch wenn seine bildungspolitischen Blütenträume dahingewelkt sind.« Für das Funkkollegzertifikat prägte Merkert die Metapher eines »geistigen Sportabzeichens für Interessierte«.

Etwa zur gleichen Zeit setzte sich Dr. Heinz Werner Poelchau, als Ministerialrat im nordrhein-westfälischen Kultusministerium mit Erwachsenenbildung und speziell mit dem Funkkolleg befaßt, wo er in der Planungskommission und vielen Prüfungskommissionen mitwirkte, mit dessen Zukunftsperspektiven auseinander. In einem engagierten, für die Planungskommission bestimmten Memorandum »Das Funkkolleg in den neunziger Jahren« ging auch er von einer sehr erfreulichen Leistungsbilanz aus. Was ihm jedoch Sorgen bereitete, waren die eintretenden Verschiebungen im Mediensystem und damit einhergehende Veränderungen in der gesellschaftlichen Wahrnehmungsweise und Einstellung gegenüber dem Hörfunk: immer mehr und nun auch privat-kommerzielle Programmangebote, eine immer stärkere Aufsplitterung des Publikums und eine mehrheitliche Nutzung des Radios als eines, wie das neue Schlagwort lautete, »Begleitmediums mit Dienstleistungscharakter«. Bildungsangebote wurden von diesem Medium, wie zum Beispiel Befragungen im Zusammenhang mit einem Dortmunder Lokalradioversuch gezeigt hatten, nur noch sehr nachgeordnet erwartet.

In der Teilnehmerschaft der Funkkollegs stellte Poelchau neben der Verschiebung des Schwerpunkts zu den »allgemein Interessierten« hin eine ebensolche von jüngeren zu älteren Jahrgängen fest, ferner den immer größer werdenden Anteil einer Stammklientel, die bereits mehrfach an Kollegs teilgenommen hatte. Die Zahlen insgesamt schienen ihm steigerungsfähig, denn das Potential an Weiterbildungsinteressierten, zumal an bereits wissenschaftlich Vorgebildeten, war in der Gesellschaft prinzipiell offensichtlich sehr groß und würde weiter wachsen.

Um es noch besser als bisher zu erreichen und auszuschöpfen, schlug Poelchau vor, die Funkkollegs auf Halbjahresrhythmus umzustellen, also Themen mit begrenzterem Zuschnitt, aber in verdoppelter Zahl und bunterem Wechsel anzubieten und damit zugleich die hohe Schwelle der Selbstverpflichtung, die der bisherige Zeitraum eines ganzen Jahres für die Teilnehmenden bedeutete, zu senken. Dazu wurde neben einer noch attraktiveren Gestaltung der Sendungen eine Aufspaltung des schriftlichen Begleitmaterials in verschiedene Versionen empfohlen: ein vorab vorzulegendes, wissenschaftsjournalistisches Taschenbuch für die nur an einem

---

18 *Wirken im Schatten der Publizität: Das Funkkolleg.* In: *FUNK-Korrespondenz* Nr. 9/3. März 1989.

Überblick Interessierten und daneben die Studienbriefe für die ein wirkliches Fernstudium Anstrebenden.

Mit diesen Vorschlägen und den weiteren von Poelchau angesprochenen Perspektiven beschäftigte sich 1990 eine dafür eingesetzte *Ad-hoc*-Arbeitsgruppe der Planungskommission. Sie kam zu einer weitgehend ähnlichen Einschätzung der Situation, was die Medienlandschaft, die Rolle der Weiterbildung in der Gesellschaft und die zu erweiternde Klientel des Funkkollegs anging. Der Gedanke freilich, künftig jedes halbe Jahr ein neues Funkkolleg anzubieten, besaß kaum Verwirklichungschancen, da der personelle und finanzielle Aufwand damit um wenigstens ein Drittel steigen würde – diese Mittel standen in einer Zeit wachsender Finanznöte weder bei den Rundfunkanstalten noch beim DIFF, auch nicht bei den Volkshochschulen oder den Ministerien bereit. (Ebenso wurde der Vorschlag eines zu Beginn jedes Kollegs vorzulegenden Taschenbuchs in seiner Realisierbarkeit bezweifelt, zumal zu befürchten war, daß sein Absatz zumindest teilweise zu Lasten der Studienbriefe gehen würde.)

Dagegen sah die Arbeitsgruppe Ansätze zu einer Erschließung neuer Zielgruppen durch eine verstärkte Öffentlichkeitsarbeit und Werbung, aber auch bei der Themenbestimmung weiterer Funkkollegs. Die besonderen Erfolge, die das Funkkolleg bisher typischerweise mit klassischen bildungsbürgerlichen Themen wie Kunst, Musik und Literatur gehabt hatte, wurden zusammen mit dem wachsenden Anteil der wiederholt Teilnehmenden und der Älteren als Hinweis auf die Gefahr einer Gettoisierung gesehen. Ihr sollte mit Strategien, die sich gezielt auf bisher gar nicht angesprochene Berufsgruppen und Bevölkerungskreise richteten, entgegengewirkt werden. Außerdem wurden nun Hoffnungen auf viele für Funkkollegs zu Interessierende in den neuen Bundesländern gesetzt – wenn es nämlich gelänge, die dort neu entstandenen öffentlich-rechtlichen Rundfunkanstalten in die Kooperation einzubeziehen.

Die Arbeitsgruppe, deren im Frühjahr 1991 vorgelegter Bericht von weiteren Empfehlungen aus dem Kreis der Volkshochschulen begleitet wurde, hatte sich auch mit den zunehmenden Problemen der internen Entscheidungsfindung beim Funkkolleg beschäftigt: Das einzige Organ dafür, die zweimal jährlich, seit 1988 unter Vorsitz von Dr. Peter Kliemann als dem Nachfolger von Dr. Henning Wicht tagende Planungskommission, war inzwischen auf nominell über 50 Mitglieder angewachsen. Auch wenn an den Sitzungen tatsächlich meist nur zwischen 30 und 35 Personen teilnahmen, war dieses Gremium im Grunde viel zu groß, um neue Themenideen, wissenschaftstheoretische und curriculare Details, Werbemaßnahmen und anderes unter allen Aspekten auszudiskutieren. Das einst so glücklich gewählte locker-kooperative Organisationsmodell geriet infolge der Vielzahl der inzwischen beteiligten Partner an seine Grenzen. Es gelang jedoch nicht, die Kommission zu überzeugen, daß für die laufende Arbeit besser ein rotierend zu besetzender, kleinerer und häufiger tagender Ausschuß geeignet sei; es müßten, hieß es, immer *alle* beteiligten Bundesländer, Rundfunkanstalten usw. am gesamten Entscheidungsprozeß teilhaben können.

1991 bestand das Funkkolleg 25 Jahre; inzwischen konnten die Veranstalter auf über 600000 eingeschriebene Teilnehmerinnen und Teilnehmer in dieser Zeit verweisen, zu denen Millionen regelmäßiger oder gelegentlicher »Zaungäste«, die nur die Sendungen im Radio hörten, hinzuzuzählen waren. Aber das Jubiläum, eigentlich gedacht als Anlaß für Aktivitäten, um das Funkkolleg in einer weiteren Öffentlichkeit noch mehr zu einem Begriff für Weiterbildung zu machen, ihm endlich »Markencharakter« zu verschaffen, wurde auf einmal überschattet von der Ankündigung zweier tragender Partner, die Kooperation demnächst einzustellen: Südwestfunk und Süddeutscher Rundfunk, seit 1969 dabei, wollten das Funkkolleg in seiner bisherigen Form in ihrem künftigen gemeinsamen Hörfunkprogramm »S2 Kultur« nicht mehr fortführen.

Unmittelbare Ursache war diese den beiden Anstalten von den Politikern auferlegte Fusionierung ihrer Kulturprogramme. Wer die inneren Verhältnisse großer Redaktionsapparate und speziell öffentlich-rechtlicher Rundfunkhäuser kennt, weiß, welche Verteilungskämpfe ein solcher Beschluß unvermeidlich auslöst. Die verschiedenen Musiksparten ringen mit den Wortredaktionen um Programmanteile, innerhalb der Wortflächen muß Populäreres gegen Elitäres, die große Form gegen die kleine, Kritisch-Aktuelles gegen Zeitlos-Repräsentatives, Literatur gegen Wissenschaft abgewogen werden. Spezifisch radiophone Gattungen beanspruchen eine Sonderstellung, es gilt, regionale Traditionen und Verpflichtungen zu berücksichtigen, usw. Jede Redaktion hat wertvolle Anliegen zu vertreten. Zugleich wird versucht, dem neuen Programm eine Struktur und Architektur zu geben, die mit neueren Erkenntnissen über Hörgewohnheiten und -präferenzen im Einklang steht, ein möglichst viele zum Einschalten und Weiterhören einladendes Design, das sich mit einer »modernen« Programmphilosophie beschreiben läßt.

Bei diesem Prozeß blieb im Falle von »S2 Kultur« das Funkkolleg fast notwendigerweise auf der Strecke: Es schien nur an eine Minderheit der Minderheit adressiert und war mit seinen 60-Minuten-Sendungen, vielen Folgen und Wiederholungsterminen allzu sperrig. Wenn die eigene Anstalt die Federführung hatte, verursachte es eine außerordentliche Arbeitsbelastung, und die ständige Rücksichtnahme auf viele mitbeteiligte Partner war lästig. Trotzdem haben es die Verantwortlichen in Baden-Baden und Stuttgart sicher nicht leichten Herzens gestrichen. Erst als sie deswegen unter zunehmenden Rechtfertigungsdruck gerieten, legten sie nach: Das Funkolleg sei in seiner Form veraltet, in seiner Funktion überholt, es sei hörerunfreundlich und weise ohnehin fortwährend sinkende Teilnehmerzahlen auf.

Es wurde noch lange verhandelt und nach möglichen Kompromissen gesucht, aber da die beiden südwestdeutschen Anstalten von einem universitätsorientierten Kursprogramm im Medienverbund mit Prüfungen und Zertifikaten nichts mehr wissen wollten, höchstens von kürzeren Sendereihen mit mehr Lebensbezug und begleitenden Büchern, während die anderen Veranstalter weiter an jenen *essentials* festhielten, blieb es schließlich bei der Trennung. Gewissermaßen als Abschiedsgeschenke an den Verbund realisierte der Südwestfunk (verantwortlich: Dr. Ursula Goetzl) 1992/93 noch das Funkkolleg »Der Mensch – Anthropologie heute« und im Jahr darauf der Süddeutsche Rundfunk (verantwortlich: Reinfried Hörl) das mit 33609 Anmeldungen sehr erfolgreiche Funkkolleg »Literarische Moderne«.

Beide Anstalten erhielten Hunderte von Protestbriefen aus ihrem Hörerkreis, als sie ihren Abschied vom Funkkolleg ankündigten; gerade in Baden-Württemberg hatte es zahlreiche treue Anhängerinnen und Anhänger und spielte auch in den Volkshochschulen eine wichtige Rolle. Es gab kritische Pressekommentare[19] und noch einige Polemik hin und her. Aber wenn sich die Intendanten und Programmdirektoren auf die Bevölkerungsmehrheit in ihren Sendegebieten beriefen, hatten sie natürlich recht: Die vermißte das Funkkolleg nicht, und das galt sogar für die meisten Kulturprogrammhörer und -hörerinnen, denen nun statt dessen eine »Radio Akademie« angeboten wurde.

Was der Ausstieg des Südwestfunks und des Süddeutschen Rundfunks für den verbleibenden Verbund bedeutete, zeigt der in der Dokumentation als Beispiel wiedergegebene Kostenplan[20] für das letzte Kolleg, das noch gemeinsam zweisemestrig mit 30 Studieneinheiten durchgeführt wurde. Von den auf die Rundfunkanstalten insgesamt entfallenden, in einem Co-Produktionsetat zusammengefaßten Fremdkosten für Honorare, für Tagungen und Arbeitssitzungen und außerdem für die Werbung trugen seit Beitritt des Norddeutschen Rundfunks die fünf »großen Anstalten« je 18,7 Prozent, der Saarländische Rundfunk 4 Prozent und Radio Bremen 2,5 Prozent. (Vor Beitritt des NDR hatte die Kostenumlage für die vier »großen« Anstalten je 23, für die kleinen 5 beziehungsweise 3 Prozent betragen.) 37,4 Prozent der jährlichen Funk-Aufwendungen für das Funkkolleg, mindestens DM 200.000.-, waren also ab 1994 ungedeckt.

Noch gravierender war jedoch, daß zwei Anstalten ausfielen, die bisher in fünfjährigem Rhythmus den internen Aufwand übernommen hatten, der mit der Federführung bei einem Funkkolleg und seiner Produktion verbunden war. Die verbleibenden drei (der Norddeutsche Rundfunk und Radio Bremen übernahmen die Sendungen ja nur) würden nun also alle drei Jahre ein Funkkolleg zu realisieren haben. Da jedes Kolleg erfahrungsgemäß etwa drei Jahre Vorbereitung bis zu seinem Start benötigte, hätte sich bei ihnen die Endphase des letzten bereits mit der Planung des nächsten überschnitten; dafür fehlten zumindest beim Saarländischen und beim Hessischen Rundfunk die nötigen personellen Ressourcen. Über die Auswege, die aus dieser Krise gesucht wurden, berichtet der nächste Abschnitt.

Nachzutragen ist noch eine Kontroverse, die sich 1992 am Funkkolleg »Medien und Kommunikation« entzündete (der Autor dieses Berichts war damals beim Hessischen Rundfunk dafür verantwortlich). Lutz Hachmeister, zu jener Zeit Leiter des Adolf-Grimme-Instituts in Marl, des Medieninstituts des Deutschen Volkshochschulverbandes, besprach dieses Funkkolleg in einer Fachzeitschrift[21] sehr kritisch, da er den darin als Kognitionstheorie zugrundegelegten Ansatz des sogenannten »Radikalen Konstruktivismus« ablehnte und die Darstellung anderer, in seinen Augen besserer Denkmodelle vermißte. Zugleich aber griff er das Funkkolleg als solches an.

»Sowohl im Weiterbildungs- als auch im Mediensystem«, behauptete Hachmeister, »blieb das Funkkolleg eine marginale Größe, gemessen an den Teilnehmer- und Absolventenzahlen. Als publizistisches Instrument und strategisches Mittel in der wissenschaftlichen Auseinandersetzung erlangte es jedoch einige Bedeutung. [...] Nicht das Funkkolleg als multimediales Gesamtkonzept erregte beständige Auf-

---

19 Siehe Dokumentation S. 183f.

20 Siehe S. 180ff.

21 *Das Gespenst des Radikalen Konstruktivismus. Zur Analyse des Funkkollegs ›Medien und Kommunikation‹*. In: *Rundfunk und Fernsehen*, 40. Jg., 1992/1, S. 5-21.

merksamkeit, sondern die schriftlichen Materialien gingen in den Kanon der jeweiligen Fachdisziplinen ein.«

Hier wurden die Dinge auf den Kopf gestellt. Auf die Anfänge zurückblendend, hieß es weiter: »Die Entstehung des Funkkollegs verdankt sich zwei Axiomen: der Forderung nach Öffnung des tradierten Bildungssystems durch neue Angebote und dem Glauben an eine Objektivierung des Lehrens und Lernens durch den Einsatz von Bildungstechnologien. Es galt als Ausdruck fortschrittlicher Position, Bildungsinhalte so weit wie möglich von der *face-to-face*-Kommunikation, von den subjektiven Ansichten der Lehrer und Dozenten ablösen zu wollen. Diese Position traf sich mit den Möglichkeiten, der damals prognostizierten ›Bildungskatastrophe‹ durch den Einsatz von Massenmedien und Lerntechnologien (Sprachlabore etc.) zu begegnen.« Insoweit konnte man Hachmeisters Beschreibung, auch wenn sie zugespitzt war, beipflichten.

Er fuhr jedoch fort: »Die technologische Euphorie mündete bald in technokratische Utopien, die sowohl Wirkungspotentiale und Rezeptionsweisen von Hörfunk und Fernsehen verkannten als auch den einzelnen unter Vorspiegelung avancierter Bildungspolitik einer lebenslangen Lehr- und Lernkontrolle unterwerfen wollten.« Zum Beleg dafür wurde eine gelegentlich geäußerte Vision Gerd Kadelbachs zitiert: Menschen, die sich beruflich fortbildeten, würden erworbene Kenntnisse und Fähigkeiten künftig jederzeit und überall in normierten Tests nachweisen und sich zum Beispiel auch auf einer »Lochkarte« eintragen lassen können, um sie bei Bedarf vorzuweisen. Dazu Hachmeister: »Kadelbachs Aussagen zeigen im Rückblick, wie bildungspolitische Forderungen nach Chancengleichheit und Flexibilisierung der Bildungsangebote mit umfassenden funktionalistischen Kontrollvorstellungen einhergehen konnten, die auch die Massenmedien in das Netzwerk funktionaler Qualifizierungsleistungen einbinden wollten.«

Kadelbach, der begeisterte Lehrer und Mentor der Volksbildung, ließ sich manchmal zu Vorstellungen hinreißen, die in der Tendenz einer durchgängigen Pädagogisierung der Gesellschaft lagen, und sein Glaube an die in den Medien schlummernden Möglichkeiten, zu Bildungsinstrumenten für Massen zu werden, war sehr groß. Aber ihm wegen jener Gedanken, die sich auf einen künftig überall möglich werdenden Erwerb und Nachweis von Berufsqualifikationen bezogen, eine »totalitäre Vision des ›gläsernen Bildungsbürgers‹« nachzusagen, ging zu weit und kam einer Verunglimpfung nahe.

Aus der Praxis, zumal auch aus der ständigen Fortentwicklung des Funkkollegs, an der Kadelbach 20 Jahre lang entscheidenden Anteil hatte und die er mit vielen Veröffentlichungen begleitete, ließen sich derartige Anwürfe ohnehin nicht belegen. Das Funkkolleg hat inbesondere nicht, wie Hachmeister behauptete, »weniger auf Reflexion als auf abschlußbezogene Qualifizierung gesetzt«. Damit wurde unterstellt, die Teilnehmenden seien lediglich zum Pauken von Lernstoff für die MC-Tests angehalten worden. In Wirklichkeit ist jedoch immer wieder, und zwar gerade auch von Kadelbach, problematisiert worden, daß das Testverfahren der kritischen Reflexion und denkenden Eigenleistung der Kollegiaten und Kollegiatinnen, auf deren Entwicklung die Funkkollegs größten Wert legten, keine Ausdrucksmöglichkeit bot. Es wurde beibehalten, weil ein praktikables besseres Massenprüfungsverfahren nicht zur Verfügung stand, aber bestimmte nicht den Geist des Ganzen.

Nachdem er den wirklichen *Verbund* der Medien beim Funkkolleg, das heißt das praktische Funktionieren der »didaktischen Montage« von Sendungen und schriftlichen Materialien, in Frage stellte, was in der Tat zu diskutieren gewesen wäre, kam Hachmeister zu dem Ergebnis: »Vom Modell einer funktionalen, zertifikatsbezogenen Zusatzqualifizierung entwickelte sich das Funkkolleg zu einem symbolischen Ritual, bei dem die beteiligten Institutionen (Kultusministerien, Universitäten, Volkshochschulen, Rundfunkanstalten) auf relativ einfache Weise ihren Willen zu bildungspolitischen Investitionen belegen konnten.« Daran knüpfte er erneut seine These, das Funkkolleg habe sich, ohne daß die Veranstalter – wissenschaftlich unbeschlagen, wie sie waren – dies überhaupt bemerkt hätten, für Strategien zur Durchsetzung wissenschaftspolitischer Ziele instrumentalisieren lassen.

Ich habe damals in einer Erwiderung[22] versucht, diese recht zynische, jedenfalls unzutreffende Darstellung des Funkkollegs und seiner Leistungen zurechtzurücken. Im Zusammenhang des vorliegenden Beitrags und dieses ganzen Bandes glaube ich, das dem Urteil der Leser und Leserinnen anheimstellen zu können.

4. Krisenmanagement und Ende (1994–1998)

Nachdem Südwestfunk und Süddeutscher Rundfunk ihr Ausscheiden aus dem Funkkolleg-Verbund angekündigt hatten, suchte Dr. Peter Kliemann, Hörfunk-Programmdirektor des Hessischen Rundfunks und seit Ende 1987 Vorsitzender der Planungskommission, verstärkt nach möglichen neuen Partnern unter den Rundfunkanstalten.

Der Sender Freies Berlin hatte – nicht zuletzt unter dem Druck sehr aktiver Berliner Volkshochschulkreise, die sich schon jahrelang am Funkkolleg beteiligten, ohne dessen Sendungen empfangen zu können – vorübergehend einen Beitritt erwogen. Aber schon 1990 hatte er sich mit Verweis auf seine Programmstruktur und finanzielle Probleme negativ entschieden und bekräftigte nun seine Absenz. Auch die neuen Sender Mitteldeutscher Rundfunk und Ostdeutscher Rundfunk Brandenburg hatten andere Vorstellungen für ihre Bildungsprogramme und ließen sich nicht gewinnen. Der Norddeutsche Rundfunk machte zwar seine Ankündigung, sich nach einem Ausscheiden der beiden südwestdeutschen Anstalten ebenfalls zurückzuziehen, nicht wahr, aber er sah sich auch weiterhin trotz allen Drängens nicht in der Lage, selbst Funkkollegs zu produzieren, sondern übernahm lediglich die Sendungen der anderen.

Im Frühjahr 1994 trat, aber auch nur als übernehmender Sender, die Deutsche Welle dem Kreis der Veranstalter bei. Damit kam das Funkkolleg in seiner letzten Phase sogar zu einer weltweiten Verbreitung über Kurzwelle. (Im europäischen Ausland hatte das Funkkolleg übrigens schon immer eine gewisse grenzüberschreitende Wirkung gehabt. Insbesondere aus den westlichen Nachbarländern hatten sich kleinere Zahlen von Hörern und Hörerinnen zur Teilnahme angemeldet. In der letzten Phase ergaben sich auf Initiative oder unter Mitwirkung von Goethe-Instituten

22 *Gespensterjagd. Anmerkungen zu Lutz Hachmeisters Kritik des Funkkollegs ›Medien und Kommunikation‹*. In: *Rundfunk und Fernsehen*, 40. Jahrgang 1992/2, S. 257ff.

auch Kontakte zu interessierten Gruppen zum Beispiel in Rumänien oder sogar in China, hier speziell zu Deutschlehrern und entsprechenden Studenten, die mit den Studienbriefen arbeiteten.) Aber weder die damit zu gewinnenden Teilnehmer noch die Abgeltung für die Sendungen reichten aus, um die entstandenen Lücken zu schließen. Erst im Herbst 1994 fand sich endlich mit dem DeutschlandRadio Berlin ein neuer Partner, der auch willens war, im Wechsel mit den anderen drei produzierenden Anstalten die Federführung für künftige Funkkollegs zu übernehmen.

Inzwischen hatten die verbliebenen Partner dafür ein neues Modell entworfen: Statt 30 Studieneinheiten enthielten die Kollegs ab Herbst 1994 nur noch 20. Die im Winterhalbjahr wöchentlich dazu ausgestrahlten Kollegsendungen, die 40 Minuten (bei der Deutschen Welle und beim DeutschlandRadio 30 Minuten) dauerten, wurden im folgenden Sommerhalbjahr, wenn die Studienbriefe zusammengefaßt als Buchhandelsausgabe vorlagen, wiederholt. Sich einschreiben und die Prüfung ablegen konnte man jedoch nur beim ersten Durchlauf im Wintersemester.

Das Modell war vom Sparzwang diktiert, aber die Veranstalter konnten davon ausgehen, daß es in gewissem Sinn sogar eine Verbesserung darstellte, jedenfalls den Wünschen breiterer potentieller Interessentenkreise entgegenkam. Immer wieder war die Überlast an Wissensstoff kritisiert worden, mit denen die Kollegiaten und Kollegiatinnen sich in den zweisemestrigen Funkkollegs konfrontiert sahen, die Dauer der damit verbundenen zeitlichen Verpflichtung, die für manche aus beruflichen oder familiären Gründen zuletzt häufig doch nicht durchzuhalten gewesen war. Die überschaubareren Halbjahreskurse würden auch besser mit den Programmen der Volkshochschulen und den Hochschulsemestern harmonieren. Regelmäßig hatten sich bei den Veranstaltern nach Anmeldeschluß und Beginn eines Funkkollegs noch zahlreiche Nachzügler gemeldet, die zu spät von der Veranstaltung gehört hatten – sie konnten jetzt auf die Wiederholung verwiesen werden. Diese bot auch eine Chance für diejenigen, die aus irgendeinem Grund beim erstenmal etwas versäumt oder zeitweilig ausgesetzt hatten.

Sogar die Verkürzung der Sendungen mußte kein Nachteil sein: Nicht wenige Hörer und Hörerinnen hatten mit dem konzentrierten Zuhören über eine ganze Stunde hin immer schon Schwierigkeiten gehabt, zumal wenn es sich am Abend eines langen Arbeitstags vollzog. Seit die Kollegsendungen, statt den gesamten Stoff der Studieneinheiten komprimiert wiedergeben zu müssen, vor allem der Einführung in das Thema, der Problementwicklung, Interesseweckung und Veranschaulichung dienten, waren 40 oder sogar nur 30 Minuten hinreichend.

Der Gesamtaufwand der Veranstalter für ein Funkkolleg reduzierte sich durch die Reform deutlich, und dies galt sowohl für die Fremdkosten (abgesehen von der Werbung) wie für die intern von den Redaktionen zu erbringenden Leistungen. Das kam nicht zuletzt dem DIFF entgegen, das sich ebenfalls gerade vor die Notwendigkeit zu Einsparungen und Umstrukturierungen gestellt sah. Nach dem Ausscheiden von Professor Dr. Karlheinz Rebel und mehrfachem weiteren Wechsel in seiner Leitung hatte es auch bei der Funktion des Koordinators für das Funkkolleg eine Neubesetzung gegeben. Eckart Frahm, der an die Stelle von Dr. Peter Schmoock getreten war, hatte schon 1992 mit einer Neugestaltung der Studienbriefe begonnen. Zusätzlich änderte sich jetzt die Organisation: Die jeweiligen Projektgruppen wurden nicht mehr mit eigens auf Zeit verpflichteten, zwar wissenschaftlich hochkompetenten, aber redaktionell meist noch unerfahrenen jungen Fachleuten besetzt, sondern mit Mitarbeitern und Mitarbeiterinnen des Hauses, die schon an anderen Fernstudienprojekten und früheren Funkkollegs mitgearbeitet hatten.

Leitgedanke der stufenweise vorgenommenen Reformierung der Studienbriefe war, so weit wie möglich auf die – recht unterschiedlichen – Erwartungen und Bedürfnisse der Kollegiaten und Kollegiatinnen einzugehen, sie weniger mit didaktischen Formalismen und Ritualen zu behelligen, die noch aus der Epoche der versuchten »Objektivierung« allen Lehrens und Lernens herrührten, und statt dessen das Vergnügen an der Begegnung mit neuem Wissen und die Ermutigung zum eigenständigen Umgang mit dem Stoff zu stärken. Auch eine »Verschlankung« des Umfangs der Lehrtexte, die häufig bis über die Grenzen der voraussetzbaren Aufnahmefähigkeit hinaus angewachsen waren, wurde endlich durchgesetzt. Ausgebaut wurde andererseits der sich im »Kollegiatenforum« spiegelnde Dialog mit den Teilnehmenden. Beim Funkkolleg »Literarische Moderne« fanden sich diese auch zu einer Art spielerischer »Poesiewerkstatt« eingeladen: Ergänzend zu den vornehmlich Wissen abfragenden Übungsaufgaben wurden ihnen kreative Aufgaben gestellt, deren interessante und reizvolle Lösungen dann zum Teil wiederum im Kollegiatenforum vorgestellt wurden.

Als weitere Verbesserung nahmen sich die Veranstalter für die künftigen Funkkollegs eine andere Form der Prüfungen vor. Es sollten nunmehr in der Klausur offene Fragen gestellt werden, die von den Teilnehmenden in eigener Formulierung schriftlich zu beantworten sein würden. Dies bedingte eine individuelle Korrektur der Arbeiten, für die man, da die Prüfungen weiterhin dezentral an vielen Orten gleichzeitig durchgeführt werden mußten, auf Leiterinnen und Leiter von Begleitzirkeln und anderes Personal der Volkshochschulen zählte. Dieses mußte entsprechend eingewiesen und mit Musterlösungen für die gestellten Aufgaben versehen werden. Bei den Volkshochschulen bestand prinzipielle Bereitschaft; ein Pilotversuch zeigte jedoch, daß die Schwierigkeiten – vor allem der Zeitaufwand für die Vorbereitung auf die Korrekturen, für diese selbst und die anschließende Standardisierung der Ergebnisse – doch zu groß und die Auswertungen mit zu vielen subjektiven Faktoren und Ungleichheiten behaftet waren. Daher blieb es schließlich beim bisherigen MC-Testverfahren, jedoch nun mit nur noch einer Hausarbeit und einer Klausur je Funkkolleg.

Die von den Kultusministerien mit eigenen und zusätzlich ernannten Fachvertretern besetzte Prüfungskommission, in der auch das Zentralbüro, die jeweilige wissenschaftliche Leitung des Funkkollegs, das DIFF und die federführende Rundfunkanstalt mitarbeiteten, wurde verkleinert: Die beiden Bundesländer, in denen die federführenden Rundfunkanstalten des laufenden und des nächstfolgenden Funkkollegs ihren Sitz hatten, übernahmen die Vertretung für die übrigen Länder mit.

Schließlich wurde verabredet, daß sich ab 1994 das DIFF und der Beltz Verlag an den Kosten der Werbung beteiligten, da der Werbeerfolg – in Form der für die Studienbriefe gezahlten Teilnahmegebühren beziehungsweise einem zu erwartenden Absatz der Buchhandelsausgabe während der Wiederholung des Funkkollegs – ihnen ökonomisch zugute kam. Tatsächlich schied jedoch der Beltz Verlag als Dienstleister bald aus. Das DIFF arbeitete unter anderem aus Kostengründen zuletzt mit einem anderen, standortnäheren Hersteller und Versender der Studienbriefe (TC Druck, Tübingen) zusammen; auch die Auswertung der Testbögen sowie die Werbung wurde bei den letzten beiden Funkkollegs an anderen Orten ausgeführt.

Auf zunächst weitere drei Jahre ab 1994 hatten sich die verbleibenden Verbundpartner auf der Basis des neuen Modells verabredet. Das erste Thema stand dabei bereits fest: Der Saarländische Rundfunk (verantwortlich: Hans Jürgen Koch und Dr. Jürgen Albers) hatte ein Funkkolleg »Technik. Einschätzen – Beurteilen – Bewerten« vorgeschlagen. Als nächstes brachte der Hessische Rundfunk (verantwortlich: Dr. Uwe Schultz, bzw. der hier Berichtende, und Dr. Peter Kemper) für 1995/96 ein Funkkolleg »Steuern – das Geld der Gesellschaft« ein.

Mit beiden Themen, deren Wichtigkeit und Aktualität außer Frage stand, sollte – ganz im Sinne der 1990 im Anschluß an das Memorandum »Das Funkkolleg in den 90er Jahren« getroffenen Überlegungen – versucht werden, auch hinsichtlich der Teilnehmerschaft Neuland für das Funkkolleg zu erorbern: andere Berufsgruppen, neue Kreise von Weiterbildungsinteressierten, insbesondere auch solche, die sich von den bisherigen Funkkollegs wegen ihrer langen Dauer abgeschreckt fühlten. Es zeigte sich jedoch, daß der erhoffte Zugewinn trotz verstärkter Werbeanstrengungen[23] nicht gelang – im Gegenteil: Im Falle von »Technik« wurden nur 10 728 Anmeldungen erzielt, bei »Steuern« 10426, so wenige wie noch bei keinem Funkkolleg seit der »Volkswirtschaftslehre« von 1971. Die Folge war unter anderem, daß trotz des Einsatzes der Volkshochschulen in weiten Gebieten kaum Begleitzirkel zustande kamen. Weit hinter den Erwartungen zurück blieb auch die Wirkung, die die Wiederholung der Kollegs im darauffolgenden Halbjahr hatte: Die Buchhandelsausgaben der Studienbriefe wurden kaum 200mal verkauft.

Zwar spielte bei diesen enttäuschenden Ergebnissen sicher der Ausfall der beiden südwestdeutschen Sendegebiete eine wesentliche Rolle, aber offensichtlich waren auch beide Themen für Menschen, die sich überhaupt für wissenschaftliche Weiterbildung mit dem Radio interessierten, nicht einladend. Im Falle von »Technik« war auffällig, daß fast 72 Prozent der Teilnehmenden schon an früheren Funkkollegs teilgenommen hatten, also zur Stammklientel gehörten. Bei »Steuern« betrug ihr Anteil zwar nur 51 Prozent, es waren also mehr Erstteilnehmende hinzugewonnen worden, aber dafür gingen, sieht man auf die Gesamtzahl, noch mehr »Stammgäste« verloren.

Umso größere Hoffnungen richteten sich unter den Veranstaltern auf das dritte der im neuen, einsemestrigen Format angebotenen Kollegs: »Altern«, 1996/97 vom Westdeutschen Rundfunk (verantwortlich: Dr. Klaus-Dieter Oetzel und Florian Quecke) realisiert. 18739 Anmeldungen bedeuteten dann gegenüber den letzten Kollegs tatsächlich einen erfreulichen Wiederanstieg, aber die hohen in den Gegenstand gesetzten Erwartungen erfüllten sich nicht. Wichen allzu viele selbst Betroffene dem Thema »Altern« aus? Bot es den in Pflegeberufen Tätigen, die auch angesprochen waren, zu wenig praxisbezogenes Fachwissen? Oder schwanden die Hörer überhaupt?

Seit 1995 gehörte das DeutschlandRadio Berlin dem Verbund an. Damit war das Funkkolleg endlich auch fast überall in den neuen Bundesländern zu hören und

23 Vgl. die Zusammenstellung zu »Steuern«, Dokumentation S. 184f.

zusätzlich in gewissen Gebieten im Süden und Westen. Aber bei den Anmeldungen machte sich dies leider nur wenig bemerkbar: Beim Funkkolleg »Steuern« etwa waren neben 348 Teilnehmenden aus Berlin nur ganze 186 aus den neuen Ländern registriert worden, trotz besonderer Werbung, für die ein erheblicher Teil der vom DeutschlandRadio für die Übernahme der Sendungen eingebrachten Gelder verwendet wurden.

Die Planungskommission erörterte die Zahlen wieder unter verschiedenen Perspektiven. Zehntausend Menschen, die sich aus eigenem Antrieb ein halbes Jahr lang intensiv mit Problemen der Technikbewertung oder der Steuerpolitik beschäftigten, mit den schwierigen volkswirtschaftlichen, sozialen, ethischen, ökologischen und sonstigen Fragen, die dazu gehörten, mit den entsprechenden wissenschaftlichen Erkenntnissen und Theorien, und die dafür ihre Freizeit und auch noch eine Teilnahmegebühr von fast einhundert Mark einsetzten: War das nicht an sich ein großartiges Phänomen? Mußte, ja durfte man ein Bildungsangebot in Frage stellen, das – allen widrigen Umständen zum Trotz – eine solche Wirkung hatte und aus den Kreisen der Teilnehmenden auch ein sehr positives Echo erzielte? Zumindest ein Teil von ihnen würde ja als »Multiplikatoren« wirken und das erworbene Wissen, die vertiefte Reflexion in das jeweilige gesellschaftliche Umfeld hinein weitertragen …

Auf der anderen Seite war jedoch nicht zu verkennen, daß Hunderttausende, die thematisch eigentlich sehr an diesen Funkkollegs hätten interessiert sein müssen, ihnen fernblieben und daß die überhaupt noch erreichbaren Teile der Gesellschaft offenbar rapide schrumpften.

In den Rundfunkanstalten war das Funkkolleg in die Ecken von Programmen gerückt, die insgesamt nur von kleinen Minderheiten (weniger als vier Prozent der Bevölkerung) regelmäßig gehört und zumal von jungen Leuten – gleich welchen Bildungsstands – kaum noch wahrgenommen wurden. Auch innerhalb dieser Programme stellte es mit seinem sich über viele Wochen hin erstreckenden extensiven Zeitanspruch für »moderne« Radionutzer eine, wie es schien, allzu ungewohnte Zumutung dar. In Norddeutschland hatte es in den sieben, acht Jahren, in denen der NDR nun beteiligt war, nicht gerade breit Fuß gefaßt: Beteiligten sich in Hessen pro 100 000 Einwohner je nach Thema zwischen vier und fünfzehn Personen an Funkkollegs, in Nordrhein-Westfalen immerhin zwei bis zehn, so waren es in Niedersachsen und Schleswig-Holstein höchstens ein bis vier und auch in Hamburg nicht mehr als zwei bis sechs. Das DeutschlandRadio Berlin war erst recht nicht in der Lage, die im Westen abbröckelnde Teilnehmerschaft wesentlich wiederaufzufüllen, denn es hatte, auch wenn es in relativ weiten Gebieten empfangen werden konnte, eine viel geringere Hörerdichte als die Landessender.

Dazu kam noch, daß das Funkkolleg offensichtlich auch seinem Konzept nach die Menschen in den neuen Bundesländern zu wenig ansprach; von Fort- und Weiterbildung erwartete man dort einen stärkeren Praxisbezug und womöglich einen beruflich unmittelbar verwertbaren Qualifikationsnachweis, nicht nur eine Erweiterung des persönlichen Wissenshorizonts. Übrigens blieben auch die Kultusministerien der neuen Länder, obwohl sie zum Teil zunächst Interesse bekundet hatten und immer wieder eingeladen worden waren, dem Verbund zuletzt fern.

Im Herbst 1995 erfuhr die Planungskommission, in der sich zunehmend Resignation verbreitete, daß der Saarländische Rundfunk sich nunmehr ebenfalls vom

Funkkolleg verabschiedete. Die Entscheidung erfolgte mit Hinweis auf dem DeutschlandRadio zugesprochene saarländische Frequenzen, über die dort dessen Sendungen künftig zu empfangen waren.

Es würden also nun wieder, wie vor dem Beitritt des DeutschlandRadios, nur drei Sendeanstalten verbleiben, die bereitstanden, Federführung und Produktion bei künftigen Kollegs zu übernehmen. Auch der Hessische Rundfunk sah sich daraufhin nicht mehr zu einer Fortsetzung in der Lage. Das bevorstehende Ende des Funkkollegs wurde unabweislich. (Sein Begründer Gerd Kadelbach brauchte es nicht mehr mitzuerleben: 77jährig starb er am 18. März 1996.)

Dem DeutschlandRadio Berlin (verantwortlich: Dr. Peter Kirsten) verblieb die undankbare Aufgabe, mit seinem ersten Kolleg »Deutschland im Umbruch« nun zugleich den Schlußpunkt hinter die seit 1966 laufende Reihe zu setzen. Dieses Projekt, das in der Planungskommission von Anfang an großes Interesse gefunden hatte und unter den verschiedensten Aspekten sehr intensiv diskutiert worden war, bildete auf alle Fälle einen würdigen Abschluß. Unter der wissenschaftlichen Leitung der Professoren Hans Bertram, Berlin, Klaus von Beyme, Heidelberg, und Christoph Kleßmann, Potsdam, wurden zeitgeschichtliche, politologische und soziologische Perspektiven gebündelt. Es ging um die »Wende« und ihre Folgen, aber die deutschen Ereignisse wurden in einen weiteren europäischen Zusammenhang gestellt und das, was sich an den Lebensverhältnissen hier verändert hatte und weiter veränderte, unter Kategorien des weltweiten gesellschaftlichen Wandels betrachtet. Leider hat auch dieses Funkkolleg, das sich nicht zuletzt wieder als Fortbildung an Lehrer und Lehrerinnen richtete, nur 10375 angemeldet Telnehmende erreicht.

Das DIFF und die Volkshochschul-Landesverbände haben in der Planungskommission gegen das Ende des Funkkollegs argumentiert, ja protestiert. Die verbliebenen Kultusministerien – das Land Baden-Württemberg war mit Hinweis auf Sparzwänge auch bereits ausgeschieden – drückten zumindest Betroffenheit und großes Bedauern aus. Als die Nachricht sich verbreitete, gab es kritische Kommentare in der Presse[24]. Bundestagspräsidentin Professor Rita Süssmuth forderte als Präsidentin des Deutschen Volkshochschulverbandes die Fortsetzung auch eines solchen angeblich »altmodischen« Bildungsangebots im Radio. In vielen Briefen besonders an das DIFF[25] drückten Teilnehmer und Teilnehmerinnen zumal aus der Stammklientel des Funkkollegs ihre Enttäuschung und Verbitterung aus, daß ihnen ein Forum der Weiterbildung und geistigen Auseinandersetzung genommen wurde, das für sie persönlich so wichtig geworden war.

Das alles vermochte aber an den Tatsachen nichts zu ändern: Die Zeit einer wirklich großen öffentlichen Wirkung des Funkkollegs war vorbei, seine inneren Möglichkeiten der Fortentwicklung und der Anpassung an sich wandelnde Herausforderungen hatten sich offenbar erschöpft, und die in vollem Sinn Aktiven unter seinen Trägern waren zuletzt einfach zu wenige.

Nicht nur in den Rundfunkanstalten, auch in den Kultusministerien oder bei den

---

24 Beispiele siehe in der Dokumentation, S. 186ff.

25 Sie sind zum Teil nachzulesen in den »Kollegiatenforen« der Studienbriefe besonders zum Funkkolleg »Deutschland im Umbruch« (1997/98) – Beispiele am Ende der Dokumentation.

Volkshochschulen mußten die Verantwortlichen sich am Ende fragen, ob die Ergebnisse noch die dafür aufgewendeten Mittel und großen Arbeitsleistungen lohnten oder ob es nicht besser war, diese künftig für andere Projekte einzusetzen. Der Hessische Rundfunk entwickelte zum Beispiel mit den Volkshochschulen des Landes sofort ein Konzept für einen neuen Verbund von Sendereihen, Volkshochschulkursen und Begleitbüchern, ein Bildungsangebot, das ebenfalls wissenschaftlich fundiert, aber eher teilnehmer- als universitätsorientiert sein soll und sich stärker lebensweltlichen Themen zuwendet. An diesem »Neuen Funkkolleg« wird sich auch der Westdeutsche Rundfunk beteiligen. Die Zuständigen sehen darin ein verjüngtes, bescheideneres und handlicheres Modell von Weiterbildung, das dem Radio, nun in wirklich enger Kooperation mit den beim »alten« Funkkolleg eher nur dienstleistenden Volkshochschulen, vielleicht auch anderswo neue Möglichkeiten und Aufgaben eröffnen könnte.

Ob ein eigentliches Fernstudium im Medienverbund unter Einbeziehung eines Massenmediums wie des Radios in Deutschland noch einmal eine Chance hat, kann nur die Zukunft zeigen – zunächst scheint die Epoche dieses 32jährigen »Großversuchs« abgeschlossen.

Sämtliche Funkkollegs im Überblick

Von 1966 bis 1998 wurden insgesamt 31 Funkkollegs angeboten, von denen sich das erste aus einem Einführungs- und fünf Fachsemestern zusammensetzte, während die folgenden zumeist zwei-, in fünf Fällen einsemestrig angelegt waren. Zum ersten Funkkolleg gab es nur einfach vervielfältigte Begleitmaterialien; zu allen weiteren sind die vom Deutschen Institut für Fernstudien(forschung) an der Universität Tübingen (DIFF) herausgegebenen Studienbriefe auf den folgenden Seiten abgebildet. – Die Abkürzungen der jeweils beteiligten Rundfunkanstalten sind wie folgt zu lesen: DRB DeutschlandRadio Berlin; DW = Deutsche Welle, Köln; HR = Hessischer Rundfunk, Frankfurt am Main; NDR = Norddeutscher Rundfunk, Hamburg; RB = Radio Bremen; SR = Saarländischer Rundfunk, Saarbrücken; SDR = Süddeutscher Rundfunk, Stuttgart; SWF = Südwestfunk, Baden Baden; SRG = Schweizerische Rundspruch-Gesellschaft, Radio der deutschen und rätoromanischen Schweiz, Zürich; WDR = Westdeutscher Rundfunk, Köln.

Beispiele von Prospekten zu einzelnen Funkkollegs:

1966–1969
Funkkolleg zum Verständnis der modernen Gesellschaft
6 Semester. Hessischer Rundfunk
Teilnehmer addiert: 3500
Zertifikate addiert: 711

1. Semester: »Wissenschaft und Gesellschaft«,
Einführungsvorlesungen von
Prof. Dr. Hans Scheuerl, Prof. Dr. Iring Fetscher,
Prof. Dr. Paul Kluke, Prof. Dr. Karl Häuser,
Prof. Dr. Rudolf Wiethölter, Prof. Dr. Walter Rüegg,
Prof. Dr. Friedrich H. Tenbruck.
2. Semester:
Volkswirtschaftslehre
Leitung: Prof. Dr. Karl Häuser
3. Semester: Politikwissenschaft
Leitung: Prof. Dr. Iring Fletscher
4. Semester: Rechtswissenschaft
Leitung: Prof. Dr. Rudolf Wiethölter
5. Semester: Neuere Geschichte
Leitung: Prof. Dr. Paul Kluke
6. Semester: Soziologie
Leitung: Prof. Dr. Walter Rüegg

1969/70
Erziehungswissenschaft
2 Semester
Leitung:
Prof. Dr. Wolfgang Klafki
Federführung:
Hessischer Rundfunk
Beteiligung:
HR, RB, SR, SDR, SWF
Teilnehmer: 13 495
Zertifikate: 3 825
(1. Sem.), 3 507 (2. Sem.)

1970/71
Mathematik
2 Semester
Leitung:
Prof. Dr. Harro Heuser
Prof. Dr. Heinz-Günther Tillmann
Federführung:
Südwestfunk
Beteiligung:
HR, RB, SR, SDR, SWF
Teilnehmer: 25 825
Zertifikate: 6 517

1971
Volkswirtschaftslehre
Zwischensemester
Leitung:
Prof. Dr. Karl Häuser
Federführung:
Hessischer Rundfunk
Beteiligung:
HR, RB, SR, SDR, SWF
Teilnehmer: 8 247
Zertifikate: 2 153

1971/72
Sprache/Linguistik
2 Semester
Leitung:
Prof. Dr. Klaus Baumgärtner
Prof. Dr. Hugo Steger
Federführung:
Süddeutscher Rundfunk
Beteiligung:
HR, RB, SR, SDR, SWF
Teilnehmer: 16 950
Zertifikate: 3 936

1972/73
Pädagogische Psychologie
2 Semester
Leitung:
Prof. Dr. Franz E. Weinert
Federführung:
Hessischer Rundfunk
Beteiligung:
HR, RB, SR, SDR, SWF, SRG
Teilnehmer: 40 653
Zertifikate: 14 688

1973/74
Biologie – Systeme des Lebendigen
2 Semester
Leitung:
Univ.-Doz. Dr. Dietmar Todt
Federführung:
Saarländischer Rundfunk
Beteiligung:
HR, RB, SR, SDR, SWF
Teilnehmer: 19 891
Zertifikate: 6 086

1974/75
Sozialer Wandel
2 Semester
Leitung:
Prof. Dr. Theodor Hanf
Federführung:
Südwestfunk
Beteiligung:
HR, RB, SR, SDR, SWF, SRG
Teilnehmer: 23 097
Zertifikate: 5 185

1975/76
Beratung in der Erziehung
2 Semester
Leitung:
Prof. Dr. Walter Hornstein
Federführung:
Süddeutscher Rundfunk
Beteiligung:
HR, RB, SR, SDR, SWF, SRG
Teilnehmer: 50 560
Zertifikate: 20 001

1976/77
Literatur
2 Semester
Leitung:
Prof. Dr. Helmut Brackert
Prof. Dr. Eberhard Lämmert
Federführung:
Hessischer Rundfunk
Beteiligung:
HR, RB, SR, SDR, SWF, SRG
Teilnehmer: 30 503
Zertifikate: 5 984

1977/78
Musik
2 Semester
Leitung:
Prof. Dr. Carl Dahlhaus
Federführung:
Südwestfunk
Beteiligung:
HR, RB, SR, SDR, SWF, SRG
Teilnehmer: 36 537
Zertifikate: 6 581

1978/79
Umwelt und Gesundheit
2 Semester
Leitung:
Prof. Dr. Hans Schaefer
Prof. Dr. Maria Blohmke
Federführung:
Saarländischer Rundfunk
Beteiligung:
HR, RB, SR, SDR, SWF, WDR, SRG
Teilnehmer: 19 203
Zertifikate: 4 699

1979/80
Geschichte
2 Semester
Leitung:
Prof. Dr. Werner Conze
Prof. Dr. Karl-Georg Faber
Prof. Dr. August Nitschke
Federführung:
Süddeutscher Rundfunk
Beteiligung:
HR, RB, SR, SDR, SWF, WDR
Teilnehmer: 34 222
Zertifikate: 6 958

1980/81
Praktische Philosophie/ Ethik
2 Semester
Leitung:
Prof. Dr. Karl-Otto Apel
Prof. Dr. Dietrich Böhler
Federführung:
Hessischer Rundfunk
Beteiligung:
HR, RB, SR, SDR, SWF, WDR
Teilnehmer: 24 664
Zertifikate: 3 876

1981/82
Mensch und Umwelt
2 Semester
Leitung:
Prof. Dr. Hartmut Bick
Prof. Dr. Karl-Heinrich Hansmeyer
Prof. Dr. Gerhard Olschowy
Federführung:
Westdeutscher Rundfunk
Beteiligung:
HR, RB, SR, SDR, SWF, WDR
Teilnehmer: 22 583
Zertifikate: 4 791

1982/83
Recht
2 Semester
Leitung:
Prof. Dr. Manfred Löwisch
Prof. Dr. Dieter Grimme
Prof. Dr. Gerhard Otte
Federführung:
Südwestfunk
Beteiligung:
HR, RB, SR, SDR, SWF, WDR
Teilnehmer: 14 229
Zertifikate: 4 011

1983/84
Religion
2 Semester
Leitung:
Prof. Dr. Günter Biemer
Prof. Dr. Josef Müller
Prof. Dr. Karl-Ernst Nipkow
Federführung:
Süddeutscher Rundfunk
Beteiligung:
HR, RB, SR, SDR, SWF, WDR
Teilnehmer: 24 758
Zertifikate: 5 087

1984/85
Kunst
2 Semester
Leitung:
Prof. Dr. Werner Busch
Federführung:
Saarländischer Rundfunk
Beteiligung:
HR, RB, SR, SDR, SWF, WDR
Teilnehmer: 41 412
Zertifikate: 8 415

1985/86
Politik
2 Semester
Leitung:
Prof. Dr. Klaus von Beyme
Prof. Dr. Ernst-Otto Czempiel
Prof. Dr. Peter Graf Kielmansegg
Federführung:
Hessischer Rundfunk
Beteiligung:
HR, RB, SR, SDR, SWF, WDR
Teilnehmer: 21 431
Zertifikate: 3 677

1986/87
Psychobiologie
2 Semester
Leitung:
Prof. Dr. Klaus Immelmann
Prof. Dr. Klaus R. Scherer
Prof. Dr. Christian Vogel
Federführung:
Westdeutscher Rundfunk
Beteiligung:
HR, RB, SR, SDR, SWF, WDR
Teilnehmer: 26 271
Zertifikate: 5 085

1987/88
Musikgeschichte
2 Semester
Leitung:
Prof. Dr. Carl Dahlhaus
Prof. Dr. Ludwig Finscher
Dr. Giselher Schubert
Dr. Michael Zimmermann
Federführung:
Südwestfunk
Beteiligung:
HR, RB, SR, SDR, SWF, WDR
Teilnehmer: 24 648
Zertifikate: 3 337

1988/89
Jahrhundertwende
2 Semester
Leitung:
Prof. Dr. August Nitschke
Prof. Dr. Gerhard A. Ritter
Priv.-Doz. Dr. Detlev J. K. Peukert
Federführung:
Süddeutscher Rundfunk
Beteiligung:
HR, RB, SR, SDR, SWF, WDR
Teilnehmer: 18 828
Zertifikate: 2 706

1989/90
Moderne Kunst
2 Semester
Leitung:
Prof. Dr. Monika Wagner
Federführung:
Saarländischer Rundfunk
Beteiligung:
HR, NDR, RB, SR, SDR, SWF, WDR
Teilnehmer: 37 264
Zertifikate: 5 795

1990/91
Medien und Kommunikation
2 Semester
Leitung:
Prof. Dr. Klaus Merten
Prof. Dr. Siegfried J. Schmidt
Prof. Dr. Siegfried Weischenberg
Federführung:
Hessischer Rundfunk
Beteiligung:
HR, NDR, RB, SR, SDR, SWF, WDR
Teilnehmer: 18 342
Zertifikate: 3 146

1991/92
Humanökologie
2 Semester
Leitung:
Prof. Dr. Hartmut Bick
Prof. Dr. Herwig Birg
Prof. Dr. Walter Schug
Federführung:
Westdeutscher Rundfunk
Beteiligung:
HR, NDR, RB, SR, SDR, SWF, WDR
Teilnehmer: 18 968
Zertifikate: 3 807

1992/93
Der Mensch – Anthropologie heute
2 Semester
Leitung:
Prof. Dr. Wulf Schiefenhövel
Prof. Dr. Christian Vogel
Prof. Dr. Gerhard Vollmer
Federführung:
Südwestfunk
Beteiligung:
HR, NDR, RB, SR, SDR, SWF, WDR
Teilnehmer: 22 119
Zertifikate: 3 557

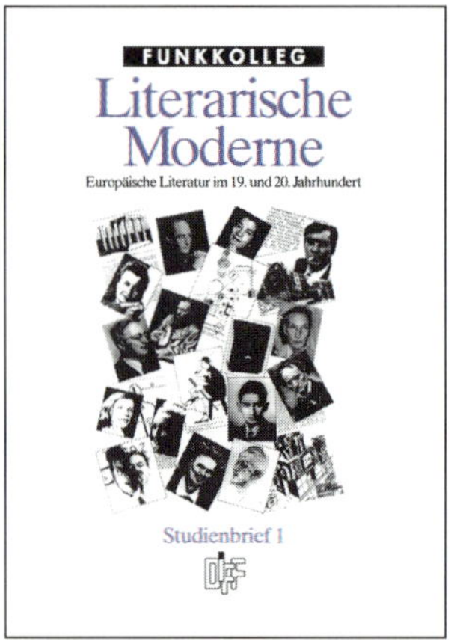

1993/94
Literarische Moderne
2 Semester
Leitung:
Prof. Dr. Rolf Grimminger
Dr. Jörn Stückrath
Dr. Jurij Murašov
Federführung:
Süddeutscher Rundfunk
Beteiligung:
HR, NDR, RB, SR, SDR, SWF, WDR, DW
Teilnehmer: 33 019
Zertifikate: 3 691

1994/95
TECHNIK. Einschätzen – Beurteilen – Bewerten
1 Semester
Leitung:
Prof. Dr. Christoph Hubig
Prof. Dr.-Ing. Günter Ropohl
Federführung:
Saarländischer Rundfunk
Beteiligung:
HR, NDR, RB, SR, WDR, DW, DRB
Teilnehmer: 10 728
Zertifikate: 1 666

1995/96
Steuern – das Geld der Gesellschaft
1 Semester
Leitung:
Prof. Dr. Georg Crezelius
Prof. Dr. Dieter Pohmer
Prof. Dr. Wolfgang Wiegard
Federführung:
Hessischer Rundfunk
Beteiligung:
HR, NDR, RB, SR, WDR, DW, DRB
Teilnehmer: 10 426
Zertifikate: 1 589

1996/97
Altern
1 Semester
Leitung:
Prof. Dr. Gerhard Naegele
Dr. Annette Niederfranke
Federführung:
Westdeutscher Rundfunk
Beteiligung:
HR, NDR, RB, SR, WDR, DW, DRB
Teilnehmer: 18 739
Zertifikate: 3 684

1997/98
Deutschland im Umbruch
1 Semester
Leitung:
Prof. Dr. Hans Bertram
Prof. Dr. Klaus von Beyme
Prof. Dr. Christoph Kleßmann
Federführung:
DeutschlandRadio Berlin
Beteiligung:
HR, NDR, RB, WDR, DW, DRB
Teilnehmer: 10 375
Zertifikate: ca. 1 500

FUNKKOLLEG

Materialien & Analysen Werkstatt

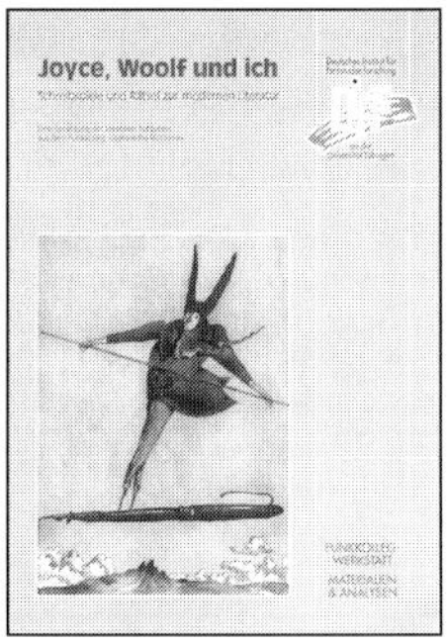

Nr. 1 Joyce, Woolf und ich. Schreibspiele und Rätsel zur modernen Literatur
Spaß am Lernen, Lernen als Erlebnis und als individuelle Bereicherung – darauf zielte das besondere Angebot der 30 Kreativen Aufgaben im Funkkolleg »Literarische Moderne«, die die Kreativität und Vorstellungskraft der Teilnehmenden stimulieren sollten.
Autorin: Gerlind Frink
Herausgegeben von Eckart Frahm, Gerlinde Wagner, Edeltraut Wetzel.
128 Seiten; 32, zum Teil ganzseitige Abbildungen, davon 8 farbig; mit einer Lektüreliste zur Literarischen Moderne und einem Sach- sowie einem Personenregister.
Die Schutzgebühr beträgt 21,– DM.
Titel-Nr. 02685

Nr. 2 Betreutes Wohnen im Alter.
Ein neues Konzept sichert eine eigenständige Lebensführung
Video-Film (Länge: 21 Min., 27 Sek.) + Begleitbroschüre (28 Seiten)
Für Alte und Junge, für Architekten, Sozialarbeiter (Kommunal-)Politiker und alle sonst Interessierten (weiblich wie männlich) werden fünf Konzepte des Betreuten Wohnens gezeigt, und zwar Betreutes Wohnen 1. im ländlichen Raum, 2. als barrierefreie Architektur, 3. in der Großstadt, 4. in Verbindung mit einem Pflegeheim, 5. im Zusammenleben unterschiedlicher Altersgruppen. Dazu gibt es ergänzende Informationen und ausführliche Literaturhinweise in der Begleitbroschüre. Autor: Eckart Frahm.
Im Auftrag der Wüstenrot Stiftung. Deutscher Eigenheimverein e. V. Ludwigsburg: Deutsches Institut für Fernstudienforschung an der Universität Tübingen (DIFF)/Medienabteilung der Universität Tübingen.
Die Schutzgebühr beträgt 27,– DM.
Titel-Nr. 02690

Nr. 3 Alterns-Bilder
Diese Publikation stellt eine erweiterte Version der »Geschichte des Alterns. Ein historischer Text- und Bilderbogen« aus dem Einführungsbrief des Funkkollegs »Altern« dar (dort auf den Seiten 69–102). Sie enthält weitere Texte, Abbildungen und Kommentare und umfaßt 137 Textseiten sowie 51 Abbildungen.
Mit schwarz-weißen Abbildungen kann diese Publikation beim DIFF gegen eine Schutzgebühr von 11,– DM bezogen werden.
Autor: Uwe Opolka.
Auf Anfrage sind für Multiplikatoren aus Volkshochschulen und anderen Bildungseinrichtungen die Abbildungen auch leihweise als Diapositive erhältlich (gegen Gebühr).

Nr. 4 Alterns-Bildung
Im Rahmen der Vorbereitungen zum Funkkolleg »Altern« führte die Abteilung Funkkolleg am DIFF eine Befragung der Teilnehmenden am Funkkolleg »Literarische Moderne« durch, von der weitergehende Hinweise auf die zu erwartenden Adressatengruppen erhofft wurden. Gleichzeitig sollte überprüft werden, ob die Themenauswahl der Experten auch den Wünschen potentieller Teilnehmender entspricht, sowohl was die Auswahl als auch was die Gewichtung betrifft. In diesem Untersuchungsbericht ist zusammengetragen, was die Befragung an interessanten Informationen erbracht hat.
Autorin: Ute Bandlow.
Der 90 Seiten starke Bericht kann beim DIFF mit frankiertem Rückumschlag (Format DIN C 4, Büchersendung) angefordert werden.

Nr. 5 Lernziel »Bewertungskompetenz«
Das Funkkolleg »Technik: einschätzen – beurteilen – bewerten«
Zu den Zielen des Funkkollegs »Technik: einschätzen – beurteilen – bewerten« (1994/95) gehörte es, die Sach- und Problemkompetenz der Teilnehmenden zu verbessern und diese so für die Beteiligung am gesellschaftlichen Diskurs zu sensibilisieren. Dieser Bericht erläutert nicht nur die Ziele und die Konzeption des Funkkollegs »Technik«; er schildert auch die Ergebnisse einer Umfrage zu den Erwartungen potentieller Interessenten, er informiert über die Resonanz bei den Kollegiatinnen und Kollegiaten und gibt einen ersten, kursorischen Überblick über die Resultate einer umfangreichen Teilnehmerbefragung zur Technikeinstellung.
Autoren: Friedrich Diestelmeier, Jürgen Hampel.
Der 92 Seiten starke Bericht kann beim DIFF im frankiertem Rückumschlag (Format DIN C 4, Büchersendung) angefordert werden.

Nr. 6 Individualisierung des Lernens im Funkkolleg
Die Konzeption des Funkkollegs hat sich seit seinen Anfängen in den späten sechziger Jahren gewandelt. Der Bericht zeichnet den Weg vom idealtypischen Lernen im Funkkolleg im Sinne der ursprünglichen Intentionen dieses Medienverbundsystems zum immer stärker individualisierten Lernangebot nach. Er reflektiert den Einfluß gesellschaftlicher Individualisierungs- und Pluralisierungsprozesse auf das Weiterbildungsverhalten und dokumentiert die Konsequenzen, die für die Konzeption des Funkkollegs daraus gezogen wurden, sowie die Resonanz, die die Veränderungen bei den Funkkollegiaten gefunden hat.
Autor: Jürgen Gruchel.
Der Bericht kann beim DIFF mit frankiertem Rückumschlag (Format DIN C 4, Büchersendung) angefordert werden.

Nr. 7 Älter werden im Landkreis Tübingen. Lokalzeitung und wissenschaftliche Weiterbildung. Eine Kooperation zwischen dem Schwäbischen Tagblatt und dem Funkkolleg »Altern«
Das Funkkolleg »Altern« (1996/97) wollte sowohl das Altern des Individuums als auch das Altern der Gesellschaft thematisieren. Dabei sollten die Teilnehmenden angeregt werden, sich mit altersbedingten Veränderungen bei sich selbst aktiv und positiv auseinanderzusetzen – mit dem Ziel einer bewußteren Lebensgestaltung. Im Rahmen dieses Funkkollegs sollte die Kooperation von Lokalzeitung und wissenschaftlicher Weiterbildung modellhaft erprobt werden. Die so entstandene Zeitungsserie »Älter werden im Landkreis Tübingen« (Autorin: Margarete Pauli) des »Schwäbischen Tagblatts/Südwest Presse« (Tübingen) wird hier mit einigen ergänzenden Informationen dokumentiert.
68 Seiten mit 39 Abbildungen. Die Schutzgebühr beträgt 10,– DM.

In Vorbereitung:

Nr. 8 Lesen. Lernen. Schreiben.
Lösungen zu den Kreativen Aufgaben des Funkkollegs »Literarische Moderne«
Die Zusammenstellung von Text- und Bildbeiträgen der Teilnehmenden zu den »Kreativen Aufgaben« dokumentiert nicht nur die Lust am eigenen Schreiben und Experimentieren mit Texten, sondern auch die Möglichkeiten der produktiven Aneignung literarischer Formen und Inhalte. (Folgeband zu Nr. 1: Joyce, Woolf und ich).
Autorin: Gerlind Frink. Herausgegeben von Eckart Frahm und Edeltraut Wetzel.

Nr. 9 Nutzung und Einsatz der Funkkolleg-Materialien außerhalb des Medienverbundes
Die Funkkolleg-Studientexte werden nicht nur zum »angeleiteten Selbststudium« der am Funkkolleg Teilnehmenden oder im Rahmen von (VHS-)Begleitzirkeln genutzt. Darüber hinaus finden sie auch Verwendung im Rahmen universitärer Ausbildung oder – je nach Thema – in fachspezifischen oder interdisziplinären Aus- und Fortbildungsveranstaltungen, in privaten Lese- und Lernzirkeln usw. Diese Nutzung wird hier dokumentiert an Beispielen zum Funkkolleg »Altern«.
Autor: Eckart Frahm.

Nr. 10 Alterns-Bildung II
Im Rahmen des Funkkollegs »Altern« wurden zwei Teilnehmer-Befragungen durchgeführt. Ihre Ergebnisse werden unter formalen und inhaltlichen Gesichtspunkten ausgewertet. Die Ergebnisse ergeben ein differenziertes Bild der Erwartungen, die die Teilnehmenden an dieses Funkkolleg hatten, und beantworten die Frage, in welchem Umfang diese erfüllt werden konnten.
Autorin: Ute Bandlow.

Bestellungen bitte an: **Deutsches Institut für Fernstudienforschung an der Universität Tübingen (DIFF), Postfach 1569 · 72005 Tübingen**

Eckart Frahm

»Das Funkkolleg entsteht erst im Kopf der Lernenden«

Erfahrungsbericht aus der Sicht des Koordinators der Funkkollegs am Deutschen Institut für Fernstudienforschung an der Universität Tübingen (DIFF)

Für Peter Schmoock
»Schwer verläßt/Was nahe dem Ursprung wohnet, den Ort«
(Hölderlin, Die Wanderung)

In den letzten Dezembertagen 1990 kam dem DIFF fast über Nacht der langjährige Koordinator der Funkkollegs abhanden. Zu diesem Zeitpunkt waren die DIFF-Väter des Funkkollegs, Professor Günther Dohmen und Professor Karlheinz Rebel, bereits wieder an die Universität zurückgekehrt beziehungsweise im Ruhestand. Als ich die Aufgaben eines Koordinators der Funkkollegs im Frühsommer 1991 übernahm, *konnte* ich also nicht nur, ich *mußte* bei allem und bei allen ganz unschuldig fragen: »Warum? Warum wird das so gemacht? Warum geht das nicht auch anders, besser, einfacher?« Und keiner der langjährig Beteiligten war da und konnte darauf einfach antworten: »Das machen wir schon seit Jahren so, und das läuft ganz gut.« Nicht jeder Nachfolger bekommt eine solche Chance zum Neuanfang.

Zuvor hatte ich mit unterschiedlicher Motivation und Intensität rund zehnmal als Lernender an Funkkollegs teilgenommen und mich immer über die – von mir als bevormundend empfundene – »Überdidaktisierung« der Lernmaterialien gewundert oder geärgert. Jetzt sah ich die Chance, ein neues Konzept für die Studienbriefe zu entwickeln, unter Berücksichtigung vor allem auch der DIFF-Forschungsergebnisse zum Lernen im Medienverbund. Diese gründlich vorbereitete Reform erwies sich als verständlicher, jedoch eher frommer Wunsch, da einmal das Tagesgeschäft kaum viel Zeit und Spielraum für Experimente ließ und zudem jedes Thema sehr unterschiedliche Anforderungen stellte und die Zeit etwa für Vorab-Studien mit Probelesern schon lange vorbei war. Außerdem war die bisherige Begleitforschung des DIFF eher an langfristig vergleichbaren, allgemeinen Ergebnissen zur Nutzung und Bewertung des Studienmaterials orientiert und weniger an so detaillierten Fragen wie: Braucht man ein Glossar, und lernt man das dann vorher auswendig und ruft bei schwierigen Textpassagen den Begriff aus dem Gedächtnis ab, oder muß nicht vielmehr ein – fernstudiendidaktisch aufbereiteter – Text aus sich heraus allein verständlich sein? Bewirken ausdrücklich formulierte Lernziele, die dem Text vorangestellt werden, einen Scheuklappeneffekt bei den Kollegiaten? Kann man ausdrücklich Hinweise für eine erste Orientierung geben und damit andeuten, daß die Kollegiaten kein schlechtes Gewissen haben müssen, wenn sie einmal eine Studieneinheit nicht vollständig lesen können oder wollen? Hätte ich damals all die (historischen) Vorstellungen und Erwartungen an diesen Medienverbund, alle Defizit-/ Kompetenz-Annahmen gekannt, hätte ich die Koordinations- und Redaktionsaufgaben im DIFF wohl als unlösbar angesehen und eher nicht übernommen.

Was ich wollte – ein leicht überschaubares, transparentes, allgemein verständliches Lern-Angebot –, war nicht sofort in die Praxis umzusetzen. Schier unübersehbar lang war der Weg von den ersten Konzepten der jeweils federführenden Rundfunkanstalt über die Besetzung der Wissenschaftlichen Leitung, die Erstellung eines Curriculums, die Auswahl der Autoren, das Diskutieren der Exposés und der Manuskripte, die fernstudiendidaktische Bearbeitung der Studieneinheiten, das Generieren von Prüfungsaufgaben, über Korrektur, Druck und Versand der Studienbriefe bis hin zu den Antworten auf Anfragen und Anregungen der Lernenden, um nur die wichtigsten Alltagsgeschäfte zu nennen. Angesichts der Komplexität der Aufgaben – und das bei jeweils drei in verschiedenen Phasen nebeneinander laufenden Funkkollegs im DIFF (eins in Planung, eins in der Realisierung, eins im Abschluß mit Prüfungen und Abrechnungen) – dauerte es zunächst schon einige Sitzungen mit den verschiedenen Partnern, um die Interessen und die Leistungsfähigkeit des DIFF (wieder) angemessen darzustellen.

Da ich als neuer Koordinator mitten ins laufende Funkkolleg »Humanökologie – Weltbevölkerung, Ernährung, Umwelt« (1991/92) kam, blieb mir als einzige Gestaltungsmöglichkeit zunächst nur das »Kollegiatenforum«. Das habe ich dann sieben Jahre lang 54 mal mit rund tausend Manuskriptseiten zum Gespräch mit den Kollegiaten genutzt, von denen insgesamt 2616 Briefe kamen: um die einzelnen Reformschritte bei der Neugestaltung der Studienbriefe zu erläutern, um Reaktionen darauf (Zustimmung und Kritik) zu veröffentlichen, um Wünsche und Anregungen zur Diskussion zu stellen, auch um gelegentlich auf die Grenzen dieses Weiterbildungsangebots hinzuweisen, wenn die Erwartungen nicht einzulösen waren, und nicht zuletzt um auf die unterschiedlichen Nutzungsmöglichkeiten hinzuweisen und um die Kollegiaten – wenn auch in bescheidenem Umfang – miteinander zu vernetzen. Und ich habe auch immer wieder versucht, lerntheoretische Vorstellungen zu thematisieren: »Das Funkkolleg entsteht erst im Kopf der Lernenden«, lautete beispielsweise die Überschrift des Kollegiatenforums vom siebenten Studienbrief des Funkkollegs »Humanökologie«. »Verführung zum Lesen« (1. Studienbrief »Literarische Moderne«), »Lernpfade durch den Wissensdschungel« (1. Studienbrief »Technik«), »Funkkolleg virtuell« (3. Studienbrief »Altern«), »Das Funkkolleg: ein Angebot zur Selbstaufklärung« (Einführungsbrief, »Deutschland im Umbruch«), »Individualisierung des Lernens« (2. Studienbrief, »Deutschland im Umbruch«) – unter all diesen Überschriften wurden die vielfältigen, auch lebenspraktischen Facetten des Funkkollegs entfaltet. Und es gehörte zu den immer wieder beglückenden Erfahrungen, oft in langen Briefen die Entwicklung intellektueller Biographien mit Hilfe dieses »wunderbaren Angebots« nachvollziehen zu dürfen. Viele solcher Briefe kamen von Frauen in der sogenannten Familienphase oder aus dem ländlichen Raum beziehungsweise aus städtischen Randzonen ohne urbane Dichte an Bildungsangeboten; oder die Absender sahen sich in einer besonderen Lebensphase, in der sie sich mit selbstverpflichtendem Lernen neu zu orientieren versuchten. Wer wird in Zukunft solche Lebens-Chancen durch Lernen bieten wie das Funkkolleg? Und wann wird ein überzeugter Pädagoge dafür ein gesellschaftspolitisches Konzept formulieren, wie es einst Kadelbach und seinen Mitstreitern gelang? Immer wieder wurde auf die unterschiedlichen Eigenschaften, Funktionen oder (Lern-)Qualitäten der einzelnen Bausteine des Medienverbundes hingewiesen, zum Beispiel mit der Erkenntnis eines erfahrenen Hörspielredakteurs: »Das Ohr läßt sich schwerer betrügen als das Auge.«

»Für mich geht aber nichts über die Leserbriefe«, urteilte eine Kollegiatin Ende 1992 über das Kollegiatenforum, diese intensiv genutzte Feedback-Möglichkeit, »sie müssen mir zum großen Teil den Dialog ersetzen, da ich ziemlich allein vor mich hin studiere, zu meinem Zeitvertreib, meinem Vergügen und höchsten Lustgewinn.« Nachdem dieser Dialog eröffnet und ernst genommen wurde durch eine möglichst repräsentative Auswahl aller Argumente (nicht immer zur Freude der DIFF-Redaktion, der kritisierten Autoren oder der jeweiligen Wissenschaftlichen Leitung), vervielfachte sich die Zahl der Kollegiatenbriefe: Waren es bei »Medien und Kommunikation« (1990/91) noch 160 Zuschriften, so stieg die Zahl bei »Humanökologie« (1991/92) auf 740. Ab Funkkolleg »Technik« (1994/95) lief nicht mehr alle Post über die Drehscheibe DIFF. Statt eines entsprechenden Briefvordrucks in jedem Studienbrief mit der Möglichkeit, einen Wunschbeantworter anzukreuzen, gaben wir die (Dienst-)Anschriften der Autoren und aller Medienverbundpartner an, um so einen schnelleren und direkten Kontakt zu ermöglichen – nur selten erhielten wir dann aber Kopien der Briefe, zumeist nur von Kollegiaten.

Auf unsere Bitten hin haben Kollegiaten immer wieder geschrieben, wie sie ganz konkret – und durchaus mit verschiedenen Sinnen (hören, lesen, zusammen reden) – lernen, wie intensiv sie die unterschiedlichen Bausteine des Medienverbundes nutzen, vor allem natürlich die Studienbriefe. Und weil zwischen dem Eingang der Briefe und ihrem Abdruck im Kollegiatenforum nicht selten etliche Wochen vergingen, hat das DIFF erstmals zum Funkkolleg »Steuern« (1995/96) einen virtuellen Begleitzirkel via Internet angeboten, zunächst exemplarisch für eine einzelne Studieneinheit, im Funkkolleg »Deutschland im Umbruch« (1997/98) – mit kompetenter Autoren-Hilfe bei der Moderation – dann für alle zwanzig Einheiten. Aus den Kollegiatenforen mit den durchaus sprechenden Titeln läßt sich die wirkliche und die geheime Geschichte des Funkkollegs in seinen letzten Jahren sehr genau herauslesen – ein weites Feld für künftige Forschungen ...

Innerhalb des DIFF hatte das Funkkolleg immer einen besonderen Stellenwert. Lange Zeit galt es als »Flaggschiff« des Instituts; das änderte sich dann mit der stärkeren Ausrichtung des DIFF auf Forschungsfragen anstelle der Entwicklung von Lernmaterialien. Das Funkkolleg machte das Institut bundesweit bekannt, es bot die Gelegenheit, Konzepte und Forschungsergebnisse direkt in die Praxis umzusetzen, zu erproben und zu erforschen, das Lernen im Medienverbund mit Texten zu untersuchen. Und die fernstudiendidaktische Arbeit der Redaktionsgruppe stand immer unter einem besonderen Qualitäts- und Termindruck. Wer als DIFF-Mitarbeiter (weiblich wie männlich) durch diese Praxis-Schule gegangen war, wußte das dort erworbene Rüstzeug und die gemachten Erfahrungen nachträglich sehr zu schätzen. Allerdings wurde erst in den letzten Jahren die Funkkolleg-Arbeit wieder stärker in die allgemeine Institutsarbeit integriert. Das Redaktionskonzept wurde geändert, erfahrene Redakteure aus dem Institut – statt den jeweils nur für ein Funkkolleg eingestellten, zumeist unmittelbar von der Universität kommenden Fachwissenschaftlern ohne große redaktionelle Erfahrung – sollten einen Lerntext

»mäeutisch« entwickeln, also durch entsprechende Fragen an die Autorin oder den Autor einen allzu exklusiven fachwissenschaftlichen Jargon in einen ohne entsprechendes Vorwissen verstehbaren Text »übersetzen«, um so das spätere Lernen der Kollegiaten zu erleichtern.

Die Erfahrungen mit diesem Redaktions-Konzept lassen sich nur schwer verallgemeinern. Um eine Brücke von der Universität zur Öffentlichkeit zu schaffen, stehen den Wissenschaftlern heute erheblich mehr Möglichkeiten als zu Beginn des Funkkollegs zur Verfügung; auch nimmt die Verwendung von Textbausteinen statt einer adressatenbezogenen Maßanfertigung von Texten allgemein zu. Hinzu kommt, daß didaktische Qualitäten hierzulande für eine akademische Karriere nur wenig zählen: »Anders als im angelsächsischen Sprachraum herrscht bei uns sehr stark die Vorstellung, daß die Wissenschaft für ihre Selbstdarstellung oder die Darstellung ihrer Ergebnisse für ein allgemeines Publikum keine Sorge tragen muß. In den angelsächsischen Ländern dagegen ist es so: Wenn man wissenschaftliche Ergebnisse nicht so darstellen kann, daß sie jeder versteht, dann liegen offenbar keine Ergebnisse vor.« (Volkmar Braunbehrens, Freiburger Musikwissenschaftler) Die fernstudiendidaktische Bearbeitung der Autorenmanuskripte reichte je nach Qualität der Vorlage und nach »Temperament« des Redaktionsteams von oberflächlichen Retuschen bis hin zur Neugliederung und Umarbeitung ganzer Kapitel. Beim Umgang mit den Autoren hat sich seit den Anfangszeiten, als Professor Karlheinz Rebel im DIFF für das Funkkolleg verantwortlich war (»Ich selbst habe die Konzeption des Medienverbundes aufgrund amerikanischer Vorlagen erarbeitet«), im Prinzip nur wenig geändert: »Je bekannter, je berühmter die Beteiligten waren, je nobelpreisverdächtiger sie waren, desto mehr konnte riskiert werden, und desto besser wurden die Funkkollegs.« Um »Wissenschaftlichkeit« und »Verständlichkeit« der Texte zugleich zu garantieren, gab es im DIFF laufend mehr oder weniger umfangreiche Diskussionen. Im direkten Gespräch mit den Autoren wurde aufgrund des mäeutischen Konzepts häufig mehr erreicht, als wenn die jeweiligen Auffassungen, was einen soliden, verständlichen Lerntext auf wissenschaftlichem Niveau ausmacht, wie eine (Kriegs-)Fahne schriftlich in der Diskussion vorangetragen wurden. Im Laufe der schneller werdenden Entwicklung (in den siebziger/achtziger Jahren liefen die Zeitverträge der Redakteure noch über drei Jahre, zuletzt wurden die fernstudiendidaktisch erfahrenen DIFF-Kollegen in der Regel nur noch für ein Jahr ins Funkkolleg abgeordnet – und nebenher liefen ihre anderen Projekte weiter) konnten solche direkten Gespräche mit den Autoren immer seltener und weniger intensiv geführt werden. Und immer wieder zeigte sich, daß »wichtige« und »gute« Texte – nach dem Urteil der Fachleute – von den Kollegiaten ganz anders eingeschätzt wurden. In einigen Fällen konnte das bei der Überarbeitung der Funkkolleg-Texte für Buchausgaben berücksichtigt werden. Auch in der Schlußphase war das Funkkolleg immer noch kein sich selbst automatisch reproduzierendes Modell, es gab – und dafür sorgten die »Endverbraucher« – immer wieder Überraschungen.

Zu den Alltagserfahrungen der DIFF-Redaktion zählt auch die – fast immer gleiche – »Erregungskurve« der Autoren: Am Anfang fühlten sie sich durchaus geschmeichelt, daß sie ausgewählt wurden; dann freuten sie sich, dabei zu sein, dann kam das – oft mit Selbstqualen verbundene – Abfassen der Manuskripte, gelegentlich von DIFF-Mahnungen wegen des Abgabetermins begleitet; nach Diskussionen mit den Medienverbundpartnern und dem Wissenschaftlichen Team ging das Manuskript häufig zur Überarbeitung zurück. Nun erst folgte die fernstudiendidaktische Bearbeitung im DIFF, die von manchen Autoren als harte Zumutung, sogar als »Zerstörung meines Textes« empfunden wurde. Und am Ende – nach Abschluß des Funkkollegs – waren die Autoren nicht nur erleichtert, sondern zumeist sehr zufrieden und stolz, nicht selten bedankten sie sich sogar ausdrücklich für die didaktischen Erfahrungen beim Umwandeln ihres Fachdiskurses in einen Lerntext und baten um zusätzliche Sonderdrucke oder Studienbriefe. Solche positiven Urteile kamen von den Autoren häufiger, als in den Studienbriefen nach deren erfolgreicher Neukonzeption die Vorstellung der Autoren ausführlicher und die Präsentation der Studientexte übersichtlicher und auch visuell ansprechender gestaltet wurden.

Ein eigenes – und nicht immer erfreuliches – Kapitel fürs DIFF waren die Themenwahl, die Bestellung der Wissenschaftlichen Leitung und die Erarbeitung eines Curriculums. Offenbar hat sich seit Mitte der achtziger Jahre der jeweilige Autonomieanspruch der Medienverbundpartner stärker entwickelt als die Fähigkeit zum Konsens in schwierigen Situationen. Das zumindest läßt sich aus den Erinnerungen und Darstellungen der Väter des Funkkollegs schließen. In späteren Zeiten funktionierte das »Mannschaftsspiel« im Funkkolleg oft erst dann, wenn die Rundfunkanstalten bereits ein Thema und ein Konzept festgelegt und die Wissenschaftliche Leitung nominiert hatten. Da kamen die curricularen Bedenken des DIFF oft als (zu) späte, unerwünschte Störung. Und die ständigen didaktisch begründeten Bitten, doch stärker oder überhaupt an den Alltagserfahrungen der Kollegiaten anzuknüpfen, nicht nur die wissenschaftliche Perspektive des Autors, sondern zugleich auch andere Zugänge und Disziplinen ein wenig zu thematisieren oder nicht jedes Thema automatisch mit einem Seit-Adam-und-Eva-Einstieg zu erschließen, stießen nicht selten auf Unwillen oder Unverständnis bei der Wissenschaftlichen Leitung und auch bei der federführenden Rundfunkanstalt. Ebenso blieb der Wunsch, mehr Autorinnen (und nicht nur Autoren) zu gewinnen sowie kritische und alternative Ansätze angemessen zu berücksichtigen, häufig unerhört.

In den neunziger Jahren hätte das DIFF bei der Themenwahl und der Entwicklung des Curriculums seine fernstudiendidaktische Kompetenz gerne stärker eingebracht. Aber erst nach der Neukonzeption der Studienbriefe, erst nach Erledigung der dringendsten Reformen der Funkkolleg-Arbeit im DIFF selbst, konnte das in Ansätzen geschehen: Im Studienbrief 7 des Funkkollegs »Der Mensch« wurden Anfang 1993 erstmals für das als übernächstes geplante Funkkolleg »Technikbewertung« (Arbeitstitel) die Kollegiaten mit einem zweiseitigen Fragebogen interviewt, »was Sie von diesem Thema halten, welche Akzente und Inhalte Sie erwarten, welche Ihrer Fragen ein solches Funkkolleg beantworten sollte.« Die Ergebnisse, veröffentlicht in der inzwischen eingerichteten Reihe »Funkkolleg-Werkstatt: Analysen & Materialien«, wurden in die Diskussion um das Curriculum eingebracht; sie wirkten sich aber auch auf Themengebung und auf die Autorenauswahl des Funkkollegs »Technik« aus. Allerdings wogen die fachwissenschaftlichen Argumente schließlich stärker – sicher auch, weil es mit diesem neuen DIFF-Instrument der Vorab-Befragung von (potentiellen) Teilnehmern noch keine Erfahrungen gab und man in den Kollegiaten des Funkkollegs »Der Mensch« nicht unbedingt auch die Zielgruppe des geplanten Technik-Kollegs sah.

Das war anders beim Funkolleg »Altern« (1996/97), zu dem es ebenfalls eine Vorab-Untersuchung gab mit einem Fragebogen im achten Studienbrief von »Literarische Moderne« (1993/94). Zu dem Funkkolleg für das Studienjahr 1996/97 hatte das DIFF darüber hinaus erstmals im März 1993 Themenvorschläge und Kurzcurricula (zu den Themen Altern, Reisen und Sport) in der Planungskommission vorgelegt. All das trug wohl dazu bei, daß das Funkkkolleg »Altern« von den beteiligten Partnern sehr kreativ und erfolgreich und in enger Kooperation realisiert werden konnte. Ansonsten nahm die jeweils federführende Rundfunkanstalt bei der Vorab-Festlegung des Themas ihr »Königsrecht« sehr selbstverständlich in Anspruch, obwohl im Rahmen der DIFF-Begleitforschung die Kollegiaten auch immer wieder nach ihren Wünschen befragt wurden.

Aber auch wenn man die Teilnehmerzahlen sämtlicher Funkkollegs gruppiert (ein Drittel über dem Durchschnitt, ein Drittel mehr oder weniger Durchschnitt, ein Drittel darunter) und die erfolgreich realisierten Themen dem bürgerlichen Bildungskanon zuordnet, so sind Zahlenspielereien unter Erfolgs-Aspekten so lange müßig, solange man nicht auch die (wechselnden) Größen des jeweiligen Sendegebiets, die gesellschafts- und bildungspolitische Entwicklung, die demographischen Veränderungen und den praktischen Lern-Wert der Funkkollegs über dreißig Jahre hinweg ausreichend und differenziert berücksichtigt. Was ein erfolgreiches und was ein weniger erfolgreiches Funkkolleg war, wurde von den Partnern sehr unterschiedlich beurteilt, zumal es keine allgemein verbindlichen Maßstäbe zur Beurteilung gab. Die bloßen (Teilnehmer-)Zahlen allein sagen ja eben nicht alles.

Die Gründe, das Funkkolleg einzustellen, haben aus der Sicht des DIFF – und vor allem aus der Bedürfnislage der Lernenden – einen anderen Stellenwert als aus der Perspektive der übrigen Teilnehmer des Medienverbundes. Allerdings hat der Koordinator angesichts der vielen Unübersichtlichkeiten und komplexen Vernetzungen bei diesem Mannschaftsspiel »Funkkolleg« bisweilen doch sehr gestaunt, daß es so lange in dieser Gesellschaft betrieben werden konnte. Das Funkkolleg wird vielen fehlen – aber solch ein besonderes Wertschätzungsbewußtsein entsteht ja nicht selten gerade erst am und durchs Ende. Dieses Mal hoffentlich auch bei den dafür Verantwortlichen ...

Hans Jürgen Koch

Vom Wunschkind zum Waisenkind

Anmerkungen aus der Sicht eines Rundfunk-Redakteurs

So ist nun auch das Funkkolleg schon Geschichte geworden – in der 75jährigen Geschichte des Rundfunks in Deutschland zumindest ein Abschnitt. Als eine an den Fakten orientierte Erfolgsgeschichte wäre sie relativ zügig und knapp zu erzählen. Aber die Mentalitätsgeschichte des Funkkollegs in ihren Verästelungen bliebe noch immer zu schreiben. Das wäre eine Geschichte von den Lern- und Erfahrungsprozessen der Realisatoren in den beteiligten Sendern und Partnerorganisationen. Es wäre zumindest auch der Versuch einer Antwort auf die Frage nach dem Warum und nach dem Stellenwert des Funkkollegs in den Programmen der öffentlich-rechtlichen Sender. Aber es wäre auch die Geschichte der Erwartungen, der Mühen und Frustrationen, durch die Redakteure und Teilnehmer der Funkkollegs miteinander gegangen sind. Aus solchen Aspekten könnten sich fruchtbare Einsichten in die Zusammenhänge ergeben, die zwischen dem Prozeß gesellschaftlicher Wandlungen und Interessen einerseits sowie der Bildungspolitik in diesem Lande und damit auch den Funkkollegthemen andererseits bestanden haben. Auf diese Weise ließe sich einsichtiger als alleine durch die Fakten sowohl Anfang wie auch Ende dieses Unternehmens mit Namen »Fernstudium im Medienverbund: Funkkolleg – ein Modellversuch« beglaubigen.

Die gesellschaftlichen Voraussetzungen

Nicht zufällig erblickte ja das Funkkolleg am Ende der 60er Jahre seine Gründungsväter; Gründungsmütter waren nach meiner Erinnerung in der ersten Phase dieser Aufklärung hier nicht sehr gefragt. Ein Hauch von Innovationsfreude wehte sogar durch die pädagogische Provinz – Chancengerechtigkeit im Prozeß des lebenslangen Lernens sollte garantiert sein, der gesellschaftliche Diskurs die Inhalte von Lernen und Lehre in Schule und Universität mitbestimmen. Dazu waren Anstöße zu geben, Reformen einzufordern mit dem Ziel einer Öffnung auch der Universitäten für alle jene, die den Prozeß des gesellschaftlichen Wandels befördern sollten durch Vermittlung an neue Zielgruppen.

Als die Bildungspolitik zunächst in Hessen konkrete Ausbildungsdefizite bei den Lehrern zu kompensieren suchte, entdeckte die Politik die Medien, und die Medien entdeckten ihre gesellschaftliche Aufgabe. Medienverbund verhieß nun, auf adäquate Weise das neu orientierte Wissen über die Bedürfnisse der Gesellschaft an eben jene zu vermitteln, die es zunächst in den Schulen weiter vermitteln sollten.

Im Ergebnis trat an die Seite des alten, zunächst noch biederen Schulfunks mit seinen bildungskonservativen Inhalten ein Angebot der Wissenschaftsvermittlung mit volksuniversitärem Charakter. Was die Universitäten in der Hektik der Aufbruchszeit nicht leisten konnten, aber eines Tages leisten sollten, das sollte mit den Mitteln des Medienverbunds unter der Fahne des Funkkollegs ins Werk gesetzt werden: die Wissenschaft aus ihrer selbstverschuldeten Isolierung zu befreien und ihr neue, praxisrelevante Fragestellungen im Prozeß des gesellschaftlichen Wandels aufzugeben. Ganz im Sinne einer dialektischen Aufklärung wurden auf diese Weise nicht nur Universitäten und Lehrer, sondern auch die Radioprogramme der beteiligten Sender in den Prozeß der Wandlungen einbezogen, veränderte sich das Umfeld der Hörfunkprogramme spürbar und zum Teil nachhaltig.

Hinter solchem Bemühen verbarg sich ein fester Glauben: ein Glauben an die Bildbarkeit aller Menschen, an Chancengleichheit durch Aufklärung und an unbegrenzten Fortschritt durch einen Prozeß des lebenslangen Lernens aus individueller Einsicht. Darin war das Funkkolleg ein Kind eben dieser Aufklärungslust der Aufbruchgeneration in den 60er Jahren – und litt wie diese nicht unter Mangel an öffentlicher Zuwendung, sondern unter den Zwängen der alten gesellschaftlichen Organisationsstrukturen.

Die Qual der Themenwahl

Neu und in die Zukunft weisend wie der Medienverbund sollten also auch die Inhalte sein. War es zunächst darum zu tun, auch in Hessen fehlende Lehrkräfte für das noch relativ junge Fach Sozial- und Gemeinschaftskunde heranzubilden, so war der nächste und nur konsequente Schritt unmittelbar vorgezeichnet: Eine neue, zeitgemäße Erziehungslehre mußte her. Und mit Einführung der sogenannten neuen, auf der Mengenlehre aufbauenden Mathematik mußte eine Neue Mathematik her: An den Schulen fehlte es auch hier an den entsprechend ausgebildeten Lehrern. Nicht der Rundfunk also, sondern die Kultusverwaltung bestimmte Thema und Inhalte der Sendungen des Funkkollegs. Da es sich hier um die Vermittlung abprüfbaren Wissens handelte, mußten zumindest in diesem Teil des Medienverbunds die Ministerialbeamten nicht nur die finanziellen Mittel, sondern auch die amtliche Beglaubigung des erworbenen Wissens einbringen.

So standen denn schon bald der innovative Anspruch des Lernens im Medienverbund und die Wahl der geeigneten oder gewünschten Themen in einem nicht immer fruchtbaren Widerspruch zueinander.

Die Kultusministerkonferenz (KMK) hatte bereits 1960(!) mit einer »Saarbrücker Rahmenvereinbarung« die Fächer Geschichte, Erdkunde und Sozialkunde für die gymnasiale Oberstufe zu einem neuen Fach »Gemeinschaftskunde« integriert, gleichsam zwangsvereinigt. Als dann aber wenige Jahre später ein Funkkolleg »Integrierte Naturwissenschaften« vorgeschlagen wurde, bekam die vorschlagende Rundfunkanstalt von seiten der beteiligten Kultusministerien keineswegs Lob, sondern die kalte Schulter gezeigt: Die Gesellschafts- und Geisteswissenschaften mochten dem Zeitgeist Tribute zahlen, ihm huldigen bis zur Selbstaufgabe, eine »Verkleisterung« der exakten Wissenschaften Physik, Chemie und Biologie aber durfte nicht stattfinden. So hatte man die neue Wissenschaftsdiskussion nicht verstanden. Hier wurde zum ersten Mal deutlich, daß das Funkkolleg nicht aus autonomer Themenwahl, sondern aus der ihm zugedachten Rolle als pädagogischer Nothelfer existierte.

Statt der integrierten Naturwissenschaft erschien dann ein an kybernetischen Modellen orientiertes Funkkolleg »Biologie. Systeme des Lebendigen«. Es war das erste und bis zum Schluß wohl auch einzige genuin naturwissenschaftliche Kolleg. Da es sich nicht ausschließlich als Angebot zur Lehrerfortbildung, sondern auch als propädeutisches Studienangebot für Medizinstudenten verstand, wurde hier auch zum ersten Mal eine Abkehr vom klassischen Zielpublikum der Lehrer an allgemeinbildenden Schulen versucht. Das Ergebnis eines solchen thematisch innovativen Angebots war denn auch eine Abnahme der Lehrerzahlen unter den Teilnehmern, ohne daß nennenswerte Teilnehmerzahlen aus den Universitäten hinzukamen. Die autonomen Entscheidungen der Fachbereiche zogen hier die Grenzen für die Akzeptanz des Funkkollegs in den Universitäten; darin spiegelte sich das allgegenwärtig gebliebene Beharrungsvermögen der Fachwissenschaften, an denen ja schließlich auch alle Bemühungen der inneren Universitätsreformen scheitern sollten.

In diesem Spannungsfeld hat sich das Funkkolleg mit seinen unterschiedlichen Themen seit Mitte der 70er Jahre bis zu seinem Ende ständig bewegt: zwischen Reparaturangebot für defizitäre Lehrerfortbildung einerseits und Öffnung der Wissensangebote für wechselnde, zahlenmäßig unterschiedlich große und in der Erwartung oftmals heterogene Zielgruppen andererseits. Das trifft für Themen wie »Psychobiologie – Verhalten bei Mensch und Tier« ebenso zu wie für das Funkkolleg »Medien und Kommunikation – Konstruktionen von Wirklichkeit« oder das in der öffenlichen Diskussion gleichermaßen präsente Thema einer Reform der medizinischen Ausbildung und Versorgung, wie sie im Funkkolleg »Umwelt und Gesundheit« angesprochen wurde. Beide letztgenannten Themen konnten darauf hoffen, in der jeweils aktuellen, breit geführten öffentlichen Diskussion als orientierende Angebote akzeptiert zu werden. Aber mit beiden Themen mußten die Veranstalter erfahren, daß sie sich zwischen den zumeist verhärteten Fronten von »Glaubenskriegen« wiederfanden: Für die Protagonisten zweckfreier Wissenschaft wurde durch Einführung gesellschaftlicher Fragestellungen Verrat an eben ihrer Wissenschaft geübt; für die progressiv-alternativen Verfechter einer gesellschaftlich verantworteten Wissenschaft waren diese Fernstudienangebote nichts anderes als der reformistisch aufgeputzte alte Wissenschaftszopf.

Der Versuch, das Funkkolleg aus seiner vorrangigen Orientierung auf die Lehrerfortbildung zu emanzipieren und in seinen Themen dem aktuellen gesellschaftlichen Diskurs zuzuführen, hat also durchaus stattgefunden, ohne daß er seitens der angesprochenen Zielgruppen aber honoriert worden wäre. Auch hierin spiegelt das Funkkolleg mit seiner Entwicklung und seinen Grenzen die gesellschaftlichen Befindlichkeiten – und ihren allmählichen Abschied von den Hoffnungen einer neuen Aufklärung.

Wichtig waren die thematisch-inhaltlich neuen Funkkollegs insofern, als sie Ansätze von Wissensvermittlung durch Medien boten, die es in dieser Form und Breite bisher nicht gegeben hatte. Erfolgreich im Sinne der großen Teilnehmerzahlen aber waren sie nicht. Solche Erfolge blieben den klassischen Themen des bildungsbürgerlichen Kanons vorbehalten: Pädagogik und Erziehung, Literatur, Bildende Kunst und Geschichte. Erfolg hatte zumeist nur das Bewährte, nicht das Innovative. Und wo Innovation dennoch erfolgreich war, da war sie es auf dem sicheren Grund des Bewährten: Die Kunst der Renaissance, die Kunst der Moderne; statt literarischer Textsorten Hölderlin, statt gesellschaftlicher Wandlung der Kanon des Vertrauten.

Die Rahmenbedingungen in den Sendern

Die hier skizzierten gesellschaftlichen und bildungspolitischen Voraussetzungen für die Entwicklung und die Erfolge des Funkkollegs bestimmten denn auch über viele Jahre ihren Stellenwert in der Programmarbeit der Sender und Redaktionen. Bis weit in die 80er Jahre hinein galt das Funkkolleg als ein billdungspolitisch erwünschtes und in der Diskussion von allen Rechtfertigungszwängen freies Programm. In dieser Hinsicht trat es an die Stelle des bis dahin programmpolitisch als unantastbar geltenden Schulfunks: Das Funkkolleg galt als Paradebeispiel für die Erfüllung des Bildungsauftrags, wie er allen ARD-Sendern vom Gesetz vorgegeben war. Konsequenterweise nahm dann auch das Funkkolleg zuletzt den Weg, den der Schulfunk alter Provenienz genommen hatte.

Die Themenwahl selbst war dementsprechend nie Gegenstand interner Diskussionen oder gar Kontroversen. Denn wer mit den Wünschen oder gar dem Segen eines Beschlusses aus der Planungskommission des Funkkollegs in die heimischen Sitzungen zurückkehrte, brachte über lange Jahre eine Art programmlichen Freifahrtschein mit. Hier galt es zumeist nur, die organisatorischen Voraussetzungen innerhalb des federführenden Senders sicherzustellen: redaktioneller Personalbedarf, finanzielle Ausstattung, Zusammenarbeit mit anderen Bereichen in den Sendern wie Presse, Verwaltung und Produktion.

Unterschiede zwischen den beteiligten Sender-Partnern gab es insofern, als manche lieber auf zahlenmäßig erfolgversprechende, mehrheitsfähige Themen setzten, während in anderen ein eher experimentierfreudiges Klima bei der Themensuche vorherrschte. Wer einmal die realisierten Funkkollegthemen den einzelnen Sendern zuordnet, wird diese Unterschiede leicht herausfinden.

In anderer Hinsicht aber spielte sich in allen beteiligten Sendern jeweils ein ähnlicher Prozeß ab: Trotz aller Erfahrungen durch die Jahre und Themen, trotz aller Ergebnisse aus den wissenschaftlichen Begleituntersuchungen und trotz gleicher Rahmenbedingungen – im Bewußtsein der eigenen Autonomie erfand jeder Sender in der Phase seiner Federführung doch das Funkkolleg neu. Das betraf die Art der Autorenfindung und der funkischen Realisierung ebenso wie die Auffassung über die Nähe der Hörfunksendungen zur Wissenschaft und die Rolle der Redakteure im Verhältnis zu den Wissenschaftlern.

Da jeder Sender alle vier oder fünf Jahre eine Funkkollegproduktion federführend übernahm, wechselten in der Zwischenzeit oftmals die Redakteure oder die Programmphilosophie in ihrem Sender. Und da in keinem der beteiligten Sender die zuständigen Redakteure ausschließlich für das Funkkolleg arbeiten konnten, blieb dieses Unternehmen für sie bestenfalls immer nur eine Nebenbeschäftigung, wenn auch eine besonders wichtige. Das traf über lange Jahre auch für den Partner Deutsches Institut für Fernstudienforschung zu, wo jeweils nur eine Redaktionsgruppe projektbezogen arbeitete und die gesammelten Erfahrungen nie kontinuierlich weitergenutzt werden konnten. Kontinuität hingegen gab es in der Institution des Funkkolleg Zentralbüros und in der Verläßlichkeit und dem Engagement seines Leiters Wolfgang Balser, wie auch auf seiten des Beltz Verlags hinsichtlich der Werbung und Zielgruppensuche; auch hier hat ein einzelner Mitarbeiter wie Hans Mieth dem Unternehmen Funkkolleg eben jene Beständigkeit der Arbeit und Erfahrung zukommen lassen, die manchen schönen Erfolg ermöglicht und manches Experiment vor dem Absturz bewahrt hat.

In den Sendern war das Funkkolleg trotz kontinuierlicher Partnerschaften im Grunde ein Programm ohne hausinterne Lobby, es hatte seinen Platz in der Programmwirklichkeit zumeist nur durch das Engagement von Einzelkämpfern: Es war ein Modell, das fest zu installieren sich jeder Sender so sehr scheute wie auch die beteiligten Ministerien.

Medien-Wandel

Die Stunde der Wahrheit für das Funkkolleg wurde denn auch nicht nur durch den Wandel in der Bildungspolitik alleine herbeigeführt. Vielmehr war das Projekt Fernstudium im Medienverbund seit Anfang der 80er Jahre den sich wandelnden Auffassungen über Aufgabe und Funktion der Radioprogramme in den einzelnen Sendern mehr oder weniger schutzlos ausgeliefert. Denn als die Diskussion über die Kosten für Bildung und Sendungen für Minderheiten vom Fernsehen auf den Hörfunk übergriff, geriet auch das Funkkolleg sehr rasch unter bisher ungekannte Rechtfertigungszwänge, denen es trotz seiner Erfolge nicht gewachsen war. Ohne eine durchsetzungsfähige Lobby in den Sendern, wurden zunächst hier und da die Sendezeiten verändert – und damit das Funkkolleg, auch nach außen sichtbar und hörbar, marginalisiert: Mal wurde es hier in dem einen und bald darauf in einem anderen Programm des Hörfunks gesendet, mal dort über diese und dann über eine andere Frequenz, mal über den Fernsehton ausgestrahlt oder zu Tageszeiten, die berufstätige Kollegiaten als Hohn empfinden mußten. Natürlich gab es auf entsprechende Proteste hin für jede dieser Maßnahmen Begründungen technischer und anderer Art, selten aber solche, die den Kollegiaten – und übrigens auch den Partnern des Medienverbunds – den Eindruck vermitteln konnten, sie würden noch wirklich ernst genommen als Partner, Hörer und Studiengebührenzahler.

In eben dem Maße, in dem Erfolge und Qualitäten, und damit die Relevanz eines Programms, auch im Hörfunk an Zahlen – sei es des Geldes oder der Hörer – gemessen wurden, geriet das Funkkolleg mit seinen nicht auf Zahlenerfolge, sondern auf Interesse und Sinnhaftigkeit orientierten wechselnden Themenangeboten in den Sendern selbst in die Defensive. Hinzu kam der bereits Ende der 70er Jahre einsetzende Wandel in der Bildungspolitik, mit dem sich bald und zunehmend deutlicher abzeichnenden Ende der unter massiven Ideologieverdacht geratenen zweiten Aufklärung der 60er Jahre. Und der spürbare Wandel in der Medienlandschaft insgesamt bewirkte eine weitere Veränderung auch für das Funkkolleg. Mit dem Aufkommen der dualen Medienordnung entzogen die kommerziellen Anbieter im Lande den Programmen der öffentlich-rechtlichen Sender beachtliche Hörerzahlen.

Tatsächlich war eine Änderung im Nutzungsverhalten der Medien auf Seiten der Zuschauer und Hörer feststellbar: vom Hörfunk hin zum Fernsehen, von den Kultur- und Minderheitenprogrammen hin zu den Unterhaltungs- und sogenannten Tagesbegleitprogrammen.

Die Konsequenz aus solchen Entwicklungen war die Forderung einzelner Partner unter den Sendern nach einer radikalen Neuorientierung des Funkkollegs. »Informelles Lernen« lautete nun ein vom Fernsehen übernommenes Zauberwort: Lernen, ohne es zu merken, könnte man es auch nennen, Abschied von der Mühe der Vermittlung – und von Sendungen, die, nur noch unter dem Aspekt der Programmverträglichkeit betrachtet, als »Fremdkörper« angesehen wurden. Die Versuche, das Fernsehen mit ergänzenden Angeboten zum medialen Partner zu machen, führten dazu, daß die Teilnehmer an den entsprechenden Funkkollegs bald vorwiegend von den Sendungen sprachen, die sie nicht gehört, sondern gesehen hatten.

Die Neuorientierung der Funkkollegthemen an eher auf Alltag und lebenspraktisches Wissen ausgerichteten Gegenständen, auch als eine Lern- und Lebenshilfe für die ehemaligen DDR-Bewohner gemeint, war ein Versuch, die Chancen des Funkkollegs unter veränderten Bedingungen seiner Existenz auszuloten. Gleiches gilt auch für den Versuch, die Länge der Sendungen auf 30 Minuten zu begrenzen und sie von der Wissensvermittlung zu entlasten. Insofern bedeuteten 1989 und die Folgen auch für das Projekt Funkkolleg einen tiefen Einschnitt.

Der Pragmatismus des knappen Geldes, der sich auszubreiten begann, verbunden mit dem durch das Fernsehen auf den Hörfunk übertragenen Quotenfetischismus der hinreichenden Hörerzahlen, hat den Stellenwert des Funkkollegs in den Sendern geschwächt. Die Verabschiedung der Politik aus der Bildung und die Sparzwänge in den beteiligten Ministerien haben diese Entwicklung begleitet; und der gesellschaftliche Trend, Wissenserwerb als mühsam und dem allgemeinen Drang nach grenzenlosem Amusement hinderlich anzusehen, hat dann ein übriges dazu beigetragen, das Ende des Funkkollegs herbeizuführen.

So betrachtet bleibt zu konstatieren, daß ein großes und alles in allem gelungenes Projekt wie das Funkkolleg konsequenterweise mit dem Scheitern der Bemühungen um ein lebenslanges Lernen im Sinne der neuen Aufklärung sein Ende finden mußte. Begonnen hatte es als »Nothelfer«, als Instrument für die Fortbildung der Lehrer. Es endete, als jene breitere Form der beruflichen Qualifizierung und individuellen, auch staatsbürgerlichen Weiterbildung ihre Versprechungen nicht eingelöst und auch deshalb ihren gesellschaftlichen, insbesondere aber auch ihren bildungspolitischen Stellenwert verloren hatte.

Bernhard S. T. Wolf

Das Funkkolleg aus der Sicht der Volkshochschulen

Es wäre einiges zu berichten aus der Entwicklung des Verbundprojekts, das die Rolle der Volkshochschulen und ihrer Verbände beschreibt. Da es aber eine besondere Erfahrung der Volkshochschulen ist, daß sie diejenigen wirklich kennen, die sich am Funkkolleg besonders engagiert beteiligen, also mit jenem den anderen Partnern weitestgehend unbekannten Kollegiaten-Wesen vertraut sind, möchte ich zunächst zwei Zeugen zu Wort kommen lassen, ehe ich einige Anmerkungen zur institutionellen Sicht einbringe.

Walter Schwebel, der sich als Funkkolleg-Enthusiast beschreibt, hat eine mit dem Funkkolleg eng verbundene Biographie. Er berichtet von der – nicht nur bildungsmäßig – benachteiligten Generation der Kriegsjahrgänge, die, besonders auf dem flachen Lande, weder ein ausgebautes Schulsystem noch eine irgendwie qualifizierende Einrichtung der Erwachsenenbildung vorfand. Nach meist bescheidenen Berufsausbildungsgängen ergaben sich nur langsam den Wünschen und Neigungen entsprechende Entwicklungs- und Aufstiegschancen. Picht sprach 1964 von den Begabungsreserven.

Ein junger Postbeamter, Jahrgang 1937, suchte zwischen immer wiederkehrender beruflicher Unzufriedenheit und der Sehnsucht nach bildungsgestützter individueller Entwicklung seinen Weg in einer aktiven Sportlerlaufbahn und gewerkschaftlichem Engagement. In dieser Phase bedeutete für ihn die Nachricht von einem in Kürze beginnenden Funkkolleg »Politikwissenschaft« eine Ahnung von neuer Perspektive. Entsprechend hoch motiviert, gab es für diesen frischen »Funk-Studenten«, wie Kadelbach 1966 titulierte, im Wochenplan eine neue Priorität: Ab Mai 1967 hörte er donnerstags um 17.15 Uhr die Vorlesungen von Iring Fetscher, der die Entwicklung des Parlamentarismus anschaulich am Beispiel der Geschichte Großbritanniens vermittelte.

Zur schrittweisen Kenntniserweiterung traten nun die ersten Erfahrungen mit selbstentwickelten Methoden geistigen Arbeitens in Verbindung mit Radiosendungen. Begleitmaterial war unbekannt, aber in der Mitte des Kollegs richtete der DGB-Kreis einen begleitenden Studienzirkel ein. Die dort versammelten Funkkollegiaten fanden es anregend, ihre neuen Kenntnisse struktureller Natur mit der aktuellen Politik zu vergleichen. In Bonn hatte sich gerade eine Große Koalition gebildet, und in der Bevölkerung wuchs ein Unbehagen, das u.a. in die folgende APO-Zeit führte.

Das neuentwickelte Bewußtsein ließ es nicht zu, das nächste Funkkolleg »Geschichte«, welches eher konservativer Natur war, kritiklos anzunehmen. Aber dann umriß Walter Rüegg im Funkkolleg »Soziologie« mit der deutlichen Benennung der

Werte und Normen eine sich wandelnde Gesellschaft vor dem Hintergrund philosophischer Theorien, was weiter zur kritischen Analyse des Alltagsgeschehens durch die Kollegiaten beitrug.

Diese Lernarbeit mit Hilfe der Funkkollegs bewirkte eine immer intensivere Auseinandersetzung mit wissenschaftlichen und gesellschaftlichen Fragestellungen, die 1969/70 mit dem Funkkolleg »Erziehungswissenschaft« einen weiteren Höhepunkt erfuhr. (Übrigens ein weiteres Funkkolleg, das auch das »normale« Universitätsstudium außerordentlich strukturierte und erleichterte, zumal hier erstmals Begleitbriefe des DIFF zur Verfügung standen: Anm. d. Autors!)

Wirklich lebensverändernd war aber der Begleitzirkel der Volkshochschule. Eine im Nachhinein als glücklich zu bezeichnende Zusammensetzung der ebenso verantwortungs- wie veränderungsbereiten Erwachsenen aus unterschiedlichen Berufen und einer Altersspanne von 20- bis 60jährigen begünstigte eine ganz besondere Lernatmosphäre in diesem Begleitzirkel. Hinzu kam, daß die provozierenden, nondirektiven Methoden eines Gamm-Schülers in der Rolle des Begleitzirkelleiters in jeder Minute die Fragehaltung der Teilnehmer wachhielt.

Es entspann sich ein Netz von zusätzlichen privaten Treffen, gemeinsamen Lern-Wochenenden, wobei neue Freundschaften entstanden. Es herrschte eine Stimmung, die späte Studienwünsche, Berufsumstiege und neue Konstellationen in Wohngemeinschaften nach sich zog. Die Motivation für W. S. wurde durch drei weitere Umstände verstärkt:

1. Die Erfahrung, daß man überhaupt »studieren« konnte. Trotz beruflicher Bewährung auf vielen Feldern bot dieser Gedanke eine nachhaltige Perspektive und führte direkt in den Kreis derjenigen, die – erleichtert durch das Funkkolleg – mittels Begabtenabitur zum Studium oder zumindest zu einem beruflichen Neuanfang gelangten.
2. Das Thema »Erziehungswissenschaft« war für den Sportübungsleiter und Teamer gewerkschaftlicher Bildungsarbeit ein besonderer Anreiz zur wissenschaftlichen Überprüfung der pädagogischen Alltagserfahrungen. Besonders die Eingangskapitel des Funkkollegs über Gruppenbeziehungen, Bedeutung der Sozialisation oder die Analyse der Institution Schule eigneten sich gut zur Reflexion des Erlebten: Erfahrungen, die, jetzt eingeordnet in einen wissenschaftlichen Kontext, eine Bestätigung oder Erklärung für früher intuitiv-richtiges bzw. amateurhaftnaives oder fehlerhaftes Verhalten boten.
3. In dieser Zeit erhielt auch die Erziehungswissenschaft eine Schlüsselrolle für die fälligen Veränderungen in der Gesellschaft zugesprochen. Die Diskussionen über den Zustand der Republik hatten die Amtsstuben, die Kantinen und die Vereinslokale erreicht. An einer Neugestaltung mitzuwirken war eine faszinierende Aussicht. So zu lernen, lernen zu können, war mehr als nur Wissenserwerb.

W. S. arbeitete jetzt in bildungspolitischen Gruppen mit, konnte erste Veröffentlichungen verzeichnen und wurde für den Beirat der Volkshochschule seiner Heimatstadt als Hörervertreter benannt.

Die Funkkolleg-Erfolgsstory von W. S. dauert bis heute an und soll in ihren wesentlichen Stationen nach diesen prägenden Jahren kurz dargestellt werden:

Zwischen »Pädagogischer Psychologie« und »Beratung in der Erziehung« wurde er hauptberuflich pädagogischer Mitarbeiter (HPM) der örtlichen Volkshochschule. Mit besonderer Fachkenntnis und Zuwendung war er in seiner neuen Rolle für die Planung und Durchführung aller weiteren Funkkollegs zuständig. Hierzu gehörte auch eine originelle Pressearbeit und die mehrfache Leitung örtlicher Prüfungen.

Nach Jahren der Pause waren »Anthropologie/Der Mensch« sowie die »Literarische Moderne« Anlässe zum erneuten Einstieg. Das Funkkolleg »Altern« setzte einen vorläufigen Schlußpunkt unter die abschlußorientierte Lernarbeit im Medienverbund. Wieviel Zertifikate der mittlerweile 61jährige Pädagoge gesammelt hat, ist ohne Belang. Daß es ihm leicht geworden ist, sich mit neuen Themenbereichen auseinanderzusetzen, ist ein Ergebnis, das stark mit der über 30jährigen Geschichte des Funkkollegs und der dabei vermittelten Grundeinstellung zum lebenslangen Lernen verknüpft ist. – Walter Schwebel ist heute Volkshochschul-Direktor der südhessischen Großstadt Darmstadt.

Weniger emotional-persönlich, gleichwohl ebenfalls biographisch geprägt ist der Bericht eines ca. 20 Jahre jüngeren Begleitzirkelleiters der Volkshochschulen Fulda und Marburg. Dr. Udo Engbring-Romang arbeitet seit 1986, also 20 Jahre nach Beginn des Funkkollegs, als Kursleiter an den genannten Volkshochschulen in den Bereichen Geschichte, Politik und interdisziplinäre Themen. Dies war der ideale Einstieg in die Begleitung verschiedener Funkkollegs. Zum erstenmal leitete er zwei Begleitzirkel zum Funkkolleg »Jahrhundertwende 1880–1930«, das seine weitere Arbeit prägte. Er hatte sich ursprünglich auf eine der dafür ausgeschriebenen Stellen im DIFF-Redaktionsteam beworben, war aber nicht in die engere Auswahl gekommen. Als Politologe und Historiker, mit Studien auch in Filmgeschichte, Philosophie und Volkswirtschaftslehre, zugleich naturwissenschaftlich interessiert, war dieses Funkkolleg eine besondere Herausforderung für ihn. Die lag auch in der Neugier begründet, wie solche Begleitzirkel wohl zu leiten seien. Aus seiner Sicht muß ein Zirkelleiter mehr sein als nur Moderator: Er sollte – zumindest ansatzweise – auch »Experte« sein, wenn er von seinen Teilnehmern akzeptiert werden und die Abbruchquote gering halten will. Aber selbst wenn der Begleitzirkelleiter nur moderiert, muß er besser vorbereitet sein als seine Gruppe: Schließlich wird er auch dafür bezahlt.

U. E. R. hat nach der »Jahrhundertwende« noch die Funkkollegs »Humanökologie«, »Der Mensch«, »Technik«, »Steuern«, »Altern« und »Deutschland im Umbruch« geleitet; er kennt das letzte Drittel der Geschichte des Medienverbundes als aktiv Handelnder, der die Stärken und Schwächen der einzelnen Konzepte in den Begleitzirkeln »vor Ort« austarieren mußte, den Interessenten bei der Bewältigung des Stoffes und der Prüfungsvorbereitung zur Seite stehen sollte.

Dabei hat sich sein Selbstverständnis gewandelt, hin zu einem »Dienstleister«. Die Volkshochschule macht ihr Angebot an zertifizierbarer Bildung. Sie gibt interessierten Menschen die Möglichkeit, Probleme, die beim Studium der Texte entstehen, in einer Gruppe zu diskutieren, aber auch Fragen zu diskutieren, für die man keine Antwort gefunden hat. Das heißt auch, wenn niemand aus der Gruppe eine Antwort weiß, ist der Zirkelleiter gefordert. Seine Aufgabe besteht auch darin, auftretende Fragen oder Verständnisprobleme zu antizipieren, um sie dann mit Hilfe des Textes, Hinweis auf die Radiosendung, in der Regel aber auch durch das Einbringen weiterer Materialien wie Quellentexte, Grafiken, Bilder, auch Musik oder Film, zu beantworten. Das kam in den vergangenen zehn Jahren nicht selten vor, denn die Texte waren immer nur ein Einstieg in die Themen. Manchmal setzten die Autorinnen und Autoren auch Dinge oder Wissen voraus, die die Teilnehmer/innen nicht unbedingt haben konnten. Zum Beispiel waren da zwei Beiträge im letzten Funkkolleg »Deutschland im Umbruch«, wo beim Thema Europa einfach die Grundinformationen über die Institutionen der EU fehlten, und im Beitrag über die Literatur fehlten – aus Sicht der Teilnehmer/innen wie des Begleitzirkelleiters – leider einige Quellenangaben. Die Materialien hat U. E. R. dann mitgebracht. Auch die Teilnehmer und Teilnehmerinnen haben Materialien mitgebracht, die – wenn von allgemeinem Interesse – auch eingesetzt wurden.

Durch solche Zusatzaktivitäten, die zur verantwortungsvollen Betreuung eines Begleitzirkels dazugehörten, sank der tatsächliche Stundenlohn und war, selbst bei dem gewährten 50prozentigen Aufschlag auf das normale vhs-Honorar, eigentlich nicht akzeptabel. Zu rechtfertigen ist dies aus der Sicht von U. E. R. eigentlich nur, weil ihm auf diese Weise die eigene Weiterbildung durch das Funkkolleg bezahlt wurde. Er lernte mit den Teilnehmern und konnte zugleich auf andere Kurse, die das Funkkolleg ergänzten oder vertieften, aufmerksam machen.

Was gehörte noch zur Dienstleistung des Begleitzirkelleiters? Zum Beispiel die kontinuierliche Aufnahme der Radiosendungen, was den Gruppenmitgliedern auch bei gutem Willen nicht immer gelang. Sie konnten bei ihm die Kassetten ausleihen und untereinander austauschen. Der Begleitzirkelleiter ist das »Kontinuum«; der einzelne Teilnehmer konnte natürlich schon mal fehlen. Und der Begleitzirkelleiter mußte auch jederzeit in der Lage sein, in etwa fünf Minuten den Inhalt einer Studieneinheit zusammenfassend referieren zu können, was nicht immer leicht war. Idealerweise sollten dies auch die Teilnehmer/innen nach einiger Zeit beherrschen. In den zehn Jahren Funkkolleg hat U. E. R. aber die Erfahrung gemacht, daß diese oft ihre Arbeitsgeschwindigkeit überschätzen und dann dem Tempo der Sendungen und Studieneinheiten nicht mehr folgen können. Er hat sie deshalb immer wieder ermuntert, auch dann in den Begleitzirkel zu kommen, wenn sie keine Gelegenheit hatten, den Text zu lesen oder die Radiosendung zu hören. Sie konnten dem Funkkolleg weiter folgen, auch wenn eine »Leselücke« entstanden war; diese wurde durch den Begleitzirkel geschlossen.

Eine besondere Form der Dienstleistung betraf den Begleitzirkelleiter wie die Volkshochschule: die Prüfungsvorbereitung. In seinen Kursen hat U. E. R. die Hausarbeiten immer gemeinsam durchgesprochen, einzelne Fragen diskutiert, im Einzelfall auch darüber gestritten, wie sinnvoll die Fragen sind. Dasselbe galt auch für die Klausuren. Hierfür wurde eine eigene Sitzung vorgesehen, die zwei Bedingungen zugleich erfüllen mußte: Für diejenigen, die keine Prüfung machen wollten, sollte sie eine kritische Wiederholung des gesamten Kollegs sein und für die anderen eine gezielte Vorbereitung auf die Art der *multiple-choice*-Prüfung. Dafür wurden eigene Fragen aus prüfungsrelevanten Abschnitten ausgewählt. An dieser Form von Prüfung gab es viel Kritik, weil sie nicht erwachsenengemäß sei. Der hier zitierte Begleitzirkelleiter hat sich beim Funkkolleg »Der Mensch« daher auch an dem Projekt der freiformulierten Prüfungen beteiligt.

U. E. R. resümiert, daß das Funkkolleg von der Auswahl seiner Themen lebte.

Schwierig wurde es, wenn die Thematik – wie in den letzten Jahren häufiger – nur wenig Resonanz erfuhr und Begleitzirkel mit wenigen Teilnehmern und Teilnehmerinnen darunter litten, wenn nur zwei, drei Leute fehlten, was bei normalen Kursen unerheblich ist. Auch für die Anwesenden bedeutete eine solche Lernsituation, daß man noch mehr präsent sein mußte; ein zeitweises »Abtauchen«, wie es jeder bei 90 bis 100 Minuten Begleitzirkel braucht, war kaum möglich. Hinzu kommt, daß der Begleitzirkelleiter meist der Jüngste in der Runde war. Jüngere Menschen, wie von Walter Schwebel aus den 70er Jahren eindrucksvoll geschildert, fühlten sich von dieser Art Weiterbildung nicht mehr angesprochen. Die gesellschaftliche Entwicklung forderte etwas anderes von ihnen, als das Funkkolleg zu leisten imstande war: Es war selbst alt geworden.

Ebenso hatten die Prüfungen ihren Wert für die berufliche Entwicklung der Teilnehmer und Teilnehmerinnen verloren. Sie wollten sich informieren, auf dem neuesten Stand der Wissenschaft bleiben oder dorthin gebracht werden, diskutieren und natürlich auch andere Menschen mit diesen Interessen kennenlernen.

Auch die Radiosendungen standen nicht mehr im Vordergrund. Beim Funkkolleg »Altern« haben viele endgültig »abgeschaltet«. Die älteren oder auch erfahrenen Teilnehmer wollten gut gemachte Information, keinen Schulfunk, aber auch kein Hörspiel. Schließlich galt es, die Texte der Studienbegleitbriefe zu bewältigen; dies ließ die damit in keinem direkten Zusammenhang stehenden Radiosendungen im Medienverbund ins Abseits geraten. Die eher ergänzend gemeinten Fernsehsendungen zu den Funkkollegs »Jahrhundertwende« und »Der Mensch« wurden hingegen sehr gut angenommen.

Soweit der Rückblick von Udo Engbring-Romang, der den Lebensbericht von Walter Schwebel aus der kühleren Sicht des Funkkolleg-Dienstleisters im letzten Funkkolleg-Jahrzehnt ergänzt. Beide Perspektiven machen deutlich, welche Rolle das Funkkolleg beim Verbundpartner Volkshochschule für die beteiligten Menschen spielte. Die Institutionen des Funkkollegs haben die Rahmenstrukturen dafür geschaffen. Den Kollegen sei herzlich für ihre Mitarbeit an diesem Artikel gedankt.

In den Volkshochschulen waren die Funkkollegs Flaggschiffe eines wissenschaftlichen Angebots im allgemeinen Programm, die oft vielfältige andere Kurse zum Thema nach sich zogen. Dies konnte differenzierend geschehen oder vertiefend, nicht selten aber als direkte Fortführung über Semester hinweg, z. B. bei den Funkkollegs zur Literatur. Mit ihnen wurde jener Strang der Volksbildung aufgegriffen und institutionalisiert, der als extramurale Universitätsarbeit zu bezeichnen ist und eine Wurzel der Volkshochschulbewegung war. Für die Rundfunkanstalten war das Funkkolleg im Verbund mit Hochschulen, Erwachsenenbildung und Kultusministerien eine erkennbar eingelöste Aufgabe, dem öffentlichen Bildungsauftrag nachzukommen.

Die Volkshochschulen waren über ihre Landesverbände frühzeitig miteinbezogen in die Arbeit der Planungskommission. Zu dem daraus resultierenden, unaufgelösten Rollenkonflikt schreibt mein Vorgänger als Funkkollegbeauftragter der Landesverbände, Heinz Krings, bereits vor mehr als 20 Jahren in den Hessischen Blättern für Volksbildung (3/1977, S. 200 ff.): »Das Funkkolleg steht unter der Spannung unterschiedlicher und zuweilen sogar widerstreitender Interessen, die allesamt, die Volkshochschulen ausgenommen, an unumstößliche Rechtstitel gebunden sind. Dazu zählen die Kulturhoheit der Länder, die Staatsfreiheit der öffentlichen

Rundfunkanstalten und die grundgesetzlich garantierte Lehrfreiheit. (...) In dieses System eingebunden sind nun auch die Volkshochschulen. Ihre Rechtsposition ist allerdings wesentlich schwächer als die der übrigen Partner. Entsprechend eingeschränkt sind demnach ihre Mitwirkungsmöglichkeiten. Was ihnen bleibt, ist ein zwar nirgends kodifiziertes, faktisch aber bestehendes Vetorecht in der Planungskommission, dem obersten Beschlußorgan des Funkkollegs, in dem die Volkshochschulverbände gleichberechtigt vertreten sind. Dieses Vetorecht beruht auf der stillschweigenden Übereinkunft aller am Funkkolleg beteiligten Partner, über Themen und Konzepte einvernehmlich zu entscheiden. Der Widerspruch eines Partners würde genügen, um ein Thema abzusetzen.«

Das Problem für die Volkshochschulvertreter war freilich, und hier gilt das 1977 Geschriebene auch für alle weiteren Jahre des Funkkollegs, daß sie scheinbar die Interessen ihrer Klientel, vornehmlich der Begabtenprüfungsanwärter und der ungeübten, aber am Thema interessierten Lerner, nicht angemessen vertreten hätten: Schien es doch so, als seien die Volkshochschulen im Medienverbund mitverantwortlich für »die Entwicklung, inhaltliche Ausformung und didaktische Aufbereitung bis hin zu der in den angebotenen Lernstoffen verwendeten Sprache gewesen...« Dazu gab es für die Volkshochschulen keine Möglichkeiten, und auch die Auswahl der Themen wurde letztlich – gegebenenfalls mit Modifizierung auf Wunsch der Partner – von der jeweils federführenden Rundfunkanstalt entschieden. Die Forderung aus den Kreisen der Begleitzirkelleiter nach einer angemessenen didaktisch-methodischen Fortbildung zur qualitativen Verbesserung der Zirkelarbeit, gerade auch wegen der oft schwer in die Volkshochschulwirklichkeit umsetzbaren Funkkollegmaterie, führte nach z.T. scharf geführten Auseinandersetzungen zu einem Trainingsprogramm, das, von Prof. Wilhelm Mader erarbeitet und erprobt, didaktische Hilfen enthielt und in der Praxis weiterentwickelt wurde. Wer die heißen Diskussionen jener Phase nachvollziehen möchte, sei auf das o.a. Heft der Hessischen Blätter für Volksbildung verwiesen, das sich mit dem Thema »Medien und Medienverbund« auseinandersetzt.

Im letzten Drittel des Funkkolleg-Medienverbundprojekts hatte sich ein Angebot der Landesverbände (z.T. kooperierend) eingespielt, bei dem ein halbes Jahr vor Funkkolleg-Beginn und rechtzeitig zur Planungsphase für das entsprechende Volkshochschulprogramm die hauptberuflich pädagogischen Mitarbeiter/innen von je einem Vertreter des Wissenschaftlichen Teams, der federführenden Rundfunkanstalt, des DIFF und des Funkkolleg Zentralbüros über das neue Funkkolleg informiert wurden. Wichtig war dabei die Frage nach den Kriterien der Auswahl von Kursleiter/innen, besonders bei fächerübergreifenden Themen. Aber auch Aspekte einer angemessenen Öffentlichkeitsarbeit traten zunehmend in den Vordergrund. Einen Monat vor Beginn des Funkkollegs wurden die Begleitzirkelleiter/innen zu einer ähnlichen Informationsrunde eingeladen, an der dann auch die kultusministeriellen Vertreter teilnahmen und Fragen zur Prüfungsdurchführung beantworteten. Hier erwies es sich als nützlich, wenn Begleitzirkelleiter anwesend oder besser noch gezielt eingeladen waren, die von realen Situationen und Problemen im Unterricht berichten und ihre Strategien erläuterten konnten.

Ganz anderen Problemen sah sich der Beauftragte der Volkshochschul-Landesverbände für das Funkkolleg mit der deutschen Vereinigung gegenüber: So wie

West-Berlin schon immer mit verschiedenen Volkshochschulen, z. B. Charlottenburg, Steglitz und Tempelhof, in den Funkkollegverbund der Volkshochschulen eingebunden war, ohne daß der Senat oder die Berliner Rundfunkanstalt sich am Medienverbund beteiligten, hatten zumindest größere ostdeutsche Volkshochschulen ein Interesse an Integration, wie andererseits auch die Medienverbundpartner eine Ausdehnung des Funkkollegs für nützlich und wichtig hielten. Trotz großer Bemühungen war aber die Resonanz recht dürftig, obwohl es eine lange Fernstudientradition in der DDR gab.

Es mag viele triftige Erklärungen für den Mißerfolg geben (von den Teilnahmegebühren über die beruflich kaum verwendbaren Prüfungszertifikate bis hin zur unklaren Position der ostdeutschen Volkshochschulen auf dem Bildungsmarkt), aber sicher war auch die Themenauswahl der letzten Funkkollegs nicht sehr motivierend für Neueinsteiger.

Die Volkshochschulen haben ebenso wie die meisten Kultusministerien und einige Rundfunkanstalten das Ende dieses – sieht man sich die Wirkung auf Menschen an, wie es hier eingangs versucht wurde, – erfolgreichen Bildungsverbundprojekts sehr bedauert, und Vorstände von Landesverbänden, viele Volkshochschulen, Begleitzirkelleiter und -teilnehmer haben dagegen protestiert. Die Präsidentin des Deutschen Volkshochschul-Verbandes hat anläßlich der Eröffnung der IFA in Berlin 1997 eine aufsehenerregende Rede gehalten, die zu Berichten und Kommentaren über das Ende des Funkkollegs in nahezu allen deutschen Zeitungen und Zeitschriften führte. Aber leider gilt wohl: Das Funkkolleg-Medienverbundprojekt hat in seiner traditionellen Form trotz vielfältiger Anpassung, auf die hier nicht weiter eingegangen wurde, keine Chance mehr gehabt. Als Positivum bleibt festzuhalten, daß es kein Bildungsprojekt – noch dazu mit einer solch fragilen Konstruktion – in der Bundesrepublik Deutschland gegeben hat, das so lange existierte. Und eine andere Form der Zusammenarbeit wenigstens eines Teils der bisherigen Partner wird es sicherlich geben; vielleicht als Neues Funkkolleg?

Wolfgang Balser/Eberhard Scheler/Hans-Martin Schreiber

Erfahrungen mit dem Funkkolleg aus kultusministerieller Sicht

Getragen von der gesellschafts- und bildungspolitischen Aufbruchstimmung der sechziger Jahre, deren Zielsetzungen hier mit Schlagworten wie *Bildungskatastrophe, Öffnung der Schule, Revision des Curriculums, programmierter Unterricht, mehr Bildung für alle, Ausbau und Ausweitung der Hochschulen, lebenslanges Lernen* nur angedeutet werden sollen, gingen die Anstöße zur Entwicklung des Funkkollegs vom Hessischen Rundfunk aus. Dabei bemühten sich die Initiatoren, voran der unvergessene Dr. Kadelbach, von Anfang an um die Unterstützung des Hessischen Kultusministeriums, stießen aber bei den zuständigen Beamten zunächst auf einige Skepsis. Doch gelang es ihnen in ebenso hartnäckig betriebenen wie eindringlich werbenden Verhandlungen, die Ministerialbeamten von den Möglichkeiten und Chancen eines rundfunkgestützten Fortbildungskonzepts zu überzeugen, das offensichtlich geeignet war, Ziele und Vorhaben auch des Kultusministeriums zu befördern.

Entschieden hat schließlich der damalige Kultusminister Professor Dr. Schütte selbst. Er war ein energischer und profilierter Verfechter der erwähnten Ziele. Nicht zuletzt weil er selbst als Sohn eines Bergmannes das Abitur, seine umfassende klassische Bildung und seine akademischen Qualifikationen erst über den Zweiten Bildungsweg erworben hatte, war ihm jegliche Förderung junger Menschen, die im überkommenen, seiner Meinung nach zu starren Bildungssystem keine ausreichenden Chancen gehabt hatten, besonders wichtig. Seine Symbolfigur, auf die er bei jeder nur irgend passenden Gelegenheit in noch ganz traditioneller Terminologie zu sprechen kam, war der *begabte junge Arbeiter*, dem jegliche Möglichkeiten einer höheren Bildung eröffnet werden müßten. Darüber hinaus trat der Minister überall für eine Ausweitung und Verstärkung der politischen Bildung ein, da diesem Bereich, wie er zu Recht meinte, im deutschen Bildungswesen bislang zu wenig Bedeutung beigemessen worden sei. So betrieb er in der Ständigen Konferenz der Kultusminister mit Nachdruck eine Reform der gymnasialen Oberstufe, die 1960 zur sogenannten Saarbrücker Rahmenvereinbarung führte, deren wesentlicher Inhalt in der Zusammenfassung der Fächer Geschichte, Erdkunde und Sozialkunde zum neuen Fach *Gemeinschaftskunde* bestand.

Darum beurteilte er das vom Hessischen Rundfunk geplante Funkkolleg, gerade auch die erste vorgesehene Sendereihe »Zum Verständnis der modernen Gesellschaft«, von Anfang an sehr positiv und zögerte nicht, den finanziellen Anteil des Landes, solange es noch keinen entsprechenden Haushaltstitel gab, aus seinen eigenen Verfügungsmitteln bereitzustellen. Damit wurde nach ursprünglichem Zögern das gesamte Projekt Funkkolleg doch von Anfang an vom Hessischen Kultusministerium, später dann auch von den Kultusministerien anderer Bundesländer gefördert und mitfinanziert.

Konkret wurden nach Überwindung nicht unerheblicher Anlaufschwierigkeiten durch ministerielle Erlasse unter Beteiligung der Wissenschaftlichen Prüfungsämter und Hochschulen recht schnell Regelungen geschaffen, die die Nutzung des Funkkollegs für eine Erweiterung der Fakultas von Lehrern und bei der Anrechnung von Vorleistungen für ein Studium ohne Reifeprüfung sicherten. Dabei spielte natürlich keine geringe Rolle, daß das Funkkolleg von Rundfunk und Universität, also Institutionen des öffentlichen Rechts, entwickelt worden war. Freilich ließen sich, worauf unten noch eingegangen wird, allzu hochgespannte Erwartungen in Bezug auf die Anrechnung von Funkkolleg-Zertifikaten nicht erfüllen. Gleichwohl hatten die gewonnenen positiven Erfahrungen zur Folge, daß sich nach und nach wichtige Elemente der Ziele des Funkkollegs auf Dauer öffentlich-rechtlich institutionalisierten, vornehmlich an der 1974 gegründeten Fernuniversität Hagen. Nicht zuletzt dürften auch heute noch oder wieder aktuelle Pläne, Fern-Fachhochschulen, internationale Tele-Universitäten, gar virtuelle Universitäten zu errichten, auf Anstöße aus dem Umfeld des Funkkollegs zurückgehen.

Weil sich die Dinge in Hessen insgesamt gut entwickelten, beteiligten sich wenig später auch Kultusministerien anderer Länder an dem Unternehmen. Allerdings ist es nie gelungen, einen umfassenden Rahmenvertrag abzuschließen, mit dem das Funkkolleg als Institution fest installiert worden wäre. Vielmehr behielten bis zuletzt alle seine Veranstaltungen den Charakter von Projekten und wurden dementsprechend nur von Fall zu Fall gefördert. Konkret wurden bis zum Schluß für jedes einzelne Kolleg zwischen allen Veranstaltern separate Verträge abgeschlossen. Sie enthielten anfangs vor allem die Finanzierungsmodalitäten, wie sie zuerst zwischen den in Hessen am Funkkolleg Beteiligten, dem Land, vertreten durch den Kultusminister, dem Hessischen Rundfunk und der Frankfurter Universität unmittelbar ausgehandelt worden waren.

Mit der Beteiligung weiterer Ministerien, Rundfunkanstalten und Hochschulen, zunächst in der sogenannten Quadriga, wurde ein Planungsausschuß, der Vorläufer der späteren Planungskommission, geschaffen, der die jeweiligen Funkkollegvereinbarungen aushandelte. Dabei wurde das ursprüngliche Schema mit geringfügigen Änderungen von Anfang bis Ende beibehalten, auch als die Zahl der Partner bis Ende der 80er/Anfang der 90er Jahre schubweise zunahm. Die vereinbarten Verträge hatten für alle Beteiligten die Funktion einer rechtsverbindlichen Grundlage. Für die Kultusministerien war erfreulich, daß die steigende Anzahl der Beteiligten die finanziellen Belastungen aller Partner in Grenzen hielt, wodurch stets auch die Zustimmung der Finanzministerien gesichert werden konnte. Und natürlich verhinderte die multilaterale Struktur des Funkkollegs über lange Jahre auch, daß einzelne Partner sich vorschnell aus dem Verbund zurückgezogen hätten, weil jede solche Entscheidung von erheblicher politischer Tragweite gewesen wäre.

Zur kontinuierlichen Erledigung der planerischen und organisatorischen Aufgaben, insbesondere der technischen Vorbereitung, der Begleitung und der Durchführung der vielen tausend Prüfungen, wurde in Frankfurt am Main als einzige feste Institution des Funkkollegs das Funkkolleg Zentralbüro errichtet. Allerdings war und blieb seine Struktur recht kompliziert insofern, als das Büro vom Hessischen

Kultusministerium unter Beteiligung der Frankfurter Universität aufgebaut und unterhalten, aber von den übrigen Partnern im Wege einer jeweils nachträglichen Rückerstattung mitfinanziert wurde. So hatte das Personal zwar Verträge, teils mit dem Hessischen Kultusministerium direkt, teils mit der Johann Wolfgang Goethe-Universität, aber keine im Landeshaushalt ausgewiesenen Planstellen. Man könnte seine Personalstellen am ehesten mit den in der *Blaue-Liste-Förderung* nicht unüblichen *Dauerprojektstellen* vergleichen. Von der Sache her war eine solche Konstruktion vertretbar, ja durchaus zweckmäßig, andererseits aber, wenn es um klassische Verwaltungsvorgänge, insbesondere um Haushaltsfragen ging, nicht unproblematisch. Besonders bei Personalstandsänderungen wie Neubesetzungen oder Eingruppierungsfragen war immer wieder ein hohes Maß an Risikobereitschaft und Verantwortungsfreude der zuständigen Ministerialbeamten notwendig, wie aus den Akten hervorgeht.

Da sich die mit dem ersten Funkkolleg verbundenen Erwartungen, soweit sie realistisch gewesen waren, bezüglich der Fort- und Weiterbildung der Teilnehmer, insbesondere der Lehrer, erfüllten, war der Weg frei für weitere Projekte dieser Art, zumal man sich durch regelmäßige Wiederkehr gleicher Prozeduren in den Kultusministerien an die nicht unkomplizierten Rechts- und Finanzabläufe mehr und mehr gewöhnte. So konnte ein Funkkolleg lückenlos auf das andere folgen. Einerseits brachte die Verwaltungsroutine Sicherheit, andererseits war das mit der wissenschaftlichen Weiterbildung im Medienverbund verbundene Prestige ein immer wieder begrüßtes bildungspolitisches Glanzlicht. Wenn, was selten vorkam, Bedenken geäußert wurden, wurden sie nicht zuletzt mit dem Argument entkräftet, daß sich jeder Partner bei unüberbrückbaren Meinungsverschiedenheiten angesichts des Projektcharakters eines jeden neuen Funkkollegs ohne rechtliche Schwierigkeiten aus dem Ganzen hätte zurückziehen können. Doch blieb das zum Glück Theorie. Tatsächlich waren auch für die Kultusministerien der später zum Verbund dazugestoßenen Bundesländer sowohl der Aspekt der Lehrerfortbildung als auch die Breitenwirkung des Konzepts der wissenschaftlichen Weiterbildung gewichtige Gründe, dieses Bildungsangebot in ihren Ländern zu verbreiten und zu fördern.

Die bei den einzelnen Funkkollegs gewonnenen Erfahrungen und auftretenden Probleme wurden in dazu eigens geschaffenen Institutionen beraten und ausgewertet. Zwar war in dem obersten Gremium, der in der Regel zweimal jährlich tagenden Planungskommission, wegen jeweils aktueller und dringlicher Fragen der Rundfunkanstalten, der Wissenschaftlichen Teams und des Deutschen Instituts für Fernstudienforschung kaum Raum dafür, die besonderen Anliegen der Ministerien auszudiskutieren. Jedoch geschah dies in den regelmäßigen Sitzungen der Prüfungskommission. Sie tagte häufig genug, um de facto die Funktion eines Geschäftsführenden Vorstandes zu erfüllen, zumal in ihr die unmittelbar für das Funkkolleg zuständigen, in der Regel auch stark engagierten Ministerialbeamten mitarbeiteten. So wurden hier zum einen die Prüfungsaufgaben beraten und beschlossen, dazu die rechtlichen und organisatorischen Rahmenbedingungen für die Prüfung gesetzt. Zum anderen aber war die Prüfungskommission auch der Ort der fachlich-methodischen Diskussion über das Prüfungskonzept des Funkkollegs und seine konkrete Ausgestaltung, so daß in ihr schließlich alle für das Funkkolleg wichtigen Ministerialentscheidungen vorgeklärt und vorbereitet wurden.

Die bewußte Ausrichtung des ersten Funkkollegs auf die Lehrerfortbildung legte von Anfang an den Gedanken einer Leistungsfeststellung und Prüfung nahe. In Hessen wurde gleich geregelt, daß von im Dienst befindlichen Lehrern mit der erfolgreichen Teilnahme am Funkkolleg »Zum Verständnis der modernen Gesellschaft« eine Lehrbefähigung für das neue Schulfach Gemeinschaftskunde erworben werden konnte. Nahezu 300 Lehrerinnen und Lehrer nutzten diese Gelegenheit. Auch bei den folgenden Kollegs lag der Schwerpunkt auf der Lehrerfortbildung. Die Funkkollegs »Erziehungswissenschaft«, »Mathematik« (Mengenlehre, Neue Mathematik), »Pädagogische Psychologie« und »Beratung in der Erziehung« sollten die Nachfrage nach fundierter Fortbildung über aktuelle Ergebnisse und neue Perspektiven in den verschiedenen Fachwissenschaften befriedigen.

Folgerichtig gab es anfangs sogar Überlegungen, die Funkkolleg-Zertifikate als Teilleistung für Staatsprüfungen, insbesondere für die zweite Staatsprüfung der Lehrer, anzuerkennen. Hierüber aber konnte mit den Hochschulen und den sonst für die Lehrerbildung Verantwortlichen kein Konsens erzielt werden, so daß sich diese Möglichkeit nicht realisieren ließ. Ferner wurde eine Verwendung von Funkkolleg-Zertifikaten bei einer Aus- bzw. Fortbildung zum Beratungslehrer erwogen, das Zertifikat des Funkkollegs »Beratung in der Erziehung« beispielsweise in Rheinland-Pfalz als Teilleistung für eine solche Ausbildung ausdrücklich anerkannt. Allerdings schlossen sich andere Länder einer solchen Regelung nicht an.

So trat der Aspekt der Lehrerbildung durch das Funkkolleg allmählich zurück, womit auch das anfangs außerordentlich große Interesse der Lehrerschaft nachließ, und es wurden andere Akzente gesetzt. In dem Maße, wie Pichts aufrüttelnde, oben schon angedeutete Diagnose des deutschen Bildungswesens als *katastrophal* allgemein geteilt wurde, begann man allenthalben auf breitester Front, die vermuteten, offenbar vorhandenen, aber verborgenen *Bildungsreserven* zu erschließen und zu mobilisieren. Dem diente eine Vielzahl von bildungspolitischen Reformmaßnahmen. Dabei wurde dem Funkkolleg von den an ihm interessierten Bildungspolitikern ausdrücklich die Aufgabe zugewiesen, mitzuhelfen, Nichtabiturienten den Weg zur sogenannten »Begabtenprüfung« zu ebnen und damit den Hochschulzugang für Berufstätige zu erleichtern. Folglich wurden von den Vertretern der Kultusministerien entsprechende Prüfungsmodalitäten und -formen entwickelt und rechtlich abgesichert, so daß das Funkkolleg-Zertifikat als einer für die Zulassung zu dieser Prüfung erforderlichen Nachweise anerkannt werden konnte.

In der Praxis freilich erfüllten sich auch diese Erwartungen weniger. Wie in der Aus- und Fortbildung der Lehrer ging die Zahl der Interessenten am Hochschulzugang für Berufstätige unter den Funkkolleg-Teilnehmern im Laufe der Zeit zurück. Schließlich betrug sie nur noch ca. 1 % der Teilnehmerschaft. Trotzdem wurden die Funkkolleg-Prüfung und das Zertifikat aus der Sicht der Kultusministerien damit nicht bedeutungslos. Es zeigte sich, daß für einen erheblichen Anteil der Funkkolleg-Teilnehmer die Hausarbeiten und Klausuren einen wichtigen Bestandteil des Medienverbundes des Funkkollegs bildeten, auch wenn die berufliche Verwertung nur für eine Minderheit im Mittelpunkt stand.

In der öffentlichen Bewertung des Funkkollegs stellten somit die Zertifikatsprüfungen so etwas wie ein Qualitätssiegel für dieses Bildungsangebot dar. Mit den Prüfungen, die nach wie vor unter der Verantwortung der beteiligten Ministerien standen, wurde ein hohes inhaltliches Niveau der einzelnen Kurse dokumentiert. Zudem hatten die Prüfungen durchaus Wirkungen auf die Inhalte der Funkkollegs, erst recht aber auf die Darstellung und Präsentation dieser Inhalte, was sicher allen Funkkolleg-Sendereihen zugute gekommen ist. Nicht zuletzt wirkte die Erarbeitung der Prüfungsaufgaben in der Prüfungskommission und ihre Evaluation im Deutschen Institut für Fernstudienforschung als Meßlatte für die Güte und Qualität der Studientexte.

Im Rückblick stellt das Funkkolleg ein beispielhaftes Modell bildungspolitischer Kooperation dar. Trotz der unterschiedlichen Bedingungen und Interessen der beteiligten Institutionen gelang es über eine Frist von mehr als 30 Jahren, jeweils einen Konsens über Themen, Inhalte und Verfahren zu finden, wobei die Eigenständigkeit und gegebenenfalls durchaus unterschiedliche Positionen der Partner stets gewahrt blieben. Insgesamt sprechen die mit ihm gewonnenen Erfahrungen dafür, eventuellen Nachfolgeprojekten oder vergleichbaren Vorhaben wieder die Unterstützung der Ministerien zu gewähren, wobei es künftig schwieriger sein dürfte denn je, die nötige Finanzierung zu sichern und die nötigen qualifizierten personellen Ressourcen zur Verfügung zu stellen.

Thomas Plaul

Das Funkkolleg Zentralbüro

Der Blick dieses Beitrages richtet sich auf eine Arbeitseinheit des Funkkollegs, die neben der Funkkolleg-Redaktion beim DIFF und der Koordinationsstelle der Planungskommission beim Hessischen Rundfunk der einzige Ort im Verbund war, wo man sich kontinuierlich, weil ausschließlich mit dem Funkkolleg befaßte. Nun sollen hier nicht etwa spröde Verwaltungsvorgänge beschrieben werden, sondern vor allem jene Entwicklungen im Arbeitsprofil und Selbstverständnis des Büros, in denen sich auch die veränderten Bedingungen im Umfeld des Medienverbundes selbst gespiegelt haben. So werden im folgenden zunächst die Kernaufgaben des Funkkolleg Zentralbüros umrissen, um dann jene Erweiterungen und Veränderungen des Arbeitsauftrages anzusprechen, die aus der Verwaltungseinheit ein modernes Dienstleistungs- und Servicebüro haben werden lassen. Am Beispiel eines Arbeitsfeldes, dem der Öffentlichkeitsarbeit, soll dies genauer aufgezeigt werden.

1. Einrichtung und Aufgabengebiete

Kurz nach der »Erfindung« des Funkkollegs wurde an der Frankfurter Johann Wolfgang Goethe-Universität 1967 ein »Kontaktbüro« eingerichtet, aus dem später das Funkkolleg Zentralbüro hervorging. Dieses wurde von den beteiligten Bundesländern finanziert und blieb der Frankfurter Universität angeschlossen, was vor allem praktische Gründe hatte (Nutzung der Infrastruktur der Hochschule, zum Beispiel Poststelle und Telefonzentrale, später auch des Internet-Zugangs des Hochschulrechenzentrums).

In einen rechtlich fest verankerten, institutionellen Rahmen ist das Zentralbüro nie gestellt worden – seine »Existenz« wurde jedes Jahr mit der Verwaltungsvereinbarung für das nächstfolgende Funkkolleg neu »bestätigt«. Daß es nie zu einer Institutionalisierung des Zentralbüros wie auch des Funkkollegs generell gekommen ist, obwohl dies mehrmals angestrebt wurde, es also bei der rechtlichen Unverbindlichkeit des »Modells« blieb, mag an dem Interesse der Bundesländer und der Rundfunkanstalten gelegen haben, mit diesem Weiterbildungsangebot keine langfristigen Verpflichtungen einzugehen. Für die Arbeit des Verbundes im allgemeinen und des Zentralbüros im besonderen aber hatte dies durchaus Nachteile, die unter Punkt 3 zumindest angerissen werden sollen.

Die Kernaufgaben des Funkkolleg Zentralbüros waren folgendermaßen definiert:

- Offizielle Kontaktadresse für Anfragen und Auskünfte rund um das Funkkolleg
- Betreuung der angemeldeten Kollegiatinnen und Kollegiaten
- Organisation und (seit 1995) finanzielle Abwicklung der Funkkolleg-Prüfungen
- Koordinationsaufgaben
- Mitarbeit in der Planungs- und Prüfungskommission
- Mitarbeit in der Werbung und Öffentlichkeitsarbeit

Zu diesen Kernaufgaben fiel dem Zentralbüro aber noch eine weitere Rolle zu, die sich am ehesten mit »Feuerwehrfunktion« umschreiben läßt. Denn wann immer es bei den Verbundpartnern »brannte«, griff man auf das Zentralbüro zurück. Schließlich waren dessen Mitarbeiter und Mitarbeiterinnen mit den komplexen Vorgängen eines Funkkollegs über Jahre vertraut, zudem hatte man hier den engsten Kontakt zu den Kollegiatinnen und Kollegiaten und kannte deren spezifische Probleme.

Diese im Laufe der Jahre erworbene Kompetenz führte dazu, daß neue Aufgaben an das Zentralbüro herangetragen wurden und es von selbst neue Aktivitäten entwickelte: War es schon länger mit der organisatorischen Betreuung der Begleitzirkelleiter und -leiterinnen beauftragt und waren Mitarbeiter des Büros aufgrund eigener Erfahrungen als Erwachsenenbildner auch in die didaktische Beratung derselben involviert, so zeigte sich das Zentralbüro nun auch auf öffentlichen Veranstaltungen wie Messen, Kongressen und auf funkkollegbezogenen Sonderveranstaltungen. In Arbeitsgruppen, zum Beispiel zur Reformierung des Medienverbundes oder zur Veränderung des Prüfungsmodus[1], wurde es – in früheren Zeiten nicht immer eine Selbstverständlichkeit – um Mitarbeit gebeten; seit Anfang der 90er Jahre sah sich das Zentralbüro auch stärker in die Werbung eingebunden.

2. Werbung und Öffentlichkeitsarbeit

Die Werbung für das Funkkolleg oblag der jeweils federführenden Rundfunkanstalt. Zusammen mit dem Beltz Verlag, dem DIFF und dem Zentralbüro wurden Werbepläne aufgestellt, die vor allem Infoprospekte, Plakate, Pressemitteilungen, Anzeigen und Direktmailings an bestimmte Zielgruppen vorsahen.[2] Die Herstellung und zum Teil auch der Vertrieb der Werbemittel lief, bis auf die letzten beiden Jahre, über die erfahrene Marketing Abteilung des Beltz Verlags. Daß diese Werbemaßnahmen im Laufe der Zeit einen etwas schematischen Charakter erhielten, lag vor allem daran, daß der sehr geringe Werbeetat neuartige Werbemittel und -aktionen kaum erlaubte. Die werbenden Maßnahmen des Funkkollegs bezogen sich zudem nur auf das jeweils nächste Thema. Die Einrichtung selbst, das »Label« also, wurde nicht beworben.

Vor dem Hintergrund des von Jochen Greven beschriebenen, Anfang der 90er Jahre unternommenen Versuchs, für das Funkkolleg neue Zielgruppen zu erschließen[3], bedurfte es anderer, auch themenübergreifender Aktivitäten. Zusätzlich zu

1 Siehe Beitrag Greven, S. 32, S. 38.
2 Siehe Beitrag Greven, S. 17f.
3 Siehe Beitrag Greven, S. 32f.

den üblichen Werbeplänen für das jeweils neue Kolleg sollte nun ein Konzept für eine systematisierte Öffentlichkeitsarbeit entwickelt werden. Das Zentralbüro übernahm die Aufgabe, anfangs unterstützt vor allem vom Hessischen Rundfunk.

Zunächst galt es, das Funkkolleg selbst stärker im öffentlichen Bewußtsein zu verankern. Hierfür wurde zum einen eine Broschüre erstellt, die anders als der jährliche Infoprospekt allgemein Auskunft über den Medienverbund, seinen Aufbau, seine Geschichte und seinen Anspruch gab. Zum anderen mußte ein Signet gefunden werden, um dem Funkkolleg auch nach außen hin ein einheitliches Erscheinungsbild zu geben (Stichwort *Corporate Design*). So initiierte das Zentralbüro zusammen mit dem Hessischen Rundfunk 1991 einen Wettbewerb an der renommierten Hochschule für Gestaltung in Offenbach, aus dem schließlich das »offizielle« Signet hervorging (siehe untenstehende Abb.). Doch wie schwer sich der Medienverbund generell mit der Idee einer *Corporate Identity* tat, zeigte sich eben auch am Umgang mit diesem Signet: Obwohl von der Planungskommission angenommen, wurde es nur wenig verwendet – auf den Plakaten lediglich als Layout-Marginalie, auf den Studienbriefen überhaupt nicht (zeitweise fand sich dort gar ein eigenes Funkkolleg-Logo des DIFF).

Abb.: Das 1991 von Farzin Fahimi entworfene Signet

Dennoch hielt man an dem Konzept fest: Die Presseaktivitäten wurden verstärkt, zum Funkkolleg »Steuern« (1995) stellte man erstmals eine Pressemappe zusammen, die an einen neu aufgebauten, umfangreichen Presseverteiler verschickt wurde und eingebunden war in moderne PR-Strategien (wie z. B. Vorabgespräche mit und Nachfassen bei Redaktionen). Dabei wurde der Kontakt zu Tages- und Wochenzeitungen genauso gesucht und gepflegt wie zu Fachzeitschriften, die mit eigens auf deren Leserschaft zugeschnittenen Artikeln versorgt wurden. Das Zentralbüro bot sich so den Medien als ständiger Ansprechpartner an, was von deren Seite in der Folgezeit auch verstärkt genutzt wurde.

Mit einigem Aufwand also wurde die Presse- und Öffentlichkeitsarbeit intensiviert, ohne daß hierfür das Zentralbüro personell bzw. materiell besser ausgestattet worden wäre; von einer »optimalen« Marketingstrategie konnte daher auch keine Rede sein. Dennoch erhöhte sich die Medienpräsenz des Funkkollegs merklich. Anders als erhofft gelang es damit jedoch nicht, eine größere Teilnehmerzahl zu gewinnen, geschweige denn neue Zielgruppen. Es zeigte sich, daß ein bereits eingeführtes Weiterbildungsangebot sich über neue PR-Strategien und verstärkte Öffentlichkeitsarbeit zwar nachdrücklicher als bisher auf dem Markt positionieren läßt, daß es aber doch andere Faktoren als diese sind, die einem Produkt dieser Branche zu einem längerfristigen Erfolg verhelfen.

3. Das Selbstverständnis des Funkkolleg Zentralbüros

Die weiter gefaßte Aufgabendefinition des Funkkolleg Zentralbüros wirkte sich auch auf die Arbeitsorganisation aus. So war man bemüht, die Verwaltungsabläufe aufgrund der langjährigen Erfahrung und unter Verwendung neuester Bürotechnik zu optimieren. Und immer wieder neu mußte der Spagat zwischen der vor allem administrativen Betreuung einer großen Teilnehmerschaft und dem Eingehen auf die individuellen Bedürfnisse der Kollegiaten bewältigt werden, eine Aufgabe, die nur zu leisten war, weil sich alle Mitarbeiterinnen und Mitarbeiter des Zentralbüros flexibel darauf einzustellen versuchten und entsprechend fortbildeten.

Bewußt war man sich im Zentralbüro, daß Weiterbildung längst ein Markt geworden war, auf dem das Funkkolleg, trotz seiner einmaligen und unverwechselbaren Gestalt, als ein Produkt neben vielen galt. So wurde einer verbesserten Außendarstellung des Funkkollegs große Aufmerksamkeit zuteil (Stichwort »Imagepflege«). Auch mußte der Kollegiat als »Kunde« neu entdeckt, angesprochen und behandelt werden. Für manche ein etwas suspekter Gedanke, schien sich hier doch ein bildungspolitischer Anspruch mit einer betriebswirtschaftlichen Perspektive zu vermengen. Daß dies nicht notwendigerweise einen Interessenkonflikt darstellen muß, daß ein Kollegiat zugleich auch als Kunde wahrgenommen werden kann (und umgekehrt), daß man seinen Bedürfnissen also Priorität zusprechen kann, ohne den eigenen Anspruch aufzugeben – diesen Anforderungen galt es sich zu stellen.

Dabei war gerade die komplexe und von außen nur schwer zu durchschauende Binnenstruktur des Medienverbundes ein Problem: Mangels einer klaren zentralistischen Geschäftsordnung gab es gelegentlich Schwierigkeiten bei Fragen der Zuständigkeit und des Informationsflusses. Eine kontinuierlichere und wirkungsvollere Außendarstellung wäre vielleicht bei einer anderen Organisationsform eher gelungen, weil man die entsprechenden Aktivitäten einfacher hätte bündeln können. Auch die Kommunikation der Kollegiatinnen und Kollegiaten mit dem Funkkolleg hätte sich, wenn dieses institutionell abgesichert worden wäre, sicherlich noch weiterentwickeln lassen. (Zwar führte das in den letzten Jahren vom DIFF in den Studienbriefen stark ausgebaute Kollegiatenforum zu einer Verbesserung auf diesem Feld, doch blieb die Kommunikation der Kollegiaten mit dem Funkkolleg letztlich unverbindlich, weil abhängig vom Engagement der jeweils zuständigen Personen und Stellen.) Vielleicht auch wäre der Sprung in die neuen, zukunftsweisenden Informationstechniken (Internet) eher und umfassender (CD-Rom) geglückt, wenn dafür ein gemeinsames Interesse formuliert worden wäre.

Auch unter diesem Gesichtspunkt betrachtet hatte der Begriff des »Modells«, der über 30 Jahre im Zusammenhang mit dem Funkkolleg gepflegt wurde und dem zuweilen durchaus etwas Kokettes anhaftete, gewichtige Bedeutung – ob dies nun im Nachhinein positiv oder negativ bewertet werden wird.

Wolfgang Balser

Die Prüfungen – krönender Abschluß oder überflüssiger Ballast?

Vier bis acht Stunden pro Woche mußten Teilnehmer und Teilnehmerinnen am Funkkolleg im Schnitt arbeiten, wenn sie die Prüfungen absolvieren und das Zertifikat erhalten wollten. Einen solchen Aufwand treibt jemand doch nur, wenn sich daraus handfeste – zum Beispiel berufliche – Vorteile ergeben, so könnte man meinen. Tatsächlich aber unterzogen sich sehr viele Teilnehmende den Prüfungen »lediglich« deshalb, weil sie eine persönliche Lernkontrolle wünschten oder sich ihren Lernerfolg bestätigen lassen wollten.

1. Konzeptionelle Überlegungen zu Beginn

In der Anfangszeit des Funkkollegs hatte die Funktion der Zertifikate als Leistungsnachweis zum Erwerb von Berechtigungen sowohl in der Lehrerfortbildung als auch für den Hochschulzugang von Berufstätigen ein starkes Gewicht. Parallel zu diesen Zielsetzungen wurde bereits zu Beginn über personenbezogene Orientierungen und Leistungen der Funkkollegprüfungen nachgedacht und eine erwachsenengerechte Konzeption und Organisation der Prüfung angestrebt. »Entscheidend ist, daß die Prüfung am Ende eines Semesters nicht als ein Abfrage-Ritual anzusehen ist, sondern einen echten Bestandteil des Medienverbundes ausmacht. Der Kollegiat soll eine Selbstbestätigung über die von ihm erreichten Lernziele erhalten, ..., er soll alle Chancen erhalten, das von ihm selbst gesteckte Ziel auch tatsächlich zu erreichen.«[1]

Eine wichtige Rolle spielte der Aspekt der Objektivität bei der Entwicklung des Prüfungssystems: »Die Prüfungen sollten nicht mehr von der Person des Prüfenden abhängig sein, sondern so objektiv wie nur möglich durchgeführt werden.«[2]

Bereits ab dem Funkkolleg »Erziehungswissenschaft« im Jahre 1969 wurden die Prüfungen mit Hilfe von *multiple-choice*-Aufgaben durchgeführt. Für diese Form von Prüfungen gab es noch kein ausgefeiltes System – hier mußte Pionierarbeit geleistet werden. Nicht nur der Gedanke der Objektivität und der Objektivierbarkeit war konstitutiv für das Prüfungssystem, sondern auch die Zahl der Prüfungsteilnehmer: Bis zu 30.000 Personen (1. Hausarbeit Funkkolleg »Beratung in der Erziehung«) nahmen an einzelnen Prüfungen teil.

---

1 Karlheinz Rebel, *Die Prüfungen und die Zertifikate der Quadriga-Funkkollegs in ihrer Bedeutung für die Arbeit der Volkshochschulen.* In: *Hessische Blätter für Volksbildung*, 1972, Heft 2, S. 159.

2 Vgl. ebd.

2. Aufgabentyp und Aufgabenentwicklung

Nach längeren testtheoretischen Überlegungen entschied man sich für einen bestimmten Typ von Antwort-Auswahlaufgaben, nämlich »n-aus-5-Aufgaben«. Bei diesem Typ waren zwischen einer und drei Richtig-Lösungen aus fünf möglichen Lösungen herauszufinden.[3]

Standardisierte Prüfungsaufgaben nach dem Antwort-Auswahlverfahren wurden in einem mehrstufigen Verfahren entwickelt. Erste Entwürfe kamen von den wissenschaftlichen Autoren der einzelnen Studieneinheiten. Diese Entwürfe wurden von Fachredakteurinnen bzw. -redakteuren des Deutschen Instituts für Fernstudienforschung (DIFF) überarbeitet. Da die meisten Wissenschaftler in der Formulierung solcher Aufgaben nicht geübt waren, wurde in der Praxis dazu übergegangen, nach Hinweisen der Autoren auf die prüfungsrelevanten Inhalte die Aufgabenentwürfe im DIFF zu erarbeiten. Die Prüfungsaufgaben wurden in der Prüfungskommission auf inhaltliche Relevanz und Stimmigkeit und auf sprachliche Klarheit geprüft. Ebenso waren die testtheoretischen Anforderungen zu berücksichtigen. Bis 1992 wurden die Aufgaben in einer Testklausur überprüft.

Eine wichtige Rolle im Prüfungsprozeß kam der Prüfungskommission zu. Neben der Beratung und Festlegung der Prüfungsaufgaben legte diese Kommission die Bewertung der einzelnen Aufgaben und die Benotung der Klausuren fest und beschloß über alle formalen Regelungen und Bedingungen für die Durchführung der Hausarbeiten und Klausuren. In der Prüfungskommission wirkten Vertreter der beteiligten Ministerien, von diesen Ministerien berufene externe Fachleute, das DIFF, die federführende Rundfunkanstalt, die Wissenschaftliche Leitung und das Funkkolleg Zentralbüro mit.

Durch die Bekanntgabe der Lösungen direkt nach der Klausur – sie geschah im Radio im Anschluß an eine Kollegsendung – konnten die Teilnehmenden ihre Lösungen frühzeitig überprüfen. Vor allem konnten abweichende Meinungen zu den Lösungen und Kritik an den Formulierungen der Aufgaben der Prüfungskommission mitgeteilt werden. Diese Rückkopplung stellte für die Kollegiatinnen und Kollegiaten eine Möglichkeit dar, in die ansonsten asymmetrische Kommunikationssituation dieser Prüfung argumentative Aspekte einzubringen. Begründete Hinweise von Teilnehmenden führten gelegentlich durchaus dazu, daß die Bewertung einzelner Aufgaben von der Prüfungskommission geändert wurde.

3. *Multiple-choice*-Aufgaben in der Diskussion

Multiple-choice-Tests, wie sie im Funkkolleg verwendet wurden, sind insbesondere unter Pädagogen nicht unumstritten. Manche Geistes- oder Kulturwissenschaftler bezweifelten, daß sich das Wissen ihrer Fächer mittels MC-Aufgaben abprüfen läßt. Die langjährigen Erfahrungen im Funkkolleg zeigen allerdings, daß sich wissenschaftliche Aussagen über Sachverhalte unterschiedlichster Art auch mit MC-Aufgaben erfassen lassen. Eine Grenze für MC-Aufgaben liegt dort, wo eine Wissen-

3 Ein Beispiel einer MC-Prüfungsaufgabe siehe S. 86.

schaft Aussagen über komplexe Veränderungen von Urteilen, Entscheidungen und Verhalten formuliert.[4]

Eine weitere Beschränkung bestand darin, daß es kaum gelang, MC-Aufgaben zu formulieren, die den Transfer des Gelernten – also die Anwendung auf andere Sachverhalte – prüften. Die Mehrzahl der Aufgaben zielte eher auf Wissen und auf Verständnis der Inhalte. Trotzdem kann man nicht davon ausgehen, daß die Lösung von MC-Aufgaben lediglich Gedächtnisleistungen erfordert. Wissenschaftliche Untersuchungen zeigen, daß die richtige Beantwortung von MC-Aufgaben durchaus komplexe Denkleistungen verlangt und daß MC-Prüfungen außerdem zutreffende Informationen über den Leistungsstand der Prüflinge liefern.[5]

Die Grenzen des Verfahrens der MC-Prüfungen waren immer wieder Anlaß, über Veränderungen und Verbesserungen nachzudenken. Im Rahmen des Funkkollegs »Der Mensch – Anthropologie heute« wurde ein geändertes Prüfungssystem mit offenen Fragen entwickelt und im März 1993 getestet. Dabei wurde ein Verfahren gefunden, das einige Begrenzungen von MC-Aufgaben überwinden konnte. Man entschied sich jedoch dafür, das System mit offenen Fragen nicht einzuführen, da für eine Anwendung bei großen Teilnehmerzahlen erhebliche Schwierigkeiten befürchtet wurden. So wurde bezweifelt, ob eine ausreichende Zahl von qualifizierten Korrektoren gefunden werden könnte, und vor allem wurde skeptisch beurteilt, ob eine Vergleichbarkeit der Bewertungen bei hohen Teilnehmerzahlen zu gewährleisten wäre.

4. Organisation und Auswertung

Die Klausuren zum Funkkolleg wurden dezentral an 70 bis 100 Orten durchgeführt, meist an Volkshochschulen, in Einzelfällen an Hochschulen oder konfessionellen Einrichtungen der Erwachsenenbildung. Die Koordination und zentrale Organisation der Prüfungen lag beim Funkkolleg Zentralbüro. Das Funkkolleg Zentralbüro stellte sicher, daß die einzelnen Arbeitsschritte der Vielzahl von am Prüfungsprozeß Beteiligten zeitlich und sachlich aufeinander abgestimmt wurden.

Eine individuelle Betreuung erfuhren diejenigen Teilnehmerinnen und Teilnehmer, die inhaftiert waren, ebenso Personen mit Behinderungen sowie Kollegiatinnen und Kollegiaten, die im Ausland an der Klausur teilnehmen wollten. Die Prüfungsorte des Funkkollegs lagen tatsächlich nicht nur in Deutschland. Bei fast jedem Funkkolleg absolvierten zwischen fünf und zehn Personen die Klausur im Ausland, meist in einer Einrichtung des Goethe-Instituts. Nicht nur in London, Paris oder Helsinki, sondern auch in Moskau, Seattle, Bogota und Johannesburg fanden Funkkollegklausuren statt.

Die Lösungsbogen wurden per Belegleser erfaßt, und per EDV wurde eine statistische Auswertung der Ergebnisse erstellt. Diese Auswertung bildete zusammen

---

4 Vgl. Helmut Felix FRIEDRICH: *Multiple-Choice-Prüfungen im Lehr-Lern-System »Funkkolleg«*. In: Ralf HORN, Karlheinz INGENKAMP, Reinhold S. JÄGER (Hrsg.): *Tests und Trends. 6. Jahrbuch zur Pädagogischen Diagnostik*, München und Weinheim, 1987, S. 134.

5 Vgl. ebd., S. 132f.

mit Teilnehmerzuschriften die Grundlage für die Entscheidungen der Prüfungskommission über die Bewertung der Aufgaben und die Benotung.

Nach der Entscheidung der Prüfungskommission erhielten die Prüfungsteilnehmer und -teilnehmerinnen eine Rückmeldung mit ihrem individuellen Prüfungsergebnis, Hinweise auf die lösungsrelevanten Textstellen, gegebenenfalls erläuternde Kommentare zu den Lösungen und bei positivem Ergebnis der Klausur ein Zertifikat zugesandt.

Bis zum Funkkolleg »Literarische Moderne«, als das Funkkolleg noch 30 Studieneinheiten umfaßte, bestanden die Prüfungen aus zwei Hausarbeiten und zwei Klausuren. Nachdem die Funkkollegs auf 20 Studieneinheiten verkürzt wurden – ab dem Funkkolleg »Technik« –, wurde zu jedem Funkkolleg nur noch eine Hausarbeit und eine Klausur angeboten.

5. Verwendung des Zertifikats – Gründe zur Teilnahme an den Prüfungen

Was nutzte nun ein Zertifikat den Teilnehmerinnen und Teilnehmern? Nachdem beim allerersten Funkkolleg »Zum Verständnis der modernen Gesellschaft« in Hessen noch eine Unterrichtsbefähigung in Gemeinschaftskunde und für Hauptschullehrer ein Aufstieg zum Realschullehrer möglich war, ließen sich später solch weitreichende Verwendungsmöglichkeiten für das Zertifikat nicht mehr realisieren. »Bei Lehrerinnen und Lehrern werden Funkkolleg-Zertifikate von den Kultusverwaltungen als Nachweis erbrachter Fortbildung anerkannt. Das Zertifikat wird auf Antrag zu den Personalakten genommen.« So steht es in den Zertifikatszusagen zu den meisten Funkkollegs zu lesen. Auch wenn Zertifikate bei Bewerbungen um Funktionsstellen hier und da eifrigen Kollegiatinnen oder Kollegiaten Pluspunkte beschert haben mögen, so war eine solche Regelung sicher kein allzu großer Anreiz für Lehrerinnen und Lehrer, sich den Prüfungen zu unterziehen.

Studierende konnten bei ihrem Prüfungsamt die Anerkennung des Zertifikats als Proseminar- oder Seminarschein beantragen. Eine zu Beginn eines Funkkollegs feststehende Verwendung des Zertifikats gab es für Personen, die den Hochschulzugang für Berufstätige ohne Abitur anstrebten. Sie konnten mit dem Zertifikat eine von mehreren Voraussetzungen für die Zulassung zur Hochschulzugangsprüfung nachweisen. Nachdem bei den ersten Funkkollegs noch ein nennenswerter Anteil der Teilnehmerschaft den Hochschulzugang auf diesem Weg anstrebte, sank dieser Anteil in den letzten Jahren auf unter 1 Prozent.

Für Teilnehmerinnen und Teilnehmer, die nicht aus dem Lehrberuf kamen, mußten die Verwendungshinweise für das Zertifikat noch vager ausfallen. Die Anerkennung des Zertifikats als Fortbildungsnachweis bei privaten und öffentlichen Arbeitgebern hing von der Einschätzung der jeweiligen Personalverantwortlichen ab.

Vor dem Hintergrund dieser nur wenig konkreten beruflichen Verwendungsmöglichkeiten stellt sich die Frage, aus welchen Gründen sich eine durchaus beträchtliche Zahl von Kollegiatinnen und Kollegiaten bei jedem Funkkolleg den Mühen der Prüfungsteilnahme unterzog. Im Durchschnitt der letzten zehn Jahre lag die Quote der Zertifikatserwerber immerhin bei 15,7 Prozent. (Ausführliche Daten zur Prüfungsbeteiligung siehe Beitrag »Die Teilnehmerschaft am Funkkolleg«, S. 97.)

Die Motive zur Prüfungsteilnahme kamen bei der Mehrzahl der Teilnehmenden eher aus dem persönlichen als dem beruflichen Bereich. Wünsche nach Lernkontrolle und nach Selbstbestätigung standen deutlich im Vordergrund.

Motive zur Teilnahme an den Funkkollegprüfungen[6]	
persönliche Lernkontrolle	52 %
Selbstbestätigung	46 %
Nachweis beruflicher Fortbildung gegenüber dem Arbeitgeber	24 %
Anregung zur Organisation und zeitlichen Strukturierung des Lernens	21 %
Vorlage des Zertifikats bei Bewerbungen	10 %
Verwendung des Zertifikats als Leistungsnachweis im Studium	7 %

Aus den Begleituntersuchungen zu den Funkkollegs ist bekannt, daß zu Beginn jeweils etwa 40 bis 50 Prozent der angemeldeten Personen die Absicht hatten, das Zertifikat zu erwerben. Hausarbeiten und Klausuren hatten also für viele Kollegiatinnen und Kollegiaten eine wichtige Funktion im Lernprozeß.

6. Stellenwert der Prüfungen für beteiligte Institutionen

Auch aus Sicht der Veranstalter bildeten die Prüfungen nicht nur ein Anhängsel, sondern einen integralen Bestandteil des Medienverbundes. Als das Funkkolleg entstand, diskutierten die Volkshochschulen gerade den Aufbau eines Zertifikatssystems zum Beispiel im Sprachenbereich. Das Funkkolleg war für die Volkshochschulen deshalb ein Angebot, das diese Tendenz zur »realistischen Wende« unterstützte. In der Diskussion über Qualitätsstandards für die Angebote der Weiterbildung in den 90er Jahren war das Funkkolleg mit seinen Zertifikatsprüfungen ein Beispiel, das hohen Anforderungen weitgehend entsprach und das mithalf, die vhs-Programme unter dem Qualitätsgesichtspunkt zu profilieren.

Die Prüfungen bedeuteten auch für die Funkkollegs selbst einen Qualitätstest. Bei den Beratungen der Prüfungsaufgaben standen jeweils die zugrundeliegenden Texte auf dem Prüfstand. Es zeigte sich meist deutlich, welche Texte ausreichend gehaltvolle wissenschaftliche Aussagen enthielten. Insgesamt stellten die Zertifikatsprüfungen unter der Verantwortung der Kultusministerien und der jeweiligen wissenschaftlichen Leitungen so etwas wie ein Qualitätssiegel für das Funkkolleg als solches dar und trugen damit zum Außenbild dieses Bildungsangebotes positiv bei.

6 Quelle: Wolfgang Balser, Thomas Plaul: *Die Bedeutung des Funkkollegs für die berufliche und persönliche Entwicklung seiner Teilnehmerinnen und Teilnehmer,* unveröff. Manuskript, Frankfurt/M., Nov. 1991, S. 6f.

Funkkolleg »Literarische Moderne«, 1. Klausur

Aufgabe 2

Gegenstand von DÖBLINS Roman »Berlin Alexanderplatz« ist die Großstadt, nie zuvor war die Vielfältigkeit der Stadt so in den Blick genommen worden. Welche der folgenden Aussagen hierzu ist/sind zutreffend?

(a) Der öffentliche Lebensraum der Großstadt ist bei DÖBLIN das monumentalste Industrieprodukt, das es gibt, und wie jedes andere Industrieprodukt auch ist es aus vorgefertigten Teilen montiert, die sich vermischen. [ ] 2a

(b) DÖBLIN beschreibt in seinem Roman die Dinge und Menschen der Großstadt. Dabei bleibt der Blick auf die Körperlichkeit des Menschen ausgespart. [ ] 2b

(c) DÖBLIN nimmt das diffuse Text- und Sprachmaterial der Moderne in seinen Roman mit auf. Von der Werbung nimmt er allerdings bewußt Abstand, weil ihre Sprache die Wunschwelt der Literatur ins Banale verzerrt. [ ] 2c

(d) Bei DÖBLIN gibt es wie im »Ulysses« von James JOYCE keinen durchgehend übergeordneten Erzähler mehr, der im Zentrum des Romans steht. [ ] 2d

(e) DÖBLIN zeichnet mit den Mitteln der Montage ein zerklüftetes Panorama der Zeit. Das Panorama ist eindeutig kritisch entworfen und wendet sich deshalb auch gegen ein traditionelles Erzählen, das den Leser in seinen Bann ziehen sollte. [ ] 2e

Rückmeldung und Kommentar zur 1. Klausur

Anhand der folgenden Daten kann jede Teilnehmerin und jeder Teilnehmer die Punktwerte pro Aufgabe, den Gesamtpunktwert und die Note selbst kontrollieren, die auf ihrem/seinem Rückmeldebogen ausgedruckt sind.

1. Informationen zur 1. Klausur

- An der 1. Klausur haben 4341 Kollegiatinnen und Kollegiaten teilgenommen.
- Bei insgesamt 20 Aufgaben mit je 5 Auswahlantworten konnten maximal 20 x 5 = 100 Punkte erzielt werden.
- Der Mittelwert für die 4341 Teilnehmenden liegt bei 79,6 Punkten, die Standardabweichung bei 9,41 Punkten.
- Der »kritische« Punktwert liegt bei 58 Punkten. Er gibt mit einer Irrtumswahrscheinlichkeit von 5% ($p \leq 0.05$) die Wahrscheinlichkeit an, diesen Punktwert durch Raten zu erreichen oder zu überschreiten.
- Die Prüfungskommission bedankt sich auf diesem Wege für die Zuschriften zur 1. Klausur. Die in den Briefen geäußerte Kritik ist in die Beratungen der Kommission eingeflossen. Die Kommission bittet um Verständnis dafür, daß die Zuschriften angesichts der hohen Anzahl von Prüfungsteilnehmenden nicht individuell beantwortet werden.

2. Benotung*

Die Prüfungskommission hat auf ihrer Sitzung am 14./15. April 1994 folgenden Notenschlüssel für die 1. Klausur festgelegt:

Punktwert	Note	Prozentsatz der Teil-nehmenden, die dieses Ergebnis erzielt haben
100–91	1	13,57
90–81	2	41,38
80–71	3	30,91
70–61	4	11,78
60 und weniger	(nicht bestanden)	2,78

3. Die Aufgabenlösungen

- Bei jeder Aufgabe sind die anzukreuzenden (zutreffenden) Auswahlantworten durch ein Kreuzchen (+) markiert.
- Zu jeder Auswahlantwort ist ihr Schwierigkeitsindex angegeben. Ein Wert von beispielsweise 0.40 bedeutet, daß die betreffende Auswahlantwort von 40% der Teilnehmenden nicht gelöst wurde. Handelt es sich um eine falsche Antwort (einen Distraktor), so bedeutet dies, daß 40% der Teilnehmenden sie fälschlicherweise angekreuzt haben. Handelt es sich um eine zutreffende Antwort, so bedeutet ein Wert von 0.40, daß 40% der Teilnehmenden sie fälschlicherweise nicht angekreuzt haben.
- Zu jeder Aufgabe sind die Bezugstellen in den Studienbriefen (SB) angegeben.
- Bei einigen Aufgaben finden Sie zusätzliche Kommentare.

	(a)	(b)	(c)	(d)	(e)
	+			+	
Aufgabe 2:	.16	.08	.04	.15	.38

Bezug Sb 1: STE 1, Kap. 2.3, S. 30; Kap. 2.4, S. 31 f.; Kap. 2.3, S. 34.

Abb. 1: Beispiel einer MC-Aufgabe mit richtiger Lösung

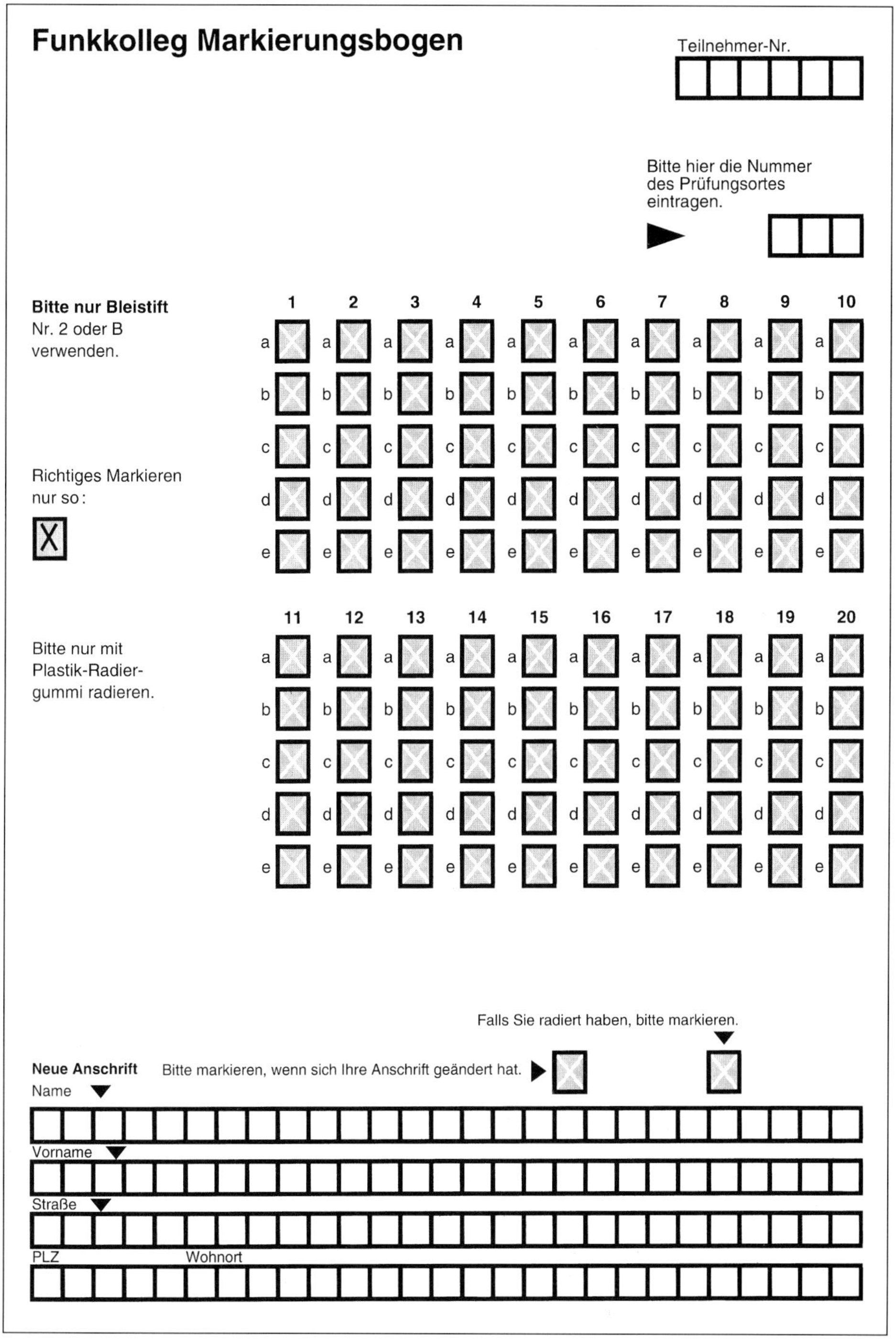
Funkkolleg Markierungsbogen

Teilnehmer-Nr.

Bitte hier die Nummer des Prüfungsortes eintragen.

Bitte nur Bleistift Nr. 2 oder B verwenden.

Richtiges Markieren nur so: X

Bitte nur mit Plastik-Radiergummi radieren.

	1	2	3	4	5	6	7	8	9	10
	a	a	a	a	a	a	a	a	a	a
	b	b	b	b	b	b	b	b	b	b
	c	c	c	c	c	c	c	c	c	c
	d	d	d	d	d	d	d	d	d	d
	e	e	e	e	e	e	e	e	e	e

	11	12	13	14	15	16	17	18	19	20
	a	a	a	a	a	a	a	a	a	a
	b	b	b	b	b	b	b	b	b	b
	c	c	c	c	c	c	c	c	c	c
	d	d	d	d	d	d	d	d	d	d
	e	e	e	e	e	e	e	e	e	e

Falls Sie radiert haben, bitte markieren.

Neue Anschrift Bitte markieren, wenn sich Ihre Anschrift geändert hat.

Name

Vorname

Straße

PLZ Wohnort

Abb. 2: Maschinenlesbarer Markierungsbogen, in den die Lösungen aus dem Aufgabenheft zuletzt zu übertragen waren

Funkkolleg

Die Rundfunkanstalten
Hessischer Rundfunk, Norddeutscher Rundfunk, Radio Bremen,
Saarländischer Rundfunk, Westdeutscher Rundfunk, DeutschlandRadio,
Deutsche Welle

Das Deutsche Institut für Fernstudienforschung an der Universität Tübingen

Die Volkshochschulverbände der Länder
Baden-Württemberg, Bremen, Hamburg, Hessen, Niedersachsen,
Nordrhein-Westfalen, Rheinland-Pfalz, Saarland, Schleswig-Holstein

Die Kultusministerien der Länder Hessen und Nordrhein-Westfalen
Das Ministerium für Wissenschaft und Forschung Baden-Württemberg
Die Behörde für Schule, Jugend und Berufsbildung der Freien und
Hansestadt Hamburg
Das Ministerium für Wissenschaft und Kultur Niedersachsen
Das Ministerium für Bildung, Wissenschaft und Weiterbildung Rheinland-Pfalz
Das Ministerium für Bildung, Kultur und Wissenschaft des Saarlandes
Das Ministerium für Frauen, Bildung, Weiterbildung und Sport Schleswig-Holstein

Zertifikat

Teilnehmer-Nr.

geboren am: in

hat vom Oktober 1996 bis April 1997 am Funkkolleg

ALTERN

mit Erfolg teilgenommen und folgendes Ergebnis erzielt:

Frankfurt, den 1. Juni 1997

Der Vorsitzende der Prüfungskommission — Die stellvertretenden Vorsitzenden der Prüfungskommission

Leit. Ministerialrat
Dr. Gerhard Stroh

Prof. Dr. Gerhard Naegele

Jörg Schröder-Roeckner

Bewertungsstufen:
sehr gut — gut — befriedigend — ausreichend

Abb. 3: Beispiel eines Funkolleg-Zertifikats

Funkkolleg ALTERN

Das Funkkolleg ALTERN war eine Veranstaltung im Medienverbund, die von Oktober 1996 bis April 1997 durchgeführt wurde. Die wissenschaftiche Leitung lag bei Professor Dr. Gerhard Naegele, Dortmund, und Dr. Annette Niederfranke, Bonn.

Das Funkkolleg ALTERN analysierte Alterungsprozesse sowohl in ihren Auswirkungen auf das Individuum als auch in ihrer umfassenden gesellschaftspolitischen Dimension. Um die zahlreichen Einflußfaktoren zu berücksichtigen, wurde eine disziplinübergreifende Darstellung gewählt.

Der Themenplan umfaßte folgendes:

1. Was ist Altern?

- Die vielen Gesichter des Alters heute
- Alte Menschen im Spiegel der Geschichte und der Kulturen
- Biographische Aspekte des Alterns
- Demographische Veränderungen in der Gesellschaft

2. Dimensionen des Alterns

- Psychologische Aspekte des Alterns
- Biologische Aspekte des Älterwerdens
- Körperliche Veränderungen im Alter
- Psychische Veränderungen im Alter
- Auseinandersetzung mit Sterben und Tod

3. Lebenslagen und Lebenswelten

- Frauen und Männer altern unterschiedlich
- Altern in der Arbeitsgesellschaft
- Perspektiven für ein produktives Altern
- Einkommen und Konsumverhalten älterer Menschen
- Familienbeziehungen und soziale Netzwerke
- Wohnen und Alltag im Alter

4. Soziale Sicherung und Altenpolitik im demographischen Wandel

- Soziale Sicherung im Alter
- Medizinische Versorgung im Alter
- Hilfe und Pflege im Alter
- Neue Märkte und Berufe
- Die politische Macht der Älteren

Die Inhalte des Funkkollegs verteilten sich auf 20 Studieneinheiten. Zu einer Studieneinheit gehörten die Kollegsendung im Hörfunk und das schriftliche Begleitmaterial im Studienbrief. Weitere Elemente des Medienverbundes waren die fakultativen Studienbegleitzirkel und die Prüfungen.

Die eingehende Beschäftigung mit den genannten Themenbereichen und Problemstellungen wurde durch eine Hausarbeit und eine Klausur nachgewiesen, die im objektivierten Prüfungsverfahren mit Antwortauswahl-Aufgaben durchgeführt wurden.

Die Anforderungen des Funkkollegs ALTERN entsprachen denen einer einsemestrigen Einführungsvorlesung mit begleitendem Seminar oder begleitender Übung zu den genannten Themenbereichen. Teilweise deckte das Funkkolleg auch den Lehrstoff einschlägiger Veranstaltungen des Hauptstudiums ab bzw. des Aufbaustudiums Gerontologie, wie es an einigen Hochschulen der Bundesrepublik angeboten wird.In dieser Form deckte das Funkkolleg nahezu vollständig jene Lehrbestandteile von Altenpflegeschulen ab, die außerhalb der engeren pflegewissenschaftlichen und pflegepraktischen Themenbereiche zu absolvieren sind. In einzelnen Themenbereichen ging dieses Funkkolleg weit darüber hinaus. Die wissenschaftliche Leitung und die Prüfungskommission sind der Auffassung, daß bei der Bewertung und Anerkennung des Zertifikats von diesem Anforderungsniveau ausgegangen werden kann.

Das Zertifikat ist für Studierende einem Leistungsschein im Grundstudium gleichwertig; es entspricht auch einer Teilleistung im Hauptstudium bzw. im Aufbaustudium Gerontologie sowie einer entsprechenden Grundleistung in den Fachschulen für Altenpflege. Die Zuständigkeit der Fachbereiche und Prüfungsämter für die Bewertung und Anerkennung des Zertifikats wird hierdurch nicht berührt.

Für Lehrer und Lehrerinnen aller Schularten, Schulformen, Schulstufen und Fächer ist das Zertifikat der Nachweis wissenschaftlicher Fortbildung.

Teilnehmende, die in den beteiligten Bundesländern Baden-Württemberg, Niedersachsen, Nordrhein-Westfalen, Rheinland-Pfalz, Saarland und Schleswig-Holstein die Prüfung für den Hochschulzugang von besonders befähigten Berufstätigen entsprechend dem Beschluß der Kultusministerkonferenz vom 27./28.5.1982 ablegen wollen, können das Zertifikat im Rahmen des für die Zulassung zur Prüfung erforderlichen Nachweises studienrelevanter Kenntnisse und Fähigkeiten verwenden.
Teilnehmende, die in Hessen eine Prüfung zum Erwerb der allgemeinen Hochschulreife ablegen wollen, der die „Vereinbarung über die Prüfung zum Hochschulzugang für besonders befähigte Berufstätige - Beschluß der KMK vom 27./28.5.1982-" zugrunde liegt, können das Zertifikat des Funkkollegs ALTERN als Nachweis dafür vorlegen, daß sie sich für die Prüfung in diesem Fachgebiet angemessen vorbereitet haben.

Andere Teilnehmende, für die Grundfragen der Gerontologie von beruflichem Interesse sind, können das Zertifikat als Nachweis einer wissenschaftlichen Weiterbildung verwenden.

Abb. 4: Zertifikatsrückseite mit Hinweisen zur Anerkennung

Wolfgang Balser

Die Teilnehmerschaft am Funkkolleg – Querschnitte und Veränderungsprozesse

Beim Funkkolleg – wie bei Fernstudienkursen allgemein – bestand das Problem, die einseitige Kommunikationssituation durch gezielte Maßnahmen zu verändern. Schon in den Anfangszeiten des Funkkollegs bemühte man sich, Informationen über die »Abnehmer« – Teilnehmer, Hörer, Leser – zu bekommen. Zum einen ging es darum, Merkmale, Voraussetzungen, Erwartungen potentieller Teilnehmerinnen und Teilnehmer zu erfahren, um dies bei der Gestaltung der Curricula, der Sendungen und Texte zu berücksichtigen. Zum anderen bestand das Interesse, Rückmeldungen über die Akzeptanz der angebotenen Funkkollegs zu erhalten.

Bereits zum ersten Funkkolleg des Hessischen Rundfunks »Zum Verständnis der modernen Gesellschaft« wurde von dem Sozialforschungsinstitut Infratest eine Untersuchung zum Teilnehmerkreis durchgeführt. Bis 1974, einschließlich des Funkkollegs »Biologie«, war Infratest mit den empirischen Erhebungen und Auswertungen beauftragt. Ab dem Funkkolleg »Sozialer Wandel« 1974 führte das Deutsche Institut für Fernstudienforschung die Begleitforschung zum Funkkolleg durch, meist als Befragung einer Stichprobe aus der Teilnehmerschaft. Weiterhin wurden die vollständigen Anmeldedaten vom Funkkolleg Zentralbüro ausgewertet und Befragungen von Leiterinnen und Leitern der Begleitveranstaltungen durchgeführt.[1] Neben soziodemographischen Merkmalen wurden Befunde zur Akzeptanz der jeweiligen Funkkollegs ermittelt. Eine wichtige Quelle der Information und der Kommunikation stellten direkte, meist briefliche Kontakte mit den Kollegiatinnen und Kollegiaten dar, insbesondere nach der Intensivierung dieser Rückmeldungen durch das Deutsche Institut für Fernstudienforschung ab 1992.

So kamen auf recht unterschiedlichen Wegen Informationen über den Teilnehmerkreis zusammen, und es entstanden vielschichtige Beiträge zu einer Evaluation der Funkkollegs. Sicherlich erhielt man auf diese Weise kein in allen Facetten ausgeleuchtetes Bild, jedoch lassen sich deutlich Konturen und Profile erkennen.

---

1 Siehe Funkkolleg Zentralbüro (Hrsg.), *Funkkolleg-Aktuell*, Nr. 1–34, Frankfurt am Main 1987–1997. Daten ohne direkte Quellenangabe beziehen sich auf diese Veröffentlichungen.

1. Große Zahlen

Zur Bilanzierung des Funkkollegs gehört auch ein Blick auf die Teilnehmerzahlen. 722442 Teilnehmerinnen und Teilnehmer schrieben sich zu den 31 Funkkollegkursen ein.[2] Beachtlich ist auch die Zahl der ausgegebenen Zertifikate: Bei den 31 Funkkollegs wurden insgesamt 156.665 Zertifikate erworben. Etwa jede/r fünfte Teilnehmende erhielt also den Lernerfolg »mit Brief und Siegel« bestätigt. Von den großen Zahlen nun zu den einzelnen Aspekten.

2. Funkkolleg – eine Männer- oder eine Frauensache?

Bei der langfristigen Betrachtung betrug der Frauenanteil unter den Teilnehmenden 47 Prozent. In einzelnen Funkkollegs wich die Teilnahme von Frauen und Männern erheblich vom Durchschnitt ab, wie Abbildung 1 (S. 97) zeigt. Bei Funkkollegthemen aus den Geistes- oder Kulturwissenschaften waren Frauen in der Regel deutlich häufiger beteiligt als Männer. Umgekehrt verhielt es sich bei naturwissenschaftlich-technisch orientierten Themen. Sozial- und gesellschaftswissenschaftliche Funkkollegs wiesen unterschiedliche Quoten von Männern und Frauen auf. So überwog der Anteil der Männer z. B. bei den Funkkollegs »Recht«, »Politik«, »Medien und Kommunikation« und »Steuern«, während das Funkkolleg »Altern« vorwiegend bei Frauen Interesse fand.

3. Die Teilnehmergruppen – »gewachsene« Strukturen

Mit der Kategorie der Teilnehmergruppe wurden über die gesamte Laufzeit des Funkkollegs das berufliche Profil der Teilnehmerschaft erfaßt. Diese Kategorie definierte sich nicht nach empirischen Gesichtspunkten, sondern orientierte sich an den jeweils angesprochenen Adressaten, weshalb sich die Definition der Teilnehmergruppen im Laufe der Zeit veränderte. Zum Ende wurde die Kategorie der Teilnehmergruppe so beschrieben:

A – Schülerinnen und Schüler
B – Studierende
C – Lehrerinnen und Lehrer
D – sonstige Berufstätige
E – Hausfrauen/Hausmänner
F – Personen im Ruhestand.

Die Daten wurden auf der Anmeldekarte erhoben, beruhten also auf der Selbsteinordnung der Kollegiatinnen und Kollegiaten. Die Gruppe der »sonstigen Berufstätigen« erlaubte sicher nur relativ grobe Rückschlüsse. Aus Gründen der Vergleichbarkeit im Zeitablauf wurde auf eine genauere Spezifizierung, die bei jedem

2 Die Teilnehmerzahlen der einzelnen Funkkollegs siehe Übersicht S. 43ff.

Funkkolleg hätte anders ausfallen müssen, verzichtet. Ab dem Funkkolleg »Technik« wurde deshalb zusätzlich die Kategorie »Tätigkeitsbereich« erhoben.

Als ein Beispiel für die Verteilung der Kollegiatinnen und Kollegiaten auf die Teilnehmergruppen werden die Daten aus dem Funkkolleg »Literarische Moderne« aus 1993/94 dargestellt (siehe Abbildung 2, S. 97). Interessante Aufschlüsse lassen sich gewinnen, wenn man die Entwicklung der Teilnehmergruppen im Zeitablauf betrachtet. Abbildung 3 (S. 97) zeigt dazu die Daten der letzten acht Funkkollegs. Die Beteiligungsquote der Studierenden tendierte eher nach unten. Lehrerinnen und Lehrer stellten im Durchschnitt etwa 25 Prozent der Teilnehmerschaft – mit Schwankungen nach oben und unten. Auch die Beteiligungsquote der »sonstigen Berufstätigen« schwankte erheblich, jedoch läßt sich für diese Gruppe ein eher steigender Trend erkennen. Ebenfalls steigende Tendenz wies die Teilnehmerschaft von Personen im Ruhestand auf.

Langfristige Vergleiche werden durch geänderte Definitionen der Teilnehmergruppen erschwert. Jedoch ist ersichtlich, daß der für die letzten acht Funkkollegs beschriebene Trend für die Studierenden und die »sonstigen Berufstätigen« über alle Funkkollegs zu verfolgen ist. Demgegenüber zeigt der langfristige Vergleich, daß der Anteil der Lehrerinnen und Lehrer abnahm. Er betrug z. B. beim Funkkolleg »Pädagogische Psychologie« (1972/73) noch 51 Prozent.

Dieser längerfristige Vergleich spiegelt die Verschiebung des Schwerpunktes des Funkkollegs von einem Angebot der Lehrerfortbildung und des hochschulbezogenen Kontaktstudiums zu einem Bildungsangebot der allgemeinen Erwachsenenbildung, das sich an alle interessierten Personen richtete.

4. In Ehren ergraut? Die Altersschichtung der Teilnehmerschaft

Wie schon die Entwicklung der Teilnehmergruppe der Personen im Ruhestand zeigt auch die in der Begleitforschung des DIFF ermittelte Altersschichtung beim Funkkolleg, daß die Beteiligungsquoten jüngerer Kollegiatinnen und Kollegiaten abgenommen und die der Personen über 40 Jahre und insbesondere über 60 Jahre zugenommen haben.[3] Beim Funkkolleg »Beratung in der Erziehung« 1975/76 waren 86 Prozent der Teilnehmerinnen und Teilnehmer jünger als 40 Jahre, beim Funkkolleg »Literarische Moderne« 1993/94 nur mehr 35 Prozent.

In diesen Zahlen zeigt sich einmal die hohe Beteiligung von Studierenden – beim Funkkolleg »Beratung in der Erziehung« 19,5 Prozent –, zudem waren die auf Erziehungsfragen orientierten Kollegs der ersten Jahre eher für jüngere Personen bedeutsam. Als Fazit läßt sich festhalten, daß durch die verringerten Beteiligungsquoten jüngerer Jahrgänge und die Zunahme der Quote älterer Personen das Funkkolleg in den letzten Jahren nahezu von allen Altersgruppen zwischen 20 und 70 Jahren gleichermaßen genutzt wurde.[4]

---

3 Vgl. Peter Kucklick (unter Mitarbeit v. Renata Stenzoski-Kürsch), *Funkkolleg-Synopse 1966–1994*, Tübingen 1995, S. 39. Die Begleitforschungen des DIFF liefen bis zum Funkkolleg »Literarische Moderne« 1993/94.

4 Vgl. ebd., S. 42.

5. Vorbildung

Statistisch gesehen war das Funkkolleg in erster Linie ein Angebot für bildungsgewohnte Personen. Im Durchschnitt aller Funkkollegs hatten 5 Prozent der Kollegiaten einen Hauptschulabschluß, 15 Prozent verfügten über die Mittlere Reife, und 76 Prozent hatten Abitur. Im Zeitvergleich wird ein leicht steigender Anteil der Kollegiatinnen und Kollegiaten mit Abitur sichtbar.[5] Ändert man den Blickwinkel, so ist festzuhalten, daß das Funkkolleg für fast ein Viertel seiner Teilnehmenden einen Zugang zu wissenschaftlicher (Weiter-)Bildung bot, die vielleicht eine solche Möglichkeit sonst kaum hätten realisieren können. Damit wirkte das Funkkolleg in Richtung des anfänglichen Ziels eines breiteren Zugangs zu wissenschaftlichen Inhalten.

6. Beruflicher Bezug

Etwa ein Drittel der Teilnehmerinnen und Teilnehmer am Funkkolleg kam aus Tätigkeitsbereichen mit einem Bezug zum jeweiligen Funkkollegthema. Dies zeigen die seit dem Funkkolleg »Technik« erhobenen Daten zu dieser Kategorie. Als Beispiel können die Daten aus dem Funkkolleg »Altern« (1996/97) dienen:

Teilnehmerinnen und Teilnehmer am Funkkolleg »Altern« nach Tätigkeitsbereichen

Tätigkeitsbereich	Anzahl	%
Altenbetreuung,-pflege oder -bildung	5439	29,03
Medizin	1426	7,61
Geistes- oder Gesellschaftswissenschaft	2186	11,67
Wirtschaft und Verwaltung	2253	12,02
Technik	659	3,52
Naturwissenschaften	404	2,16
andere Bereiche	2730	14,57
keine Angaben	3642	19,44
Gesamt	**18739**	**100,00**

Quelle: Funkkolleg Zentralbüro

7. Teilnahmemotive

Außer bei den ersten beiden Funkkollegs »Zum Verständnis der modernen Gesellschaft« und »Erziehungswissenschaften« überwog persönliches Interesse als Teilnahmemotiv gegenüber beruflichen oder studienbedingten Aspekten. Im Langfristvergleich ist zudem ein sinkendes berufliches Interesse festzustellen.[6] Auch wenn an

5 Vgl. ebd., S. 47.
6 Vgl. ebd., S. 50.

persönlichen Interessen orientierte Teilnahmemotive überwogen, so sind die Daten für die verschiedenen Tätigkeitsbereiche recht unterschiedlich. Am Beispiel des Funkkollegs »Steuern« zeigte sich, daß Kollegiatinnen und Kollegiaten aus dem kaufmännischen oder verwaltenden Bereich sich zu 53 % aus beruflichen Interessen anmeldeten, während dieser Wert für Teilnehmende aus anderen Berufsbereichen zwischen 16,8 und 37,9 Prozent schwankte, wie Abbildung 4 (S. 98) zeigt.

8. Neulinge und »Mehrfachtäter«

Die Werbung für die einzelnen Funkkollegs stieß bei Teilnehmenden vorangegangener Kollegs meist auf positive Resonanz. Deshalb fanden sich unter den angemeldeten Personen zu erheblichen Teilen Kollegiatinnen und Kollegiaten, die bereits Funkkollegerfahrung aus früheren Kollegs aufweisen konnten. Ihr Anteil schwankte zwischen 30 und über 70 Prozent, wie sich aus Abbildung 5 auf S. 98 ersehen läßt.

Diese Daten können durchaus als Beleg für die hohe Zufriedenheit bei den Teilnehmerinnen und Teilnehmern gewertet werden. Die genannten Schwankungen zwischen einzelnen Kollegs verweisen andererseits darauf, daß es in unterschiedlichem Maße gelungen ist, jeweils neue Zielgruppen für die Angebote des Funkkollegs zu erschließen. In den letzten Jahren war dies in besonders hohem Maße beim Funkkolleg »Altern« der Fall.

9. Lernen im Funkkolleg

Mit dem Medienverbund aus Radiosendungen, Studienbriefen, Studienbegleitzirkeln und Prüfungen erhielten die Teilnehmenden ein recht kompaktes und umfangreiches Lernpaket, das nicht nur vom Anspruchsniveau, sondern auch vom zeitlichen Aspekt her erhebliche Anforderungen stellte, wollte man allen diesen Lernangeboten intensiv folgen. Die praktischen Erfahrungen zeigten – und die Befragungen des DIFF belegten –, daß durchaus nicht alle Teilnehmerinnen und Teilnehmer die Angebote in den vier genannten Bereichen in idealtypischer Weise nutzten. Lediglich zwischen 10 Prozent (beim Funkkolleg »Der Mensch – Anthropologie heute«) und 40 Prozent (beim Funkkolleg »Beratung in der Erziehung«) hörten die Sendung, lasen die Studientexte und besuchten die Begleitzirkel.[7] Studienbriefe und Radiosendungen wurden von 53 bis 70 Prozent genutzt. Zwischen 3 und 24 Prozent lasen nur die Studientexte, und ein geringer Anteil von 1 bis 5 Prozent hörte lediglich die Radiosendungen.

Obwohl den Studienbegleitzirkeln als der »sozialen Phase« im eher unpersönlichen Fernstudium von Beginn an ein hoher Stellenwert beigemessen wurde, nahmen lediglich zwischen 4 und 20 Prozent der Kollegiatinnen und Kollegiaten an einer solchen Begleitveranstaltung teil, wie aus Abbildung 6 (S. 100) zu ersehen ist. Die in den Befragungen des Funkkolleg Zentralbüros ermittelten Unterschiede

7 Die Daten beziehen sich jeweils auf das 1. Semester, vgl. ebd., S. 52 ff.

zwischen den einzelnen Funkkollegs zeigen eine Abhängigkeit von der jeweiligen Teilnehmerzahl insgesamt. Bei den kleineren Funkkollegs kamen »mangels Masse« auch weniger Begleitkurse zustande. Außerdem bestand bei verschiedenen Kollegs offensichtlich ein unterschiedlich großes Bedürfnis nach Austausch mit anderen Teilnehmenden.

Die unterschiedlichen Nutzungsweisen widersprachen nicht den Intentionen des Funkkollegs. Das Funkkolleg verstand sich als offenes Lernangebot. Die Elemente des Medienverbundes bildeten eine Art Baukasten, aus dem sich Teilnehmerinnen und Teilnehmer je nach individuellen Interessen und je nach verfügbarer Zeit ihr eigenes Lernprogramm zusammenstellen konnten.

10. Lernprobleme und *drop-out*

Bei der Arbeit mit dem Funkkolleg war von den Teilnehmerinnen und Teilnehmern nicht nur viel Zeit zu investieren, es waren für einige auch Hürden in Form von Lernschwierigkeiten zu überwinden. Aus den Evaluationsdaten des DIFF seit dem Funkkolleg »Musik« 1977/78 ist ersichtlich, daß im Durchschnitt 63 Prozent der Befragten von Lernschwierigkeiten berichteten, die mit der Organisation und Koordination des Lernens verbunden waren. 35 Prozent nannten Aspekte aus dem persönlichen Bereich, wie z. B. Zeitmangel. Durchschnittlich 17 Prozent hatten mit inhaltlichen Schwierigkeiten zu kämpfen. Hinter diesen Durchschnittswerten verbergen sich erhebliche Schwankungen zwischen den einzelnen Kollegs. So variierten die mit der Lernorganisation und -koordination zusammenhängenden Schwierigkeiten zwischen 14 Prozent beim Funkkolleg »Musik« und 89 Prozent beim Funkkolleg »Politik«.[8]

In den Befragungen der Zirkelleiterinnen und Zirkelleiter wurden bei vielen Funkkollegs die zu bewältigende Stoffmenge und das Anforderungsniveau insbesondere der Studienbriefe als Faktoren genannt, die in der Arbeit der Begleitzirkel zu Schwierigkeiten führten.

Ein Teil der Kollegiatinnen und Kollegiaten brach im Verlaufe eines Kollegs die Mitarbeit ab. Im Langzeitvergleich schwankten die Abbruchquoten zwischen 22 und 43 Prozent. Der Durchschnitt lag bei 29 Prozent. Als Gründe für den Abbruch der Mitarbeit wurden zwar auch die beschriebenen Lernschwierigkeiten genannt, als ausschlaggebend wurden jedoch häufiger persönliche Gründe angeführt.[9] Manche Teilnehmerinnen und Teilnehmer reagierten auf Lernschwierigkeiten mit einer zeitlichen Reduzierung ihres Lernaufwandes im Verlaufe eines Kollegs und/oder durch Änderung des Lernarrangements. Die »härteste« Reaktion auf Lernschwierigkeiten war – bei den zweisemestrigen Kollegs bis zum Funkkolleg »Literarische Moderne« – ein Verzicht auf die Rückmeldung und den Bezug der Studienbriefe im zweiten Semester. Diese »Schwundquote« fiel von durchschnittlich 22 Prozent bei den ersten sechs Kollegs auf durchschnittlich 12 Prozent bei den späteren Kursen, mit dem niedrigsten Wert von 3 Prozent beim Funkkolleg »Moderne Kunst«

8 Vgl. ebd., S. 71.
9 Vgl. ebd., S. 65.

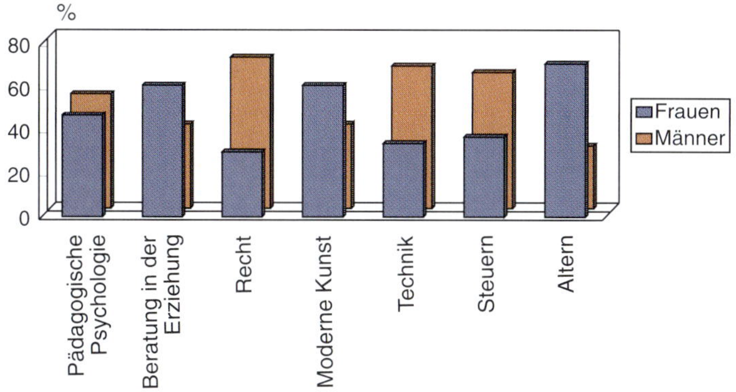

Quelle: DIFF und Funkkolleg Zentralbüro

Abb. 1: Beteiligung von Frauen und Männern

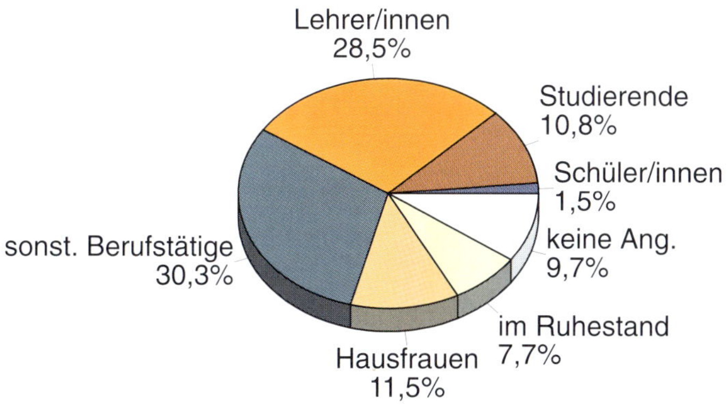

Quelle: Funkkolleg Zentralbüro

Abb. 2: Teilnehmergruppen beim Funkkolleg »Literarische Moderne«

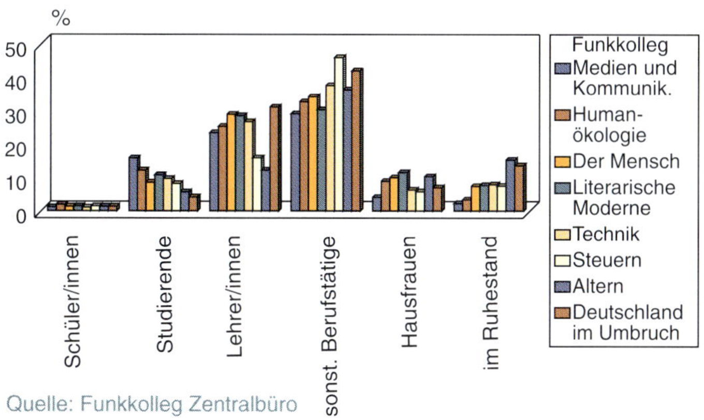

Quelle: Funkkolleg Zentralbüro

Abb. 3: Teilnehmergruppen bei verschiedenen Funkkollegs

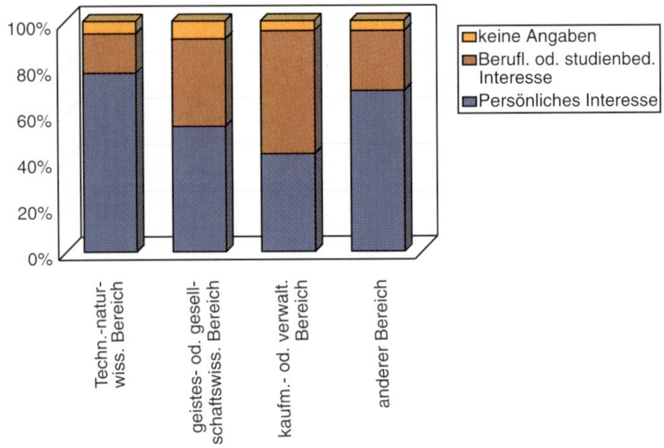

Quelle: Funkkolleg Zentralbüro

Abb. 4: Teilnehmende am Funkkolleg »Steuern« nach Tätigkeitsbereichen und Teilnahmemotiv

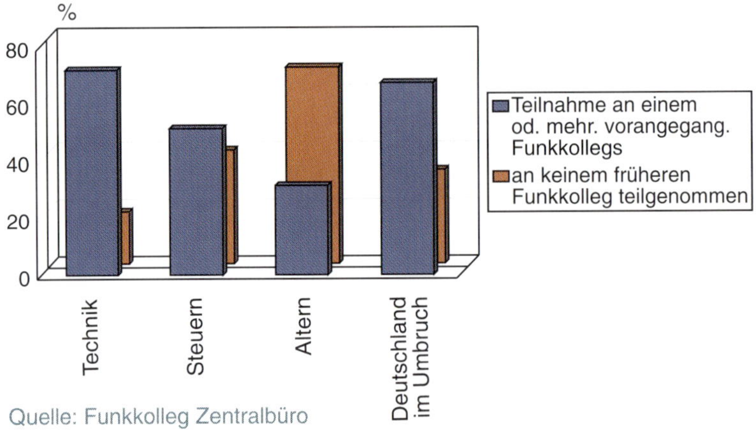

Quelle: Funkkolleg Zentralbüro

Abb. 5: Teilnehmer mit Funkkollegerfahrung (Teilnahme an früheren Kollegs)

1989/90. Da eine Rückmeldung zum zweiten Semester nicht unbedingt etwas über die tatsächliche Mitarbeit aussagt, war die Quote des Teilnehmerschwundes vom ersten zum zweiten Semester eher ein Maß für die unterschiedliche Zufriedenheit und Akzeptanz bei den jeweiligen Funkkollegs.

11. Zertifikate und andere Lernerfolge

Nach außen hin konnte ein Lernerfolg natürlich am besten durch ein Zertifikat dokumentiert werden. Bei einem offenen Lernangebot für Erwachsene lagen nicht nur sehr unterschiedliche Interessen und Erwartungen der Teilnehmerinnen und Teilnehmer vor, sondern daraus ergaben sich auch differenzierte Kriterien für die Einschätzung, wann für die einzelnen Kollegiatinnen und Kollegiaten die Arbeit mit dem Funkkolleg erfolgreich war.

Im Schnitt hatten knapp 50 Prozent der Teilnehmenden zu Beginn eines Funkkollegs die Absicht, das Zertifikat zu erwerben und damit die Prüfung zu ihrem Erfolgskriterium zu machen. Um auch Informationen über die Erfolgsbeurteilung derjenigen Kollegiatinnen und Kollegiaten zu erhalten, die nicht an Prüfungen teilnahmen, wurden in den Begleituntersuchungen verschiedene Daten zur subjektiven Einschätzung des Lernerfolgs erhoben.[10]

In den Anfangsjahren des Funkkollegs lagen die Quoten der Zertifikatserwerber teilweise deutlich über 30 Prozent, mit dem Spitzenwert von 55 Prozent beim Funkkolleg »Sozialer Wandel« 1974/75. Eine Übersicht gibt Abbildung 7 auf der folgenden Seite. Etwa ab dem Funkkolleg »Literatur« 1976/77 pendelte die Zertifikatsquote um den Durchschnittswert von 20 Prozent und spiegelte die unterschiedliche Motivation zur Prüfungsbeteiligung je nach Thema des Funkkollegs.

Die Zahlen zeigen, daß nicht alle Teilnehmenden ihre ursprüngliche Absicht, ein Zertifikat zu erwerben, auch verwirklichten. Im Verlaufe eines Kollegs veränderten sich Ziele und Möglichkeiten und damit das persönliche Lernarrangement.

Hinter der bloßen Prozentzahl der Zertifikatsquote verbergen sich bei einzelnen Funkkollegs zwischen 1500 und 20000 Personen, die ihre Arbeit mit dem Zertifikat als Dokument ihres Lernerfolgs abschlossen – für den Bereich des Fernstudiums und der Erwachsenenbildung insgesamt sicherlich eine beachtenswerte Bilanz.

10 Vgl. ebd., S. 72 ff.

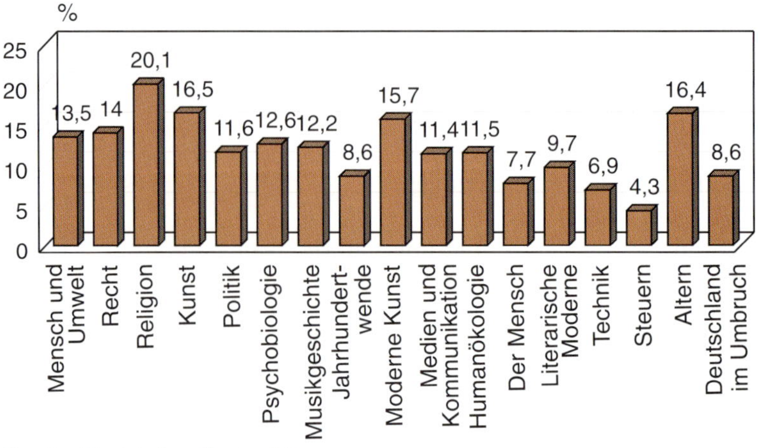

Quelle: Funkkolleg Zentralbüro

Abb. 6: Teilnahme an Begleitzirkeln bei verschiedenen Funkkollegs

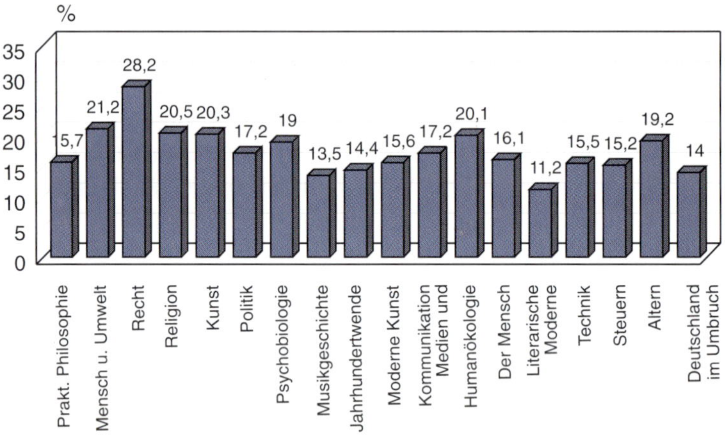

Quelle: Funkkolleg Zentralbüro

Abb. 7: Teilnehmende mit erworbenem Zertifikat bei verschiedenen Funkkollegs

Buchausgaben nach Funkkollegs

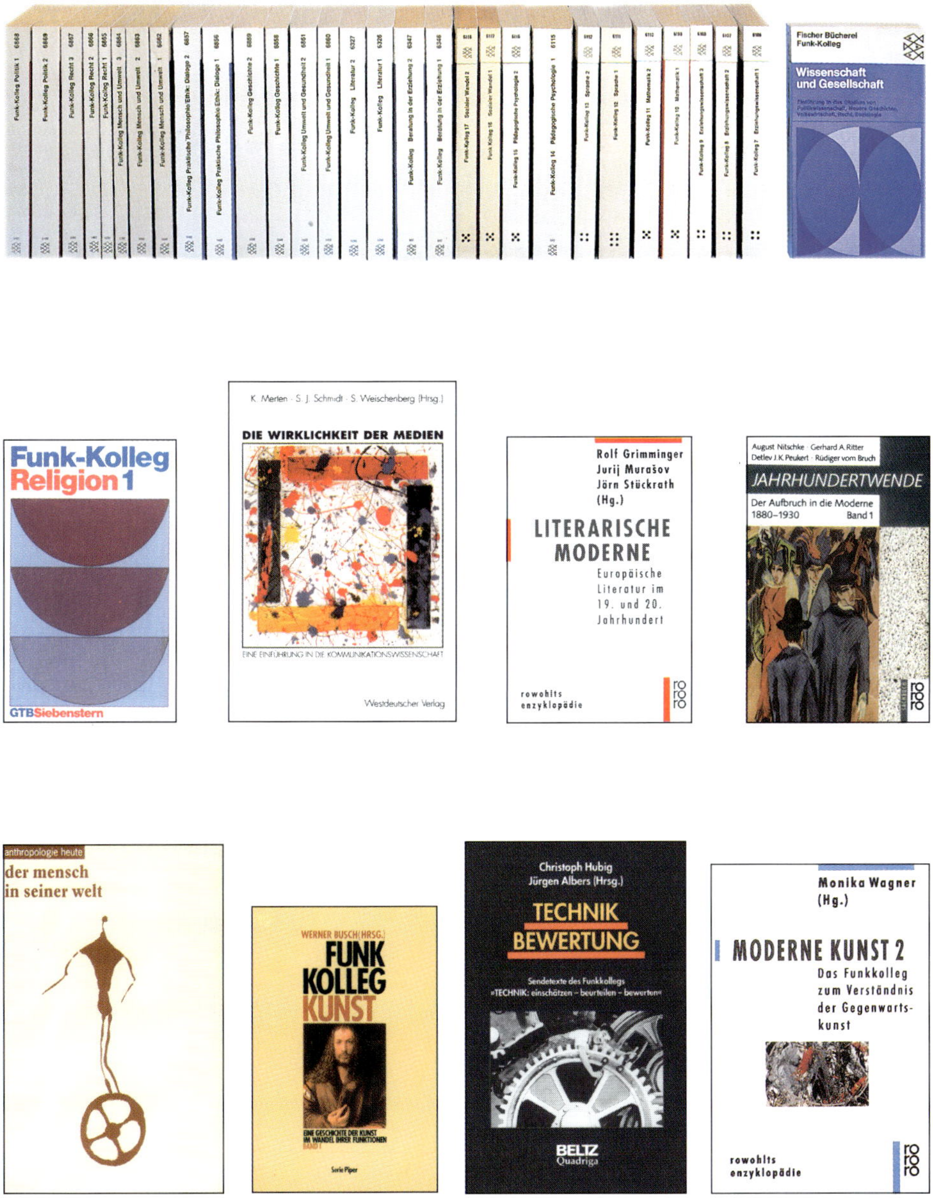

Die Abbildung zeigt eine Auswahl der in Taschenbuchform vorgelegten Sendetexte vieler Funkkollegs sowie der auf Grundlage der Studienbriefe herausgegebenen Lehrbücher (die Bibliographie am Ende des Bandes führt sie vollzählig auf).

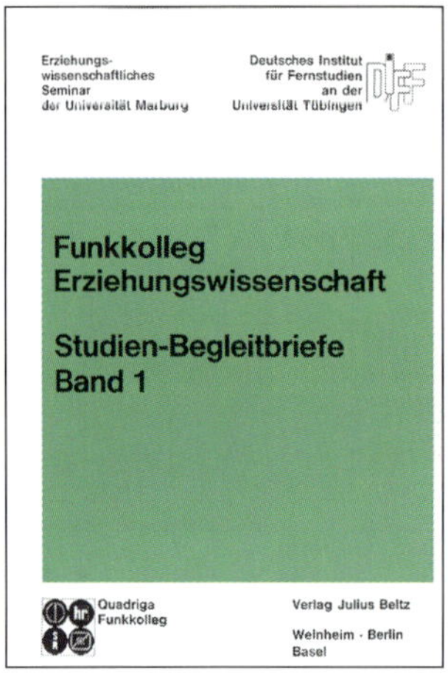

Weitere Lehrbücher, die auf der Grundlage der Studienbriefe herausgegeben wurden.

Jochen Kade/Wolfgang Seitter

Zwischen Institution und Biographie

Das Funkkolleg aus der Sicht seiner Teilnehmer

Das Funkkolleg ist – falls es in der Vergangenheit überhaupt Gegenstand erziehungswissenschaftlicher Arbeiten wurde – (fast) ausschließlich aus einer bildungspolitischen, institutionenbezogenen oder adressatenspezifischen Perspektive heraus analysiert worden. Die Dominanz dieser drei Betrachtungsweisen legitimierte sich historisch aus dem Umstand, daß

- unter bildungspolitischen Gesichtspunkten sich das Funkkolleg als eine derjenigen (Vorreiter-)Institutionen verstand, die zu einer Modernisierung und Dynamisierung des traditionsverhafteten hierarchischen deutschen Bildungswesens beitragen wollten;
- unter institutionellen Gesichtspunkten das Funkkolleg insofern Neuland beschritt, als es in einem Medien- und Institutionenverbund mit dem Leitmedium Hörfunk »ein exemplarisches Stück Lehrprogramm der Hochschule [...] auf der Ebene einer wissenschaftlichen Einführungsvorlesung« (SCHEUERL 1967, S. 28) ausstrahlen wollte;
- unter adressatenspezifischen Gesichtspunkten das Funkkolleg klar profilierte Zielgruppen mit unterschiedlichen Intentionen ansprechen und sich als bildungspolitische Alternative bei der Ausschöpfung von Begabungsreserven (Bildungskatastrophe) beteiligen wollte.

Die Demokratisierungsintention, das Medien- und Institutionenverbundsystem sowie die Zielgruppenbestimmung sind in gewisser Weise in den nunmehr über dreißig Jahren Funkkollegexistenz allmählich erodiert, insofern als die bildungsdemokratische Legitimierung der Anfangsphase nie einen zentralen Stellenwert in der weiteren Entwicklung des Funkkollegs gespielt hat, insofern als institutionengeschichtlich das Funkkolleg zunehmend unter den Druck einer auf *edutainment* ausgerichteten Funk- und Multimediaindustrie geriet und insofern als adressatenspezifisch der bildungsbürgerlich interessierte (Dauer-)Teilnehmer zum Normalkollegiaten des Funkkollegs avancierte.[1]

Neben und unabhängig von den bildungspolitischen oder -programmatischen Vorgaben des Funkkollegs bzw. den mehr oder weniger erfolgsorientierten Selbstdarstellungen der beteiligten Einrichtungen ist es für die Einschätzung der gesellschaftlichen Bedeutung des Funkkollegs entscheidend, den Blick auf das tatsächliche Nutzungsverhalten von Teilnehmern zu richten und den alltagspraktischen und

---

1 Zur Ausgangssituation und Bilanzierung des Funkkollegs aus der Perspektive der Gründer vgl. KADELBACH 1967 und 1991.

biographischen Stellenwert der Institution Funkkolleg im Leben von Kollegiaten zu bestimmen. Aufgrund seiner didaktischen Offenheit ermöglicht das Funkkolleg sehr unterschiedliche lebensweltlich-biographische Bezugnahmen und Passungen, die sich in ihrer Vielfalt weniger an die aufklärerisch-wissenschaftsorientierten Programmintentionen der Funkkollegmacher anschmiegen, sich häufig unabhängig von und konträr zu derartigen Absichten durchsetzen. Eine subjektzentriert-biographische Vorgehensweise, die nicht von der Institution auf die Adressaten blickt, sondern umgekehrt von den Teilnehmern aus den Bezug auf die (Bildungs-)Institution rekonstruiert, orientiert sich theoretisch gerade an dieser Differenz von Vermittlung und Aneignung, von Institution und Biographie und stellt im Sinne einer radikalen Hinwendung zum Teilnehmer dessen Lebenswelt und Biographie in den Mittelpunkt der Untersuchung (vgl. KADE 1997). Ein derartiger Blick auf konkrete Teilnehmer soll hier ansatzweise versucht werden. Als Materialgrundlage dienen dabei weniger die für das Funkkolleg in reichlicher Menge vorhandenen sozialstatistischen Daten mit ihrer starken adressaten- und institutionenbezogenen Engführung als vielmehr detaillierte mikroskopische Beschreibungen zum Nutzungs- und Aneignungsverhalten seitens der Funkkollegteilnehmer (vgl. KADE/SEITTER 1996). Eine besonders herausragende und für das Funkkolleg auch bestimmende Teilnehmergruppe sind in dieser Hinsicht die Mehrfachteilnehmer, d.h. Personen, die an mehr als einem Funkkolleg teilgenommen haben und für die das Funkkolleg z.T. schon seit Jahren eine zentrale Bildungsinstitution darstellt.
Im folgenden soll anhand dieser Personengruppe exemplarisch darstellt werden, welche subjektiven Konstitutionsleistungen Teilnehmer am Funkkolleg zu erbringen haben, mit welchen Schwierigkeiten, aber auch Möglichkeiten die alltagspraktische Einlösung ihrer Teilnahme verbunden ist und welche bildungsbiographische Bedeutung ihre Funkkollegteilnahme hat. Dazu wird zunächst die offene didaktische Struktur des Funkkollegs und die daraus resultierende Notwendigkeit subjektiver Konstitutionsleistungen skizziert (1); anhand zweier Fallbeispiele wird diese ausführlich illustriert (2). In einem dritten Schritt werden dann zentrale Konstitutionsleistungen zeitlicher, biographischer und sozialer Art analysiert (3), um schließlich zu fragen, was sich aus den empirischen Befunden für die Beurteilung des Funkkollegs als einer modernen (medialen) Bildungsinstitution ergibt (4).

1. Der Alltag der Funkkollegpraxis: zwischen didaktischer Offenheit und subjektiver Konstitutionsleistung

Für die Funkkollegmacher war immer schon die Frage interessant, wann, wo, wie, wie lange, mit wem, unter welchen Voraussetzungen, etc. Funkkollegteilnehmer lernen bzw. das vielfältige Medienangebot des Funkkollegs für sich nutzen. Dementsprechend haben auch die wissenschaftlichen Begleituntersuchungen umfangreiches Zahlenmaterial über Lernpensum, Nutzungshäufigkeit der unterschiedlichen Medien, Zertifikats- und Begleitzirkelbeteiligung, etc. vorgelegt. Wie jedoch im konkreten Fall tatsächlich gelernt wird und wie die verschiedenen Elemente miteinander verbunden werden, ist allerdings nur über qualitative Fallstudien rekonstruierbar. Zentral für diese konkrete fallbezogene Rekonstruktion ist das Spannungs- und Passungsverhältnis zwischen dem offenen, locker strukturierten Angebot des Funkkollegs und den spezifischen alltagspraktischen Konstitutionsleistungen, die seitens der Teilnehmer erbracht werden müssen.

Unter lerntheoretisch-didaktischen bzw. subjektiv-aneignungstheoretischen Gesichtspunkten repräsentiert das Funkkolleg mit seiner Vielzahl von sich ergänzenden, aufeinander aufbauenden bzw. aufeinander folgenden, alternativen, auch unabhängig voneinander zu nutzenden Vermittlungsmedien einen Veranstaltungstyp, der durch die radikale Offenheit der Orts-, Zeit- und Sozialstrukturen die Selbstregulierung und Selbstbestimmung der Teilnehmer als Bedingung der Möglichkeit von Lern- und Bildungsprozessen voraussetzt. Die Art und Weise, wie die im Medienverbund zusammengefügten Elemente vom einzelnen Teilnehmer tatsächlich genutzt werden, ist vom Funkkolleg als dem institutionellen Anbieter nur sehr gering vorbestimmt. Es strukturiert den Lernprozeß vor allem auf der Ebene der *pädagogischen Organisation*, weniger jedoch auf der Ebene der *pädagogischen Interaktion*. Sein institutionelles Setting hat eher den Charakter einer (Rahmen-)Bedingung des Lernens als den einer das Lernen steuernden und beeinflussenden Lehre. Das offene, flexible, unverbindliche und gleich-gültige Arrangement des Funkkollegs auf der didaktischen Ebene gestattet dem Teilnehmer somit eine individuelle Ausgestaltung seines Aneignungsprozesses und ermöglicht vielfältige Kombinationsmöglichkeiten und Intensitätsgrade der Beteiligung. Der Preis für diese Freiheit und Individualität sind jedoch zahlreiche Organisationsleistungen, die der Teilnehmer selbst zu erbringen hat und die ihm nicht mehr über die Angebotsstruktur bzw. das Unterrichtsarrangement abgenommen werden. Die Stärke des Funkkollegs, ein offenes und individuell ausgestaltbares Weiterbildungsangebot zu sein, ist gleichzeitig auch seine Schwäche im Vollzug: Der einzelne Teilnehmer muß sich seine Lernumgebung selbst schaffen und kann – anders als im Fall des schulintegrierten, unterrichtsbezogenen bzw. kursförmig organisierten Lernens – kaum auf Strukturierungsmöglichkeiten seitens des Anbieters zurückgreifen. Funkkollegteilnehmer werden im Vergleich zu Teilnehmern an geschlosseneren, festgefügteren Bildungsformen in sehr viel stärkerem Maße mit der *selbstverantwortlichen Gestaltungsnotwendigkeit* ihres eigenen Lernprozesses konfrontiert. Sie müssen Konstitutionsleistungen erbringen, die in anderen Einrichtungen normalerweise dem Kursleiter bzw. der Institution selbst abverlangt werden. Konkret beziehen sich diese Konstitutionsleistungen insbesondere bei Wiederholungs- und Langzeitteilnehmern, die das Funkkolleg nicht nur einmal – als thematisch begrenztes Angebot –, sondern mehrfach bzw. dauernd – als lebensbegleitendes Angebot – nutzen, auf drei unterschiedliche Ebenen:

auf die *Herstellung der Bedingungen des Lernens*, die sowohl räumliche (wo wird gelernt), zeitliche (wann wird gelernt) und soziale (mit wem wird gelernt) als auch lerntechnische (welche Medien werden benutzt, welche Aneignungsformen favorisiert, welche Lernroutinen ausgebildet, welche Intensitätsverläufe etabliert) Dimensionen umfassen;

auf die *Fortsetzung der Teilnahme* nach Beendigung eines konkreten Funkkollegs, die ebenfalls mit unterschiedlichen Dimensionen (thematische Interessen, individuelle Aneignungsmuster, biographische Phasen, institutionelle Bindungen, ausgebildete Lernstrukturen) verknüpft ist;

auf die *soziale Akzeptanz der Teilnahme* als einer weiteren Bedingung kontinuierlicher Teilnahme, die nicht allein im isolierten Raum persönlicher Entscheidungen und Vorlieben stattfinden kann, sondern in den sozialen Raum des Alltags hinein vermittelt werden muß und bei der mögliche konfliktive Auswirkungen über Prozesse der Aushandlung, Strategien des Umgangs und Formen der Beteiligung abgefedert werden (müssen).

2. Lernen zwischen zeitlicher Disziplinierung und sozialer Legitimierung: zwei Fallbeispiele

Im folgenden soll nun anhand von zwei Fallbeispielen gezeigt werden, wie sich derartige Konstitutionsleistungen alltagspraktisch vollziehen.

2.1. Zwischen eigener Zeit und gegenfamiliärer Einbindung: Frau Gandel

Frau Gandel (Jahrgang 1940) ist verheiratet und Mutter von vier inzwischen erwachsenen Kindern. Sie hat die Schule mit der Mittleren Reife verlassen (1956) und anschließend eine Ausbildung zur Medizinisch-Technischen Assistentin (MTA) absolviert (1959). Neben ihrer Tätigkeit als Hausfrau arbeitet sie (nicht voll) in ihrem erlernten Beruf. Seit 1976 nimmt sie regelmäßig am Funkkolleg teil und hat die Mehrzahl der belegten Kollegs mit einem Zertifikat abgeschlossen.

Das Funkkolleg ist im Leben von Frau Gandel nicht die erste Lernstation im Erwachsenenalter, sondern reiht sich ein in eine Kette von Lernerfahrungen mit unterschiedlichsten Bildungsträgern. Dieses kontinuierliche Interesse, das Frau Gandel dem lebenslangen Lernen entgegenbringt, hat einen stark biographisch gefärbten Hintergrund. Sie erfährt ihren Bildungsabschluß – Mittlere Reife – in ihrem sozialen Umfeld als defizitär und nutzt daher die ihr offen stehenden Weiterbildungsmöglichkeiten, um dieses Defizit auszugleichen. Das Funkkolleg, zu dem Frau Gandel zufällig über einen Literaturkurs an der Volkshochschule stößt, wird für sie zu einer Bildungsinstitution mit einem quasi-wissenschaftlichen Standard, der sie herausfordert und von ihr einen aktiven Einsatz verlangt. Während ihrer langjährigen Funkkollegteilnahme kann Frau Gandel jedoch nicht nur ihre eigenen gehobenen Bildungsaspirationen realisieren, sondern auch immer deutlicher den sich allmählich herauskristallisierenden Fluchtpunkt ihrer Lernpraxis – das Studium an einer Universität – formulieren. Das Funkkolleg bleibt für Frau Gandel nicht der Aufbewahrungsort einer letztlich unerfüllten Bildungsverheißung, sondern wird zu einer Bildungsform, die sich ideell durch die Transformation ihrer eigenen Bildungsansprüche und institutionell durch das nachgeholte Abitur als Eingangsvoraussetzung für das Studium allmählich überflüssig macht. Dieser Transformationsprozeß wird jedoch durch drei grundlegende Funktionen abgestützt, die das Funkkolleg für Frau Gandel während der Zeit ihrer Teilnahme wahrnimmt: Das Funkkolleg wird erstens zum Medium, gegenüber den Ansprüchen der Familie eigene Zeit, eigene ›Bildungszeit‹, dauerhaft durchzusetzen; das Funkkolleg wird zweitens zum Ort der langjährigen und systematischen Erprobung von Lernpraktiken; und das Funkkolleg wird drittens zum Forum, das die Suche nach Verbündeten und den Kontakt zu Gleichaltrigen motiviert und auf Dauer stellt.

2.1.1. Das Funkkolleg als »meine Zeit«

Als Ehefrau, Mutter von vier Kindern und (Teilzeit-)Berufstätige ist Frau Gandel zeitlich voll eingespannt. Ihr Alltag ist bestimmt von vielfältigen Verpflichtungen, denen sie nachkommen muß und die ihre Zeit beanspruchen und ausfüllen. Die intensive Beschäftigung und Auseinandersetzung mit dem Funkkolleg gibt Frau Gandel nun die Möglichkeit, sich unabhängig von den alltagspraktischen Ansprüchen ihres Berufs, ihrer Familie und ihres Haushalts einen selbstgestalteten Freiraum zu schaffen. Das Funkkolleg erlaubt ihr eine Grenzziehung, die sie vor sich und ihrer Familie vertreten und durchsetzen kann. Die Zeit, die sie für das Funkkolleg verwendet, ist ihre Zeit, ihre selbstbestimmte Zeit, in der sie tun kann, für was sie sich selbst entschieden hat. Diese Zeit ist nicht fremdbestimmt durch ihre alltäglichen Pflichten, sondern ganz persönlichen Zielen und Interessen gewidmet. *»Meine Kinder, die lächeln: Ach, du machst schon wieder mal ein Funkkolleg. Aber auf der anderen Seite ist es auch wieder nen Freiraum, wenn ich mich dann absetze – ich sag: So, jetzt muß ich Funkkolleg machen, dann is das auch meine Zeit, zum Beispiel hatte ich, als ich noch voll beschäftigt war … wenig, jeden Tag ne Stunde früher aufgestanden, 's fällt mir sowieso sehr schwer, also und dann hab ich erst mal meine Stunde, da hab ich also gearbeitet. Also, sich selber auch … ne Stunde schenken, sozusagen. Freiraum, ja, find ich schon. Gerade bei Mut-, Mutter und is man ja doch sehr beschäftigt, berufstätig.«*

Die eiserne Disziplin, mit der Frau Gandel ihren zeitlichen Freiraum verteidigt, und die verschiedenen Strategien, mit der sie immer wieder neu Zeit zu gewinnen sucht – Reduzierung des Schlafvolumens, Verzicht auf Fernsehkonsum, Grenzziehung zur Familie –, konvergieren alle in dem Bestreben, die eigene Zeit auch als regelmäßig wiederkehrende Zeit zur Verfügung zu haben, um eigene Ziele und Wünsche dauerhaft verfolgen zu können. Diese Regelmäßigkeit und Dauerhaftigkeit ihrer Zeitplanung wird nun durch den Aufforderungscharakter, den das Funkkolleg inhaltlich an ihr Arbeitsvermögen und Arbeitsvolumen stellt, enorm stabilisiert. Denn in Frau Gandels Sicht hat das Funkkolleg ein derart hohes – gleichsam universitäres – *»Level«*, daß eine aktive Auseinandersetzung und selbständige Mitarbeit unbedingt erforderlich sind. Beim Funkkolleg sind hohes Inhaltsniveau und hohe zeitliche Beanspruchung funktional aufeinander bezogen und bilden eine Einheit: Beim Funkkolleg muß man *»dabeibleiben«* und *»arbeiten«*, man muß es *»selber machen«* und *»was einbringen«*, mögliche Abkürzungsstrategien, wie etwa Hausaufgaben abschreiben, sind kontraproduktiv. *»Aber ich finde, beim Funkkolleg muß man eigentlich sich richtig ein Gerüst machen und sagen: Jeden Abend oder jeden Morgen eine feste Zeit, und das mußt du arbeiten.«* Konkret bedeutet dieses feste Zeitgerüst bei Frau Gandel, daß sie durchschnittlich viermal pro Woche am Funkkolleg arbeitet, bei einem Zeitaufwand von ingesamt vier bis fünf Wochenstunden, wobei sie sich das Wochenende freihält.

Zeitplanung und Inhaltsinteresse von Frau Gandel gehen beim Funkkolleg insgesamt eine stabile Kopplung ein. Der zeitliche Freiraum, den sie sich gegen die Widrigkeiten ihrer äußeren Umgebung, gegen ihre eigene Lernvergangenheit und gegen spöttisch eingestellte Familienmitglieder erkämpft, wird konkret ausgefüllt durch die Bildungspraxis im und durch das Funkkolleg. Die *»eigene Zeit«* wird mit ersehnten Inhalten gefüllt, ebenso wie der Inhalt *»eigene Zeit«* voraussetzt und einklagt. Das Funkkolleg wird im Leben von Frau Gandel daher der Ort und die Zeit, an dem und mit der sie über Jahre hinweg ihr Ideal universitärer Wissensaneignung bewahren und stabilisieren kann. Allerdings bleibt diese Kopplung von Bildungszeit und Funkkolleg nicht unverändert, sondern verschiebt sich in dem Maße, in dem Frau Gandels universitäre Bildungsperspektiven sich konkretisieren und – über das nachgeholte Abitur – auch zunehmend realistischer werden. Über das Funkkolleg hat sich die *»eigene Zeit«* als Bildungszeit im Leben von Frau Gandel definitiv etabliert; mit dieser Etablierung ist gleichzeitig jedoch auch eine Umorientierung auf das Studium als ihrem eigentlichen Bildungsinhalt und damit die Aufgabe des Funkkollegs als dem zentralen Auffangbecken ihrer Bildungshoffnungen verbunden.

2.1.2. Lernen zwischen didaktischen Funkkollegvorgaben und alltagspraktischen Einlösungsschwierigkeiten

Bei der konkreten Ausgestaltung ihres selbstgesetzten zeitlichen Gerüsts orientiert sich Frau Gandel zu großen Teilen an den didaktischen Vorgaben und Hilfen, die das Funkkolleg gibt. So beginnt sie fast jede neue Einheit damit, sowohl die einführenden Erläuterungen als auch die Erklärungen der Fremdwörter, die in der betreffenden Einheit vorkommen, zu lesen. *»Die geben ja eigentlich so nen, so nen Hinweis, wie man's machen soll, nich. Man soll immer vorher lesen, damit man schon so'n bißchen, äh, vom Thema Bescheid weiß, und erklärn einige Worte, die man vermutlich noch nicht gehört hat. Das hab ich auch immer eigentlich versucht zu tun, also dies, äh (räuspert sich), vor der Einheit zu lesen, das Material, wenn's ging.«*

Die Radiosendungen selbst hört Frau Gandel gewöhnlich gemeinsam mit Freunden, die ebenfalls am Funkkolleg teilnehmen, wobei der Ort des gemeinsamen Hörens außerhalb ihres eigenen Wohnbereiches liegt. *»Und dann, äh, haben wir uns tatsächlich meistens, also nicht meistens, aber oft dann mit zwei Leuten ans Radio gesetzt, also richtig jetzt wirklich auch noch woandershin, nicht in der Familie, sondern, äh, bei jemand anders sein, wirklich und intensiv zugehört.«* Die Radiosendungen finden somit an einem für Frau Gandel neutralen und familienunabhängigen Ort statt, der ein konzentriertes und ungestörtes Hören erlaubt. Dem gemeinsamen Hören der Sendungen folgt allerdings keine vertiefende Gruppendiskussion, sondern eine eher beiläufige beziehungsweise oberflächliche Kommentierung des Gehörten. *»Da ist es mehr Hören und, äh, also nicht nicht Diskussion in die Tiefe. Das würd ich nicht sagen, nein. Sagt man zwar: Haste, haste's verstanden und, na ja, das war aber heute wieder wieder gut, oder das hat mir gar nicht gefallen. Also nur so oberflächliche, hm, Betrachten der Sache, aber richtig arbeiten, das mach ich alleine.«* Das Zusammenkommen in der Gruppe hat für Frau Gandel daher weniger die Funktion einer gegenseitigen inhaltlichen Lernhilfe, sondern stellt vielmehr die Möglichkeit einer gemeinsamen, sich gegenseitig stabilisierenden, ungestörten Teilnahme am Medium Radio bereit. Allerdings leistet die Gruppe insofern eine wichtige Serviceleistung für ihre Mitglieder, als die Sendungen auf Band aufgenommen werden und somit die Möglichkeit besteht, sich die Kassetten gegenseitig auszuleihen und im Falle der Abwesenheit durch Krankheit oder Ferien die Sendungen nachzuhören.

Das Studienbegleitmaterial arbeitet Frau Gandel alleine durch, da sie bei ihren zahlreichen Bildungsaktivitäten schon genügend Erfahrungen gemacht hat, um den ihr eigenen Lernstil zu kennen. Ihre Lernmethode ist nicht die Gruppenarbeit, sondern das einsame Lesen und Arbeiten zu Hause. Auch hier orientiert sich Frau Gandel wieder an den Vorgaben, welche das Funkkolleg als Lernhilfe und Lernunterstützung anbietet. Insbesondere anhand der vorformulierten Aufgaben- und Fragestellungen, die den wesentlichen Inhalt einer jeden Lektion abdecken, arbeitet sie sich *»Schritt für Schritt«* am Stoff ab. Dieses Verfahren ist zwar zeitaufwendig, garantiert ihr jedoch eine systematische Vertiefung des Stoffes. In ähnlicher Weise nutzt Frau Gandel die Hausarbeiten, die für sie ein weiteres Element zur Vertiefung beziehungsweise Wiederholung des Stoffes sind.

Vor den Klausuren bereitet sich Frau Gandel gezielt auf die Prüfungsschwerpunkte vor, indem sie – wie früher in der Schule – die abgefragten Fakten wie Vokabeln paukt. Dabei ist für sie nicht mehr das inhaltliche Interesse ausschlaggebend, sondern schlicht die Tatsache, daß ein bestimmter Stoff prüfungsrelevant ist. *»Da, das ist richtig so wie, wie Schule, wie Vokabeln lernen. Kannst du das jetzt? Kannst diese Fakten? Weißt du nun, wie – oach, das waren so komische … äh, den Moderne Kunst, äh, sehr komische Namen; Japaner, die Fernsehkunst machten, hab ich schon wieder vergessen: Paiet Lung oder so ähnlich. Ja und nun … wirklich, äh, lernen dieser und auch zum Beispiel, manchmal wurden Theorien angeboten, äh, dieser sagte das und das, Herr Meier sagte dieses, und nun diese Theorien auseinander … Das muß man, äh, in dem Moment richtig bimsen, weil es mich überhaupt nicht interessiert, das vergeß ich dann bestimmt wieder ganz schnell, aber weil ich eben ehrgeizig genug bin, hab ich das dann halt gemacht /hmh/ (lacht).«* Ihr Ehrgeiz, die Prüfungen mit einem guten Resultat zu bestehen, stimuliert Frau Gandel zuweilen zu einem regelrechten *»Crash- und Powerlearning«*, bei dem sie den gesamten Lernstoff kurz vor der Prüfung in ihr Kurzzeitgedächtnis einzutrichtern versucht. Auch die Prüfungssituation selbst ist von schulischen Erinnerungen und *»kindlichen Verhaltensmustern«* geprägt. So sind beispielsweise ihr Ärger über spitzfindige Fragen, das angespannte Warten auf die Notenvergabe, der Leistungsvergleich mit ihrer Freundin oder ihre Enttäuschung über eine schlechte Note Reaktionen, die sie bereits von ihrer Schulzeit her kennt und die auch beim Funkkolleg ihr Lern- und Verhaltensrepertoir zum Teil bestimmen.

Als Ergänzung zu ihren eigenen Lernaktivitäten nimmt Frau Gandel häufig an einem Begleitzirkel teil. Neben der Vertiefung und Aufarbeitung des Stoffes konfrontiert sie der Begleitzirkel vor allem mit eigenen thematischen Vorlieben und Abneigungen, wobei sie durchaus zwischen der guten Leitung eines Begleitzirkels und ihrer sachlichen Ablehnung eines Inhaltes zu unterscheiden vermag. *»Moderne Kunst, ja … da … wieder denk ich, ist es persönlich so, wie's einem gefällt und wie man da Zugang zu hat, äh, wir hatten da zwar ne sehr gute Begleitperson, die is glaub ich auch hier an der Uni, ähm, Assistentin oder so – in der vhs, die hat es auch so toll* *aufgearbeitet, ... aber da hab ich, ähm, vieles persönlich abgelehnt, also (betont) Beuys zum Beispiel, da kann ich nicht so viel mit anfangen.«*

Die alltagspraktische Einlösung ihrer Lernansprüche ist für Frau Gandel mit zahlreichen Schwierigkeiten verbunden, die sowohl die zeitliche als auch die inhaltliche Seite ihrer Funkkollegteilnahme betreffen. Der Grad dieser Schwierigkeiten ist in den verschiedenen Fällen sehr unterschiedlich ausgeprägt, so daß auch die Lösungsansätze, die Frau Gandel unternimmt, in ihrem Erfolg differieren.

Die zeitlichen Probleme sind insbesondere eine Folge der außergewöhnlichen Belastungen, denen Frau Gandel aufgrund der berufsbedingten Mobilität ihres Mannes ausgesetzt ist und die in mehreren Fällen zum Abbruch ihrer Funkkollegteilnahme führten. Der Wechsel der Umgebung, die Suche nach einem neuen Heim oder die Unterbringung der Kinder in neue Schulen verlangen von Frau Gandel einen derart hohen zeitlichen Einsatz, daß ihre Funkkollegteilnahme stark darunter leidet bzw. ausgesetzt werden muß. In dieser Hinsicht erzwingt das Familienleben immer wieder zeitliche Prioritätensetzungen, die mit einer konstanten Funkkollegteilnahme unvereinbar sind und die Frau Gandel in ihren Bildungsbestrebungen mehrfach enge Grenzen setzen.

Inhaltlich bedingte Schwierigkeiten ergeben sich für Frau Gandel bei der konkreten alltagspraktischen Einlösung von Lernansprüchen. So muß sie beispielsweise beim Funkkolleg »Philosophie« die Grenzen ihrer Lernfähigkeit erkennen und daraus die entsprechenden Konsequenzen ziehen. Sie ist nicht in der Lage, die begriffliche und inhaltliche Voraussetzungshaftigkeit dieses Funkkollegs mit Hilfe ihrer allgemeinen Vorbildung zu kompensieren: *»Nein, das war mir zu schwer. Das war mir zu abstrakt, ich hab, äh, keinerlei Vorbildung, ähm, und bei den anderen Dingen hatte ich immer das Gefühl: Das genügte, also da genügte mein Grund, aber gerade, ähm, bei der Philosophie, da hatte ich das Gefühl: Oah, ich schwimm total oder ... es war zu schwer für mich. Ähm, alle anderen, das konnte ich mit meinem Wissensstand erarbeiten. (leise) Das war nicht so schlimm.«* Auch bei anderen Funkkollegs hat Frau Gandel von Zeit zu Zeit Lern- und Verständnisschwierigkeiten. Sie sind allerdings nicht so gravierend, als daß sie sich nicht irgendwie zu helfen wüßte. Neben dem Wörterbuch oder Lexikon, das sie zu Rate zieht, oder der Hilfe durch eine Freundin löst Frau Gandel die Schwierigkeiten durch das systematische Bearbeiten der Hausaufgaben beziehungsweise das konzentrierte Nachlesen des Stoffes: *»Ähm ... also meistens, wie gesagt, mach ich's alleine, ähm, wenn's ganz schwierig wird, wenn ma was nicht versteht, also geh ich erst mal noch an, an, äh, Diktionär oder an an Meyers Lexikon und guck da nach, eh ich, äh, ... dann zu ner Freundin geh und sag – irgendwie kommen wir dann schon immer klar, also man findet dann schon seine Antwort oder seine, sein Problem, und dann über die Hausaufgaben wird's einem ja dann noch mal, is man gezwungen, noch mal nachzulesen, und dann äh vertieft sich dann auch der Stoff.«*

2.1.3. Die Suche nach Verbündeten

Auch in ihrem sozialen Umfeld entwickelt Frau Gandel Strategien, um ihren Anspruch, am Funkkolleg aktiv, engagiert und möglichst kontinuierlich mitzumachen, einzulösen. Neben einer entsprechenden Zeitökonomie, die ihrem Wochenrhythmus ein bestimmtes Korsett verleiht und die – in der Regelmäßigkeit des (fast) täglichen Arbeitens – sowohl der eigenen Verpflichtung, Kontinuität und Effektivität dient als auch Signalwirkung für die Familie hat, ist Frau Gandel vor allem darum bemüht, sich auf ihrem Bildungsweg mit anderen zu verbünden. Diese Suche nach Verbündeten verläuft für Frau Gandel nicht ergebnislos, da sie Personen beziehungsweise Gleichgesinnte findet, die ihr Halt, Sicherheit und die Möglichkeit geben, Schwierigkeiten und Rückschläge besser zu meistern.

Frau Gandel hat das Glück, mit ihrem Bildungsstreben nicht allein dazustehen, sondern Freunde zu finden, die wie sie am Funkkolleg teilnehmen. *»Und so insofern war's, äh, ist es auch gut, wenn man nen paar Freunde hat, die dann auch mit Funkkolleg machen und, äh, ich hatte immer irgendwelche Leute, die ... die ... machen, sich anmelden.«* Der Freundeskreis vermindert das Gefühl der Isolierung und Vereinzelung, er nimmt dem atypischen Verhalten kontinuierlicher Teilnahme das Signum des Einzelfalles. Dieses Solidaritäts- und Verbundenheitsgefühl ist für Frau Gandel insofern von eminenter Bedeutung, als ihre Familie ihren Lernbestrebungen zwar tolerant – im Sinne von: du kannst das schon machen – gegenübersteht, sie durch ironisch-distanzierte Kommentare und Verhaltensweisen jedoch eher abwertet. Diese Abwertung erfährt Frau Gandel nicht nur durch ihre Kinder, welche die wiederholte Funkkollegteilnahme der Mutter mit Lächeln quittieren, sondern auch durch den Ehemann, der mit der Charakterisierung seiner Frau als *»perpetual student«* indirekt die Stagnation, die Wiederholung, das Nie-zum-Abschluß-Kommen ihrer Teilnahme, zum Ausdruck bringt. Die Freundesgruppe bildet ein soziales Gegengewicht zur Familie, das Frau Gandels Lernbestrebungen unterstützt, sie positiv verstärkt und auch alltagspraktische Hilfen gibt. In der Gruppe erfährt Frau Gandel, daß sie in ihrer Lernbeflissenheit nicht allein ist, sondern auf Weggefährten zählen kann. Die Gruppe sorgt für ein kollektives Wir-Gefühl, das nicht nur Widerstände abbaut und positive Lernhaltungen stabilisiert, sondern dem Beginn eines neuen Funkkollegs auch den nötigen Schwung verleiht: *»Auch meine Freundin hat gesagt: Haste dich schon angemeldet? Ich sag: Ja, hab ich schon. Es ist also richtig so ... tja, für die anscheinend auch nen Rhythmus, also (betont, energisch): Wir machen wieder Funkkolleg. /hmh/ Es geht weiter, so ungefähr.«* Ebenso leistet die Gruppe konkrete Unterstützung bei der Umsetzung der verschiedenen Funkkollegelemente: das gemeinsame und ungestörte Hören der Radiosendungen in der Gruppe außerhalb der Familie, der Mitschnitt von Sendungen für Gruppenmitglieder, die zeitweilig verhindert sind, die Besprechung und Klärung inhaltlicher Schwierigkeiten und Probleme, der Austausch über und der Abgleich von Strategien der Prüfungsvorbereitung sowie vor allem: die Möglichkeit, Probleme bei der Bewältigung des Lernpensums sich gegenseitig anvertrauen zu können.

Innerhalb der Gruppe kommt insbesondere der Freundin von Frau Gandel eine besondere Bedeutung zu. Mit ihr kann sie nach Belieben kommunizieren, sich austauschen, telefonieren oder sich gegenseitig zum Lernen anregen. Gerade in der

Position der ›gleichgeschlechtlichen Gleichaltrigen‹ zeigt sich die Bedeutung, die Frau Gandel ›verbündeten‹ Personen beimißt. Diese Position ist für sie nicht erst im Verlauf der Funkkollegteilnahme relevant, sie spielte schon bei der ersten Teilnahme an einem Funkkolleg eine wichtige Rolle. Denn den emanzipativen Schritt aus dem Literaturkreis der Volkshochschule heraus in das unbekannte – gleichsam universitäre – Bildungsmedium des Funkkollegs unternahm Frau Gandel nicht alleine, sondern *»mit ner genau gleichaltrigen Frau«*.

Die kontinuierliche Suche nach Verbündeten zeigt sich auch bei Frau Gandels Bestrebungen, ihre eigenen Bildungsbemühungen durch geschicktes zeitliches Timing mit denjenigen ihrer sozialen Umwelt gleichzuschalten. Dieser Versuch einer Parallelisierung von Bildungsgängen ist nicht nur bei ihrer Funkkollegteilnahme, sondern auch bei ihrem großen – bildungsbiographisch entscheidenden – Sprung zum Abendgymnasium nachweisbar. So bindet sie ihr eigenes nachgeholtes Abitur geschickt an die Abiturphase ihrer beiden Söhne an: Alle drei machen gemeinsam das Abitur, zeitlich parallel, jedoch auf unterschiedlichen Bildungseinrichtungen. Die Parallelisierung ihrer Bildungsgänge ist zwar altersverschoben, folgt jedoch ähnlichen Perspektiven (Studium) und umfaßt dieselben konkreten Nöte. Eine ähnliche Parallelisierung und damit legitimatorische Entlastung versucht Frau Gandel beim Funkkolleg »Recht«, das sie beginnt, um ihren Sohn bei seinem Einstieg in das Jurastudium zu unterstützen beziehungsweise ihm über die Teilnahme am Funkkolleg zu einem Scheinerwerb und damit zu einer Verkürzung seines Studiums zu verhelfen. Dieser Versuch schlägt jedoch fehl, da der Sohn sich gegenüber dem Ansinnen der Mutter schlicht verweigert: *»Sohn will Jura studieren, und, und /hmh/ ich wollte ihm eigentlich damit ein Semester er...sparen eben und, äh, hab es für ihn bestellt und für mich, daß wir parallel lernen sollten oder wollten, und da hat er, hat er nicht drauf angesprungen. Der is, inzwischen ist er schon Assessor, er hat es auch ohne (lacht) Funkkolleg geschafft.«*

Eine letzte Form der Verbündetensuche zeigt sich indirekt bei Frau Gandels vorsichtigen Abtastungsversuchen, inwieweit sie den Sprung zur Universität und zum Studium tatsächlich wagen soll. Dem geographisch und zeitlich bindenden Studium an der Universität steht alternativ die Teilnahme an einem Fernstudium oder die Einschreibung an der Universität des dritten Lebensalters gegenüber. Für alle drei Alternativen holt sich Frau Gandel Information und Beratung. Die Scheu vor einem universitären Studium, das – in ihrer Antizipation – mit Erfahrungen sozialer Exklusivität (ältere Frau versus junge Kommilitonen) und sozialen Parasitentums (ältere Frau nimmt jüngeren Studenten den Arbeitsplatz weg) verbunden ist, verringert Frau Gandel interessanterweise wieder mit der Existenz einer Gleichaltrigen, die sich dieser Erfahrung schon ausgesetzt hat, und mit dem Vorhandensein einer Gruppe von Leuten, die als Verbündete die eigenen Lernanstrengungen stützen: *»Das ist, das finde ich heute so toll, daß man auch noch – ich möchte nicht gerne in diese ... ah, na, wie nennen die das? – diese Universität, wo wirklich also Rentner nur hingehen, das möchte ich nich. Das haben die mir auch abgeraten an der Uni, mir. /hmh/ Die haben gesagt: Gehen Sie mal schön, setzen sich mal zwischen die Studenten. Aber ich sag, aber man nimmt den jungen Leuten Arbeits-, äh, Studienplatz weg. Ach, 's da haben die gar nicht, wenn da ein paar Alte dazwischensitzen, denn die, die ziehen das durch, die marschieren, die wollen, die wissen ja ganz genau, daß sie wollen. /hmh/*

Wohingegen die jungen Leute, die, na, die studieren noch ein bißchen rum so anfangs, ne, /hmh/ .. Ich weiß nicht, mein Sohn, der studiert Kunstpädagogik, der hat auch ne Frau, die ist mein Alter und /hmh/ die sagt, das ging prima. Da ist es vielleicht auch wieder die Gruppe, die einem dann Spaß macht, nicht. /hmh/ Das befürcht ich bei Fern-, Fernuni, daß einem das fehlt, daß man so alleine ist (leise) undsoweiter (...), denn also es 'n Erfahrungsaustausch, das find ich auch schön, also ... wichtig auch manchmal, wenn man eben Sachen nicht verstanden hat /hmh/ wie in den Begleitzirkeln.«

2.2. Zwischen therapeutischer Stabilisierung und sozialer Konfliktvermeidung: Herr Dachsel

Herr Dachsel (Jahrgang 1957) ist ledig und ohne Kinder. Er hat nach dem Abitur (1977) auf der Verwaltungsfachhochschule den Abschluß als Diplom-Verwaltungswirt erworben (1983) und arbeitet gegenwärtig als Büroleiter in einer Landwirtschaftsbehörde. Am Funkkolleg nimmt er seit 1985 regelmäßig teil.

Während bei Herrn Dachsel der Beginn seiner Funkkollegteilnahme in unmittelbarem Zusammenhang mit der Suche nach neuen Aufgabenfeldern im Anschluß an eine Therapie stand, verselbständigt sich der ursprünglich auf die Stabilisierung der eigenen Person bezogene Aufgabencharakter des Funkkollegs und bekommt im weiteren Verlauf seiner Teilnahme einen sehr viel stärkeren sozialen Akzent. Die Aufgabe, die Herr Dachsel im Rahmen bzw. als Folge seiner Funkkollegteilnahme zu bewältigen sucht, ist nicht mehr nur die Festigung der eigenen Persönlichkeit, sondern auch und vor allem die Vermittlung des Funkkollegs als einer anspruchsvollen Bildungsinstitution in seinen privaten Bekannten- und beruflichen Kollegenkreis hinein. Das Funkkolleg wird für Herrn Dachsel sowohl zu einer Aufgabe, an der er innerlich wachsen und gesunden kann, als auch zu einer Mission, für die er in seiner sozialen Umwelt streitet und wirbt.

2.2.1. Das Funkkolleg als Konzentration und Bündelung der psychisch-intellektuellen Kräfte

Der Beginn der Funkkollegteilnahme ist im Leben von Herrn Dachsel mit einer eindeutigen Zäsur verbunden und markiert einen Wendepunkt in seinem psychischen Kräftehaushalt. War das Funkkolleg ursprünglich ein nachtherapeutisches Stabilisierungsinstrument, das einen direkten Bezug zu seiner klinischen Behandlung hatte, transformiert es sich im weiteren Verlauf zu einem Medium, das in vierfacher Weise positiv auf seine geistig-psychische Gesamtsituation ausstrahlt.

Erstens verhilft das Funkkolleg als Nachsorgeinstrument der klinischen Intervention Herrn Dachsel zu einer Ordnung und Bündelung seiner Energie-, Zeit- und Krafteinsätze. Die Zersplitterung seines Lebens in eine Reihe unkoordiniert nebeneinander herlaufender Aktivitäten und die Auflösung seiner Person im zeitraubenden Einsatz sozialen, politischen und vereinsmäßigen Engagements weicht einer allmählichen Konzentration auf einige wenige Betätigungen, die sich um das Funkkolleg – und um die aktive Mitarbeit in zwei Vereinen seines Heimatortes – gruppieren.

Zweitens verstärkt die Funkkollegteilnahme Herrn Dachsels Konzentrationsfähigkeit und Willenskraft, etwas über einen längeren Zeitraum zu verfolgen. Einen entscheidenden Anteil an dieser Stärkung seines längerfristigen Arbeitsvermögens hat die Erfolgskontrolle, die Herr Dachsel durch die Hausarbeiten und Klausuren über sein Tun bekommt. Er steht nicht allein und führungslos vor dem Problem der Kontrolle seiner autonomen Wissensaneignung, sondern kann die Ergebnisse seiner Studien mit Hilfe der vom Funkkolleg angebotenen Mittel auf Richtigkeit hin überprüfen. Gerade diese Überprüfbarkeit und Kontrolle seines Tuns, die ihm die Möglichkeit der Korrektur, Ergänzung und Verfestigung geben, *»hatt' ich irgendwie so gesucht und hab das im Funkkolleg dann auch drin gefunden.«*

Drittens kann Herr Dachsel durch die Funkkollegteilnahme seine Fähigkeit ausweiten, Dinge sprachlich zu fassen, im Gedächtnis zu behalten und auch komplexe Sachverhalte in eigenen Worten wiederzugeben. Gerade in Diskussionen mit anderen ist er dadurch in der Lage, verschiedene Standpunkte einzunehmen und Dinge differenzierter zu betrachten – auch wenn er immer wieder selbst von der Argumentationskraft seiner Beiträge überrascht wird. *»Manchmal, wenn mir was (...), mir was unheimlich gut gefällt [...] oder was mir einleuchtet, das les ich mir dann auch zwo-, dreimal durch, und das ist dann auch so ungefähr verinnerlicht, ich fass' es (...) zu und versuch das in meine eigenen Worte zu fassen, dann ist es nämlich eher noch drin gespeichert, und das ist dann auch zu gegeb-, zu gegebenen Zeiten (betont) parat. /hmh/ ... Ich bin dann zwar manchmal selbst erstaunt, was dann in der hinteren Hirnecke rauskommt. Und dann denk ich, wo haste das jetzt hergehabt, und das ist dann meistens aus dieser Richtung.«*

Schließlich verstärkt Herr Dachsel durch genaues, z.T. auch mehrfaches Lesen von schwierigen Textabschnitten seine philologische Kompetenz, die ihm vor allem in seinem Beruf – bei der Interpretation neuer Richtlinien, bei der Einarbeitung in fremde Texte oder beim Auffinden sprachlich-inhaltlicher Ungereimtheiten bei Gesetzesvorlagen – zugute kommt. *»Und mittlerweile, das hatt' ich auch da in dem Fragebogen mit angekreuzt, ich merk das bei mir, ich hab da sehr viel auch mit neuen Richtlinien oder neuen Gesetzestexten zu tun. Ich merk das bei mir, daß das hilft. Weil wenn ich dann hier, wenn ich jetzt ohne Funkkolleg, wenn ich nen neuen Gesetzestext kriegen würde, würde ich dann erst mal drüberfliegen, würde dann sagen: Ablehnen oder irgendwann mach ich das mal, aber ich glaub, daß ich irgendwie so auch ne Art gewisse Routine drin entwickelt habe, gerade mit Sach-, mit mir eigentlich (betont) fremden Themen oder fremden Texten, dann umzugehen oder die so durchzulesen, daß ich se verstehe, oder auch wenn ich mal nen Absatz nicht verstanden hab, dann trotzdem nochmal von oben anzufangen und den durchzulesen, bis ich ihn verstanden hab.«*

Das Funkkolleg stellt für Herrn Dachsel ein Medium dar, das ihm in unterschiedlicher Weise zu einer größeren psychisch-intellektuellen Spannkraft verhilft. Die Bündelung seiner Aktivitäten, die Verstärkung seiner Konzentrationsfähigkeit, die Ausweitung seines sprachlichen Vermögens und die Erhöhung seiner Interpretationsfähigkeit geben seinem Leben einen größeren geistigen Erfahrungsraum, der sich positiv auf seine gesamte Lebensgestaltung auswirkt. Dabei verliert das Funkkolleg im Laufe der Zeit den eindeutigen therapeutischen Bezug, den es zu Beginn gehabt hatte, und wird zu einem allgemeinen Trainingsinstrument seiner geistigen Leistungsfähigkeit.

2.2.2. Lernen auf der Basis raum-zeitlichen Ungebundenseins und prüfungsbezogener Disziplin

Für Herrn Dachsel ist die vom Funkkolleg vorgesehene Möglichkeit geographischer Unabhängigkeit von großer Bedeutung. Daher sind die gedruckten – und geographisch mobilen – Materialien für ihn das zentrale Studienelement, wohingegen er sich über die Radiosendungen, die ihn zeitlich und geographisch zu sehr binden, nur mit Hilfe der schriftlichen Zusammenfassungen informiert. »*Studienbegleitbrief, das ist für mich … 90 Prozent /hmh/ bis 100 Prozent. Das ist ja auch das, wo ich, wo ich überall zurückgreifen. Das kann ich mit in die Aktentasche tun, das kann ich mit sonstwohin nehmen und dann hab ich's …*« Beruflich ist Herr Dachsel viel im Außendienst tätig und in seiner Zeitplanung von den Terminvorgaben seiner Kunden abhängig. So muß er beispielsweise bei größeren Fahrten häufig die Mittagszeit, in der er keine Kunden besuchen kann, überbrücken. In derartigen Situationen kommen ihm die geographisch-zeitlichen Freiräume, die das Funkkolleg bietet, sehr entgegen. Denn anstatt die Wartezeit in Kneipen abzusitzen, arbeitet er eine Stunde lang die Studienbriefe in seinem Auto durch. Bei schönem Wetter verbringt er seine Mittagspause und Funkkolleglektüre auch im Freien: »*Ich hab's heute auch dabei gehabt und hab meine Mittagspause draußen im Freien verbracht, hab mir nen Liter Milch geholt und was zu Essen und dann hab ich mich in ins Feld reingestellt, und das war schön. Es ist einiges hängengeblieben.*« Das Funkkolleg ist ein Dauerbegleiter geworden, der bei Bedarf abrufbar ist. Bei der Arbeit, bei Wochenendfahrten, ja sogar im Urlaub kann er – je nach Lust und Laune – über das Material verfügen: »*Ich nehm es auch manchmal mit, wenn so, wenn ich so zwei Monate vor ner Hausarbeit nen Urlaub mach, ich hab's dann dabei. Reingucken tu ich dann wahrscheinlich seltener, aber ich muß es dabei haben.*«

Herr Dachsel beschäftigt sich nur vor den Hausarbeits- und Klausurterminen regelmäßig mit dem Funkkolleg. Während er seine sonstige Funkkollegbeschäftigung von seiner Lust und Laune abhängig macht, sind die zwei Wochen vor den Klausurterminen Zeiten intensiver Vorbereitung. »*Für mich gibt's beim Funkkolleg nur eine Regelmäßigkeit, und das sind die Klausurtermine und die Hausarbeitstermine. Und alles andere mach ich dann, wenn ich Lust hab. /ähm/ Also da eng ich mich nicht weiter ein.*« Während dieser Vorbereitungszeit reduziert er konsequent seine abendlichen Sozialkontakte und setzt sich auch sonst keinen Ablenkungen – wie Fußball-Länderspielen im Fernsehen – aus. Auf die Prüfungen bereitet sich Herr Dachsel schwerpunktmäßig und systematisch vor: »*Ich lese mir das durch, ich streiche mir die wichtigen Sachen an, mach im Kopf meine Aufgaben und werde dann also jetzt, ich hab mir das zum Ziel, also ich hab jetzt noch sechs Studieneinheiten, heut abend mach ich zwei, morgen mach ich zwei und am Samstag morgen mach ich noch zwei, die ich dann durcharbeite, und dann werd ich se am Samstag mittag nochmal durchblättern, was ich unterstrichen hab.«* Bei Bedarf kann Herr Dachsel auch seinen Tagesrhythmus stark disziplinieren: *»Wenn ich heut abend nur eine Einheit pack, ist es auch nicht schlimm, ich hab ja morgen nachmittag noch, obwohl es momentan beruflich, ich weiß nicht, wann ich morgen rauskomm, aber dann wird's halt morgen abend spät. Und am Samstag früh raus. Das hab ich also auch schon gemacht, wenn ich's dann nicht gepackt hab, bin ich Samstag morgens um sechs Uhr aufgestanden. Wenn ich gemerkt hab, ich hab noch viel durchzuarbeiten.«*

Die Prüfungen selbst sind für Herrn Dachsel neben ihrer Funktion als Erfolgskontrolle weitere Übungsfelder, auf denen er seine philologische Kompetenz schulen kann. Schwierige Formulierungen bei Prüfungsfragen wie beispielsweise besondere grammatikalische Wendungen, doppelte Verneinungen oder konträre Auslegungsmöglichkeiten zwingen ihn zu einer genauen und sorgfältigen Lektüre der Texte und schärfen so sein grammatikalisch-sprachliches Urteilsvermögen. *»Funkkolleg ist ja teilweise nicht nur ne Wissenssache, gerade die Prüfungen, sondern es ist Grammatik... Es ist ja wirklich, man muß jedes Wort genau einzeln sich angucken. Manchmal ist ja auch, sind ja die Fragen auch gemein formuliert. Da, äh, hat man ein ›nicht‹ oder ein (betont) ›sonst‹ übersehen oder ein Komma oder nen Punkt, und schon ist die Aussage ganz anders gewichtet. Im Funkkolleg steht sie fast wortwörtlich drin, man erinnert sich an diesen Kernsatz, kreuzt's an und nachher, wenn man dann die Lösungen kriegt, denkt man: Ha, das war verkehrt. Und deswegen ist es so (betont) genau Durchlesen.« »Also der Umgang mit Sprache, besonders mit niedergeschriebener, wird auch sehr dadurch geschult.«*

2.2.3. Werbung als Strategie zur Eindämmung von Konfliktpotentialen

Das Engagement und die Zeit, die Herr Dachsel dem Funkkolleg widmet, trifft in seinem direkten sozialen Umfeld nicht nur auf Gegenliebe, sondern ist mit einigen Konflikten verbunden. Insbesondere seine Abschottung vor Hausarbeiten und Klausuren sind für seine direkten Bezugspersonen nicht immer nachvollziehbar. So konnte seine frühere Freundin beispielsweise überhaupt nicht verstehen, daß er, der sonst immer Zeit hatte, sich auf einmal für das Funkkolleg zurückzog. *»Das hat in ner früheren Beziehung mit ner Frau, hat es leichten Ärger gegeben, weil die hat überhaupt kein Verständnis dafür aufbringen, und sonst hatt' ich immer Zeit und auf einmal hab ich dann für mich gesagt, so jetzt mach ich was...«* Ein zweiter Problemkreis, der in seinem sozialen Umfeld durch seine Funkkollegteilnahme entstanden ist, sind Entfremdungsphänomene gegenüber seinen Bekannten. Seine Beschäftigung mit dem Funkkolleg hat ihn in eine neue Gedankenwelt eingeführt beziehungsweise mit Formen des Denkens konfrontiert, die differenzierter sind als die in seinem alten Bekanntenkreis gängigen Denkschemata. So macht Herr Dachsel beispielsweise in Diskussionen häufig die Erfahrung, daß seine Versuche, auf komplexe Probleme nicht mit einfachen Lösungen zu reagieren, mit Erstaunen und Unverständnis quittiert werden: *»Wenn ich dann irgendwo mit Bekannten in lockerem Rahmen diskutiere und es werden gerad so einfache Lösungen ausgetauscht, da pass' ich dann manchmal überhaupt nicht rein, wenn ich dann auf einmal zu nen drei-, vierminütigen Beitrag ansetze und so ne Sache etwas weiter aushole [...], die denken, was red's denn* *jetzt für 'nen Scheiß oder irgend – das paßt doch gar nicht. Die kommen einfach nicht in dem Moment mit klar.«*

Herr Dachsel wendet nun verschiedene Strategien an, um diese sozialen Reibungsverluste einigermaßen gering zu halten. Eine dieser Strategien ist der selektive Umgang mit seinen früheren Bekannten beziehungsweise die Neuzusammensetzung seines Freundeskreises gemäß den eigenen Ansprüchen und Prioritäten. Herr Dachsel ist nicht mehr an einem *»oberflächlichen Blabla«* interessiert, sondern sucht Personen, um *»wirklich ... die Gedanken auszutauschen.«* Bei seinem Bekanntenkreis hat er mittlerweile *»festgestellt, mit wem ich's machen kann und mit wem nicht. /hmh/ Ich such keine neuen. Aber es hat sich mit einigen Leuten verfestigt und mit anderen Leuten ist's weniger geworden.«*

Eine andere Strategie, die Herr Dachsel anwendet, sind seine Eingemeindungs- und Werbungsversuche. Er empfiehlt das Funkkolleg all denjenigen Bekannten, bei denen er glaubt, daß sie sich für das jeweilige Thema interessieren. Dafür beschafft er sich in großer Zahl die Werbebroschüren des Funkkollegs, verteilt sie unter seinen Freunden und gibt bereitwillig Auskünfte über Aufbau und Struktur des Funkkollegs: *»Ja, die woll'n natürlich jetzt von mir, das ist so nen Miniinterview, was die mit dir dann darüber führen. Was ist das überhaupt? Was machsten da? Was mußte da machen? ... Und wenn die das dann gut finden, dann sagen sie: Okay, sie machen's.«* Denjenigen Personen, die aufgrund der Prüfungen von einer Teilnahme absehen, rät er zumindest zum Kauf der Begleitbriefe: *»Ich empfehl's auch weiter an Leute, die nicht die Prüfung machen wollen, weil ich ganz einfach feststelle, für diese 120 Mark bekommt man kein vergleichbares Buch, das derart umfangreich und fundiert ist wie Funkkolleg.«* Auch in seinem beruflichen Wirkungsfeld versucht Herr Dachsel, das Funkkolleg bekannt zu machen. So empfiehlt er beispielsweise Auszubildenden, die er betreut, das Funkkolleg »Politik« zur allgemeinen politischen Bildungslektüre – *»weil das wesentlich besser ist als jedes Lehrbuch«* – oder wirbt für das Funkkolleg »Humanökologie« im Rahmen der Ernährungsberatung, die sein Amt durchführt.

Als Werbeträger des Funkkollegs hat Herr Dachsel immerhin schon vier oder fünf seiner Bekannten zur Teilnahme bewegen können und einen Kreis von Gleichgesinnten erzeugt, der sich in unregelmäßigen Abständen auch privat trifft. Sogar seine Freundin hat er – mit Erfolg – dazu überreden können, das nächste Funkkolleg mitzumachen, *»weil sonst ist es irgendwie immer so blöd, wenn man dann hockt und irgendwo was liest und der andere: was machst'n da...«* Bei seinen Eingemeindungsversuchen agiert Herr Dachsel mittlerweile *»fast wie nen Vertreter vom Funkkolleg«*, der von dem Produkt, für das er wirbt, überaus überzeugt ist. Seiner Werbung haftet ein missionarischer Zug an, seine Rede über das Funkkolleg gleicht einem Glaubensbekenntnis: *»Da hab ich mir überlegt: Was ist eigentlich Funkkolleg? Weil, äh, das ist ja im Grunde genommen für mich weder links, Mitte noch rechts. Und das ist irgendwo doch schon komisch, das ist für mich auch ein Medium, das irgendwo da ist, aber dem ich glaube. (betont) Ich glaub das, was da drin steht. Und zwar aus dem einfachen Grund, ich glaub mittlerweile auch zum Beispiel Menschen nicht mehr oder für mich sind Menschen suspekt, die für nen sehr, äh ... komplexes, für ne sehr komplexe Sache ne einfache Lösung haben. Funkkolleg hat mir gezeigt, daß es keine einfachen Lösungen gibt. Egal für welches Problem... Sondern, daß man's (betont) wirklich von allen Seiten beachten muß. Und was auch sehr wichtig ist, was ich da-*

durch gelernt hab, auch für mich privat ... daß ... so dieses Schwarzweißdenken oder Ja-nein-Denken, das gibt's eigentlich nicht mehr für mich. Sondern, also es gibt nicht eine (betont) richtige Meinung. Gerade weil Funkkolleg immer alle Seiten darstellt. Und das auch irgendwo klar und verständlich. Und alle Seiten haben ihre Existenzberechtigung.«

Herr Dachsel wird zum ›Fan‹ und ›Missionar‹ des Funkkollegs, weil dieses durch seine relativierende Methode, durch die Berücksichtigung unterschiedlicher Standpunkte und durch die Vermeidung einfacher Antworten auf komplexe Fragen der Relativität von Denkresultaten und der Komplexität von Wirklichkeit Genüge tut. Das Funkkolleg wird für Herrn Dachsel zum tragenden Grund seiner geistigen Existenz, dem er sich anvertraut, dem er traut und dem er glaubt. Das Funkkolleg hat in ihm einen Reflexionsprozeß ausgelöst, dessen Resultate er nicht mehr ignorieren kann und will. Sein geistiges Koordinatensystem hat sich grundlegend verändert, und davon gibt er Zeugnis. Sein Bestreben ist die Bekanntmachung eines Bildungsmediums, dessen positive Wirkung er an sich selbst erfahren hat. In gewisser Weise ist Herr Dachsel ein Bekehrter, der im Funkkolleg in mehrfacher Hinsicht Heilung, Genesung und Stärkung erfahren hat. Mit gutem Gewissen macht er daher das Funkkolleg zum Objekt werbender Anpreisung in seiner sozialer Umwelt.

3. Zeitmanagement, biographische Passung und soziale Vermittlungsarbeit: drei zentrale Konstitutionsleistungen von Funkkollegteilnehmern

Die vorangegangenen Fallbeispiele verdeutlichen, wie sehr die Funkkollegteilnahme von Faktoren der eigenen Disziplinierung und biographischen Passungsfähigkeit, aber auch von Einschätzungen des sozialen Umfeldes abhängig ist. Bei der Isolierung des Lernens aus dem Fluß des Alltagsgeschehens heraus, bei der biographischen Bedeutungszuweisung und bei der Legitimationsarbeit im Sinne einer sozialverträglichen Abfederung der eigenen Teilnahme kommt dem Zeitmanagement, den Möglichkeiten biographischer Dynamisierung und Stabilisierung sowie der sozialen Vermittelbarkeit des eigenen Tuns eine entscheidende Rolle zu. Alle drei Dimensionen sollen noch einmal ausführlicher und fallunabhängig dargestellt werden.

3.1. Zeitmanagement

Im Umgang mit Zeit weisen die verschiedenen Funkkollegteilnehmer sowohl in Bezug auf ihre prospektive Zeitplanung als auch hinsichtlich ihrer tatsächlichen Zeitgestaltung eine starke Heterogenität auf. Beide Dimensionen, die Bereitstellung von Zeit und die Nutzung von Zeit, sind durch unterschiedliche Verfügungs- und Intensitätsgrade gekennzeichnet, die in vielfältiger Weise miteinander kombiniert werden können.

Die Ebene der *Bereitstellung von Zeit* läßt sich gemäß vier verschiedenen Formen differenzieren – *Zeit haben, Zeit suchen, Zeit verteidigen, Zeit neu besetzen* –, wobei die erste und vierte sowie die zweite und dritte Zeitform miteinander korrespondieren.

- Zeit haben: Es gibt Funkkollegteilnehmer, deren Lebensalltag durch eine klare Zeiteinteilung strukturiert wird und die keine Probleme haben, dem Funkkolleg einen Teil ihrer Zeit zu widmen. Ihr Zeitmanagement zeichnet sich durch eine zeitliche und inhaltliche Prioritätensetzung aus – dergestalt beispielsweise, daß die Abendstunden dem Funkkolleg vorbehalten bleiben und Lesen Vorrang vor dem Fernsehkonsum hat. Manche Teilnehmer formulieren den Zeitbezug und die Prioritätensetzung ihrer Funkkollegteilnahme sehr deutlich: *»Man hat Zeit, wofür man Zeit haben will.« Sie sind sogar in der Lage, detaillierte Angaben über den Zeitaufwand, den das Funkkolleg erfordert, zu machen und ihre Zeitplanung nach diesen Erfahrungswerten zu richten.*
- Zeit suchen: Andere Funkkollegteilnehmer weisen dagegen eine eher unkoordinierte bzw. unregelmäßige Zeitplanung auf und müssen sich ihre Zeit für das Funkkolleg immer wieder mühsam abringen. Diese Suche nach angemessener Zeit bzw. der – häufig – chronische Mangel an Zeit kann auf sehr unterschiedliche Faktoren zurückgeführt werden: persönliche Gründe wie Disziplinlosigkeit oder Lustlosigkeit, die eine zeitlich konstante Teilnahme verhindern; soziale Gründe wie familiäre Rücksichtnahmen und Beanspruchungen, die ebenfalls ihren zeitlichen Tribut fordern; berufliche Gründe wie Versetzungen oder außergewöhnliche Belastungen, die ein zeitliches Engagement im Freizeitbereich nicht mehr erlauben. Durch diese teils temporären, teils dauerhaften Einschränkungen müssen zeitliche Vorgaben immer wieder revidiert werden, so daß Zeitplanung und Zeitgestaltung durch Diskontinuitäten geprägt sind.
- Zeit verteidigen: Teilnehmer, die sich ihre Zeit nur mühsam abringen können, sind häufig bereit, ihre errungene und erstrittene Zeit als auch zukünftig verfügbare Zeit zu verteidigen. Sie erleben die Funkkollegzeit als ihren persönlichen Freiraum, als ihre ureigene Zeit, die sie unbedingt aufrechtzuerhalten trachten. Zeit bedeutet für sie nicht nur eine temporäre, sondern häufig auch eine räumliche Grenzziehung: Die Zeit des Funkkollegs, die sie aus dem Fluß ihrer Alltagszeit herausschneiden, verbringen sie an einem bestimmten Ort – dem Wochenendhaus, dem Büro, der Wohnung von Freunden, dem eigenen Zimmer –, an dem sie nicht gestört werden wollen. Sie müssen ihre Zeit verteidigen gegen die Ansprüche ihrer sozialen Umwelt: Kinder, die stören, Erwachsene, die enttäuscht sind, Freunde, die ablenken. Ihr Zeitmanagement kommt nicht ohne verschiedene Formen der Abstimmung, der Kompromißbildung oder des radikalen Bruchs aus, die ihre weitere zeitliche Freistellung garantieren.
- Zeit neu besetzen: Auch bei gutem Zeitmanagement ist die Funkkollegteilnahme der ständigen Konkurrenz durch andere persönliche Interessen, soziale Beanspruchungen oder institutionelle Angebote ausgesetzt. Zeit kann inhaltlich immer wieder neu definiert werden, alte Verpflichtungen können aufgelöst und durch neue ersetzt werden. Dabei sind häufig auch individuelle Vorlieben und Eigenschaften im Spiel, die bestimmte Themen und Vorgehensweisen (*»der Anfang ist am schönsten«*) favorisieren und – mögliche – zeitliche Kontinuität in zeitliche Diskontinuität verwandeln.

Die Dimension der *Nutzung von Zeit* weist ebenfalls eine Reihe sehr unterschiedlicher Verteilungsmodi auf – *regelmäßige Zeit, kompakte Zeit, sporadische Zeit, symbolische Zeit* –, die auf einem Kontinuum von Verpflichtung und Beliebigkeit, von realer und fiktiver Teilnahme angesiedelt sind:

- regelmäßige Zeit: Teilnehmer, die diese Zeitform nutzen, setzen auf die kontinuierliche Bearbeitung des Funkkollegs in einem festgelegten zeitlichen Rahmen. Mit den täglichen Lesestunden morgens oder abends sowie den zwei Fixtagen für Radiosendung und Begleitzirkel erhält ihr Wochenalltag ein zeitliches Gerüst, das wiederum die konstante und effiziente Bearbeitung des Funkkollegs unterstützt. Wochenrhythmus und Funkkollegteilnahme sind so direkt aufeinander bezogen und stabilisieren sich gegenseitig.
- kompakte Zeit: Mehrere Funkkollegteilnehmer sind Phasenlerner, die konzentriert und komprimiert, meist vor den Hausarbeiten und Klausuren, den Stoff durcharbeiten. In diesen Kompaktphasen haben sie häufig eine penible Zeiteinteilung, die ihrer ausgeprägten Endspurtmentalität entspricht. Varianten dieser kompakten Arbeitsweise sind drei- bis viertägige Phasen konzentrierten Studiums im vierwöchigen Rhythmus, zweiwöchige Kompaktstudien im Wochenendhaus bei fester Zeitplanung und Verteilung der zu bearbeitenden Kapitel auf die verfügbaren Tage und vierzehntägige Phasen der Prüfungsvorbereitung vor den Hausarbeiten und Klausuren mit reduzierten Sozialkontakten und disziplinierter Zeiteinteilung.
- sporadische Zeit: Die Funkkollegteilnahme kann sich von vornherein auch nur auf vereinzelte und sporadische Kontakte beschränken, die von der beliebigen und launenhaften Zeitplanung des jeweiligen Teilnehmers abhängen. Beispiele derart unsteter und punktueller Teilnahmeformen sind Lust und Laune oder Zufälligkeiten der beruflich bedingten Zeitdeterminierung als dominierende zeitliche Selektionsmechanismen.
- symbolische Zeit: In nicht wenigen Fällen ist die Funkkollegteilnahme keine reale, sondern nur eine fiktive Beteiligungsform, eine Teilnahme in der Möglichkeitsperspektive. Das Funkkolleg wird nur als abrufbares Material genutzt, als verfügbarer Hintergrund, auf den die unterschiedlichsten Hoffnungen und Sehnsüchte projiziert werden können. Die beliebige Verfügbarkeit des Funkkollegs suggeriert sogar noch dort eine Beteiligung, wo tiefgreifende Lernhemmnisse eine Teilnahme vereiteln. Ebenso ist die Zeit, die mit dem Funkkolleg verbracht wird, mehr eine symbolische denn eine reale Zeit. Auch Zeit wird als eine Investition in der Möglichkeitsperspektive betrachtet, ohne die tatsächliche Ausnutzung und Füllung konkreter Stunden. Die Einsortierung der Materialien in die Bücherwand oder das abstrakte Wissen um Teilnahmemöglichkeiten sind schon genug, um dem Funkkolleg einen – fiktiven – Platz im Zeit- und Tätigkeitsspektrum des einzelnen zu sichern.

Diese unterschiedlichen Zeitformen liegen nur sehr selten in Reinkultur vor. Wesentlich häufiger sind Mischungen, Kombinationen bzw. Wechsel anzutreffen wie beispielsweise die Kombination von Phasen regelmäßigen und disziplinierten Lernens vor Prüfungen mit einer ansonsten nur sporadischen Teilnahme je nach Lust und Laune, die Regelmäßigkeit der Teilnahme, die allerdings dann nur schwer über den gesamten Zeitraum aufgebracht wird und zum Teil versandet, oder der Wechsel zwischen kompakter und nur symbolischer Teilnahme. Ebenso sind die Intensitätsgrade der Nutzung von Zeit sehr unterschiedlich ausgeprägt, da das Funkkolleg als Zeit für sehr verschiedene Zwecke dienen kann: als Freiraum für Beliebiges, als Bummeln, Abschweifen, Vergnügen oder konzentriertes Arbeiten. Die konkrete Ausfüllung von Zeit steht daher immer in engem Zusammenhang mit den unterschiedlichen Aneignungsweisen, Lernschwierigkeiten oder persönlichen Stärken und Schwächen der jeweiligen Teilnehmer.

3.2. Biographische Dynamisierung und Stabilisierung

Im Hinblick auf die eigene Biographie ist gerade bei Dauerteilnehmern eine hohe Bindungsbereitschaft entweder in kontinuierlich-intensitätsabgestufter oder in diskontinuierlich-phasenbezogener Form feststellbar. Ein entscheidendes Element dieser Bindungsbereitschaft ist die mit der Funkkollegteilnahme einhergehende Möglichkeit, die eigene (Bildungs-)Biographie sowohl zu dynamisieren und zu steigern als auch zu stabilisieren und fortzusetzen.

- Biographische Dynamisierung und Steigerung: Es gibt Funkkollegteilnehmer, bei denen das Funkkolleg zu einem dynamischen Element der gesamten Biographie wird, in dem es als Katalysator wirkt, Prozesse anstößt und reifen läßt, Übergänge schafft oder auf Krisensituationen bezogen ist. Dabei lassen sich kontinuierliche und diskontinuierliche biographische Aneignungsformen unterscheiden: kontinuierliche, etwa wenn das Funkolleg als langjähriges Zentrum von Bildungsaktivitäten einen Reifungsprozeß ermöglicht, in dessen Verlauf sich allmählich Prioritäten verschieben und dadurch neue Bildungsaktivitäten – und Bildungsinstitutionen – an Bedeutung gewinnen, ohne das Funkkolleg jedoch überflüssig zu machen; oder wenn das Funkkolleg in verschiedenen Phasen einer Biographie sehr unterschiedliche Funktionen erfüllt und gerade dadurch seine Bindungskraft erhält; diskontinuierliche, etwa wenn das Funkkolleg in einer Biographie, die durch eine Zweiteilung (Vorher-Nachher-Phasierung) gekennzeichnet ist, akute Krisenphänomene abmildern hilft und dadurch eine quasitherapeutische Funktion ausübt.
- Biographische Aufbewahrung und Aktualisierung vergangener Chancen: Bei anderen Funkkollegteilnehmern stellt das Funkkolleg einen bildungsbiographischen Aufbewahrungsort vergangener Möglichkeiten in dem Sinne dar, daß in der Vergangenheit abgebrochene Entwicklungsstränge wiederaufgenommen werden (können). Dies ist insbesondere der Fall bei kriegsbedingten Defiziterfahrungen von älteren Teilnehmern, die über das Funkkolleg an verschüttete Bildungsbereiche anknüpfen (wollen). Aber auch Erfahrungen schulischen Versagens können durch das Funkkolleg neutralisiert werden, indem das Funkkolleg Beteiligungsformen bereitstellt, die eine Teilhabe an akademischem Wissen ohne schulische Zertifikate erlauben. Das Funkkolleg bietet eine Kontinuität der Verheißung im Bildungsbereich – die Chance permanenten Neuanfangs – und stellt

auch unabhängig von der konkreten Nutzung und Umsetzung Beteiligungsvarianten in der Möglichkeitsform – als Abrufbereitschaft – bereit.

- Biographische Kontinuierung und Stabilisierung: Die Funkkollegteilnahme kann jedoch auch als mehr oder weniger dauerhaftes Anhängsel in den Lebensalltag von Teilnehmern eingewoben sein, in dem es zwar keinen zentralen Stellenwert besitzt, in dem es aber doch zur Kontinuierung gewisser lebenspraktischer Routinen beiträgt. So kann das Funkkolleg durch seine periodische Wiederkehr in der Zeit ein fester Bezugspunkt im Jahresablauf sein, der zu einem bestimmten Zeitpunkt – ähnlich den anderen tatsächlichen oder vorgestellten Fixpunkten des Jahres wie Fastnacht, Geburtstag, Urlaub, Tomatenaussaat oder Steuererklärung – absolviert wird; das Funkkolleg kann aber auch zum Begleiter kultureller Aktivitäten werden, als Vor- oder Nachbereitungsinstanz, als Ergänzung oder Vertiefung, als enzyklopädischer, selektiv nutzbarer Kommentar im Kulturabonnement; oder das Funkkolleg wird zum bildungsbiographischen Auffangbecken, zum billigen, ständig verfügbaren Medium der Selbstreflexion, das auch pathologische Formen der Bezugnahme konservieren kann, indem es durch seine Wiederholbarkeit, sein potentielles Öffnen, seine unverbindliche Teilnahme Möglichkeiten der permanenten Lernreflexion einerseits immer wieder neu anstachelt, andererseits ein selbstbezügliches Kreisen um die eigenen Lernschwierigkeiten auf Dauer stellt.

Diese unterschiedlichen Modi von biographischer Dynamisierung, Aufbewahrung und Kontinuierung stehen in einem Kontinuum zwischen einer steigerungsbezogenen und einer fortsetzungsorientierten Perspektive. Es ist die biographisch bedeutsame Stärke des Funkkollegs, dieses ›Zugleich‹ zu ermöglichen: einerseits Veränderungsprozesse und Wandlungen mitanzustoßen, in deren Verlauf alte biographische Muster aufgelöst werden und neue entstehen, andererseits Gleichgewichtszustände, Kontinuitäten und zyklische Prozesse mitzutragen, in denen bekannte biographische Strukturen sich wiederholen und reproduzieren. Fortschritt *und* Fortsetzung, Steigerung *und* Entlastung, Zukunfts- *und* Gegenwartsbezug bilden daher die beiden Pole des Kontinuums, auf das die empirischen Ausprägungsformen der Funkkollegteilnahme – als eines Mediums der Subjektkonstitution im Erwachsenenalter – projiziert werden können.

3.3. Soziale Vermittlungsarbeit

Mit der langfristigen Teilnahme am Funkkolleg sind häufig nicht nur persönlich-biographische Veränderungen verbunden, sondern auch und vor allem Auswirkungen, die auf das soziale Umfeld abstrahlen. Diese soziale Komponente der Funkkollegteilnahme resultiert dabei einerseits aus konkurrierenden Ansprüchen der Alltagsgestaltung, andererseits aus neuen Akzentsetzungen aufgrund einer veränderten Lebensplanung. Im ersten Fall geht es um Probleme der zeitlichen Beanspruchung, der räumlichen An- bzw. Abwesenheit oder der Beteiligung des sozialen Umfeldes. Im zweiten Fall stehen inhaltliche Prioritätenänderungen oder persönliche Interessenverschiebungen im Vordergrund, die häufig einen Perspektivenwechsel der eigenen Zukunftsplanung beinhalten. In beiden Fällen sind spezifische Strategien des Umgangs und der Vermittlung der Funkkollegteilnahme in das eigene soziale Umfeld hinein erforderlich. Drei Typen von Strategien sollen im folgenden kurz dargestellt werden.

- Soziale Abstützung durch Parallelisierung: Bei vielen Funkkollegteilnehmern ist zu beobachten, daß sie ihre Teilnahme dadurch sozial abzustützen suchen, daß sie ihre Bildungsbestrebungen nicht alleine, sondern gemeinsam mit Freunden und Bekannten umsetzen. Die gemeinsame Beteiligung bewirkt dabei nicht nur eine Konfliktvermeidung im sozialen Umfeld, sondern kann auch als Unterstützung gegenüber bildungsdistanten oder bildungskritischen Familienmitgliedern genutzt werden. Am wirkungsvollsten ist die soziale Konfliktvermeidung durch Parallelisierung allerdings innerhalb der eigenen Familie, dann nämlich, wenn Familienmitglieder auf ähnliche oder gar gleiche (Bildungs-)Interessen verpflichtet und diese zeitlich synchronisiert werden können. Gerade der zeitliche Synchronisationsaspekt hat für die innerfamiliäre Akzeptanz von Abwesenheit aufgrund freiwillig eingegangener Bildungsverpflichtungen eine erhebliche Bedeutung.
- Werbung und Eingemeindung: Der erfolgreichen Parallelisierung von Interessen ist das Bekanntmachen und Werben für das Funkkolleg vorgelagert. Entsprechend vielfältig sind auch die Bemühungen, auf dem Wege der Informationsverbreitung neue Funkkollegteilnehmer zu gewinnen oder zumindest das Wohlwollen und Interesse des sozialen Umfeldes für das Funkkolleg zu erreichen. Mit dem werbenden Bekanntmachen ist häufig die Übernahme bestimmter sozialer Dienstleistungsfunktionen verbunden (Werbeblätter ausgeben, Hörstunden aufnehmen, Kassetten verteilen, Artikel kopieren, Bücher ausleihen etc.). Diese Aktivitäten können sich im Extremfall auch so verdichten, daß sie zum Selbstzweck bzw. zum Medium der Kontakt- und Gesprächsanbahnung werden. Über das selbstbeanspruchte Mittleramt zum Funkkolleg kann ein symbiotisches Verhältnis zwischen Mittlern und Rezipienten reproduziert werden, bei dem die Stabilisierung von Sozialkontakten (Mittlern) der Nutzung unentgeltlicher Dienstleistungen (Rezipienten) entspricht.
- Vermittelbarkeit durch Zertifikate: Soziale Vermittelbarkeit kann sich jedoch auch über Zertifikate vollziehen, die als sichtbare kommunizierbare Zeichen die Sinnhaftigkeit des eigenen Tuns verbürgen (sollen). Zertifikate sind in diesem Sinne nicht nur Ausdruck prozeßorientierter Leistungsanreizung oder ergebnisorientierte Stimulierung, sondern haben auch bedeutende *kommunikativ-symbolische Verwendungsfunktionen*. So können Zertifikate als kommunikative Anlässe und als Medium der Kontaktherstellung genutzt werden. Sie sind Zeichen der Teilnahme, die kommunikativ handhabbar und mit bestimmten Attributen – wie Ernsthaftigkeit oder Verbindlichkeit – belegbar sind beziehungsweise über die feine Unterschiede markiert werden. Über Zertifikate läßt sich beispielsweise eine extern vermittelbare Bezugnahme auf das Funkkolleg herstellen, ohne gleichzeitig auf konkrete Inhalte rekurrieren zu müssen. In den Zertifikaten symbolisiert sich der Anspruch, das Funkkolleg trotz Freiwilligkeit der Teilnahme in ernsthaft-verbindlicher Weise zu betreiben. Sie sind die sichtbare, dokumentierbare und vorführbare ›Ernte‹ der eigenen Bestrebungen, sie garantieren und be-

stätigen durch ihre Existenz den ernsthaften Umgang mit dem Funkkolleg gegenüber der eigenen sozialen Umwelt. Jederzeit ist es möglich, auf sie zu verweisen, sie herumzureichen, sie zu kommentieren oder mit ihnen aufzuwarten. Sie sind das Bollwerk, hinter das man sich auch dann noch zurückziehen kann, wenn negative oder skeptische Einschätzungen den Ernstcharakter der eigenen Funkkollegteilnahme in Frage stellen.

4. Was spricht gegen das *edutainment* im und durch das Funkkolleg?

4.1. Zwischen *Bildungs*institution, Bildungs*institution* und individueller Lebensführung

Das Funkkolleg vermittelt einem breiten Publikum ein thematisch offenes, als Ganzes nicht vorab umrissenes Bildungsangebot, das sich von Jahr zu Jahr fortschreibt, orientiert vor allem an den Kriterien Wissenschaftsbezug und Aktualität. Zwar reflektieren die ausgewählten Themen meist mehr oder weniger die universitäre Fachsystematik, ohne daß diese sich aber in den Funkkollegthemen insgesamt abbildet. Das Gesamt der bislang behandelten Themen repräsentiert eher einen Wissenskosmos, den man als gegenwartsbezogenes kulturelles Grundwissen bezeichnen könnte. Dessen wesentlicher Unterschied zum (klassischen) Bildungskanon besteht in seiner Offenheit, Unabgeschlossenheit und Zeitabhängigkeit. Weder haben die Themen eine wie auch immer ausgeführte inhaltliche Systematik, noch besitzt ihre jährliche Abfolge eine inhaltliche oder didaktisch-methodische Ordnung. Daß dem Funkkolleg »Kunst« nach einigen Jahren das Funkkolleg »Moderne Kunst« folgte, ist eher ein Sonderfall einer immerhin locker geordneten Abfolge. In der Regel gibt es zwischen den Themen der einzelnen Funkkollegs auch über längere Zeiträume keinen Zusammenhang. Sie nehmen (explizit) nicht aufeinander Bezug, etwa indem sie unter Niveauaspekten aufeinander aufbauten oder unter Aspekten thematischer Nähe aneinander anschlössen. Damit stellt sich die Frage, ob und gegebenfalls wie Erwachsene, die langjährig am Funkkolleg teilnehmen, einen Zusammenhang zwischen den einzelnen Themen herstellen, mit denen sie sich beschäftigt haben. Diese Frage stellt sich für die Teilnehmer kaum aus abstrakt-systematischen Ordnungsgründen als vielmehr im Hinblick auf die immer wieder neu zu treffende Entscheidung für die Fortsetzung der Teilnahme. In der Regel existiert dieser Zusammenhang der Funkkollegs nicht auf der Programmebene der konkreten Themen, sondern auf der abstrakten Ebene des Funkkollegs als Institution sowie – im Zusammenspiel damit – auf der subjektiven Ebene von individueller Lebensführung und Biographie. Die Inhalte der Funkkollegs bleiben in den Erzählungen der Teilnehmer meist unscharf. Anstelle konkreter inhaltlicher Bindungen treten andere – allgemeinere – Bindungsformen wie die Aktualität des über das Funkkolleg vermittelten Wissens, die wissenschaftliche Aufbereitung der Themen, die thematische Weite des Funkkollegs als Wissenskosmos, die Vermittlung von Grundwissen, die Konfrontation mit neuen Wissensbereichen oder der Reiz der jährlichen thematischen Abwechslung. Es ist vor allem dieser allgemeine Bezug auf das Funkkolleg als

Institution, der in jeder Teilnahme an einem thematisch besonderen Funkkolleg ja (auch) stattfindet, der die Fortsetzung der Teilnahme ebenso sichert wie die Möglichkeit, die thematisch jeweils spezifischen Funkkollegs in je besonderen Lebenskontexten nutzen zu können. Die Aneignung und Nutzung des Funkkollegs durch unterschiedliche Teilnehmer geschieht so individuell, eigenwillig und z.T. auch schon so idiosynkratisch, daß sie unter dem Aspekt des Aneignungsobjekts, d.h. des Programmangebots, kaum noch aufeinander bezogen und miteinander verglichen werden können. Zwischen der Aneignung und dem Programmangebot klafft eine tiefe Lücke, so daß es aus der Aneignungsperspektive zu einem gleichsam imaginären Objekt wird. Das strukturelle Zentrum, d.h. der Begriff des thematisch bestimmten Funkkolleggesamtangebotes, liegt somit außerhalb des Funkkollegs in der Biographie und subjektiven Lebensführung der Teilnehmer. Wenn man die Ordnung seines Programmangebots begreifen will, muß man also von der Lebensführung der Teilnehmer und ihren individuellen Biographien her denken. Und aus diesem Blickwinkel zerfällt das Funkkolleg als Ganzes in eine Pluralität individueller Bildungs- und Lernrealitäten und existiert nur subjektiv als individuell mannigfaltig angeeignete Realität fort.

4.2. Ausprägung von subjektiven Bildungsgestalten

Die Aneignung des Funkkolleggesamtangebots im Laufe langjähriger Teilnahme führt jedoch nicht nur zur Zertrümmerung eines im Funkkolleg noch ansatzweise präsenten Bildungskanons in eine Reihe partikularer, nur in der je individuellen Lebensführung zusammenhängender, sonst aber kontingenter Aneignungsresultate. Vielmehr entstehen durch die Aneignung der Funkkollegs zugleich auch neue, nunmehr subjektive Bildungsgestalten, deren allgemeines Merkmal die Temporalisierung des Zusammenhangs des angeeigneten Wissens ist. Diese Temporalisierung kann sich erneut zu einer subjektiven Bildungsbiographie verdichten, in der die der klassischen Bildungsidee inhärente Steigerungsperspektive vorherrscht, sie kann sich jedoch auch zu einer zirkulären Fortsetzungsbiographie verstetigen, in der nicht so sehr der Gesichtspunkt der Steigerung, sondern der Kontinuierung des Lebens im Vordergrund steht. Steigerung und Fortsetzung bilden die Pole der subjektiven Bildungsgestalten, die über das Funkkolleg hinausreichen und nicht nur dessen Aneignung synthetisieren, sondern meist eine Vielzahl von Aneignungsprozessen, die sich auf eine Reihe von unterschiedlichen Lernkontexten und Aneignungsverhältnissen beziehen. Betrachtet man das Verhältnis von Funkkolleg und Biographie im Kontext lebenslangen Lernens, so erweist es sich als ein Möglichkeitsraum, der keine spezifische biographische Aneigungsrichtung mehr vorgibt, genauer: durchsetzen kann. Die Funkkollegteilnahme als ein Element lebenslangen Lernens kann dynamisierendes Moment einer Steigerungsbiographie sein, stabilisierendes Moment einer gescheiterten Biographie, die Ermöglichung einer bildungskompensatorischen Zweitkarriere, das selbstverständliche Moment einer vielseitig engagierten Biographie, der kontinuitätsstiftende Bezugspunkt verschiedener biographischer Entwicklungsphasen, das selbstverständliche Moment einer neuen Lebensform, das Reflexionsmedium einer entwicklungslosen Lebensgestalt oder auch ein notwendiges

Moment individueller Selbstbehauptung und sozialer Zugehörigkeit im Rahmen einer zirkulären oder statischen Biographie.

4.3. Relativierung des Lernens als des dominanten Aneignungsmodus

Die Ausprägung subjektiver Bildungsgestalten ist in zunehmendem Maße auch durch die Verschränkung und Kombinierung unterschiedlichster Aneignungsmodi geprägt, nicht nur durch die Logik des Lernens. Diese Relativierung des Lernens wird gerade am Funkkolleg und seinen Stammhörern deutlich, bei denen der (Absolutheits-)Anspruch des Lernens durch die Aneignungsmuster von Freizeit und Alltag gebrochen wird. Innerhalb des Funkkollegs wird nicht nur gelernt. Die gesellschaftliche Differenz von Lernen und Nicht-Lernen taucht innerhalb des Funkkollegs in den nicht der Lernlogik folgenden Aneignungsmodi auf. Das Funkkolleg bietet Bildungsangebote für diejenigen an, die Lernen an Spaßhaben und an Freiheitserfahrungen knüpfen, die eine Perspektive des zwanglosen Genießens, der selektiv lustbetonten Aneignung, des hedonistischen Gegenwartsbezugs – unabhängig und jenseits systematischer Programm- und Wissenschaftsintentionen – einnehmen und die sich damit von der (üblichen) Vorstellung absetzen, daß das Lernen einen Mangel beheben soll, daß es also einem Zweck dient, der jenseits seiner selbst liegt, und daß die Befriedigung von Interessen und Bedürfnissen so lange vertagt werden muß, bis das Lernen erfolgreich abgeschlossen ist. Im Funkkolleg – aber nicht nur in ihm – wird somit eine Form des Lernens verkörpert, die vom Kalkül der Nützlichkeit und der Effektivität befreit und dem Gesetz von Freizeit, Erlebnis, Spaß und Vergnügen unterworfen ist. Das Funkkolleg repräsentiert Kultur als für alle unmittelbar zugänglich. Es bedarf nicht notwendig eines langen, mit Lernarbeit verbundenen Weges dahin, einer allmählichen Annäherung daran, eines langsamen Erwerbs der Voraussetzungen dafür. Dieser »weichere« Aneignungsmodus ist aber offenbar ein Aneignungsmodus, der – selbst in ökonomischer Sicht – Zukunft hat, da er Lernen mit Spiel kombiniert und die Grenze zwischen Freizeit und Arbeit aufbricht. Allerdings ist die im Kontext des Funkkollegs charakteristische Verknüpfung von Lernen, Spaß und Freizeit an elitäre sozio-kulturelle Bedingungen gebunden, nämlich an die biographischen und alltäglichen Möglichkeiten, längerfristig zu lernen, ohne das Gelernte einer Bewährungsprobe aussetzen zu müssen.

4.4. Modernität und versäumte Modernisierung

Was für Schlüsse kann man aus derartigen Befunden – biographische Destruktion und Rekomposition der Inhaltsseite, biographische Gestaltgewinnung und lustbetonter Gegenwartsbezug – für das Funkkolleg als Institution ziehen?

Zunächst bestätigen sie erneut die – für die Programmacher desillusionierende – Einsicht der sozialwissenschaftlichen Verwendungsforschung, daß die Transformation wissenschaftsorientierten institutionenvermittelten Bildungswissens in die alltägliche Lebenswelt von Teilnehmern hinein nicht bruchlos geschieht, sondern über vielfältige Prozesse der biographischen De- und Rekonstruktion gemäß den je individuellen Perspektiven und Bedürfnissen gesteuert wird. Aus einer institutionen- und adressatenbezogenen Sichtweise und der eines normativen Bildungsideals heraus läßt sich der lebensweltlich-biographische Alltag der Funkkollegpraxis – von einigen ›geglückten‹ Exemplaren abgesehen – nur als Verwässerung, Vermischung und Entstellung der ursprünglichen Bildungsintentionen interpretieren mit der Konsequenz, sich in der Abwehrhaltung gegenüber zunehmenden *edutainment*-Ansprüchen bestätigt zu sehen.

Andererseits kann die Aufdeckung der empirischen Vielfalt lernpraktischer und biographischer Verläufe über die unbeabsichtigten Folgen institutioneller Bildungsangebote aufklären und zeigen, daß aus der biographischen Praxis heraus die Angst vor Vermengung, vor ›unreiner‹ Pädagogik, vor der Kapitulation des Lernens im Konzert alternativer Aneignungsmodi unbegründet ist, da sie eine Dichothomie zementiert, die aus Teilnehmerperspektive heraus längst obsolet geworden ist. Die mikroskopische Beschreibung von Fällen kann somit eine empirisch vorfindbare und etablierte Bildungs- und Aneignungspraxis gegenüber allzu hehren pädagogischen Absichten rehabilitieren helfen und auch erziehungswissenschaftliche Theoriekonzepte auf ihre exklusiven normativen Gehalte hin befragen.

Schließlich läßt sich aus beiden Überlegungen heraus eine – durchaus brisante und unbequeme – These formulieren hinsichtlich der möglichen Gründe für das Ende des Funkkollegs nach über dreißigjähriger Existenz und Vorreiterschaft in der bildungspolitischen Landschaft der Bundesrepublik. *Ein* Grund für das Scheitern des Funkkollegs könnte nämlich darin zu suchen sein, daß es paradoxerweise gerade die dezidiert aufklärerisch-wissenschaftsorientierte, um den ›Ernst der Sache‹ besorgte Ausrichtung und Bekräftigung der Funkkollegmacher – möglicherweise auch als Ausdruck eines traditionellen Überhangs – in der Medienöffentlichkeit war, die sich als Hemmschuh für die fernere bildungs- und medienpolitische Akzeptanz des Funkkollegs erwiesen hat; daß sich die Modernisierungsinstitution Funkkolleg selbst gegen ihre Modernisierung gestemmt hat und aus der Befürchtung heraus, dem Trend der Zeit zu unterliegen, auf dem Funkkolleg als einem unverwässerten Gegengewicht innerhalb der *edutainment*-Medienlandschaft beharrt hat; daß es sich medienpolitisch als ungünstig erwiesen hat, zu sehr den Wissenschafts- und Bildungsanspruch des Funkkollegs zu betonen anstatt mit dem Pfund der tatsächlichen Vielfalt und Breite von Beteiligungsvarianten zu wuchern. Möglicherweise hätten eine stärker selbstreflexiv verfahrende Medien- und Institutionenpolitik und eine stärkere Berücksichtigung der tatsächlichen empirischen Aneignungsverhältnisse die immer stärkeren medienpolitischen Vorbehalte gegenüber einer als elitär und bildungsbürgerlich stigmatisierten Institution mit reduzieren helfen können.

Literatur

Kade, Jochen: *Vermittelbar/nicht-vermittelbar: Vermitteln: Aneignen. Im Prozeß der Systembildung des Pädagogischen.* In: Lenzen, Dieter; Luhmann, Niklas (Hrsg.): *Bildung und Weiterbildung im Erziehungssystem. Lebenslauf und Humanontogenese als Medium und Form.* Frankfurt/M. 1997, S. 30–70.

Kade, Jochen; Seitter, Wolfgang: *Lebenslanges Lernen. Mögliche Bildungswelten. Erwachsenenbildung, Biographie und Alltag.* Opladen 1996.

Kadelbach, Gerd: *Wissenschaft und Gesellschaft.* In: Ders. (Hrsg.): *Funk-Kolleg zum Verständnis der modernen Gesellschaft. Eine Vorlesungsreihe.* Bd. 1. Frankfurt/M. 1967, S. 11–23.

Kadelbach, Gerd: *25 Jahre Funk-Kolleg.* In: *Grundlagen der Weiterbildung* 2. Jg. (1991). H. 2, S. 96–98.

Scheuerl, Hans: *Sinn und Zielbestimmung des Funk-Kollegs.* In: Kadelbach, Gerd (Hrsg.): *Wissenschaft und Gesellschaft. Funk-Kolleg zum Verständnis der modernen Gesellschaft. Eine Vorlesungsreihe.* Bd. 1. Frankfurt/M. 1967, S. 27–38.

Wissenschaftler über ihre Erfahrungen als Leiter und Autoren von Funkkollegs

Im Sommer 1991 hat der Hessische Rundfunk zum Anlaß des 25jährigen Bestehens des Funkkollegs eine Umfrage durchgeführt, die sich an die Mitglieder der wissenschaftlichen Leitungen und an Autoren von Studieneinheiten der veranstalteten Funkkollegs richtete. Die Antworten, damals in einer kleinen Dokumentation auszugsweise zusammengestellt, werden hier etwas gekürzt wiedergegeben. (Zu der dritten seinerzeit gestellten Frage: »Glauben Sie, daß dieser Form ›öffentlicher Wissenschaft‹ auch weiterhin eine Funktion zukommt?«, nahmen alle 21 antwortenden Wissenschaftler uneingeschränkt – meist sehr emphatisch – positiv Stellung.)

1. Was hat die Mitarbeit an einem Funkkolleg für Sie persönlich bedeutet?

Prof. Dr. Karl Häuser
Universität Frankfurt am Main
Funkkolleg »Volkswirtschaftslehre«, WS 1966/67 und WS 1971:

Für die jeweiligen Dozenten, jedenfalls für mich, bestand der pädagogische Reiz dieser Veranstaltung darin, die eigene Wissenschaft vom Universitätskatheder herunterzuholen und auf die Straße zu tragen. Wie konnte ich mein Fach, in dem ich, auch am Anfang, immerhin nur Abiturienten, d. h. mit einem beträchtlichen Vorwissen versehene Hörer, vor mir hatte, so lapidar gestalten, daß es unmittelbar verständlich, aber doch wissenschaftlich solide war? Die Situation zwang dazu, die Anfänge und die Grundlagen eines Faches neu zu überdenken, zumal beim Rundfunkvortrag die üblichen Hilfsmittel, also Wandtafel, graphische Darstellungen, mathematische Formulierungen und alle optischen Hilfsmittel entfallen. Diesen rigorosen Zwang zum Elementaren empfand ich zunächst als Herausforderung und im nachhinein als segensreich, obwohl ich mit der Vereinfachung das Risiko lief, von meinen Kollegen als »terribler Simplifikateur« verunglimpft zu werden.

Das Unternehmen begann mit Volkswirtschaftslehre, und ich mußte deshalb den Anfang machen. Zu meiner großen Überraschung meldeten sich am Ende des Kurses über 200 Teilnehmer für eine Abschlußprüfung. Mangels anderer Erfahrungen wurde damals alles noch sozusagen handverlesen. Wir boten deshalb den Bewerbern an zwei (oder drei?) Wochenenden die Möglichkeit, die für ein Zertifikat erforderliche schriftliche und mündliche Prüfung abzulegen. […] An beiden Tagen liefen für mich die Prüfungen von etwa 8.00 Uhr morgens bis etwa 22.00 Uhr abends. Die Ergebnisse waren, verglichen mit unseren Universitätserfahrungen, erstaunlich gut. Nach meiner Erinnerung dürften etwa drei Viertel oder vier Fünftel aller Teilnehmer die Prüfung bestanden haben, und einige Teilnehmer erwiesen sich in der mündlichen Prüfung als geradezu aufregend gut.

Ein anderes, überaus positives Resultat war der sich aus den Sendemanuskripten erge-

bende publizistische Erfolg. [...] Tatsächlich wurden die Taschenbücher aller fünf Disziplinen ein publizistischer Renner. Die meisten dürften später eine Auflage von 100.000 oder mehr erreicht haben; bei der »Volkswirtschaftslehre« wurden es 197.000 [...].

Auch das von den Hörern vernehmbare Echo war überaus positiv. Sogar aus der vormaligen DDR kamen Hörerbriefe, wobei wir vor der Frage standen, ob wir sie offen beantworten konnten, da die Post aus dem Westen bekanntlich überwacht wurde und Hörer einer Vorlesung mit dem typischen Ideengut des »Klassenfeindes«, d. h. einer »kapitalistischen« Volkswirtschaftslehre, sich verdächtig machen mußten. Sogar aus Polen kamen Zuschriften. Der Erfolg des Projekts stellte sich rasch ein, und er schien beständig zu wachsen.

Prof. Dr. Walter Rüegg
Universität Bern (früher Frankfurt am Main)
Funkkolleg »Soziologie«, WS 1968/69, und Mitinitiator des Modells

Die Mitarbeit am Funkkolleg bedeutete für mich erstens die Erfüllung eines in meiner Antrittsrede als Rektor geäußerten Postulats, daß die Universität sich mit ihrem Lehrangebot gegenüber der immer stärker verwissenschaftlichten Öffentlichkeit öffnen und an der wissenschaftlichen Weiterbildung aktiv beteiligen müsse. Zweitens bestätigte das Funkkolleg, daß Veranstaltungen der Weiterbildung besonders erfolgreich sind, wenn sie den Teilnehmern die Möglichkeit geben, ihre Leistungen überprüfen zu lassen. Drittens zeigte das Funkkolleg, daß die multimediale Zusammenarbeit jedem Partner erlaubt, seinen spezifischen Bildungsauftrag im Dienste der gemeinsamen Sache optimal einzusetzen und gleichzeitig zu bereichern. Die genannten drei Funktionen des Funkkollegs und dessen Form »öffentlicher Wissenschaft« scheinen mir auch weiterhin zukunftsträchtig zu sein.

Die Durchführung der Vorlesungsreihe »Soziologie« war für mich insofern eine besondere Herausforderung, als sie in das Wintersemester 1967/68 fiel, in dem ich auch noch das Präsidium der Westdeutschen Rektorenkonferenz wahrzunehmen hatte und die Studentenrevolte anlief. Die zwei Nächte vor der Aufnahme im Studio arbeitete ich jeweils durch, um das Manuskript fertigzustellen, und machte dabei die Erfahrung, daß die Leistungsfähigkeit mit der Arbeitsbelastung stieg. Allerdings bedeutete diese eine besondere intellektuelle und hochschulpolitische Herausforderung. Auswirkungen hat »mein« Funkkolleg für die Fachdisziplin höchstens insofern gehabt, als das entsprechende Taschenbuch mit 132.000 Exemplaren die meistverbreitete deutschsprachige Einführung in die Soziologie war.

Prof. Dr. Iring Fetscher
Universität Frankfurt am Main
Funkkolleg »Politikwissenschaft«, SS 1967:

Die Mitarbeit am Funkkolleg hat mir und meinen damaligen Assistenten viel Freude gemacht. Der Zwang, bestimmte Themen kurz, verständlich und einprägsam zu formulieren, hat allen Beteiligten gutgetan. Das »Teamwork« hat den Teamgeist im Seminar für Politikwissenschaft gefördert. Die »Prüfungsarbeiten«, die unter Aufsicht meiner Assistenten stattfanden, brachten uns (bzw. ihnen) den entlastenden Eindruck, daß auch Studienräte »Menschen« sind, d. h. Wesen, die unter Leistungskonkurrenz zum Beispiel vom Nachbarn abschreiben wollen.

Prof. Dr. Rudolf Wiethölter
Universität Frankfurt am Main
Funkkolleg »Rechtswissenschaft«, WS 1967/68:

Das Funkkolleg »Rechtswissenschaften« (1967/68; Einführungsreihe 1966/67) zielte auf Bildung als Bürgerrecht, auf kritische Gesellschaftstheorie, auf Aufklärung, kurzum: auf das

Projekt der Moderne. [...] Aus Unruhe als Bürgerpflicht sind diese Vorlesungen entstanden, aus Unruhe, die gleichermaßen in Liebe zum Recht wie in Hoffnung auf die Chancen einer demokratischen politischen Gesellschaft wurzelt. Die folgenschwere Hilflosigkeit und die selbstverschuldete Unmündigkeit des Rechts, der Juristen und der Rechtswissenschaft sind der Leitfaden der Kollegs. Diese Funkkollegs aus den Jahren 1967/68 gehörten zu den damaligen Reformhoffnungen in gesellschaftsverändernde Prozesse von historischem Rang und kulturellem Gewicht. Darüber mögen wir heute, von Komplexitäten bis zur »Neuen Unübersichtlichkeit« hin verrückt, distanzierter denken [...]. Die Rechts-Provokationen nehmen dabei freilich zu, nicht etwa ab. [...] Die politische Ordnung einer Wirtschaftsgesellschaft als Rechtskultur-Verfassung ist und bleibt das theoretische wie praktische Kernstück eines Projekts der Moderne. Schließlich hat die Überzeugung, Jurisprudenz lasse sich von der Geschichte nicht mehr in Verlegenheit bringen (R. v. Ihering), Geschichte und Jurisprudenz in folgenreiche Verlegenheiten verstrickt.

Prof. Dr. Wolfgang Klafki
Universität Marburg
Funkkolleg »Erziehungswissenschaft«, 1969/70:

Für mich war die Arbeit am Funkkolleg in mehrfacher Hinsicht bedeutsam:
- *Ich habe ungewöhnlich intensive und erfreuliche Erfahrungen mit wissenschaftlicher Teamarbeit gemacht.*
- *Im Funkkolleg habe ich in der Zusammenarbeit mit den Mitarbeitern zum erstenmal Grundlinien einer in unserer Disziplin damals relativ neuen Konzeption von Erziehungswissenschaft als kritisch-konstruktiver, praxisbezogener Theorie entwickelt, in der Denkansätze der hermeneutisch-pragmatisch verfahrenden geisteswissenschaftlichen Pädagogik, aus der ich wissenschaftlich herkam, in weiterentwickelter und zum Teil revidierter Form in einen umfassenden Zusammenhang, der empirische und gesellschaftskritische Zugänge zur Erforschung pädagogisch bedeutsamer Entwicklungen und Probleme und zur Förderung einer demokratischen und humanen Erziehungspraxis mitumfaßt, integriert worden sind.*
- *Schließlich haben wir Autoren im Prozeß der Erarbeitung des Kollegs neue Erkenntnisse und Erfahrungen mediendidaktischer Art gewonnen, und zwar sowohl hinsichtlich der Möglichkeiten (und Grenzen) des Mediums Hörfunk (Gestaltung von Hörszenen, Strukturierung von Diskussionspassagen, Wahl und Darstellung prägnanter, relativ knapper Beispiele, Arbeit an syntaktisch und semantisch möglichst einfacher Sprachgestaltung und an funkgerechter Sprechtechnik u. ä.) als auch im Hinblick auf die Produktion der Begleitmaterialien und der Aufgaben für die Zertifikatsprüfungen.*

Prof. Dr. Hugo Steger
Universität Freiburg
Funkkolleg »Sprache/Linguistik«, 1971/72:

Das Funkkolleg »Sprache/Linguistik« kam in einem Augenblick, da die Sprachwissenschaften, insbesondere die Germanistik, sich aus den Verengungen der ersten Jahrhunderthälfte entschieden zu lösen begonnen hatte, den Stand der internationalen Entwicklung rezipierten und selbst erste Schritte zu einer aktiven und kreativen Beteiligung unternahmen. [...] In der Rückschau nach 20 Jahren markiert das Funkkolleg auch genau den Zeitpunkt, an dem, nach der Erneuerungsphase mit einer insgesamt erheblichen Niveausteigerung, einzelne Teildisziplinen wie die Grammatik, Semantik, Pragmatik, Soziolinguistik selbständig eigene Wege zu gehen begannen. Ein gewisser Grundkonsens in theoretischer und methodischer Hinsicht, wie er sich in den 60er Jahren herausgebildet hatte – der immer auch die Gefahr der Einseitigkeit barg –, löste sich auf. Später wäre ein solcher Versuch einer Dar-

stellung verschiedener Teildisziplinen der Sprachwissenschaft in Nähe zu einem gemeinsamen Theorieansatz nicht mehr möglich gewesen.

Prof. Dr. Klaus Baumgärtner
Universität Stuttgart
Funkkolleg »Sprache/Linguistik«, 1971/72:

Das Funkkolleg war für mich ganz pragmatisch die Gelegenheit, der neueren strukturellen und generativen Linguistik eine gewisse Publizität zu verschaffen: Gerade drei Jahre zuvor hatte sich die Bundesrepublik die ersten beiden Lehrstühle mit der prononcierten Beschreibung »Linguistik« zugelegt. Ich glaube, diese Aufgabe hat das Funkkolleg in einiger Reichweite mit merklicher Wirkung erfüllt [...].

Prof. Dr. Arno Bogenrieder
Universität Freiburg
Funkkolleg »Biologie«, 1973/74:

Für mich persönlich war die Mitarbeit am Funkkolleg eine äußerst wertvolle Erfahrung hinsichtlich der Planung, dem Umgang mit Autoren und anderen beteiligten Gremien, nicht zuletzt aber auch im Hinblick auf die inhaltliche bzw. fachliche Diskussion. Aus Neigung und Überzeugung habe ich mich besonders gerne an einer Aufgabe beteiligt, als deren primäres Anliegen die Wissensvermittlung und -aufbereitung gelten konnte.

Prof. Dr. Manfred Hättich
Akademie für Politische Bildung, Tutzing
Funkkolleg »Sozialer Wandel«, 1974/75:

Für mich war die Mitarbeit am Funkkolleg vor über 15 Jahren sehr ergiebig. Ich meine damit die interdisziplinäre Zusammenarbeit in einem kleinen arbeitsfähigen Kreis von Kollegen. Die Tatsache, daß man selber bei jeder Sitzung gelernt hat, war für die eigene Mitarbeit motivierend.

Prof. Dr. Walter Hornstein
Hochschule der Bundeswehr, Neubiberg
Funkkolleg »Beratung in der Erziehung«, 1975/76:

Ich habe die Arbeit am Funkkolleg als große Herausforderung empfunden, weil es auf der einen Seite ein bildungspolitisch begründetes und weit in die Öffentlichkeit hineinwirkendes Interesse an der Thematik »Beratung« gab, der Stand der erziehungswissenschaftlichen Bearbeitung dieser Thematik aber recht unbefriedigend war. Die Arbeit am Funkkolleg konnte also nicht auf einen vorfindbaren, einfach abrufbaren »Wissensstand« zurückgreifen, sondern es mußte ein konzeptioneller Rahmen erst erarbeitet werden.

Prof. Dr. Dieter Zimmerschied
Staatl. Hochschule für Musik und darstellende Kunst, Stuttgart
Funkkolleg »Musik«, 1977/78:

Ich habe durch diese zweijährige Tätigkeit damals, so meine ich, eine neue Art von Arbeitsdisziplin und -konzentration gelernt, die meine folgenden beruflichen Aktivitäten deutlich geprägt hat. Denn bevor wir Mitglieder des Wissenschaftlichen Teams unsere konzeptio-

nellen Vorstellungen an die Autoren weitergeben konnten, waren wir vom Deutschen Institut für Fernstudien ja ganz schön in die Mangel genommen worden. [...] Wer traut sich sonst schon, einem Professor zu sagen, daß er sein Manuskript ohne Substanzverlust getrost um die Hälfte kürzen kann? Und wer traut sich, einem diplomierten und lehrenden Pädagogen die mühsam angefertigten Multiple-Choice-Aufgaben als stark verbesserungsbedürftig zurückzureichen? Mag sein, daß wir die DIFF-Leute nicht gerade geliebt haben, aber schon nach einem Jahr erkannten wir in der guten Zusammenarbeit mit ihnen einen wesentlichen Grund für den Erfolg des ganzen Unternehmens.

Prof. Dr. Heinrich Schipperges
Universität Heidelberg
Funkkolleg »Umwelt und Gesundheit«, 1978/79:

Ich erinnere mich noch gut und gerne an unser damaliges Funkkolleg. Für mich als Medizinhistoriker war die Mitarbeit eine willkommene Gelegenheit, in einem weitgestreuten interdisziplinären Dialog gründliche Erfahrungen zu sammeln. Darüber hinaus boten die vielschichtigen Übersetzungen in die »Öffentlichkeit« ein vortreffliches didaktisches Mittel, auch wenn diese »Übersetzung« nie ganz gelingen konnte.

Prof. Dr. Hartmut Bick
Universität Bonn
Funkkolleg »Mensch und Umwelt«, 1981/82, und »Humanökologie«, 1991/92:

Die Mitarbeit im Funkkolleg bedeutete für mich in mehrerer Hinsicht Gewinn. Das von mir vertretene Fach Ökologie ist insbesondere im Bereich der praxisbezogenen angewandtökologischen Forschung auf enge Zusammenarbeit mit anderen Fachdisziplinen angewiesen. Ein derartiges Zusammenwirken war beim Funkkolleg »Mensch und Umwelt« in ganz besonderem Maße gefragt, verfolgte es doch weit über den Kernbereich der Ökologie hinausgehende anwendungsbezogene Fragen. Ganz genauso ist die Situation beim Funkkolleg »Humanökologie«, das in gewisser Hinsicht eine Fortsetzung des früher von mir mitbetreuten Kollegs darstellt und naturwissenschaftliche Ökologie mit soziologischen Fachdisziplinen verknüpft. Die Zusammenarbeit im wissenschaftlichen Team und im Autorenkollektiv brachte mir wertvolle Einsichten und zahlreiche Anregungen für die eigene Arbeit. Aus den für einen Hochschullehrer herkömmlicher Art völlig neuen Gegebenheiten des Fernstudiums ergaben sich darüber hinaus wertvolle didaktische Erfahrungen, die mir in mancherlei Hinsicht zugute kamen und kommen. Nicht zu vergessen der direkte Kontakt mit dem Medium Hörfunk, der beim Funkkolleg »Mensch und Umwelt« besonders intensiv war, weil bekanntlich Team und Autoren ihre Texte selbst sprachen. Ganz besonders wichtig beim Funkkolleg war mir, daß im Vergleich zum Universitätsunterricht eine unvergleichlich viel größere Zahl von Hörern erreicht werden kann.

Prof. Dr. Gerhard Olschowy
Universität Bonn
Funkkolleg »Mensch und Umwelt«, 1981/82:

Meine Mitarbeit am Funkkolleg war ohne Zweifel eine neue Aufgabe, die man sowohl von ihrem Arbeitsaufwand her als auch in ihren Auswirkungen nicht von vornherein übersehen konnte. Mir war klar, daß sich ein solches Kolleg ganz wesentlich von Ausbildungsveranstaltungen an Hochschulen unterscheidet, zumal man den Zuhörerkreis nicht eindeutig kennt und nicht übersehen kann. [...] Der Aufwand für die Sendungen selbst wie auch für die spätere Veröffentlichung hat sich m. E. gelohnt: Ich wurde in späteren Veranstaltungen sehr häufig von Teilnehmern des Funkkollegs angesprochen, woraus ich entnehmen konn-

te, daß es seinen Zweck erfüllt hatte. [...] Die Tatsache, daß man in einem Funkkolleg auch schwierige wissenschaftliche Fragen und Zusammenhänge in verständlicher Form darlegen muß, ist ein Gewinn für Vorlesungen und Vorträge.

Prof. Dr. Arno Schilson
Universität Mainz
Funkkolleg »Religion«, 1983/84:

Die Mitarbeit im Wissenschaftlichen Team hat zunächst einmal für mich Einblicke in die besondere Gestalt des kulturellen Bildungsauftrags der Rundfunkanstalten gebracht. Die gegenüber der fachwissenschaftlich gearteten Präsentation eher offene, gleichwohl aber sachlich begründete Form der Vermittlung hat mich dabei ebenso überzeugt wie das Engagement, das dabei von der Seite der Rundfunkanstalten ausging. Wichtig geworden ist mir auch die bereichernde Zusammenarbeit mit anderen Kollegen, zumal sich in diesem Leitungsteam nicht nur verschiedene Disziplinen der Theologie, sondern auch Theologen verschiedener Konfessionen zu einer fruchtbaren Zusammenarbeit zusammengefunden haben.

Prof. Dr. Karl Ernst Nipkow
Universität Tübingen
Funkkolleg »Religion«, 1983/84:

Eine intensive interdisziplinäre Zusammenarbeit unter Kollegen aus verschiedenen theologischen Teildisziplinen ist an der Universität eine Ausnahme. Das Funkkolleg »Religion« hat sie dagegen auf eine sehr gewinnbringende Weise ermöglicht. Von noch größerer Bedeutung und Symbolkraft ist die Tatsache, daß es gelungen ist, mit je vier katholischen und evangelischen Theologen in der Herausgeberschaft sowie einer noch weit größeren Anzahl von Autoren aus beiden Konfessionen ein ökumenisches Projekt erfolgreich durchzuführen.

Prof. Dr. Peter Fiedler
Universität Freiburg
Funkkolleg »Religion«, 1983/84:

Für mich persönlich war es von den Themen her, die ich zu betreuen und das ich dann selbst zu bearbeiten hatte, ein kräftiger Anstoß, die Anliegen der Kollegteilnehmer/innen immer wieder als einen Maßstab dafür bewußt zu machen, was gesagt/geschrieben werden sollte und was nicht. [...] Neben diesem dauernden Impuls zur Adressatenbezogenheit war für mich die Erfahrung sehr aufschlußreich, in einem doch recht inhomogenen Team – mit den von »außen« hereinwirkenden Autoren – von recht unterschiedlichen Interessenlagen aus zu inhaltlich und terminlich annehmbaren Ergebnissen zu gelangen.

Prof. Dr. Werner Busch
Freie Universität Berlin
Funkkolleg »Kunst«, 1984/85:

Als ich 1983 die Leitung des Funkkollegs »Kunst« übernahm, war es mit der Bildungseuphorie ebenso vorbei wie mit dem Glauben, eine didaktische Aufbereitung eines Wissensstoffes sei ein Allheilmittel für die Bewältigung von Schwierigkeiten bei der Lehre an der Massenuniversität. Die 68er-Generation war durchaus bereits in Amt und Würden, und so schien es mir an der Zeit, so etwas wie ein Resümee dessen zu versuchen, was aus dem

Aufbruch in den 60er Jahren in der Kunstgeschichte geworden war, und zugleich die Kräfte zu bündeln für einen methodischen Entwurf, dem sich diese Generation verbunden sehen konnte und der zugleich eine Perspektive für das Fach Kunstgeschichte entwarf. Das scheint in Grenzen durchaus gelungen. Ich war, was das Instrument Funkkolleg und seinen Ansatz angeht, durchaus skeptisch, habe mich aber eines Besseren belehren lassen. Die Erwachsenen- bzw. Weiterbildung, insbesondere dann, wenn der Stoff in kompetenten Volkshochschulzirkeln vor- und nachbereitet wurde, scheint erstaunlich erfolgreich gewesen zu sein. Die Berichte der Zirkelleiter aus den einzelnen Bundesländern waren, bei allen Schwankungen, eindrucksvoll. Zum anderen scheint das Kolleg, insbesondere in seinen wissenschaftlichen Begleittexten, von den Studenten in relativ großem Umfang als Ausbildungsvorlage akzeptiert worden zu sein – trotz gewisser Vorbehalte, ja deutlicher Widerstände von seiten eines Teils der etablierten Hochschulen. Ich persönlich habe vor allem zweierlei gelernt: Gerade die Geisteswissenschaften drücken sich zunehmend vor lauter Detailwissenschaft vor der Gesamtdarstellung ihres jeweiligen Bereichs, sowohl geschichtlich wie methodisch. Das Funkkolleg bietet die Möglichkeit eines derartigen Rechenschaftsberichts. Zum anderen: Der Anspruch, allgemeinverständlich schreiben zu müssen, ist höchst heilsam. Hier fehlt in Deutschland entschieden angelsächsische Übung.

Prof. Dr. Wolfgang Kemp
Universität Marburg
Funkkolleg »Kunst«, 1984/85:

Ich denke, daß die Projektierung und Durchführung eines Funkkollegs, das immerhin ein geschlossenes und repräsentatives Bild einer Wissenschaft vorstellen möchte, für jedes Fach und für jedes Mitglied eines wissenschaftlichen Teams eine Herausforderung besonderer Art bedeutet. Im speziellen Fall der Kunstgeschichte war die Herausforderung fast übergroß, weil sich die Disziplin seit langer Zeit zu keinem größeren kollektiven Projekt mehr zusammengeschlossen hatte. So war der Lerneffekt für die beteiligten Wissenschaftler vielleicht größer als für die Kollegiaten.

Prof. Dr. Peter Graf Kielmansegg
Universität Mannheim
Funkkolleg »Politik«, 1985/86:

Das Funkkolleg war für mich persönlich in dreifacher Hinsicht wichtig: Es hat mich gezwungen, gemeinsam mit meinen beiden Kollegen eine systematische Konzeption für die Präsentation eines noch immer jungen und unstrukturierten Faches zu entwickeln. Es brachte mich mit einer großen Zahl von Kollegen in Arbeitsbeziehungen. Und es gab mir die Chance, das Medium Rundfunk mit seinen spezifischen Bedingungen und Möglichkeiten für die Verbreitung von Wissenschaft besser kennenzulernen.

Prof. Dr. Ernst-Otto Czempiel
Universität Frankfurt am Main
Funkkolleg »Politik«, 1985/86 (später auch Autor im Funkkolleg »Deutschland im Umbruch«, 1997/98):

Ich bin der Meinung, daß das Funkkolleg in der Tat als Ausdruck »öffentlicher Wissenschaft« unentbehrlich geworden ist. Nur auf diese Weise lassen sich Ergebnisse wissenschaftlicher Forschung unmittelbar an eine kompetente Öffentlichkeit weiterleiten. Normalerweise dauert dieser Transfer 50 Jahre. Das Funkkolleg verkürzt ihn praktisch auf Zeitgleichheit. Gerade aus diesem Grunde habe ich sehr gern an dem Funkkolleg Politikwissenschaft mitgearbeitet und die damit verbundenen – sicher großen – Belastungen auf mich genommen. Ich habe insofern besonders davon profitiert, als ich mir – zusammen mit den anderen Kollegen – Gedanken über die didaktische Umsetzung hochspezialisierter Forschungsergebnisse machen mußte. Das ist mir sehr gut bekommen.

Prof. Dr. Ludwig Finscher
Universität Heidelberg
Funkkolleg »Musikgeschichte«, 1987/88:

Ich halte diese Form »öffentlicher Wissenschaft« für außerordentlich nützlich, weil sie eine fast einzigartige Gelegenheit bietet, die Ergebnisse der Wissenschaft einem breiteren Interessentenkreis zu vermitteln und damit die zumindest relative Isolierung des Universitätsbetriebs zu durchbrechen. Die Resonanz, die das Funkkolleg auch bei unseren Studenten gefunden hat, bestärkt mich in dieser Ansicht. Ich bin davon überzeugt, daß die Institution Funkkolleg auch weiterhin eine wichtige Funktion im Bildungshaushalt unseres Landes erfüllt. Für mich selbst ist die Mitarbeit an der Planung und die Erstellung einer Studieneinheit eine höchst nützliche Übung gewesen, die Darstellungsform – nicht die Ansprüche! – der fachlichen Inhalte für ein fachlich nicht vorgebildetes Publikum zurechtzuschneiden. Man übt sich dabei sehr schön in der Unterscheidung von wirklich Wichtigem und weniger Wichtigem – eine Unterscheidung, die einem im Universitätsbetrieb manchmal abhanden kommt.

Prof. Dr. Gerhard A. Ritter
Universität München
Funkkolleg »Jahrhundertwende«, 1988/89:

Ich habe gern am Funkkolleg mitgearbeitet, obwohl die Arbeitsbelastung für mich als Mitglied der wissenschaftlichen Leitung sehr viel umfangreicher war, als ich ursprünglich angenommen habe. Interessant war für mich vor allem der Zwang, die engeren Grenzen meines eigenen Fachgebietes zu verlassen und mich mit Problemen und Bereichen der Entwicklung der modernen Welt, mit denen ich mich bisher nur am Rande beschäftigt hatte, intensiv auseinanderzusetzen.

2. Hat »Ihr« Funkkolleg Auswirkungen innerhalb Ihrer wissenschaftlichen Disziplin gehabt?

Prof. Dr. Wolfgang Klafki
Universität Marburg
Funkkolleg »Erziehungswissenschaft«, 1969/70:

Innerhalb der Erziehungswissenschaft hat das Kolleg ein unerwartet positives und nachhaltiges Echo gefunden. Die Zahl von Hörern, die daran entweder als Fernstudenten (angesichts der damaligen Überfüllung der Hochschulen), als Lehrer, Sozialpädagogen oder Angehörige weiterer pädagogischer Berufsgruppen im Sinne der beruflichen Weiterbildung oder als Studierende (z. T. unterstützt durch begleitende Seminare an Universitäten oder Fachhochschulen) oder als interessierte Laien (z. B. Eltern) teilnahmen, war überraschend hoch, und das gleiche gilt für die Zahl derer, die die Studienbegleitzirkel besuchten und an den Zertifikatsprüfungen teilnahmen. Die Druckfassung des Funkkollegs in drei Bänden, ergänzt durch die zweibändige Edition der Studienbegleitbriefe, ist dann etwa 10 bis 15 Jahre lang an vielen Universitäten und Hochschulen als Standardlektüre im Sinne einer umfassenden Einführung in die Erziehungswissenschaft benutzt worden und häufig auch als Pflichtlektüre für die Abschlußprüfungen verbindlich gemacht oder zumindest nachdrücklich empfohlen worden. Kapitel bzw. Textpassagen des Kollegs sind in mehreren Sammelbänden zu verschiedenen pädagogischen Problemen nachgedruckt worden. Die drei Taschenbuchbände sind meines Wissens die pädagogischen Publikationen nach dem Zweiten Weltkrieg, die die höchsten Auflagenziffern erreicht haben.

Prof. Dr. Hugo Steger
Universität Freiburg
Funkkolleg »Sprache/Linguistik«, 1971/72:

Eine Wirkung des Funkkollegs »Sprache« bestand darin, daß viele Universitätsinstitute seine kritische Rezeption zu einem eigenen Thema machten und daß die erfolgreiche Teilnahme an ihm vielfach als Studienleistung des Grundstudiums anerkannt wurde. Nicht zuletzt hat die weit über 100.000 Exemplare erreichende Auflage der Funk-Texte in der Fischer-Reihe ihren Hintergrund darin, daß bis in die 80er Jahre hinein der Funkkollegtext an den Universitäten und Hochschulen als Einführungstext in die Sprachwissenschaft benutzt wurde. Auch der aus einer Bearbeitung und Durchstrukturierung der Studienbegleitbriefe hervorgegangene »Lehrgang Sprache« war, wie wir wissen, weithin benutztes Studienmaterial. [...] Das Funkkolleg hat auch lebhafte Reaktionen in der Öffentlichkeit gefunden – und Kritik, besonders von zwei Seiten: einerseits von den Vertretern der sogenannten Inhaltsbezogenen Sprachbetrachtung (Weisgerber-Schule u. a.) her, die es besonders in seinen stärker formalisierenden Teilen der Syntaxstellung ablehnten, weil hier deren Ganzheitsbetrachtung von Grammatik und Semantik mit dem reduktionistischen Wissenschaftsverfahren des Funkkollegs aufeinanderstieß; andererseits wurde das Funkkolleg »Sprache« auch in die marxistische Wissenschaftsdebatte einbezogen, für die es ebenfalls zu sehr dem Ideal einer objektiven Wissenschaft verpflichtet schien und insofern für die gesellschaftlichen Ziele und Hoffnungen nichts oder zu wenig erbrachte. [...] Blickt man zurück, so sind die damals jungen Autoren des Funkkollegs in ihrer ganz überwiegenden Zahl später etablierte Professoren geworden und aktive Forscher geblieben. Die im Funkkolleg vertretenen Forschungsrichtungen haben sich verändert, weiterentwickelt, sind gereift, aber keine von ihnen hat sich als Eintagsfliege erwiesen, wenn auch die Gewichte, die sie im heutigen Spektrum der Sprachwissenschaft einnehmen, sich verschoben haben.

Prof. Dr. Franz E. Weinert
Max-Planck-Institut für psychologische Forschung, München
Funkkolleg »Pädagogische Psychologie«, 1972/73:

Die Konzeption, die wir gewählt haben (Darstellung aller Erkenntnisse der Psychologie, die für die pädagogische Praxis mehr oder weniger unmittelbar von Nutzen sind), hat im Fach zu einer heftigen Auseinandersetzung geführt. Die Gegenströmung wollte Pädagogische Psychologie als einen eng umschriebenen Phänomenbereich (Erziehen und Unterrichten) und seiner psychologischen Analyse verstehen. Mein Eindruck ist, daß sich die von uns gewählte Konzeption jenseits der Lehrbuchgrenzen durchgesetzt hat. Mit dem Funkkolleg ist insbesondere an den Pädagogischen Hochschulen ein wissenschaftlicher Standard gesetzt worden, der bis heute erhalten und gültig geblieben ist.

Prof. Dr. Arno Bogenrieder
Universität Freiburg
Funkkolleg »Biologie«, 1973/74:

Daß das Funkkolleg deutliche Auswirkungen innerhalb der Biologie als Wissenschaft gehabt hätte, ist eigentlich nicht anzunehmen. Allerdings haben mir Jahre nachher immer wieder Studenten erzählt, daß sie zum Studium des Faches Biologie aufgrund des Funkkollegs gekommen seien, in dieser Hinsicht war ohne Zweifel eine gewisse Wirkung vorhanden.

Prof. Dr. Dietmar Todt
Freie Universität Berlin
Funkkolleg »Biologie«, 1973/74:

Das Funkkolleg »Biologie« hat nachhaltige Wirkungen innerhalb und außerhalb seines Faches erzielt. Viele seiner Beiträge erfüllten Schrittmacherfunktionen, die noch lange Zeit bemerkbar waren; u. a. etwa, weil daraus Monographien oder andere Einzelbehandlungen der Themen des Funkkollegs hervorgingen. Noch heute werden die Materialien des Funkkollegs »Biologie« an Schulen und anderen Bildungseinrichtungen genutzt, insbesondere wo es um interdisziplinäre Aspekte geht. Bedingt durch die Fortschritte der Erkenntnisse im Fach Biologie kann das damalige Funkkolleg heute natürlich nicht mehr alle Inhalte abdecken. Dank der Sorgfalt und Weitsicht der beteiligten Autoren und sonstigen Mitarbeiter sind die Materialien jedoch nach wie vor fehlerfrei und somit inhaltlich nicht überholt.

Prof. Dr. Wolfgang Hilligen
Universität Gießen
Funkkolleg »Sozialer Wandel«, 1974/75:

Innerhalb der Didaktik der Sozialwissenschaften hat m. E. unser Funkkolleg in doppelte Richtung gewirkt: Es hat erfahrbar gemacht, daß die beteiligten Disziplinen – hier: Ökonomie, Soziologie, Politikwissenschaft, Pädagogik als Bildung, Anthropologie – sich ihren Adressaten besser, vielleicht überhaupt nur, verstehbar machen können, wenn sie sich zuerst ihren Nachbardisziplinen verstehbar gemacht haben, auch dahingehend, welche Ergebnisse je für die Beurteilung lebensweltlicher Probleme herangezogen werden sollten.

Prof. Dr. Heinrich Schipperges
Universität Heidelberg
Funkkolleg »Umwelt und Gesundheit«, 1978/79:

Gerade dieses Funkkolleg scheint mir nicht ohne Folgen geblieben zu sein, zumal sowohl der ökologische Aspekt als auch die thematische Konzentrierung auf eine »vergessene« Gesundheit in den letzten Jahren zu einem geradezu modisch gewordenen Thema auch der Wissenschaftsgeschichte wurden und sicherlich einer erneuten Aktualität offenstehen.

Prof. Dr. Hartmut Bick
Universität Bonn
Funkkolleg »Mensch und Umwelt«, 1981/82, und »Humanökologie«, 1991/92:

Fest steht, daß über das Funkkolleg »Mensch und Umwelt« und verstärkt durch die spätere Publikation des Begleitmaterials als »Angewandte Ökologie – Mensch und Umwelt« deutliche Impulse auf den Unterricht ausgegangen sind. Im übrigen blieben damals entstehende Kontakte zwischen den Wissenschaftlern lange erhalten und führten zu anregendem Austausch. Beim Funkkolleg »Humanökologie« erwarte ich eine wesentliche Stärkung des Ansehens dieses heute noch weniger bekannten Gebietes und auch die allgemeine Akzeptanz der benutzten Definition.

Prof. Dr. Arno Schilson
Universität Mainz
Funkkolleg »Religion«, 1983/84:

Bedauerlich finde ich es, daß nach meiner Einsicht unser Funkkolleg wenig Auswirkungen innerhalb der eigenen Wissenschaftsdisziplin, also der Theologie, hatte. Das könnte möglicherweise daran liegen, daß dieses Funkkolleg bewußt aus der strengen theologischen Thematik ausgebrochen ist und die breiteren Perspektiven des Phänomens »Religion«, auch unter aktuellen Gesichtspunkten, behandelt hat. So war es in der Wissenschaft gewissermaßen »ortlos« geworden, sieht man einmal von jenen Sendungen bzw. Inhalten ab, die einschlägig christliche Themen betrafen. Gerade hier aber hat sich wiederum ein Vorzug dieses Funkkollegs gezeigt, das nicht unbedingt den engen Grenzen der jeweiligen Wissenschaftsdisziplin folgen muß.

Prof. Dr. Werner Busch
Freie Universität Berlin
Funkkolleg »Kunst«, 1984/85:

Ich denke, daß das Kolleg der Selbstbewußtwerdung der Disziplin gedient, Diskussionen in Gang gebracht und auch in methodischer Hinsicht befruchtend gewirkt hat, zumal parallel und in der Nachfolge weitere Untersuchungen ins Leben gerufen wurden, die ebenfalls einführenden Charakter hatten, dabei aber, wie das Funkkolleg auch, nicht auf wissenschaftlichen Anspruch verzichten wollten.

Prof. Dr. Jürgen Paul
Universität Tübingen
Funkkolleg »Kunst«, 1984/85:

Das Funkkolleg »Kunst« hat große Auswirkungen auf das Fach Kunstgeschichte gehabt. Das dort gestellte Leitthema der Frage nach der Funktion des Kunstwerkes hat besonders bei den Studierenden großes Interesse und große Resonanz hervorgerufen. Die daraus entstandene Publikation bei Piper in München ebenso wie die Begleitmaterialien werden von den Studierenden viel benutzt.

Prof. Dr. Klaus von Beyme
Universität Heidelberg
Funkkolleg »Politik«, 1985/86 (und Funkkolleg »Deutschland im Umbruch«, 1997/98):

Gerade in der Politikwissenschaft hatte das Kolleg eine wichtige Bedeutung, weil das Fach wenig »kanonisiert« ist und hier ein in sich pluralistisches und doch durchdachtes konsensfähiges Konzept angeboten wurde. Seine Funktion war vor allem eine didaktische. Unser Kolleg war trotz einiger Kritik über zuviel Wissenschaft ein Erfolg!

Prof. Dr. Peter Graf Kielmansegg
Universität Mannheim
Funkkolleg »Politik«, 1985/86:

Was die Auswirkungen auf das Fach angeht, so neige ich eher zur Bescheidenheit. Die wichtigste ist wahrscheinlich, daß als Nebenprodukt des Funkkollegs eine inzwischen allgemein anerkannte dreibändige Einführung in die Politikwissenschaft entstanden ist, die im akademischen Betrieb viel benutzt wird.

Prof. Dr. Ernst-Otto Czempiel
Universität Frankfurt am Main
Funkkolleg »Politik«, 1985/86 (später auch Autor im Funkkolleg »Deutschland im Umbruch«, 1997/98):

Ich habe die Erfahrungen, die ich bei dieser Arbeit gemacht habe, auch in die universitäre Lehre übertragen können. Insofern hat »mein« Funkkolleg auch Auswirkungen innerhalb meiner Wissenschaftsdisziplin gehabt. Darüber hinaus notiere ich gern, daß die gedruckten Fassungen der Vorlesungen, vor allem aber die der Basistexte dazu geführt haben, daß jetzt ein Lehrbuch für Politikwissenschaft vorliegt, das es in dieser Ausführlichkeit bisher nicht gegeben hat. Die Spezialisierung verhindert nämlich, daß umfassende Darstellungen des Gegenstands und der Disziplin heute überhaupt noch geschrieben werden. Insofern kann das Funkkolleg sehr wohl auch als mäzenatische Anregung innerhalb der Wissenschaft selbst gelten. Bei der Politikwissenschaft jedenfalls hat es diese Funktion zweifellos ausgeübt.

Prof. Dr. Christian Vogel
Universität Göttingen
Funkkolleg »Psychobiologie«, 1986/87 (sowie später Funkkolleg »Der Mensch – Anthropologie heute«, 1992/93):

Unser Funkkolleg »Psychobiologie« hat erhebliche wissenschaftliche Auswirkungen gehabt, wobei vor allem das daraus entstandene Lehrbuch einen großen Erfolg gebracht hat. Die interdisziplinäre Vernetzung war ein besonderes Angebot.

Dr. Giselher Schubert
Paul-Hindemith-Institut, Frankfurt am Main
Funkkolleg »Musikgeschichte«, 1987/88:

Musikwissenschaft ist ein relativ kleines Fach; deshalb war es zunächst eine besonders interessante Erfahrung, einen derart großen Zuhörerkreis anzusprechen. Die Konzeption von Musikgeschichte, die wir gewählt hatten, hat die interne Fachdiskussion nachhaltig geprägt und vielfach dazu geführt, die Grundlagen und Konzepte musikhistorischer Darstellungsweisen grundsätzlich zu thematisieren und zu überdenken. Man könnte geradezu behaupten, das Funkkolleg »Musikgeschichte« hat nachhaltig zur Selbstverständigung innerhalb des Faches beigetragen. Zudem hat das Funkkolleg die unterschiedlichsten Wissenschaftler zusammengeführt. Auch die Erfahrung mit einer »öffentlichen Wissenschaft« war sehr heilsam; denn sie prägte den Stil der Darstellung. Gerade für Vertreter kleiner Fächer sind das unschätzbare Erfahrungen, die sonst nicht zu machen wären.

Prof. Dr. Gerhard A. Ritter
Universität München
Funkkolleg »Jahrhundertwende«, 1988/89:

Ich habe den Eindruck, daß innerhalb meiner Wissenschaftsdisziplin Geschichte das Funkkolleg vor allem wegen der Breite des gewählten Ansatzes und dem Versuch, verschiedene Wissenschaftsgebiete unter historischen Fragestellungen zu verbinden, eine innovative Funktion gehabt hat, die sich allerdings wohl erst in der Zukunft noch stärker auswirken wird.

Dokumentation

32 Jahre Funkkolleg und fast ebenso viele einzelne Veranstaltungen haben sich in einer Fülle von Arbeitspapieren, programmatischen und kritischen Publikationen niedergeschlagen. Die folgende Zusammenstellung kann nur eine kleine Auswahl von Beispielen – und auch diese oft nur in Auszügen – aus diesem Material wiedergeben. In chronologischer Abfolge soll sie die Geschichte des Funkkollegs und seiner Wirkung noch einmal exemplarisch spiegeln, die beschreibenden Darstellungen punktuell belegen und ergänzen. Für wissenschaftliche Auseinandersetzungen mit dem Funkkolleg, seinen Inhalten und Medien sei auf die Bibliographie am Ende des Buches verwiesen.

Ankündigung im Programm-Pressedienst des Hessischen Rundfunks
19. Programmwoche, Donnerstag, 5. Mai 1966

Funk-Kolleg

Der Hessische Rundfunk beginnt am 5. Mai um 17.15 Uhr im 2. Programm eine neue Sendereihe, die ein Experiment zur Überwindung der sogenannten »Bildungsbarrieren« darstellt: das Funk-Kolleg. Seine Planung und Federführung liegt bei der Frankfurter Johann-Wolfgang-Goethe-Universität, die den Hörern damit ein exemplarisches Lehrprogramm der Hochschule selber anbietet. Die neue Sendereihe wendet sich an Menschen, die schon im Beruf stehen und Kontakt zur Wissenschaft suchen, an Studenten, die ihr Wissen auf diese Weise erweitern können, und an Akademiker, die sich wissenschaftlich auf dem Laufenden halten wollen. Den Auftakt bildet eine vorbereitende Ringvorlesung zum Verständnis der modernen Gesellschaft. Frankfurter Professoren der politischen Wissenschaft, der neueren Geschichte, der Wirtschaftswissenschaft, der Jurisprudenz und der Soziologie werden in jeweils vier Vorlesungen erläutern, wie ihre Disziplinen die moderne Gesellschaft sehen und methodisch Zugang zu deren Problemen finden. Einleitend referiert Professor Hans Scheuerl über Sinn, Praxis und Ziele sowie über die künftigen Pläne des neuen Funk-Kollegs.

Geleitwort von Kultusminister Prof. Dr. Ernst Schütte
(als Pressedienst des Hessischen Rundfunks am 21.4.1966 verbreitet)

Nach eingehender Beratung mit der Universität Frankfurt unternimmt es der Hessische Rundfunk, im Sommersemester 1966 beginnend, ein Funk-Kolleg zum Verständnis der modernen Gesellschaft zu senden. Dieses Experiment, ein Unternehmen von der größten Bedeutung, verdient die Teilnahme all derer, die in der Gesellschaft des wissenschaftlich-technisch-industriellen Zeitalters nicht nur leben, sondern diese Gesellschaft auch verstehen wollen. Das Funk-Kolleg mit seinen Vorlesungen auf dem Niveau universitärer Vorlesungen ist dazu ein sinnreicher, anspruchsvoller Weg. Neue Möglichkeiten des Hochschulstudiums können so erschlossen werden. Aber auch das vertiefte Wissen zum Verständnis der modernen Gesellschaft ist so jedem zugänglich, der, mit Hegel zu sprechen, die Anstrengung des Begriffs nicht scheut.

Es handelt sich also um ein begrüßenswertes, notwendiges, geistiges Unternehmen, für das ich, wenn es nun daran geht sein Programm zu verwirklichen, als Kultusminister des Landes Hessen, aber auch im Namen der Landesregierung, Dank sagen möchte. Worum es im einzelnen geht und wie genau der Plan vorbedacht ist, darüber wird Professor Dr. Hans Scheuerl von der Universität Frankfurt die Einführungsvorlesung halten. Ohne Zweifel sind die geistigen Möglichkeiten der sogenannten Massenkommunikationsmittel, besonders des Rundfunks, für die höheren Ansprüche noch nicht in der gültigen Weise genutzt. Der Hessische Rundfunk setzt nun mit dem Funk-Kolleg dafür einen bedeutsamen Anfang. Ich stelle mir vor, wie der Student, konzentrierter noch als im Universitätskolleg, die Gehalte der Vorlesungen des Funk-Kollegs sich aneignet. Übrigens ist der studentische Teilnehmer am Funk-Kolleg gar nicht an feste Semesterzeiten gebunden, wodurch sich auch noch eine neue zeitliche Chance des Selbststudiums bietet. Ich sehe aber auch die Möglichkeit geistiger Information und Interpretation für alle, die an den wesentlichen Themen des Funk-Kollegs teilnehmen wollen.

Die Wege zum Verständnis der modernen Gesellschaft können heutzutage gar nicht breit genug angelegt werden, sie müssen aber gerade in dieser Zeit dem Rang und Anspruch wissenschaftlicher Unterweisung genügen. Auch der praktische Umriß der guten Sache ist schon erkennbar. Die Universität Frankfurt selbst hat darauf hingewiesen, daß zum Beispiel Werktätige aller Berufe, sofern sie sich den geistigen Ansprüchen des Funk-Kollegs stellen wollen, einen ersten oder zusätzlichen Qualitäts-Nachweis für die sogenannte Begabtenprüfung und damit den Zugang zum Studium ohne Reifezeugnis erreichen können. Ferner Lehrern im Amt, die noch eine zusätzliche Lehrbefähigung erwerben wollen, sei auch die Teilnahme am Funk-Kolleg angeraten. Vielleicht aber ist das Bedeutsamste des Funk-Kollegs, daß Bereiche der hohen Bildung für alle erschlossen werden. Dem Hessischen Rundfunk sei also mit dem Dank auch die Gratulation der Hessischen Landesregierung dargebracht, weil er sachverständig Mutiges unternimmt, neue Wege geistiger Kommunikation zu beschreiten.

»Wort an die Hörer« von Werner Hess, Intendant des Hessischen Rundfunks
(gesendet 1.5.1966)

Meine Damen und Herren!
Der Hessische Rundfunk hat als erster deutscher Sender ein Funk-Kolleg eröffnet. Unter diesem Namen wird es in Zukunft eine Sendereihe geben, die nicht die Redakteure unseres Hauses betreuen, sondern sensationellerweise die Fakultäten der Universität Frankfurt. Ehe ich auf Einzelheiten eingehe, lassen Sie mich ein paar grundsätzliche Gedanken aussprechen.

Wir stehen heute immer wieder bei allen Fragen der Programmstellung in unseren Rundfunkhäusern vor der Erwägung und Abwägung, daß ein solches Programm von fast uneingeschränkt vielen Menschen gehört und gesehen werden kann und daß damit die hier vorgetragene Meinung und Darstellung von dem Augenblick der Sendung ab Gemeingut im Wissen eines Großteiles unserer Gesellschaft geworden ist. Wenn man es überspitzt formulieren wollte, könnte man sagen, daß sich damit aber auch die Gesellschaft selbst verändert hat, denn ihre Reaktionen und ihr Verhalten im privaten und öffentlichen Leben resultiert natürlich ganz wesentlich aus dem heraus, was sie an Erkenntnis und Wissen im jeweils einzelnen Augenblick besitzt. Es ist eine der wichtigsten Eigentümlichkeiten der Massen-Medien – und hier besonders des Rundfunks –, daß er mit dieser Teilnehmerschaft von Millionen rechnen muß und daß er den größten Teil seiner Programme deshalb darauf ausgerichtet hat, den Wunsch dieses unvorstellbar großen Publikums nach Information, nach Belehrung, nach Anregung und besonders auch nach Unterhaltung möglichst umfassend zu erfüllen. Unser Hessisches Rundfunkgesetz sagt deshalb, »die Darbietung sollen Nachrichten, Kommentare, Unterhaltung, Bildung und Belehrung, Gottesdienst und Erbauung vermitteln«, also ein Katalog, der unbedingt auf die große Breitenteilnahme an den Sendungen des Rundfunks hinweist.

Seit der Einführung des zweiten Programms aber – des vollen Tagesprogramms, das der HR auf Ultrakurzwelle sendet – ist ein neues Motiv hinzugekommen. Möglicherweise hat dabei auch der wachsende Einfluß des Fernsehens dazu mitverholfen, daß sich der Hörfunk entschiedener auf die ihm speziellen und eigentümlichen Möglichkeiten besonnen hat. Während im ersten Hörfunkprogramm unseres Senders spürbar das Prinzip des großen, breiten Angebots an die Vielzahl unserer Hörer obwaltet, richten sich die Sendungen im zweiten Programm häufig an die Menschen, die an spezielleren Fragen interessiert sind. Insgesamt kann man also sagen, diese Programme sind häufig anspruchsvoller, gehen mehr ins Detail, verlangen einen beteiligten, einen interessierten Zuhörer. Das Echo, das wir immer wieder von Tausenden von Hörern aus dem Hessenland und darüber hinaus hören, hat uns bestärkt, dabei auf dem richtigen Wege zu sein.

Dennoch: Kann der Rundfunk in unserer heutigen Gesellschaft nicht mehr sein, kann er nicht eine noch bedeutsamere Funktion ausüben? Kann er nicht seine große Chance, daß er mühelos in alle Häuser kommt und daß er heute praktisch überall gehört werden kann, noch energischer nutzen?

Mit dem Beginn der Sendereihe »Funk-Kolleg« hat der Hessische Rundfunk als erster unter allen deutschen Sendern diesen Schritt gewagt. In der Zukunft wird nämlich die Universität als Bildungsstätte unseres akademischen Nachwuchses die modernen Möglichkeiten des Rundfunks nutzen können, um ihren Auftrag vielleicht in einer sehr neuen Form durchführen zu können. Wir kennen alle das Problem des Lehrermangels, auch des Mangels an Hochschullehrern, wir kennen die Sorgen unserer überfüllten Universitäten, und wir haben in unseren Programmen oft davon gesprochen, daß die Zahl der jungen Menschen, die eine akademische Abschlußprüfung erwerben und damit sich für die Weiterführung der wissenschaftlichen Leistungen in unserem Land qualifizieren, im internationalen Vergleich erschreckend gering ist. Wir begrüßen deshalb die Anstrengungen, durch den zweiten Bildungsweg, das Hessenkolleg und vieles andere die sogenannte Begabtenreserve zu mobilisieren und den Zugang zur Universität auf eine unorthodoxe Weise breiter zu machen.

Wir finden es aber schlechthin einfach großartig, daß nun die Universität Frankfurt den Mut hat, regelrechte Vorlesungen im Rundfunk zu halten und damit einen entscheidenden Schritt nach vorn tut. Die Sendereihe »Funk-Kolleg« liegt mit Planung und Federführung bei der Universität selbst. Sie beginnt mit einem »Funk-Kolleg zum Verständnis der modernen Gesellschaft«. Man wird also in Zukunft jeweils ein halbes Jahr lang wöchentlich in je einer Vorlesung und je einem dazugehörigen Funkseminar den Beitrag einer bestimmten Wissenschaft zum Thema »moderne Gesellschaft« ausführlich darbieten. Und am Ende wird sich die Möglichkeit bieten, vor einem Prüfungsgremium der Universität eine Prüfung über das hier erlangte Wissen abzulegen und ein entsprechendes Zertifikat zu erhalten. Sicher, das Ganze ist ein Novum und ein Experiment: Über die Einzelheiten wird Sie am Donnerstag, 5. Mai, 17.15 Uhr, Professor Doktor Scheuerl unterrichten. Aber es ist ein erster Schritt gemacht, der große Möglichkeiten und Hoffnungen eröffnet. Wir haben der Universität Frankfurt und nicht zuletzt dem Herrn hessischen Kultusminister zu danken, daß sie diese Tür aufgestoßen haben.

Vortrag von Professor Dr. Hans Scheuerl

am 5.5.1966 im Hessischen Rundfunk, 2. Programm

Der Hessische Rundfunk hat eine Sendereihe begonnen, deren Planung und Federführung bei einer der hessischen Hochschulen liegt: Die Universität Frankfurt am Main eröffnet ein »Funk-Kolleg zum Verständnis der modernen Gesellschaft«. Was damit beabsichtigt ist, soll Ihnen mein Einführungsvortrag erläutern. Zunächst ein paar äußere Angaben zur Orientierung:

Das Funk-Kolleg soll sich mit Vorlesungen aus den Fachgebieten verschiedener Fakultäten über eine Folge von mehreren Sende-Epochen erstrecken, die jeweils etwa ein halbes Jahr lang wöchentlich in je einer Vorlesung und einem dazugehörigen Funk-Seminar den Beitrag einer bestimmten Wissenschaft zum Thema »moderne Gesellschaft« ausführlich darbieten. [...]

Schon jetzt dürfte deutlich sein, daß in dem Plan eines solchen Funk-Kollegs ein Novum und ein Experiment vorliegt: Nicht daß Professoren im Rundfunk wissenschaftliche Vorträge halten, ist neu. Wohl aber, daß hier eine Universität als solche – wenn freilich auch nicht im streng rechtlichen Sinne, so doch faktisch – als Veranstalter einer eigenen Sendereihe auftritt, die dem Fernstudium dienen kann, ist zumindest in der Bundesrepublik ein Novum. Mein Einführungsvortrag will nun den Versuch unternehmen, das Neue und Spezifische daran in organisatorischer, pädagogisch-didaktischer und hochschulpolitischer Hinsicht ein wenig zu erläutern. [...]

Wir wollen ein exemplarisches Stück Lehrprogramm der Hochschule selbst ausstrahlen; ein Stück Lehrprogramm, das gerade *nicht* für den Laien umgesetzt, das nicht didaktisch für die breitere Öffentlichkeit besonders zubereitet und sozusagen in die Sprache der Volkshochschulen und der Erwachsenenbildung übersetzt ist; sondern ein Lehrprogramm, das sich gezielt an einen fachlich von vornherein intensiver interessierten Hörerkreis wendet. Und wenn beim Aufbau und bei der Darstellung überhaupt Gesichtspunkte der didaktischen Zubereitung eine Rolle spielen, dann sollen dies ausschließlich hochschuldidaktische Gesichtspunkte der wissenschaftlichen Lehre selber sein, zugeschnitten auf die Einführung von Interessenten, die schon studierfähig sind, in bestimmte Wissenschaftsgebiete.

Wir bewegen uns also etwa auf der Ebene einer wissenschaftlichen Einführungsvorlesung oder eines Einführungs-Seminars. Und wir denken dabei an einen Hörerkreis, der sich lediglich durch seinen geographischen Aufenthaltsort und durch seine berufliche Stellung, nicht aber in seinen geistigen Bedürfnissen, Ansprüchen, Voraussetzungen oder Interessen wesentlich von denen entfernt, die auch sonst als Studenten und Gasthörer in unseren Hörsälen und Seminaren zu finden sind.

An wen denken wir konkret?

Da ist zunächst die Gruppe derer, die sich im Berufsleben schon ausgewiesen haben und bei denen nun in ihrem praktischen Erfahrungskreis das Bedürfnis erwacht ist, einen engeren Kontakt zur Wissenschaft zu suchen; möglicherweise sind sie an einem unkonventionellen Zugang zu einem vollen Hochschulstudium interessiert. Aber der Besuch eines Abendgymnasiums oder eines Kollegs, in dem sie ihre Berufstätigkeit einschränken oder ganz unterbrechen müßten, um noch die Reifeprüfung nachzuholen, ist ihnen aus irgendwelchen räumlichen, zeitlichen, finanziellen oder situativen Gründen nicht möglich. Auch ist ihnen das Wagnis des Absprungs zu groß; sie möchten sich erst einmal selbst erproben, bevor sie den Übergang vom Beruf zurück auf die Schul- und Hörsaalbänke wagen.

Gewiß: Es wird ihnen zur Fortbildung allerlei geboten. Aber berufsständische Fortbildungskurse einerseits, Volkshochschulkurse andererseits können zwar ihren Interessenkreis und ihr Fachwissen erweitern und intensivieren. Sie helfen ihnen jedoch nicht über die nun von ihnen schmerzlich wahrgenommene Barriere. Der Weg über das Hessen-Kolleg oder über ein Abendgymnasium ist umständlich und schwierig; sie fühlen sich dafür auch vielleicht schon zu alt. Gasthörer einer Universität können sie wegen räumlicher Entfernung nicht gut werden. Dennoch fühlen sie das Zeug und den Mut in sich, vor ernsthaften wissenschaftlichen Studienaufgaben sich doch wenigstens einmal zu erproben.

Genau hier könnte, so meinen wir, unser Funk-Kolleg zugleich ein ermutigender Anreiz und auch ein kritischer Prüfstein werden für den vielleicht nur kleinen, aber lohnenden Kreis derer, die es wagen wollen, den unkonventionellen Weg über die sogenannte »Begabtenprüfung« zu gehen. [...]

Für diesen Hörerkreis, so hoffen wir, wird unser Funk-Kolleg ein – wenn auch bescheidener – Beitrag zur vielberufenen »Bildungswerbung« sein können. Kultur- und auch sozialpolitisch hat sich solch eine »Bildungswerbung« in der Bundesrepublik ja als dringlich herausgestellt, nachdem unsere Sozialforscher eine Reihe von geheimen, aber äußerst wirksamen »Milieusperren« oder sozialen »Bildungsbarrieren« ausfindig gemacht haben. Entgegen allen Verfassungs-, Gesetzes- und Verwaltungsgrundsätzen lassen diese Barrieren die rechtlich und vielerorts auch faktisch längst gegebene Chancengleichheit doch psychologisch nicht wirksam werden. [...]

Doch wenden wir uns nun der *zweiten Kategorie* von Hörern zu, denen wir mit unserem Funk-Kolleg etwas zu bieten hoffen: Hörer, die bereits als Studenten an einer Hochschule immatrikuliert sind und die nun ihre Studien erweitern oder ergänzen, bereichern und abrunden möchten. Vielleicht bietet das Vorlesungsverzeichnis ihrer Hochschule gerade in diesem Semester thematisch nichts Einschlägiges an, und das Funk-Kolleg kann eine Lükke füllen. Oder das Angebot ist thematisch zwar gegeben, die Sichtweise, Methodik und Darstellung eines ganz bestimmten Gelehrten, der im Funk-Kolleg zu hören ist, erscheint aber zur Ergänzung, auch zur Kritik und Distanzgewinnung gegenüber den lokalen Gegebenheiten von Interesse. Die Bereicherungsmöglichkeiten sind mannigfaltig: In jedem Semester stellt unser Funk-Kolleg ein anderes Fach, einen anderen Gelehrten vor: zuerst hier eine Frankfurter Sendereihe, später – falls der Versuch gelingt – andere Themen aus Gießen, aus Marburg, aus Darmstadt. Wie anderswo, so werden auch in der Wissenschaft die Grenzen der Lokalität – das ist menschlich – leicht auch zu Grenzen der Provinzialität. Örtliche Schulmeinungen verfestigen sich bei den Studenten und Jüngern eines Meisters rasch. Da ist es schon immer gut gewesen, neben dem intensiven Studium bei *einem* Lehrer oder im Bannkreis *eines* Instituts, dann und wann auch wieder einmal Hochschullehrer anderer Herkunft und Richtung zu hören. Freilich können wir mit einem einzigen Funk-Kolleg pro Semester nicht den geistigen Effekt eines Universitätswechsels ersetzen. Wir wollen überhaupt nichts »ersetzen«!

Aber ein wenig ergänzen und bereichern, auflockern und anregen können wir schon! Und wenn ein Student von einer anderen Hochschule oder auch nur aus einer anderen Fakultät, einem anderen Institut derselben Hochschule sich zur Mitarbeit und zur Teilnahme am Abschlußkolloquium entschließt – weshalb sollte er dann nicht bei nachgewiesenem Erfolg auch eine qualifizierte Bescheinigung erhalten können? Eine Bescheinigung, deren Wert dem erfolgreichen Übungsschein nach dem Besuch einer Einführungsveranstaltung des entsprechenden Faches im Direktstudium völlig gleichwertig ist. Beim weiteren Studium kann sie als Vorleistungsnachweis das Tor zu Mittel- und Hauptseminaren aufschließen helfen. [...]

Wir halten ein Fernstudium, in welcher Form auch immer, nicht für einen gleichwertigen Ersatz, sondern günstigstenfalls für eine wertvolle Ergänzung, eine anregende Vor- und Nachbereitung, eventuell einen werbenden Zubringer zum vollen, aktiven und direkten Studium an der Hochschule selber.

Daher liegen uns – wenn ich »uns« sage, so meine ich die an diesem Funk-Kolleg beteiligten Kollegen der Frankfurter Universität ebenso wie die Hessische Rektorenkonferenz, auf deren Anregung und Beratung hin die Universität Frankfurt diesen ersten Versuch unternimmt – daher liegen uns auch alle Verselbständigungs- und Perfektionierungstendenzen völlig fern.

Wir wissen sehr genau, daß andere Länder in Ost und West uns in der Organisation von Fernstudien weit voraus sind. [...]

Da sind wir mit unserem *einen* Funk-Kolleg wirklich nur kleine Anfänger – und wir wissen das auch! Eine bürokratische Apparatur haben wir nicht zur Verfügung. Vielleicht werden wir bald eine erste hauptamtliche Planstelle zur Organisation unseres Unternehmens haben, das wir vorerst einmal nebenamtlich wie ein Hobby beginnen. Aber auch wenn wir einen solchen hauptamtlichen Kontaktmann für die Verbindung zwischen Universität und Hörerschaft draußen zur Verfügung haben, wird die eigentliche Vorbereitungs-, Beratungs- und Prüfungsarbeit doch bei den Fachordinarien liegen müssen, die sich auf dieses Wagnis einlassen, und bei ihren schon jetzt nicht gerade zu wenig beschäftigten Assistenten. [...]

Ich komme zur *dritten Hörergruppe*, die wir ansprechen wollen: zu den Lehrern im Amt, die nach ihrem abgeschlossenen Studium mit Hilfe unseres Funk-Kollegs noch eine Zusatzfakultas erwerben wollen. Auf sie ganz besonders ist das Thema unserer ersten Vorlesungsreihe »Zum Verständnis der modernen Gesellschaft« abgestimmt. Denn an Sozialkundelehrern fehlt es in unseren höheren Schulen noch sehr. Das Fach ist zu neu und zu jung, auch didaktisch noch zu sehr im Flusse der Diskussionen, als daß man schon mit einem ausreichenden Stamm an dafür wissenschaftlich qualifizierten und ihrer pädagogischen Zielsetzung und Methode sicheren Fachlehrern mit Selbstverständlichkeit rechnen könnte.

Übrigens ist ja auch für die Studiengänge dieser Lehrer an den Hochschulen selbst noch längst nicht *die* Abklärung der Diskussionen erreicht, die wünschenswert wäre und die für andere Studiengänge längst selbstverständlich ist.

Dem gelegentlich erhobenen Vorwurf eines Dilettantismus, der sich gerade in der Sozial- und Gemeinschaftskunde unserer Schulen breitmacht, läßt sich ernsthaft nur begegnen, indem möglichst rasch, d. h. in wenigen absehbaren Jahren, eine spürbare Zahl von qualifizierten Fachlehrern für dieses komplexe Lehrgebiet nach einheitlichen Maßstäben und auf wissenschaftlichem Niveau herangebildet wird. Hier herrscht akute Not. Und hier lag für uns auch der eigentliche und vordringliche Anlaß für die thematische Wahl unseres Funk-Kollegs. [...]

Bei uns in Frankfurt wären an diesem Studienprogramm nach Lage der Dinge mindestens drei Fakultäten zu beteiligen: die juristische, die philosophische und die wirtschafts- und sozialwissenschaftliche Fakultät.

Entsprechend haben wir auch in unserem Funk-Kolleg Professoren aller drei Fakultäten gebeten, uns jeweils von ihren fachlichen Perspektiven, Informationen und Methoden her das Phänomen der modernen Gesellschaft wissenschaftlich aufzuschließen. [...]

Während unser bevorstehendes Funk-Kolleg sich gezielt an die genannten Hörergruppen wendet – an Berufstätige, die einen unkonventionellen Studienzugang suchen und sich in wissenschaftlicher Arbeit erproben wollen; an fachlich interessierte Studenten und an schon im Amt befindliche Akademiker, die sich weiterbilden und zusätzlich qualifizieren möchten – während dies unsere speziellen Ziele sind, wird sich wohl jede dieser drei Hörergruppen in ihrem aktiveren, studien- und arbeitsbereitesten Kern aus einer größeren Zahl geistig aktiver und kritischer Hörer herausheben, denen unser Angebot, wie wir hoffen, ebenfalls noch vieles zu bieten vermag. Auch wenn sie weder Zeit noch Interesse haben, sich an schriftlichen Arbeiten, Kursen und Kolloquien zu beteiligen, so hoffen wir doch, auch ihren Kontakt zur aktuellen wissenschaftlichen Diskussion und damit zugleich ihre Weiterbildungsmöglichkeiten zu fördern und zu bereichern. [...]

Unsere Hoffnung auf die »Stillen im Lande«, auf eine weit größere Zahl an Interessenten, als sie uns jemals exakt bekannt werden kann, bleibt daher auch dann als ein Nebenmotiv unseres Unternehmens bestehen, wenn die Zahl der Qualifikationsbeflissenen, welche uns Arbeiten einschicken und sich zum Kolloquium melden, gering bleiben sollte.

Ich darf unserem »Funk-Kolleg zum Verständnis der modernen Gesellschaft« einen guten Start und ein angemessenes Echo wünschen.

Vervielfältigtes Antwortschreiben des Hessischen Rundfunks
auf Anfragen zum Funkkolleg, Frühjahr 1966

Sie haben uns Ihre Anschrift mitgeteilt, weil Sie Interesse am »Funk-Kolleg zum Verständnis der modernen Gesellschaft« haben, das der Hessische Rundfunk in Zusammenarbeit mit der Johann Wolfgang Goethe-Universität ab 5. Mai 1966 jeden Donnerstag, 17.15 Uhr, in seinem 2. Hörfunkprogramm ausstrahlt. Die Vorlesungen werden jeweils samstags um 16.15 Uhr im 3. Hörfunkprogramm wiederholt. Wir freuen uns sehr über Ihr Interesse und möchten Ihnen nachfolgend einige Einzelheiten über diese neue Sendereihe mitteilen.

Das Funk-Kolleg wendet sich in erster Linie an drei Personenkreise, denen es bei nachweislich erfolgreicher Teilnahme Zertifikate einbringt, die im Sinne der an der Universität vergebenen Leistungsbescheinigungen sowohl vom Hessischen Kultusministerium als auch von den Hessischen Universitäten anerkannt werden.

Es wendet sich

a) an solche Personen, die sich auf ihrem Arbeitsplatz ausgewiesen und bewährt haben, eine Reifeprüfung nicht ablegen konnten, aber an der Universität studieren möchten. Nach den gültigen Bestimmungen verlangen die Universitäten für die Zulassung zu einer beim Kultursministerium abzulegenden Begabtenprüfung zwei wissenschaftliche Gutachten von Universitätslehrern. Diese Gutachten können bei erfolgreicher Teilnahme am Funk-Kolleg erworben werden;
b) an solche Studierenden an den hessischen Hochschulen und Universitäten, die ihren Studienplatz auf die im Funk-Kolleg angebotenen Disziplinen ausdehnen möchten. Bei erfolgreicher Teilnahme erhalten diese Hörer einen von der Universität anerkannten Proseminarschein, der zur Teilnahme an einem Hauptseminar berechtigt;
c) an Angehörige des Lehramts, die bereits ihr Examen für das wissenschaftliche Lehramt abgelegt haben und eine Zusatzfakultas für Sozialkunde erwerben möchten. Das Funk-Kolleg in den nächsten 5 Semestern ist so angelegt, daß die einzelnen Prüfungsgebiete behandelt werden und von den Professoren des Funk-Kollegs jeweils nach einem halben Jahr für eine Disziplin der Prüfungsordnung testiert werden können. Diese Testate werden von der staatlichen Prüfungskommission anerkannt.

Natürlich spricht das Funk-Kolleg auch alle gebildeten Laien an, die sich auf den behandelten Gebieten wissenschaftlich auf dem laufenden halten oder fortbilden möchten. Für diesen Teilnehmerkreis sind allerdings keine Leistungsbescheinigungen vorgesehen.

Die Vorlesungen während des Sommersemesters 1966, deren Planung in der Anlage beigefügt ist, stellen eine Einführung in die in den nächsten fünf Semestern dargebotenen Disziplinen dar. Am Schluß dieser Einführungsvorlesungen steht noch keine Leistungsbescheinigung, vielmehr dienen diese Vorlesungen der Vorinformation, der methodischen Erprobung und der Sammlung der Teilnehmer. Deswegen sind diese Vorlesungen auch noch nicht mit Übungen verbunden.

Ab Oktober 1966 beginnen die volkswirtschaftlichen Vorlesungen (Prof. Dr. Karl Häuser, Frankfurt a. M.), die mit einem ebenfalls 45 Minuten dauernden Seminar verbunden sein werden. Zur Vorbereitung auf dieses Seminar werden ernsthaften Interessenten etwa Ende September schriftliche Unterlagen zugeleitet. Dazu ist erforderlich, daß Sie uns bis zu diesem Zeitpunkt mitteilen, ob Sie an diesem Seminar teilnehmen wollen und welchem der unter a) bis c) genannten Personenkreise Sie zuzurechnen sind. Je nachdem welche Leistungsprüfung Sie anstreben, werden die schriftlichen Arbeiten formuliert sein, die Ihnen etwa im Dezember aufgegeben werden und die den gültigen Prüfungsbestimmungen entsprechen. In der Regel wird eine Ausarbeitung verlangt werden, deren Umfang etwa 10 Seiten beträgt und die einem Proseminarreferat entspricht.

Diese Arbeiten werden von den Professoren des Funk-Kollegs durchgesehen und begutachtet. Entsprechen sie den gestellten Anforderungen, dann werden ihre Verfasser Ende Februar zu einem anderthalbtägigen Kolloquium mit den Professoren und ihren Assistenten auf eine der hessischen Heimvolkshochschulen, also nach Falkenstein, Fürsteneck oder in die Reinhardswaldschule bei Kassel, eingeladen. Die Teilnahme an diesem Kolloquium entscheidet neben der Qualität der schriftlich eingereichten Arbeit darüber, ob das angestrebte Zertifikat ausgestellt werden kann. Kosten entstehen Ihnen nicht, weder aus der Tatsache, daß Ihnen schriftliches Material zugeleitet wird, noch aus der Teilnahme am Schlußkolloquium. Auch Prüfungsgebühren werden nicht erhoben.

Wir möchten Sie darauf aufmerksam machen, daß das Niveau der Vorlesungen und Übungen hoch sein wird. Die Universität ist nicht bereit, irgendwelche Zugeständnisse an die Faßlichkeit ihrer Darbietungen zu machen. Sie wird außerdem von Ihnen verlangen, daß Sie einschlägige Literatur studieren, die Ihnen genannt werden wird. Die Teilnahme am Funk-Kolleg ist also keine Angelegenheit, die man gleichsam so nebenher und ohne starkes inneres Engagement bewältigen kann. Sie wird von Ihnen einen großen Aufwand an freier Zeit und viel Hingabe erfordern. Wenn Sie glauben weder die Zeit noch die Hingabe, die nötig sind, aufbringen zu können, möchten wir Ihnen nicht empfehlen, sich zu beteiligen.

Diese Warnungen, die gut gemeint sind, gelten natürlich nur für diejenigen, die eine Leistungsbescheinigung anstreben. Allen denjenigen aber, die das Wagnis dieses Kollegs eingehen wollen, wünschen wir von Herzen guten Erfolg und die Befriedigung, die sie sich von einer ernsten wissenschaftlichen Arbeit selbst erhoffen.

Gerd Kadelbach in einem Beitrag zum »Funk-Kolleg zum Verständnis der modernen Gesellschaft«
(Hessische Blätter für Volksbildung, H.3, Juli/August/Sept. 1966)

[...] Die heute gängigen Kommentare über pädagogische Fragen zeichnen sich durch lautstark vorgetragene Forderungen »man sollte ...«, »man müßte ...«, »ist zu ...« aus, nicht aber dadurch, daß sie einen Weg aus dem Dilemma aufzeigen. Dabei wäre es doch so einfach, angelsächsische, sowjetrussische, ja sogar mitteldeutsche Lösungsversuche zu studieren und nach der Melodie »Prüfet alles, aber das Beste behaltet« auf die Gegebenheiten der Bundesrepublik zu übertragen. Insbesondere die völlige Abwesenheit technischer Möglichkeiten in unserem Bildungskonzept ist bestürzend. Die Ursachen hierfür liegen nicht nur darin, daß der Technik ein Geruch von »unvertraut Gefährlichem« anhaftet, sie sind vor allem dort zu suchen, wo man es bisher nicht fertig gebracht hat, gleichsam die geistigen Gehalte und die geistige Grundsubstanz der technischen Welt aus ihren vielfältigen Erscheinungsformen herauszudestillieren und auf die Kontinuität unserer Bildungsveranstaltungen und unserer schulischen Vorhaben zu übertragen. Man mag über den »polytechnischen Unterricht«, wie er in der Welt jenseits des Eisernen Vorhangs praktiziert wird, denken, wie man will: Er stellt einen ernstzunehmenden Versuch dar, die Welt des Technischen »salonfähig« zu machen und sie in die Vorstellung der Welt des Geistes einzubeziehen.

Dieser Exkurs war nötig, weil ein Vorhaben beschrieben werden soll, das mit modernen technischen Mitteln dem Bildungsdilemma auf einem zunächst engbegrenzten Gebiet beizukommen versucht. Gemeint ist der Einsatz von Funk und Fernsehen zur Unterstützung der Universität, ein Projekt, das in Amerika und in Rußland längst erprobt wurde und dort mit großem Erfolg angewendet wird.

Nun ist es bei der bekannten Struktur sowohl der Universitäten wie der öffentlich-rechtlichen Rundfunkanstalten in Deutschland nicht möglich, von heute auf morgen eine Art »Funkuniversität« ins Leben zu rufen. Der Hessische Rundfunk und die Johann-Wolfgang-Goethe-Universität in Frankfurt am Main haben deshalb zunächst nach realisierbaren Möglichkeiten dort gesucht, wo Abhilfe besonders nötig erschien und wo sie mit den gebotenen Mitteln erreichbar war: auf dem Gebiete der Lehrerbildung. [...]

Schon jetzt steht fest, daß die Planungen des Funk-Kollegs in eine deutlich erkennbare Lücke gestoßen sind. Feststeht auch, daß mehrere Teilnehmer, die sich gemeldet haben, die Mühen unterschätzen, die durch ein solches Unternehmen auf sie zukommen. Neben der Teilnahme an wöchentlich zweimal 45 Minuten Vorlesung und Übung (die Vorlesungen donnerstags und samstags, die Übungen freitags und sonntags) ist eine Fülle von Literatur zu bewältigen, muß gelesen und gelernt werden. Oder, um mit Churchill zu reden: »Blut, Schweiß und Tränen« werden ein solches Studium begleiten, und wer es ernst nimmt, wird sein bisher in vertrauten Bahnen verlaufendes Leben gründlich umstellen müssen.

Gewiß wird der Hessische Rundfunk etwa bei der Wahl seiner Sendetermine oder bei der Einplanung von Ferien mit vorlesungsfreien Zeiten, so gut es geht Rücksicht walten lassen, aber die Sache bleibt schwierig und ist kein Zucker-Schlecken. Bei allen derartigen Vorhaben und vor allem bei den Fernlehrinstituten ist längst bekannt, daß manche von denjenigen, die sich diesen Mühen unterziehen, nach einer gewissen Zeit meist mutlos werden und abbrechen möchten. Deshalb sind die Veranstalter des Funk-Kollegs sehr froh, daß sich an sieben hessischen Orten Volkshochschulen dazu bereit gefunden haben, die Vorlesungen und Seminare durch Vertiefungs-Arbeitsgemeinschaften zu unterstützen. In diesen Arbeitskreisen soll vor allem der Inhalt der dargebotenen Sachverhalte diskutiert werden, aber es ist auch die Absicht, die empfohlene Literatur bereitzuhalten, in der Technik wissenschaftlicher Arbeit zu unterweisen und den Teilnehmern am Funk-Kolleg auch sonst in jeder Weise behilflich zu sein. Außerdem ist beabsichtigt, daß der Professor, der die Vorlesungen und Übungen leitet, mindestens einmal im Verlauf des Semesters diese Arbeitskreise besucht.

Eine andere Hilfe besteht darin, daß der S.-Fischer-Verlag nach Beendigung jedes Semesters den Text der Vorlesungen als Taschenbuch herausgibt. Diese Möglichkeit wird dankbar begrüßt, entbindet aber die Teilnehmer am Funk-Kolleg nicht von der im Universitätsbetrieb üblichen Methode, mitzuschreiben und aus den Aufzeichnungen ein zusammenhängendes Vorlesungsprotokoll herzustellen. [...]

Ob auch andere Disziplinen, etwa die Naturwissenschaften, in das Programm des Funk-Kollegs aufgenommen werden, ob gerade hierbei eine Kombination zwischen Hörfunk und Fernsehen wünschenswert und möglich ist, etwa dergestalt, daß die Vorlesungen vom Hörfunk, die Demonstrationen und Arbeiten im Laboratorium vom Fernsehen vermittelt werden, wird zur Zeit zwar überlegt, kann aber verbindlich erst entschieden werden, wenn nach zwei oder drei Semestern überschaubare Erfahrungen mit diesem Projekt vorliegen. Denkbar wäre schon, daß es eines Tages eine Art »Funkuniversität« auch in der Bundesrepublik gibt. [...]

Für die Volkshochschulen ist wichtig, daß sie die Chancen des Projekts erkennen. Sie liegen nicht nur in den begleitenden Arbeitskreisen, für die meines Erachtens durchaus kostendeckende Teilnehmergebühren erhoben werden sollten, sondern vor allem auch in der Anregung durch neue thematische Sachverhalte, in der Bereitstellung von Bibliographien und von Arbeitsräumen zur Stillarbeit für diejenigen Teilnehmer, die daheim kein ruhiges Plätzchen haben, wobei diese Arbeitsplätze tunlichst mit den ausgestellten Büchern in Verbindung gebracht werden sollten. Auch für die Mitarbeiter- und Dozenten-Weiterbildung ergeben sich vielfältige Möglichkeiten durch die Angebote des Funk-Kollegs. Es wäre gut, wenn die Volkshochschulen diese Chancen nutzten.

INFRATEST-Auswertung des Vorsemesters

(Zusammenfassung in einem Pressedienst des Hessischen Rundfunks vom 25.1.1967)

Nach der Auswertung durch INFRATEST bilden den aktiven Kern der Funk-Kolleg-Hörer diejenigen Teilnehmer, die Zertifikate erwerben wollen. Es handelt sich dabei um 48 % aller derjenigen, die sich nach ernsthafter persönlicher Prüfung dauernd für die Sendefolge interessieren möchten, nämlich um 623 Hörer von 1 222 verbindlichen Anmeldungen: 406 von ihnen beabsichtigen, nach mehrsemestrigem Studium am Funk-Kolleg zwei wissenschaftliche Gutachten zu erwerben, mit denen sie die Zulassung zu einer beim Hessischen Kultusministerium abzulegenden »Prüfung zum Studium ohne Reifezeugnis« erlangen. 102 der aktiven Teilnehmer sind Studenten der hessischen Universitäten, Hochschule und Fachhochschulen. Bei erfolgreicher Teilnahme erhalten sie einen von der Universität anerkannten Proseminarschein. 115 der aktiven Teilnehmer sind Angehörige des Lehramts.

Ein Viertel der Teilnehmer ist weiblichen Geschlechts. Zum Vergleich: Die Quote der Oberprimanerinnen in Hessen beträgt zur Zeit 37 %, die der weiblichen Studenten an den westdeutschen Universitäten 24,7 %; auch dem Funk-Kolleg ist es bisher nicht gelungen, die Barrieren abzubauen, die zum weiblichen »Bildungsdefizit« in der Bundesrepublik geführt haben. Die überwiegende Mehrzahl der aktiven Teilnehmer ist zwischen 20 und 39 Jahren. In der Gruppe der aktiven Teilnehmer ist der Anteil der Katholiken überproportioniert: das Bildungsdefizit der westdeutschen Katholiken findet sich also im Teilnehmerkreis des Funk-Kollegs nicht reproduziert.

44 % der Teilnehmer kommen aus Großstädten, mehr als die Hälfte kommt aus Gemeinden mit weniger als 20 000 Einwohnern. 90 % der Teilnehmer verfügen über Fremdsprachenkenntnisse. Mehr als zwei Fünftel aller Teilnehmer sind Volkshochschulbesucher.

90 % der Abituranwärter möchten gern an Studienzirkeln oder Arbeitsgemeinschaften (Begleitkurse der Volkshochschulen zum Funk-Kolleg) teilnehmen. Die derzeitige Teilnehmerzahl beträgt bei neun Kursen 300 Funk-Kollegiaten.

Gemessen an der sonst in der Bundesrepublik vorherrschenden Herkunft der Studenten und höheren Schüler erscheint der Anteil der Arbeiterväter unter den Teilnehmern bemerkenswert: 23 % der Väter der Abituranwärter sind Facharbeiter, nicht selbständige Handwerker und sonstige Arbeiter (zum Vergleich: nur 5 % der Väter der an den westdeutschen wissenschaftlichen Hochschulen 1962/63 immatrikulierten Studierenden gehören zu dieser Berufsgruppe). Rund 40 % der Interessenten am Funk-Kolleg üben gegenwärtig einen Beruf aus, der nicht ihren ursprünglichen Berufswünschen entspricht (51 % der Abituranwärter, 36 % der Lehrer). Mehr als die Hälfte der Abituranwärter will sich beruflich verändern. Jeder sechste Lehrer sieht in einem geisteswissenschaftlichen Studium die beste Chance, um sich beruflich verbessern zu können; 7 % nennen in diesem Zusammenhang ein Studium der Sozialwissenschaften. Die Teilnahme am Funk-Kolleg ist zweifellos stark berufsmotiviert: Zwei Drittel der Teilnehmer sehen im Funk-Kolleg-Studium einen Nutzen für das berufliche Weiterkommen. Das gilt für fast 90 % der Abituranwärter. Um ein bestimmtes Berufsziel einmal realisieren zu können, studieren am Funk-Kolleg ein Drittel der Abituranwärter und ein Viertel der Lehrer. Weil sie sich allgemein bessere berufliche Chancen davon versprechen, studieren am Funk-Kolleg zwei Fünftel der Lehrer, ein Drittel der Abituranwärter und ein Fünftel der Studenten. Zumeist nennt man freilich »geistige Bereicherung« und ähnliches auf die Frage, was man sich gegebenenfalls neben dem beruflichen Fortkommen von einer Teilnahme am Funk-Kolleg verspreche.

»Frankfurter Rundschau« am 26.1.1967:

Das gedruckte Funkkolleg
Eine neue Serie der Fischer-Bücherei

Wer die Veröffentlichungen der größeren deutschen Taschenbuchfirmen verfolgt, kann sich des Eindrucks kaum erwehren, daß der Bildungsnotstand eine Schimäre ist. So energisch räumen die Verleger die Schubladen des Wissens aus und auf. Die wachsende Taschenbuch-Produktion, von Pessimisten beklagt und von Optimisten begrüßt, hat zu einem edlen, verbissenen Wettstreit geführt, dessen Nutznießer zumeist der Leser ist.

Nun ist der Fischer-Bücherei ein vielversprechender Fang geglückt. Das »Funkkolleg zum Verständnis der modernen Gesellschaft«, das der Hessische Rundfunk in Verbindung mit der Frankfurter Universität bahnbrechend eingerichtet hat, soll in Taschenbuchformat erscheinen. Im Februar wird der erste Band zu haben sein, eine Einführung in das Studium von Politischer Wissenschaft, Neuerer Geschichte, Volkswirtschaft, Recht und Soziologie unter dem Titel »Wissenschaft und Gesellschaft«. Die Frankfurter Professoren Fetscher, Kluke, Häuser, Wiethölter, Rüegg und Tenbruck haben ihn verfaßt.

Aus dem Hörsaal fanden ihre Kollegs den Weg in den Senderaum, und nun werden sie zwischen Taschenbuchdeckeln für den Leser bereitstehen. Der Traum manches Ordinarius, eine Hauptvorlesung vor Zehntausenden von Zuhörern zu halten, wird nun dank der publizistischen Ausnützung der wissenschaftlichen Leistungen zur Wirklichkeit.

Die ersten fünf Bände sind den Fächern gewidmet, die der Einführungsband berücksichtigt. Im August dieses Jahres wird das Kolleg über Volkswirtschaft von Professor Karl Häuser erscheinen, die weiteren Bände folgen in halbjährigem Abstand. Eine Ausweitung auf die Fächer Psychologie, Pädagogik, Philosophie und auf die Sprachwissenschaften ist geplant. [...]

Nicht nur für die fortbildungsbeflissenen Examenskandidaten sind diese Kollegs interessant. Viele Leser werden sie ebenfalls begrüßen, und so dürfte sich der Druck auch für den Verlag lohnen, gerade in der Taschenbuchform, die bei Fischer jetzt ungefähr fünfzehn Jahre alt ist. Schwarz auf weiß wird man künftig die Vorlesungen eines ganzen Semesters nach Hause tragen können. Für 4.80 Mark pro Band.

Hessischer Landtag
Kleine Anfrage der Abg. Frau Dr. Walz (CDU) an den Herrn Hessischen Kultusminister betreffend Funk-Kolleg des Hessischen Rundfunks (hier: Prüfung):

Durch den Erlaß vom 23. September 1966 [E II 4 – 349/39 (36)] wird der Anschein erweckt, als sei das Funk-Kolleg des Hessischen Rundfunks schon in seiner jetzigen Form geeignet, die Unterrichtsbefähigung in Sozialkunde und Gemeinschaftskunde für das Lehramt an Gymnasien zu vermitteln.

Ich frage den Herrn Kultusminister:

1. Hat die Volkswagenstiftung überhaupt die von der Johann Wolfgang Goethe-Universität beantragten Finanzmittel für die Durchführung des Funk-Kollegs bewilligt oder ist nicht vielmehr damit zu rechnen, daß wegen des regionalen Charakters des Funk-Kollegs und der schon beschlossenen Mittelvergabe an das Deutsche Institut für Fernstudien in Tübingen, das ausdrücklich überregional geplant ist, eine solche Zuteilung von Finanzmitteln unterbleibt?
2. Sind nicht die Hörergruppen (100 Interessenten für die Zusatzfakultas, 400 Interessenten für ein Kontaktstudium, 500 Interessenten für ein Studium ohne Reifeprüfung) viel zu verschieden, als daß ihnen das gleiche Programm dienlich sein könnte?
3. Ist das Programm nicht weit eher ein durch Korrespondenzmöglichkeiten und gemeinsames Abschluß-Colloquium verbessertes Drittes Programm des Hessischen Rundfunks als ein modernen Anforderungen entsprechender Fernstudienlehrgang, der das notwendige schriftliche Studienmaterial und Anweisung für das Selbststudium voraussetzen würde?

Wiesbaden, den 10. Januar 1967 gez. Dr. Walz

Hessischer Landtag
Antwort des Kultusministers vom 2. März 1967 auf die kleine Anfrage der Abg. Frau Dr. Walz (CDU) vom 10. Januar 1967 betreffend Funk-Kolleg des Hessischen Rundfunks:

Die Kleine Anfrage beantworte ich wie folgt:

Zu 1: Über den Antrag ist noch nicht entschieden.
Zu 2: Das Programm kann ohne Zweifel den in der Frage genannten verschiedenen Teilnehmergruppen – ebenso wie Hörern, die nur eine Erweiterung ihrer Bildung, aber kein bestimmtes Leistungszertifikat anstreben – dienlich sein, doch werden je nach den Zielen, die die einzelnen Teilnehmer verfolgen, die Anforderungen an das ergänzende Selbststudium unterschiedlich sein. Unterschiede in den Bildungsvoraussetzungen und Teilnahmezielen finden auch bei den Schlußprüfungen Berücksichtigung.
Zu 3: Die Teilnehmer am Funk-Kolleg haben schon während des jetzt beendeten ersten Semesters schriftliches Studienmaterial und schriftlich zu lösende Prüfungsaufgaben erhalten. Außerdem können die Teilnehmer die Texte der Vorlesungsreihe als Taschenbücher erwerben. Schließlich ist zu erwähnen, daß an einer Reihe von Volkshochschulen Studienzirkel gebildet wurden, an denen sich bisher 300 Teilnehmer des Funk-Kollegs beteiligen.

Aus den praktischen Erfahrungen mit dem Funk-Kolleg werden wohl auch noch Anregungen für methodische Verbesserungen zu gewinnen sein. Für entscheidend halte ich es aber, daß hier ein sinnvolles und offenbar von vielen begrüßtes Bildungsangebot tatkräftig realisiert wird und unmittelbar Nutzen stiften kann, selbst wenn es nicht den in jahrelangen Planungen möglicherweise erreichbaren Grad methodischer Perfektion besitzt.

gez. Dr. Schütte

Quadriga-Konferenz zur Vorbereitung eines gemeinsamen Funk-Kollegs
Protokoll der ersten Sitzung der Planungskommission für das Funkkolleg

Zeitpunkt: 13.11.1967, 10.00 – 13.00 Uhr
Ort: Studio Karlsruhe des SDR
Leitung: Programmdirektor Dr. Henning Wicht (HR)
Teilnehmer: Dr. Heinz Garber (Saarländischer Rundfunk)
Günther Hoffmann (Südwestfunk)
Dr. Gerd Kadelbach (HR)
Dr. Dieter Hassenstein (HR)
Johannes Schlemmer (SDR)
Oberstudiendirektor Karlheinz Rebel (Deutsches Institut für Fernstudien)
Dr. Hans Tietgens (Pädagogische Arbeitsstelle des Deutschen Volkshochschulverbandes)

Tagesordnung: Gemeinsames Funk-Kolleg der Quadriga-Anstalten

a) Kontakt mit den Kultusministerien und den Rektoren der Universitäten
b) Sendezeiten und Frage einer gleichzeitigen Ausstrahlung
c) Programmplanung
d) Organisatorische Fragen
e) Kosten
f) Zusammenarbeit mit dem Deutschen Institut für Fernstudien
g) Zusammenarbeit mit dem Deutschen Volkshochschulverband

Dr. Wicht konstituiert das Planungsgremium zur Vorbereitung eines gemeinsamen Funk-Kollegs (FK) der in der Quadriga zusammengeschlossenen Rundfunkanstalten aufgrund eines Beschlusses der Programmdirektoren vom 13.10.1967.

Als möglicher Beginn wird das Sommersemester 1969 ins Auge gefaßt.

a) Kontakt mit den Kultusministern und den Rektoren der Universitäten
Dr. Kadelbach berichtet über seine Bemühungen, die Herren Kultusminister der beteiligten Bundesländer über den hessischen Kultusminister über die Vorplanungen zu informieren mit dem Ziel, daß die für Hessen erwirkten Erlasse (Anerkennung des FK als Zulassungsvoraussetzung für ein Studium ohne Abitur; Anerkennung des FK für den Erwerb einer Zusatzfakultas für die Fächer Sozial- und Gemeinschaftskunde; Anerkennung des FK für den Einbezug eines weiteren Wahlpflichtfaches bei Volksschullehrern mit der Möglichkeit, eine Lehrbefähigung für Realschulen zu erhalten) auch in den anderen Bundesländern im Bereich der Quadriga Anwendung finden. Es wird beschlossen, an die Kultusminister einen Brief zu schreiben; ein entsprechender Entwurf ist diesem Protokoll als Anlage beigefügt.
Ein Kontakt mit den Rektoren der im Sendebereich der Quadriga vorhandenen Universitäten ist den einzelnen Anstalten anheimgestellt. Die Information des Präsidenten der Westdeutschen Rektorenkonferenz, Prof. Dr. Walter Rüegg, wird zum gegenwärtigen Zeitpunkt als ausreichend erachtet. Dies schließt eine spätere zusammenfassende Information aus zentraler Sicht jedoch nicht aus.
Neben der Sorge um die Zertifikatsbewerber soll auch die Vermittlung eines Kontaktstudiums an die Angehörigen akademischer Berufe nicht vernachlässigt werden. Aufgrund der Empfehlungen des Wissenschaftsrates ist in diesem Bereich in Kürze mit den detaillierten Vorschlägen zu rechnen. Die Programme des FK sollten sich als Modellversuch im Rahmen dieser Vorschläge verstehen. Außerdem ist an die große Zahl von »Zaungästen« zu denken, die den Veranstaltungen des FK zwar nicht systematisch folgen, die aber gleichwohl von jeder einzelnen Produktion des FK profitieren sollen.

b) Sendezeiten und Frage einer gleichzeitigen Ausstrahlung
Eine längere Diskussion entspinnt sich darüber, ob die beteiligten Anstalten die Programme des FK versetzt senden oder gemeinsam ausstrahlen sollen. Es wird Übereinstimmung darüber erzielt, möglichst zu gemeinsamen Zeiten über den Weg des Ballempfangs zu senden, und zwar unter Beibehaltung der beim HR erprobten Sendezeiten (Donnerstag bis Sonntag 17.00 – 18.00 Uhr). Eine Auswertung der vom HR in Auftrag gegebenen Infra-Test-Untersuchung nach dem Probesemester des FK hat ergeben, daß nahezu 70 % der Teilnehmer diese Zeiten für optimal halten. Der HR wird gebeten, eine »Überlappungskarte« der Empfangsmöglichkeiten der für das FK vorgesehenen UKW-Kanäle in Auftrag zu geben.

c) Programmplanung
Ausführlich wird über die in das Programm aufzunehmenden wissenschaftlichen Disziplinen beraten. Von Dr. Wicht und Dr. Kadelbach wird vorgeschlagen, die sog. »P-Fächer« (Philosophie, Pädagogik, Psychologie) in den Mittelpunkt des 3-semestrigen Modellversuchs zu stellen. Die vielseitige Verwendungsmöglichkeit dieses Angebots, seine obligatorische Stellung in den Ausbildungsrichtlinien für Lehrer aller Schularten sowie für Sozialarbeiter und Jugendpfleger machen es zu einem idealen Inhalt des FK. Dabei könne man das Fach Psychologie als letztes anbieten, um einen nahtlosen Übergang zu den von Herrn Schlemmer vorgeschlagenen *life sciences* herzustellen. Die Konferenzteilnehmer einigen sich, mit dem Fach Pädagogik zu beginnen und zu prüfen, ob die hierfür infrage kommenden Professoren Brezinka (Konstanz) und Klafki (Marburg) dieses erste Semester des gemeinsamen FK übernehmen können. Zu diesem Zweck sollen die Beratungen der Deutschen Gesellschaft für Erziehung abgewartet werden, die in Kürze in Frankfurt stattfinden werden. Herr Rebel wird gebeten, über das Ergebnis dieser Beratungen zu berichten.

d) Organisatorische Fragen
Bezüglich der gemeinsamen Organisation wird Übereinstimmung erzielt, daß für die Dauer des 3-semestrigen Modellversuchs das zentrale Büro bei der Frankfurter Universität beibehalten und mit der Koordinierung aller organisatorischen Maßnahmen beauftragt werden soll. Ein Assistent desjenigen Ordinarius, der das jeweilige FK-Semester leitet, soll zum Mitarbeiterteam dieses Frankfurter Büros treten. Seine Finanzierung soll möglichst über den Etat der Universität oder der VW-Stiftung gesichert werden. Notfalls kann er auch aus dem Honoraraufkommen für das Kolloquium (bisher Praxis des HR) bezahlt werden. Diese Anfangsregelung soll grundsätzlich eine spätere Verlegung des zentralen Büros an einen anderen Universitätsort im Quadriga-Bereich nicht ausschließen. Der Rektor der Frankfurter Universität und das Hessische Kultusministerium, welches zur Zeit 2/3 der Kosten des Frankfurter Büros trägt, sollen gebeten werden, dieser Regelung zuzustimmen. Dem zentralen Büro obliegt es, die Prüfungsaufgaben zu versenden, die Schlußkolloquien vorzubereiten und im Benehmen mit dem jeweiligen Ordinarius und den staatlichen Prüfungsbehörden durchzuführen. Außerdem wäre vom zentralen Büro her der Kontakt mit den vier Landesverbänden für Erwachsenenbildung zur Vorbereitung und Durchführung der dort zu veranstaltenden Studienbegleitzirkel herzustellen und aufrecht zu erhalten.

e) Kosten
Geht man von einem Honorar in Höhe von DM 1.000.- für die Vorlesungen und von DM 750.- für das Kolloquium aus, dann entstehen Aufwendungen in Höhe von rund DM 35.000.- je Semester. Sind jedoch Anteile für die Aufrechterhaltung des zentralen Büros und sonstige Nebenkosten mit zu übernehmen, dann ergibt sich ein Etatansatz von DM 50.000.- je Semester, der – eine Beteiligung des SDR vorausgesetzt – aufgrund des Schlüssels 3 : 3 : 3 : 1 den Saarländischen Rundfunk mit DM 5.000.-, die übrigen Anstalten mit DM 15.000.- je Semester belastet.

f) Zusammenarbeit mit dem Deutschen Institut für Fernstudien
Herr Rebel berichtet über die Vorarbeiten, die zur Herstellung des Begleitmaterials anfallen werden. Je Monat soll ein Begleitbrief in den Vorlesungsstoff einführen, wobei eine enge Verbindung mit dem das Semester leitenden Ordinarius erforderlich ist. Es besteht Übereinstimmung darüber, daß das Begleitmaterial allen Interessenten am FK zugänglich gemacht werden soll. Die Vorlesungen müssen aber so abgefaßt sein, daß man ihnen auch ohne Kenntnis des Begleitmaterials folgen kann. Verweisungen auf das Material während der Vorlesung können zwar gelegentlich nützlich sein, dürfen aber auf keinen Fall das Verständnis der Vorlesung beeinträchtigen. Grundsätzlich soll davon ausgegangen werden, daß die Bezieher des Begleitmaterials eine Anerkennungsgebühr in Höhe von DM 50.- je Semester zahlen, die jedoch nicht kostendeckend sind. Die Zusatzfinanzierung soll über die Stiftung Volkswagenwerk erfolgen. Um eine Übersicht über die Bezieherzahl des Materials zu erhalten, muß mindesten 6 Wochen vor Beginn der ersten Vorlesung eine Erhebung eingeleitet werden, die Aufschluß darüber schafft, welche Teilnehmer am FK Begleitmaterial wünschen und welche Kollegiaten vorhaben, sich für einen Studienbegleitzirkel bei den Volkshochschulen einzuschreiben. Diese Erhebung dient zugleich als verbindliche Anmeldung. Das Begleitmaterial soll so differenziert abgefaßt werden, daß neben der Grundsatzdarstellung auch Spezialhinweise für die einzelnen Zertifikatsgruppen in ihm enthalten sind. Dr. Kadelbach wird gebeten, einen Aufriß für das Begleitmaterial anhand des bereits abgeschlossenen volkswirtschaftlichen Semesters von Prof. Häuser erarbeiten zu lassen. Auf Anfrage von Herrn Dr. Garber teilt Herr Rebel mit, daß ein zentraler Versand des Begleitmaterials durch den Verlag Julius Beltz, Weinheim, im Auftrage des Deutschen Instituts für Fernstudien geplant sei. Dieser Verlag benötige eine Druckfrist von 4 bis 6 Wochen für jeden Begleitbrief. Daraus ergibt sich, daß die Sammlung der Teilnehmer zum FK in den vier Sendegebieten spätestens am 15.3.1969 beginnen muß.

g) Zusammenarbeit mit dem Deutschen Volkshochschulverband
Herr Dr. Tietgens teilt mit, daß die infrage kommenden Landesverbände für Erwachsenenbildung im Bereich der Quadriga-Anstalten grundsätzlich bereit sind, ähnlich wie in Hessen, die Organisation und Durchführung der Studienbegleitzirkel zu übernehmen. Dabei spielt die Benennung und Qualifikation geeigneter Kursleiter für den Direktunterricht eine wichtige Rolle. Es wird vorgeschlagen, die in Aussicht kommenden Kursleiter vor dem Beginn des Semesters auf eine Heimvolkshochschule u. ä. einzuladen, um mit ihnen im Beisein des jeweiligen Ordinarius die didaktischen und methodischen Probleme eines solchen Studienbegleitzirkels zu erörtern. Außerdem sollen die Kursleiter wie bisher in Hessen mit den Manuskripten der Vorlesungen rechtzeitig versehen werden. Die Finanzierung der Kurse soll z. T. durch die Teilnehmer erfolgen (Richtsatz DM 40.- je Semester). Das Honorar für die Kursleiter beträgt DM 800.- je Semester und soll aus den Kursgebühren bestritten werden. Für die Restfinanzierung wären Mittel der Landesverbände oder gegebenenfalls der Stiftung Volkswagenwerk in Anspruch zu nehmen. Eine gewisse Problematik ergibt sich dadurch, daß sich die Semester- bzw. Trimestergliederung der Volkshochschulen von der Semestergliederung des FK, welche sich an der Semestergliederung der Universitäten orientiert, unterscheidet. Auch müssen für das FK in den Monaten Juli/August und während der Weihnachts- und Neujahrszeit vorlesungsfreie Wochen eingeplant werden. Da die Universitäten auf einer 20 Vorlesungen und Kolloquien umfassenden Semesterdauer bestehen, ergeben sich terminliche Schwierigkeiten und Überschneidungsprobleme. Am besten hat sich die bisherige Semestereinteilung des HR bewährt, an der man festhalten könnte, wobei Semesterüberlappungen in Kauf genommen werden müssen. Da zur Zeit Überlegungen darüber angestellt werden, das FK einstündig zu planen (je 30 Minuten Vorlesung und Kolloquium), ergebe sich die Möglichkeit, zwei Disziplinen gleichzeitig anzubieten, d. h. jeden Semesterlehrgang zu wiederholen. Für den Beginn könnte ein bereits abgelaufenes Semester des FK des HR als Wiederholungssemester gesendet werden.

Offen blieben die Fragen der didaktischen Form der Sendung, die Frage der Förderung der Kontaktstudenten und Zaungäste sowie die Frage, in welchem Umfang die Kultusministerien der Länder und die Stiftung Volkswagenwerk an allen jenen Kosten beteiligt werden können, die nicht die Produktion und Sendung der über den Rundfunk ausgestrahlten Programmbeiträge des FK betreffen. Zu diesem Zweck soll auf der nächsten Sitzung nochmals ein Modellband diskutiert und Herr Dr. Flitner von der Stiftung Volkswagenwerk zur Teilnahme eingeladen werden.

Nächste Sitzung: Auf Einladung des Deutschen Instituts für Fernstudien in Tübingen, Mittwoch, den 17.1.1968, 10.00 Uhr in den Räumen des Instituts.

Prospekttext des ersten Quadriga-Funkkollegs

Zwei Semester Erziehungswissenschaft
Leitung: Prof. Dr. Wolfgang Klafki, Marburg
Einladung zur Teilnahme

Es ist ein langer Weg von der Proklamation unseres Zeitalters als »Jahrhunderts des Kindes« bis zu der Feststellung: »Erziehung entscheidet unser Schicksal!« Kinderarbeit und Jugendbewegung, Staatsjugend und Halbstarke, studentischer Protest und Arbeiter-Bildung in der Industrie-Gesellschaft, Akzeleration und Überwindung von traditionellen Bildungsbarrieren sind wesentliche Etappen auf diesem mühevollen Weg.

Die Erziehungswissenschaft hat sich in diesem Jahrhundert von einer Gebrauchsanweisung an Lehrer zu einer komplizierten Wissenschaft entwickelt, der eine große Anzahl von Hilfsdisziplinen zugeordnet ist. Ihr Studium wird immer vielschichtiger und umfassender. Die »Wissenschafts-Explosion« hat gerade im Bereich der Pädagogik zu neuen Einsichten und Erkenntnissen geführt.

Der Kreis der an Erziehungsfragen Interessierten reicht weit über die unmittelbar betroffenen Eltern und Lehrer hinaus: Kindergärtnerinnen und Mitarbeiter der Erwachsenenbildung, Jugendleiter und Angehörige der Streitkräfte sowie Führungspersonal in Wirtschaft und Industrie sind in gleicher Weise ratlos und suchen nach pädagogischer Hilfe und nach einer systematischen Grundlegung erziehungswissenschaftlicher Sachverhalte.

Die Universitäten und Pädagogischen Hochschulen, deren Fakultäten und Fachbereiche aus allen Nähten platzen, können die von ihnen geforderte und bitter notwendige Information an alle Interessierten nicht allein leisten. Sie sind bis zur Erschöpfung und oft unter den schwierigsten Bedingungen damit beschäftigt, die wissenschaftliche Grundausbildung der künftigen Lehrer aller Schularten und Schulformen zu vermitteln. Eine wirksame Breitenarbeit von ihnen zu erwarten, hieße den Sinn eines Universitätsstudiums verkennen und die Pädagogischen Hochschulen vor unlösbare Aufgaben stellen.

Auch die vertiefende und aufgrund neuer Erkenntnisse vor allem ergänzende Fortbildung derer, die bereits in der schulischen Praxis und in den vielfältigen Formen der Erwachsenenbildung tätig sind, kommt verhängnisvoll zu kurz.

Vorlesungsbeginn 28. April 1969
Die Rundfunkanstalten der Quadriga – der Hessische Rundfunk, der Saarländische Rundfunk, der Süddeutsche Rundfunk und der Südwestfunk – sind deshalb übereingekommen, ab 28. April 1969 gemeinsam ein auf zwei Semester berechnetes Funk-Kolleg »Erziehungswissenschaft« auszustrahlen. Dieses Kolleg soll die Bemühungen fortsetzen, die der Hessische Rundfunk vor drei Jahren mit seinem »Funk-Kolleg zum Verständnis der modernen Gesellschaft« begonnen und zu einem vielbeachteten Erfolg geführt hat. Darüber hinaus sind Erfahrungen berücksichtigt, die der Saarländische Rundfunk in den letzten zwei Jahren mit seinem »Funk-Kolleg« gemacht hat.

Das Quadriga-Funk-Kolleg »Erziehungswissenschaft« bietet neben den Rundfunkvorlesungen erstmals jedem angemeldeten Teilnehmer pro Semester vier Lehrbriefe des »Deutschen Instituts für Fernstudien« mit Material zur Weiterarbeit und zur Selbstprüfung.

Die Landesverbände der Volkshochschulen in Baden-Württemberg, Hessen, Rheinland-Pfalz und dem Saarland veranstalten regelmäßig Begleitkurse zur Vertiefung des Vorlesestoffs und zur Vorbereitung auf die Semesterabschlußprüfungen, die mit der Vergabe von ministeriell anerkannten Zertifikaten verbunden sind. [...]

Team-Teaching mit Prof. Dr. Klafki
Das Vorlesungsprogramm sieht vor, daß die beiden Semester im »Team-Teaching« der beteiligten Disziplinen und Hilfswissenschaften dargeboten werden. Nur so ist eine objektivierende Vermittlung der darzustellenden Sachverhalte möglich.

Lehrbriefe des Erziehungswissenschaftlichen Instituts der Universität Marburg, fernschuldidaktisch eingerichtet vom »Deutschen Institut für Fernstudien« in Tübingen, führen in die einzelnen Kapitel ein. Sie enthalten zugleich pädagogische Texte und Dokumente zum Selbststudium und Material zur Selbstprüfung der Teilnehmer am Funkkolleg.

Die wissenschaftliche Leitung der beiden Semester »Erziehungswissenschaft« im Funk-Kolleg hat der Ordinarius für Erziehungswissenschaft an der Philipps-Universität Marburg/Lahn, Prof. Dr. Wolfgang Klafki, der durch zahlreiche Veröffentlichungen methodischen und didaktischen Inhalts zu den bekanntesten Pädagogen der Bundesrepublik gehört. Er wird von Mitgliedern seines Seminars unterstützt, die Spezialgebiete der Erziehungswissenschaft vortragen und diskutieren.

Teilnahme und Abschlußmöglichkeiten
Das Funk-Kolleg wendet sich insbesondere an folgende Personengruppen, für die Prüfungs- und Abschlußmöglichkeiten geschaffen wurden:

A. »Hochbegabte«, die sich über die Bewährung am Arbeitsplatz zum Studium ohne Abitur über die sogenannte »Begabten-Prüfung« bewerben wollen. Diese Teilnehmer können am Schluß jedes Semesters ein wissenschaftliches Gutachten erwerben, von denen zwei bei der Meldung zur Sonderprüfung durch die Kultusbehörde vorzulegen sind.

B. Studierende aller Fakultäten, die im Sinne des »studiums generale« unabhängig von der gewählten Studienrichtung Erziehungswissenschaft als sie besonders interessierende Disziplin betreiben möchten. Den erfolgreichen Teilnehmern kann nach Bestehen der Schlußprüfung ein Proseminar-Schein zuerkannt werden.

C 1. Lehrer an Volksschulen, Realschulen, Gymnasien und beruflichen Schulen, die die beiden Lehramtsprüfungen erfolgreich bestanden haben, die im praktischen Schuldienst stehen und sich einem »Kontakt-Studium« im Sinne des Wissenschaftsrates unterziehen möchten. Die Teilnahme am Funk-Kolleg und der Besitz eines Zertifikats als Nachweis über die bestandene Schlußprüfung soll zu den Akten der Teilnehmer genommen werden mit der Maßgabe, diese Teilnehmer bei anstehenden Beförderungen angemessen zu berücksichtigen und sie für die weitere berufliche Fortbildung fördernd im Auge zu behalten.

C 2. Angehende Lehrer an allgemeinbildenden Schulen aller Arten und Stufen mit abgeschlossener erster Lehramtsprüfung als allgemeiner pädagogischer Teil der zweiten Ausbildungsphase, durch die der Vorbereitungsdienst ergänzt und vertieft wird, mit der Maßgabe, daß diese Intensivierung des Studiums auf die Vorleistungen des Kolleg-Teilnehmers zur zweiten Lehramtsprüfung angerechnet wird. Bei erfolgreicher Teilnahme ist eine angemessene Berücksichtigung des erworbenen Zertifikats für den theoretischen Teil der zweiten Lehramtsprüfung möglich.

C 3. Personen, die in der Erwachsenenbildung oder in der Jugendwohlfahrt tätig sind, Sozialarbeiter, Ausbildungsleiter und Ausbildungspersonal in Wirtschaft und Industrie, mit Bildungsaufgaben bei der Polizei oder in den Streitkräften betraute Persönlichkeiten, außerdem sonstige an Erziehungsfragen Interessierte, etwa Eltern, Kindergärtnerinnen, Jugendpflegerinnen, Personal in Internaten usw. Für diesen Personenkreis ist das Funk-Kolleg als pädagogisches Ergänzungs-Fernstudium zu verstehen. Die über das Funk-Kolleg erworbenen Zertifikate werden zu den Personalpapieren genommen und bei Stellenwechsel und Beförderungen entsprechend berücksichtigt.

(Der Prospekt enthielt ferner einen Rückblick auf das »hessische Funk-Kolleg« in Form von Auszügen aus einem Artikel der »Frankfurter Allgemeinen Zeitung« zu diesem, Informationen zu den Studienbegleitzirkeln mit den Adressen der vier Landesverbände der Volkshochschulen und einen Überblick über die Sendezeiten. In einer auszuschneidenden »Teilnahmeerklärung« mußten die sich Anmeldenden ankreuzen, zu welcher der Adressatengruppe A – C 3 sie sich zählten.)

Grußwort zum Quadriga-Funk-Kolleg »Erziehungswissenschaft« von Werner Hess, Intendant des Hessischen Rundfunks

(3.2.1969)

An der Programmstruktur von Rundfunk und Fernsehen hat sich seit ihrer Einführung wenig geändert. Ihre Aufgabe besteht in Übereinstimmung mit den verschiedenen Rundfunkanstalten darin, zu informieren, zu belehren und zu unterhalten. Natürlich haben die Darbietungsformen der Medien mancherlei Veränderungen erfahren, die Technik hat sich in erheblichem Umfang verbessert, neue Stilformen wurden entwickelt, Programmkonzepte erprobt und verworfen. Vor allem aber zeichnet sich im Bereich der Vermittlung von Bildungselementen über die Medien seit geraumer Zeit ein grundsätzlicher Wandel ab. Aus der lange Zeit praktizierten Unverbindlichkeit des Angebots wird immer mehr ein systematisch aufgebautes, verbindliches Kursprogramm, das der Schule, der Erwachsenenbildung und den Universitäten bei ihren Lehrveranstaltungen hilft und sie auf wirksame Weise unterstützt. Gerade die Universitäten bedürfen in der Zeit einer grundlegenden Revision ihrer didaktischen Formen nach dem Generalmotto »weg von der Vorlesung, hin zum Kolloquium, weg von der autoritätsorientierten Darbietung einer einzelnen Kapazität, hin zum objektivierenden Team-Teaching« dieser Hilfe und Unterstützung. Hier aber haben das Funk-Kolleg des Hessischen Rundfunks »Zum Verständnis der modernen Gesellschaft« und eine ähnliche Veranstaltung des Saarländischen Rundfunks neue Formen erproben und erste Modelle erfolgreich abschließen können. Auf diesen Experimenten baut das Funk-Kolleg auf, welches in erweiterter Form die in der Quadriga zusammenarbeitenden Rundfunkanstalten – Hessischer Rundfunk, Saarländischer Rundfunk, Süddeutscher Rundfunk und Südwestfunk – ab 1. Mai 1969 ausstrahlen werden. Neu an diesem Funk-Kolleg ist nahezu alles: die Tatsache, daß sich hier vier Sender zu einer Gemeinschaftsproduktion auf einem wichtigen Bildungssektor zusammengeschlossen haben, der an sich nur nach fö- deralen Kriterien zu bewerten ist; daß ein Konzept erprobt wird, an welchem das Zusammenwirken verschiedener methodischer Impulse wie Rundfunksendung, Fernlehrbrief und Direktunterricht durch die Volkshochschulen sichtbar wird; und schließlich, daß ein Themengebiet gewählt wurde, das wie kein anderes in die brennenden Nöte und Auseinandersetzungen unserer Tage eingreift, nämlich der Bereich der Erziehungswissenschaften.

Die Intendanten der in der Quadriga zusammenarbeitenden Rundfunkanstalten begrüßen dieses neuerliche Experiment im Bereich des Hörfunks und wünschen ihm die gleiche befruchtende Wirkung und den gleichen Erfolg für alle, die an ihm teilnehmen, wie er seinen Vorläufern beschieden war.

Rahmenentwurf zu den Klausuren beim Funkkolleg »Erziehungswissenschaft«

(Auszug)

1. Formale Zielbestimmung

Zunächst muß klargestellt werden, daß nicht alles, was das Funk-Kolleg erreichen will, geprüft werden kann. So kann das Maß der *Auswirkung* der durch das Funk-Kolleg vermittelten Erkenntnisse auf das berufliche Erziehungsverhalten nicht ermittelt werden, da gesicherte Beobachtungskategorien für Erhebungen (vorher – nachher) fehlen. Zwar ließe sich eine Änderung der *Einstellung* von Erziehern (zu Kindern oder zu Kollegen oder auch zur theoretischen Pädagogik) feststellen, doch ergibt dies keinen Leistungsnachweis, wie ihn die Zertifikate verlangen. Brauchbar ist eine solche Einstellungsuntersuchung ohnehin nur, wenn sie vor Beginn des Funk-Kollegs zum ersten Male durchgeführt wurde, und dafür ist es jetzt schon zu spät.

Dagegen kann mit Hilfe einer Prüfung ermittelt werden, in welchem Umfang die durch das Funk-Kolleg (insbesondere die Begleitbriefe) vermittelten Erkenntnisse von den Kollegiaten aufgenommen und verstanden wurden und ob sie damit einige in der Prüfung gestellte Probleme verbal lösen (d. h. den richtigen Lösungsweg finden und begründen) können.

Will man diese allgemeine Zielsetzung mehr differenzieren, so wäre als erstes Ziel des Funk-Kollegs die Information (1) über erziehungswissenschaftliche Erkenntnisse und Methoden zu nennen. Ein weiteres Ziel des Funk-Kollegs ist die Vermittlung von Begriffen, Kategorien und Betrachtungen (2), mit deren Hilfe Fälle aus der Wirklichkeit oder auch Texte analysiert und beurteilt werden können. Schließlich zeigt sich das sogenannte »tiefere Verstehen« in der Anwendung (3), im Lösen von gegebenen Problemen mit Hilfe der vermittelten Theorien.

Aus dieser Dreiteilung der Ziele ergeben sich entsprechend die Aufgaben, mit deren Hilfe die erfolgreiche Teilnahme am Funk-Kolleg beurteilt werden kann. Die Aufgaben werden nach der Taxonomie von Bloom dann auf drei formale Ziele bezogen: 1. Wissen; 2. Verstehen; 3. Anwenden. Ob es notwendig und möglich ist, Aufgaben aus den Taxonomie-Klassen: 4 – Analyse; 5 – Synthese; 6 – Beurteilen zu stellen, müßte untersucht werden.

2. Inhaltliche Abgrenzung des Prüfungsstoffes

Die Prüfungsaufgaben werden nur aus den Gebieten gewählt, die im Studienbegleitbrief enthalten sind und durch mindestens eine Aufgabe (im Brief oder als einzureichende Hausaufgabe) angesprochen werden. [...]

3. Umfang und Form der beiden Semesterabschlußtests

Der 1. Test findet im November 1969 statt, der 2. Test im April 1970. Jeder Test besteht aus etwa 15 Aufgaben, die in ein bis zwei Stunden bearbeitet werden können. (Die genaue Test-Zeit kann erst beim Vor-Test ermittelt werden.) Die Aufgaben enthalten meist mehrere Unteraufgaben (= Items), die sich auf denselben Sachbereich beziehen. Damit wird der ganze Test etwa 50 Items enthalten, die eine genügende Reliabilität (Zuverlässigkeit der Messung) garantieren dürften.

Die *Gewichtung* der Problembereiche (B) und der formalen Bereiche (A) muß im Rahmen der Schlußredaktion durchgeführt werden. (Ein Vorschlag wäre: Jede der fünf Hauptfragestellungen ist durch mindestens zwei Aufgaben repräsentiert. Die drei Formalziele sind etwa zu gleichen Teilen im Text zu berücksichtigen.)

Form der Aufgabe: Alle Aufgaben werden so formuliert, daß der Kollegiat seine Antwort in Form einer Kennziffer auf einen Markierungsbogen übertragen kann. Grundsätzlich gibt es dafür mehrere Möglichkeiten, die je nach Aufgabenstellung und Inhalt angewandt werden: a) Richtig-falsch-Antworten; b) Auswählen der besten Antwort unter mehreren Möglichkeiten (3–6), die vorgegeben sind; c) Zuordnungsaufgaben. Mit einer Reihe von Feststellungen (Aussagen, Daten, Tabellen etc.) sollen bestimmte Folgerungen (Interpretation, logische Folge, theoretische Verarbeitung) richtig kombiniert werden.

4. Organisation der Prüfung

Vorbereitung: Jeder der Funk-Kolleg-Autoren stellt für seinen Themenbereich die Ziele auf, die der Kollegiat erreichen soll, und gibt dazu für jeden formalen Bereich (Wissen, Verstehen, Anwendung) ein inhaltliches Beispiel an. Besonderes Gewicht wird dabei auf die abstrahierende Zusammenfassung (= Thesen) gelegt, die allerdings im Begleitbrief auch erkennbar formuliert sein müßte. Dabei kommt es vor allem darauf an, daß der Kollegiat die These des Autors von anderen unterscheiden kann. Es wird von ihm nicht verlangt, die

»Wahrheit« oder die wissenschaftliche Fundierung solcher Thesen zu beurteilen. [...] Auch die Referenten in den Ministerien können, sofern sie es wünschen, Aufgaben oder Zielbestimmungen, nach denen Aufgaben formuliert werden können, aufstellen. Nach diesen Angaben werden von den Mitarbeitern des Deutschen Instituts für Fernstudien (DIFF) die Testaufgaben so formuliert, wie sie den Kollegiaten in der Prüfung vorgelegt werden können. Zuvor werden sie jedoch von den Marburger Autoren auf ihre sachliche Richtigkeit durchgesehen.

Redaktion: Die Redaktion des Tests erfolgt Mitte September 1969 bzw. Ende Februar 1970. Die Auswahl der Aufgaben und ihre Anordnung im Fragebogen werden bestimmt durch Vertreter des Marburger Teams, des DIFF und der Ministerien.

Vortest: Anfang Oktober mit diesem Fragebogen in zwei Testkreisen (Tübingen und Umgebung), Auswertung mit EDV-Anlage, danach erfolgt die Schlußredaktion nach den Testkriterien: Reliabilität, Schwierigkeitsgrad, Trennschärfe, Häufigkeit der Distraktoren durch Testexperten und Autoren der Begleitbriefe.

Haupttest: Anfang November an den jeweiligen Prüfungsorten. Die Kollegiaten erhalten den Fragebogen, auf dem sie die Mehrfach-Wahl-Antworten ankreuzen, ihre Begründungen dazuschreiben und die Kennziffer für den Namen und die Antworten auf die Markierungsbögen übertragen. Die Prüfungsleiter in den Prüfungsbezirken sammeln Frage- und Markierungsbogen ein und prüfen die Namens-Kennziffer nach. Lochkarten werden maschinell aus den eingesandten Markierungsbogen gestanzt (in Darmstadt oder in Frankfurt, eventuell auch in Tübingen). Die Mittelwerte der Punktzahlen werden für jede Adressatengruppe gesondert errechnet.

Bewertung: Nachdem für jede Gruppe die Durchschnittswerte und Einzelhäufigkeiten der Punktzahlen errechnet werden, können die Kriterien für Bestehen/Nicht-Bestehen und die Noten festgelegt werden. (Ministerium – Klafki – Dohmen)

Benachrichtigung: Die Benachrichtigung der Teilnehmer über die erreichte Punktzahl und die erteilte Note erfolgt mit dem Hinweis, daß die Kollegiaten, die die Prüfung nicht bestanden haben, auf Antrag zu einer mündlichen Zusatzprüfung zugelassen werden können.

Beitrag von Brigitte Beer in der »Frankfurter Allgemeinen Zeitung« vom 3.2.1970:

Vom Computer ausgewertet
Gute Ergebnisse des Funkkollegs

Vor kurzem haben, nachdem die erste Runde des Funkkollegs »Erziehungswissenschaft« Ende des vergangenen Jahres mit den Abschlußklausuren beendet worden ist, die Teilnehmer die neuen Hausaufgaben erhalten, deren Ergebnis über die Zulassung für die Abschlußklausur des zweiten Semesters entscheiden wird. Wahrscheinlich im April werden dann wieder in fünfundvierzig »Vororten« zahllose Funkkollegiaten an demselben Tage dieselben Aufgaben lösen, die nach einem für uns neuartigen Verfahren zusammengestellt worden sind und ausgewertet werden. Beim Funkkolleg Erziehungswissenschaft ist man didaktisch noch um einige Schritte weiter gegangen als beim Funkkolleg »Zum Verständnis der modernen Gesellschaft«, das der Hessische Rundfunk über fünf Semester als einen ersten Versuch ausgestrahlt hatte. Die Kollegs sind diesmal nicht von einzelnen Wissenschaftlern für ihren Bereich, sondern durch eine Gruppe von Wissenschaftlern des Erziehungswissenschaftlichen Seminars der Universität Marburg unter der Leitung von Professor Wolfgang Klafki vorbereitet und didaktisch durchgearbeitet worden. [...]

Die Prüfungsform des ersten Funkkollegs, eine Klausur mit anschließendem Kolloquium in einer kleinen Gruppe, ließ sich bei mehreren tausend Prüflingen nicht beibehalten. Auch die Beteiligung eines ganzes Teams von Wissenschaftlern an der Lehre forderte ein anderes Prüfungsverfahren. So beschränkte man sich auf eine Klausur und nahm sowohl für das Vorbereiten der Aufgaben als auch für die Auswertung der Lösungen die elektronische Datenverarbeitung (EDV) zu Hilfe. [...]

Unter den Aufgaben waren vergleichsweise einfache wie: Wann spricht man von einem Rollenkonflikt? (Wenn jemand seine Rolle nicht den Erwartungen entsprechend spielt – Wenn mehrere Personen die gleiche Rolle spielen wollen – Wenn sich zwei widersprüchliche Rollen in einer Person überschneiden). In solchen Fällen wurde also geprüft, ob die Terminologie verstanden ist. Ein anderer Typ von Aufgaben verlangte die Fähigkeit, Strukturen zu erkennen, zum Teil auch Analogiedenken. Zum Beispiel wurden mehrere Aussagen über den Zusammenhang zwischen Lehrerurteil, Schülerleistungen und sozialem Aufstiegsstreben von Schülern und Eltern vorgegeben; die zutreffenden Antworten waren anzukreuzen. Ein dritter Aufgabentyp diente dem Überprüfen von Thesen. Zum Beispiel wurde eine Statistik gegeben; dazu eine Reihe von Thesen. Bei jeder These war zu prüfen, ob sie im Hinblick auf die Statistik zutreffend, unzutreffend oder nicht zu entscheiden sei. In einer letzten, recht schwierigen Aufgabengruppe mußte angegeben werden, welche Problemkreise in vorgelegten Texten angesprochen wurden.

Die Lösungen waren für die Auswertung durch die Datenverarbeitungsmaschine auf einen Markierungsbogen zu übertragen, nach einem System, in das die Teilnehmer im letzten Studienbegleitbrief ausführlich eingeführt worden waren. Viele Teilnehmer haben sich durch diese Form der Prüfung erschreckt gefühlt. Beim Funkkolleg sind Äußerungen eingegangen, in denen von »Ausgeliefertsein an die Maschine«, fehlendem menschlichen Kontakt und persönlicher Note die Rede war. Vielleicht ist hier einer der Gründe dafür zu suchen, daß von mehr als fünftausend zur Prüfung zugelassenen Teilnehmern rund zweitausend nicht erschienen sind. Doch könnte dieser hohe Ausfall auch durch Unsicherheit über die eigenen Leistungen, trotz guter Erfolge bei den Hausaufgaben, zu erklären sein. Jedenfalls mögen die freiwilligen Rückzieher zu dem unerwartet guten Ergebnis der Prüfungen beigetragen haben: Von 3388 Teilnehmern haben 544 »mit besonderem Erfolg«, 1898 mit »gutem Erfolg«, 813 »mit Erfolg« und 128 bestanden, nur 5 nicht bestanden. Eine Gruppe von 350 Arbeiten muß wegen technischer Mängel beim Übertragen auf den Markierungsbogen ohne Computer ausgewertet werden.

Ein wichtiger Grund des guten Ergebnisses muß freilich in der hohen Motivation der Teilnehmer gesehen werden, die dementsprechend intensiv – in der Woche bis zu zehn Stunden und mehr – für das Funkkolleg gearbeitet haben. [...]

Die Anzahl der Teilnehmer zeigt, wie groß in weiten Kreisen der Wunsch ist, sich weiterzubilden. Offensichtlich sind die Funkanstalten, zuerst der Hessische Rundfunk mit seiner Abteilung »Bildung und Erziehung«, hier in eine Bresche gesprungen. Auch die Kollegiaten selbst leisten Pionierarbeit: allein durch ihre Teilnahme und überdies durch ihre kritischen Anmerkungen zu Kolleg und Studienmaterial, die einer weiteren Verbesserung der didaktischen Vorarbeit dienen. Für die Pläne eines »Studiums im Medienverbund«, bei dem unterschiedliche Medien (Lehrervortrag, Gruppenunterricht, Lehrfilme, Fernsehprogramme, Sprachlabor, Schulfunk, Fernlehrbriefe) in immer wieder neuen Verbindungen zusammengesetzt werden und so nicht ein ganzes Studium, aber Teile eines Studiums übernehmen sollen, leistet das Funkkolleg Vorarbeit. Wenn der Gedanke eines »Baukastensystems« fruchtbar werden sollte, bei dem jeweils einzelne »Bausteine«, die nicht unbedingt in ununterbrochener Folge und nicht unbedingt alle am Ort der Universität erworben werden müssen, sich zu einem Studium zusammenfügen, das auch die ständige Weiterbildung umfaßt, dann könnte das Funkkolleg eine von mehreren Möglichkeiten sein, solche Bausteine zu erwerben. Im April wird eine weitere Klausur das zweite Semester und damit das Funkkolleg »Erziehungswissenschaft« insgesamt abschließen. Das nächste Kolleg der Quadriga-Rundfunkanstalten steht schon vor der Tür: eine Einführung in die moderne Mathematik.

Beitrag von Günter Vogt im »Handelsblatt« vom 15.7.1970:

Erziehungswissenschaft im Radio

Das Funkkolleg bei den Quadriga-Anstalten wurde erfolgreich beendet. Mit einem überraschend guten Ergebnis sind die Abschlußprüfungen des zweisemestrigen Funkkollegs über Erziehungswissenschaft abgeschlossen worden, das von den Rundfunkanstalten der »Quadriga« (Hessischer, Süddeutscher, Saarländischer Rundfunk und Südwestfunk) ausgestrahlt wurde. Von den 3507 Kandidaten bestanden 771 mit besonderem Erfolg, 1709 mit gutem Erfolg, 713 mit Erfolg und 205 ohne Prädikat; nur 56 Teilnehmer sind durchgefallen. Das Prüfungsergebnis wurde nach einem Punktsystem von einem Computer ermittelt. Mündliche Examen für Nachzügler in Tübingen und Marburg, nach einem anderen System vollzogen, haben dieses Resultat nicht in Frage stellen können.

[...] Dieses gewaltige Aufgebot erreichte insgesamt 15000 Hörer; fast die Hälfte der eingeschriebenen Kollegiaten besuchten auch einen der 86 Zirkel in den Volkshochschulen. Man hat ermittelt, daß 19 Prozent der Teilnehmer Arbeiterkinder waren und mehr Katholiken teilnahmen, als es dem jeweiligen Bevölkerungsdurchschnitt entspricht. Nicht geschafft hat das Funkkolleg den Einbruch in ländliche Bezirke und in den Kreis weiblicher Teilnehmer.

Die Zertifikate für das erfolgreiche Bestehen des Funkkollegs haben die Anerkennung des Staates erhalten: Von den Universitäten werden sie als Proseminarschein akzeptiert, die Behörden, die über den Aufstieg von Jugend- und Sozialarbeitern entscheiden, ziehen das Zeugnis in Betracht, und bei den Lehrern kommt es zu den Personalakten: Im letzten Falle wird Unzufriedenheit geäußert, denn die Pädagogen, die sich über Funk weitergebildet haben, möchten den Lohn dafür schneller in klingende Münze umgewandelt sehen.

Pädagogisch wird noch experimentiert. [...] Der Marburger Professor Dr. Klafki entwikkelte zusammen mit Professor Dr. Kadelbach vom Hessischen Rundfunk ein »Team Teaching«, indem er Teile des Lehrstoffs als Hörspielszene anschaulich machte, Statements anschloß, Experten aus Nachbardisziplinen dazu befragte und mit Diskussionen abwechselte.

Diese eingängige Art der Wissensvermittlung, unterbaut von dem schriftlichen Begleitmaterial des Fernstudieninstituts und der persönlichen Nachhilfe in den Studienbegleitzirkeln der Volkshochschulen, mag sich in dem günstigen Prüfungsergebnis niedergeschlagen haben. Dem Argwohn, man habe womöglich den Kandidaten, nachdem sie ihre schriftlichen Hausaufgaben gelöst hatten, in der persönlichen Vorstellung die Arbeit bewußt leicht gemacht, um selber ein günstiges Ergebnis der Aktion vorzeigen zu können, entgegnet Professor Klafki mit der Versicherung, daß das Niveau der Prüfung dem der Proseminare an Universitäten entspräche, wenn es nicht sogar höher liege.

Freilich ist man mit dem jetzigen elektronischen Vollzug der Examen selber noch nicht zufrieden. Die Aufforderung an den Kandidaten, unter drei vorgelegten Antworten auf eine Prüfungsfrage die richtige anzukreuzen, ist allzu mechanisch und erlaubt es nicht, alles Wissen als Argumentation einzusetzen und sich mehr zu bewähren.

Gespannt darf man auf das Ergebnis des jetzt angelaufenen Funkkollegs »Mathematik« sein, für das der Südwestfunk zuständig ist. Es wendet sich an Hörer, die eine Zulassung zum Hochschulstudium ohne Abitur für die Begabtenprüfung anstreben, an Oberstufenschüler und Abiturienten, an Studenten, die Mathematik benötigen, an alle Lehramtskandidaten, an Mathematiklehrer sowie an alle an moderner Mathematik Interessierten. Das Thema ist der mathematische Vollzug nach der modernen Mengenlehre, eine weitere Abstrahierung der traditionellen Schulmathematik.

Der Vollzug ist wieder die übliche Vorlesung, die im vergangenen Kolleg aufgegeben worden war und jetzt von einem Sprecher im D-Zug-Tempo vorgetragen wird. Selbst Eingeweihte der Wissenschaft bezweifeln, daß der größte Teil der Absolventen am heimischen Radio da mitkommen kann. Nur eine aufopfernde Nutzung des Medienverbunds kann überhaupt etwas erreichen.

Trotz allem sind die staatlichen, halbstaatlichen und privaten Mitarbeiter des Funkkollegs mit dem Ergebnis sehr zufrieden und blicken zuversichtlich in die Zukunft. Die Volkshochschulen wissen von einer großen Breitenwirkung des Funkkollegs zu berichten. Auch Eltern, die sich die Erziehungswissenschaft angehört haben, bitten laufend um weitere Informationen. Und Kultusminister Dr. Vogel aus Mainz hat den Veranstaltern bei der Veröffentlichung der Prüfungsergebnisse ausdrücklich für ihre Mühe gedankt. Er bezeichnete diesen Abschnitt in der Entwicklung des Fernstudiums im Medienverbund als wichtigen Erfahrungswert für zukünftige Vorhaben des Studiums im Medienverbund.

B. B. (Brigitte Beer) in der »Frankfurter Allgemeinen Zeitung« vom 13.8.1970:

Volkshochschulen helfen aus
Studienzirkel ergänzen die Funkkollegs

Bei keinem Funkkolleg ist der Wunsch der Teilnehmer, die Hörsendungen durch einen Begleitkurs zu ergänzen, so verbreitet und so verständlich gewesen wie in dem jetzt laufenden Mathematikkolleg. Das gilt auch für diejenigen, die glaubten, von Mathematik einiges zu verstehen, und von denen manch einer durch die neuartigen Gedankengänge zunächst stärker verwirrt wurde als mathematische Anfänger. In dem jetzt zu Ende gehenden ersten Semester – die Prüfungen werden im Oktober sein – haben im Sendegebiet der vier beteiligten Rundfunkanstalten allein die Volkshochschulen rund 250 Studienzirkel eingerichtet. Dazu kommen weitere Begleitzirkel in anderen Institutionen.

Schon bei dem ersten, nur durch den Hessischen Rundfunk ausgestrahlten »Funkkolleg zum Verständnis der modernen Gesellschaft« zeigte sich bald, daß für viele Teilnehmer, vor allem wenn sie die Prüfungen ablegen wollten, die Kollegsendungen und das damals noch karge schriftliche Studienmaterial nicht ausreichten. Vielen fiel es schwer, ausschließlich isoliert zu Hause zu arbeiten, viele hatten auch noch keine vernünftige Arbeitsmethode. Damals lag es nahe, die Volkshochschulen um ihre Mitwirkung zu bitten, die durch ergänzende Arbeitsgemeinschaften zu den Bildungssendungen der Rundfunkanstalten und durch Fernsehgemeinschaften schon gewisse Erfahrungen im Umgang mit den modernen Medien gewonnen hatten. Schwierigkeiten, die sich für die Finanzierung und durch den Mangel an geeigneten Mitarbeitern ergaben, wurden dadurch überwunden, daß die Teilnehmer einen mäßigen Beitrag für den einmal in der Woche zusammenkommenden Begleitzirkel zahlten, die Stiftung Volkswagenwerk Mittel hinzugab und Doktoranden, Assistenten und ältere Studenten, vor allem aus dem Umkreis der beteiligten Professoren, sich als Leiter der Studienzirkel zur Verfügung stellten. Die Volkshochschulen bemühten sich, den oft noch fehlenden methodischen Fähigkeiten der Leiter aufzuhelfen. Freilich erwies es sich bald, daß Studienbegleitzirkel zum Funkkolleg, das durch Prüfungen abgeschlossen wird, doch unter anderen Gesetzen stehen als jene weitgehend unverbindlichen ersten Arbeitsgemeinschaften zu Bildungssendungen. Für die Volkshochschulen erwuchs eine völlig neue Aufgabe innerhalb des »Verbundes« verschiedener Medien, die dadurch weder leichter noch unwichtiger ist, daß die Studienzirkel vorerst noch fakultativ sind. Eine Form für den Einbau der Begleitzirkel in den Gesamtverbund muß erst gefunden und von Jahr zu Jahr weiter entwickelt werden.

Das ist um so schwieriger, als die Rolle, die den Studienzirkeln innerhalb des Verbandes zufällt, in jedem Funkkolleg andere Akzente haben kann. Im Funkkolleg »Erziehungswissenschaft« war schon vom Ansatz her versucht worden, in den Kollegstunden, die nicht mehr durch einzelne Dozenten, sondern durch eine Gruppe von Wissenschaftlern vorbereitet und gehalten wurden, unterschiedliche Richtungen zu Wort kommen zu lassen. Die durch das Deutsche Institut für Fernstudien an der Universität Tübingen ausgearbeiteten Studienbegleitbriefe sollten ebenfalls kontroverse Meinungen berücksichtigen. Dennoch ist es noch nicht gelungen, den ganzen Fächerkanon der Lehrmeinungen auszubreiten, was zum Teil sicher auf den Zeitdruck zurückzuführen ist, unter dem Sendungen und Studienbriefe zustande kommen mußten. Die Studienzirkel haben vieles ergänzen können, und Fragen und Einwände der Teilnehmer selbst konnten um so mehr dazu beitragen, als unter diesen viele Lehrer und Eltern mit eigenen pädagogischen Erfahrungen und Auffassungen waren. Die meisten Studienbegleitzirkel haben offenbar ihren Auftrag weniger darin gesehen, Stoff zu wiederholen oder zusätzlich anzubieten, als das in den Kollegs Gebotene zu diskutieren und dabei gegebenenfalls auch in Frage zu stellen. [...]

Aus den Studienzirkeln können wertvolle Aufschlüsse darüber, wie Sendungen und Studienbriefe von den Studierenden aufgenommen werden, Anregungen für die Auswahl des Stoffes, das Tempo der Darbietung und didaktische und methodische Weiterentwicklung gewonnen werden. [...]

Mit Kürzel (Li.) gezeichneter Beitrag in der »Frankfurter Allgemeinen Zeitung« vom 1.7.1971 (Lokalteil):

Produziert das Funkkolleg am Markt vorbei?
Die Professoren Häuser und Kadelbach im Kreuzfeuer

Liegt das »Funkkolleg«, vor fünf Jahren unter Federführung des Hessischen Rundfunks als Mittel zur Universitätsreife für jedermann ins Leben gerufen, in Sachen Volkswirtschaftslehre richtig? Zu dieser Frage hatten sich der Initiator und Organisator des Kollegs, Professor Kadelbach, Leiter der Hauptabteilung Bildung und Erziehung des Hessischen Rundfunks, und der Autor des Kollegs, der Frankfurter Professor Häuser, in einem Podiumsgespräch des Bundesverbandes deutscher Volks- und Betriebswirte in Frankfurt Dienstagabend Kritik anzuhören. Abgesehen von einem recht artigen Jungmarxisten, der recht trocken seine Beanstandung gegen die »kapitalistischen Häuserschen Rundfunkvorlesungen« vom Blatt las, war es gut fundierte Kritik, schon deshalb, weil sie ganz überwiegend aus dem Mund von Kollegiaten oder von Leitern sogenannter »Studienbegleitzirkel« kam. [...]

Die »Frontkämpfer«, die Zirkelleiter nämlich, nahmen kein Blatt vor den Mund. Während freilich einer von ihnen vor allem Anstoß am »allzu liberal gefärbten Inhalt« von Professor Häusers Kolleg nahm (»Gänseblümchen-Kapitalismus« nannte er das anhand von Zitaten, die ihm allzu naiv-verallgemeinernd und die Marktwirtschaft verherrlichend erschienen), tadelte ein anderer in erster Linie die Art der Darbietung. Die Kollegiaten seien überwiegend enttäuscht, so berichtete er, nicht etwa, weil das Niveau des Gebotenen zu niedrig sei, sondern weil die vom Kolleg erwartete Lebenshilfe, die »Wirklichkeitsbeziehung«, vermißt werde.

Die Radio-Studenten verlangten »ein empirisch gehaltvolles, möglichst gesichertes Wissen«. Ein viel weiter links angesiedelter Teilnehmer am Podiumsgespräch ließ die Katze etwas mehr aus dem Sack und forderte für Funkkolleg-Zwecke eine »Nationalökonomie mit gesellschaftspolitischem Gehalt«. Schließlich wurde, abseits aller Ideologie, bemängelt, daß für den Hausgebrauch der Funkstudiker zuviel Mathematik in die Kollegmaterie eingeflossen sei.

Der letzte Vorwurf rief bei Häuser jedoch nur Kopfschütteln hervor. Ohne Mathematik, sagte er, sei Volkswirtschaftslehre auf Universitätsniveau nicht mehr zu betreiben. Im übrigen sei es schwer, in nur neuneinhalb Stunden – soviel Sendezeit wurde dem Funkkolleg »Volkswirtschaftslehre« eingeräumt – mehr als »nur etwas Grammatik« vorzutragen. Ohne Realitätsbezug sei der Kollegstoff aber keineswegs gewesen. Aus Traditionsgründen habe er das Modell der vollkommenen Konkurrenz zwar breit behandelt, aber nie geleugnet, daß, zum Beispiel, das Oligopol für die Wirklichkeit typischer sei. Dem vielfältig vorgetragenen Tadel der »Einseitigkeit« seines Lehrstoffes, ja der »Demagogie«, hielt Häuser den Hinweis auf die angegebenen Fundstellen für Kontra-Meinungen entgegen. Kadelbach sprang ihm hier bei und hob hervor, der vorgetragene Kollegstoff sei Challenge, also Herausforderung, an der sich Meinung und Gegenmeinung entzünden sollen. Klagen der Kollegiaten, sie seien vom Arbeitsanfall überfordert, lieh Funk-Professor Kadelbach kein Ohr. »Wer mitmacht – und das ist absolut freiwillig –, muß sein Leben ändern«, meinte er und fügte hinzu, daß er von Anfang an »Schweiß und Tränen« versprochen habe.

Im übrigen schien die physische Beanspruchung nicht nur auf der einen Seite konzentriert zu sein. Auch Häuser gab freimütig zu, er werde voraussichtlich kein weiteres Funkkolleg mehr übernehmen, weil damit »ein erheblicher Streß« verbunden sei. Ganz ungetröstet zogen die Kritiker nicht von dannen, denn für künftige Funkkollegs sagte Kadelbach zu, daß die jeweilige Gegenposition zu den vorgetragenen Lehrmeinungen stärker als bisher zu Wort kommen soll.

Beitrag von Horst Dieter Schlosser im »Uni-Report«, Frankfurt am Main, 10.4.1974:

Probleme mit Funkkollegs

Als bildungspolitischer Schlager des Jahres erweist sich – glaubt man der Tages- und Wochenpresse – die Gründung einer nordrhein-westfälischen »Fernuniversität« in Hagen. Dabei wird vielfach verkannt, daß dieses Unternehmen nur der schwache Widerschein einer Konzeption von Fernstudien ist, die nach seit langem vorliegenden und diskutierten Plänen ein bundesweites Studienangebot bei optimaler Integration didaktischer Erfordernisse und technischer Möglichkeiten eröffnet hätte: ein Fernstudium im Medienverbund (FiM), rechtlich und finanziell abgesichert durch einen Staatsvertrag, wissenschaftlich verantwortet durch Fachkommissionen, die von den Universitäten über ihren freiwilligen Zusammenschluß in der »Hochschulvereinigung für das Fernstudium« bestellt werden.

Diese »große Lösung« scheint mehr und mehr um Kompetenzstreit der Bundesländer untereinander sowie zwischen Ländern und Bund, aber auch infolge der Uneinigkeit zwischen Kultus- und Finanzministerium unterzugehen. Ein befriedigender Staatsvertrag jedenfalls ist in absehbarer Zeit nicht zu erwarten. Die Gründung in Hagen belegt überdies, daß sich einzelne Bundesländer vorerst mit »kleinen Lösungen« zufriedengeben wollen. Auch hier gilt: Cuius regio, eius Radio (in NRW sind's zudem nur schriftliche Materialien!).

Vor diesem Hintergrund ist eine seit Jahren funktionierende gemeinsame Initiative der Bundesländer Baden-Württemberg, Hessen, Rheinland-Pfalz und Saarland und ihrer Rundfunkanstalten (inzwischen: plus Radio Bremen) kaum zu überschätzen: das zur Zeit einzige Fernstudien-Großmodell »Funkkolleg«. Hier wird nicht nur der Versuch gemacht, verschiedene Medien zu kombinieren, sondern auch der elementaren didaktischen Forderung nach einem angemessenen Anteil »sozialer Lernphasen« durch Begleitzirkel zu entsprechen. Weit wichtiger erscheint indes die Chance einer Öffnung der Wissenschaft für alle. Denn die Funkkollegs wollen nicht in erster Linie die Hochschule von schon zugelassenen Studenten entlasten, sondern wesentlich auch (Noch-)Nicht-Studenten einen zusätzlichen Weg zur Wissenschaft, ggf. in die Hochschule selbst bahnen. Dafür, daß dies nicht nur frommer Wunsch bleibt, haben die beteiligten Kultusministerien entsprechende Zertifikatsregelungen geschaffen.

Über die sogenannte Hochschulvereinigung sind auch die Hochschulen mitverantwortlich beteiligt. Doch liegen hier auch die kritischen Punkte, die von einer Konferenz »Funkkollegs in der Universität« Anfang März in dieser Universität sehr ausführlich erörtert worden sind. Eingeladen hatte der Unterausschuß »FiM und Erwachsenenbildung« in Zusammenarbeit mit der Arbeitsstelle »Fernstudium und Weiterbildung« des Didaktischen Zentrums, erschienen waren 26 Vertreter, darunter die wichtigsten Experten aus Hochschulen, Rundfunkanstalten, Fachkommissionen und dem Deutschen Institut für Fernstudien (DIFF). Die Erörterungen könnten summarisch so zusammengefaßt werden.

(1) Für die Hochschulen ist rechtzeitige Bekanntgabe der Planungen unabdingbar. Nur so kann eine breite Beteiligung an der Vorbereitung wie an der Durchführung (auch Aufnahme ins Lehrangebot des Fachbereichs) gesichert werden. Bei langfristiger Planung wären insbesondere die Numerus-clausus-Fächer zu berücksichtigen. Die konkrete Vorbereitungszeit der Programmteams müßte von derzeit einem Jahr auf mindestens zwei Jahre erweitert werden.

(2) Mit dem Ende der Funkausstrahlung darf die Arbeit keineswegs als abgeschlossen

gelten. Auswertung, Korrektur und Bereitstellung für eine spätere Verwendung müssen – auch finanziell (in Hochschulen wie Rundfunkredaktionen) – gesichert werden. Das Material sollte so flexibel gestaltet sein, daß ein späterer Einsatz im Sinne eines Bausteinsystems möglich wird.

(3) Ein besonders brennendes Problem sind die Abgabebedingungen und die Preisgestaltung für die Begleitmaterialien. Sicherlich ist eine »liberale« Abgabepraxis erst möglich, wenn auch die Hochschulen sich besser auf die Lehrangebote einstellen (können). In jedem Fall sollte vermieden werden, daß für zweite Auflagen das Dreifache des Erstauflagenpreises verlangt wird. Das ist schlicht bildungsfeindlich.

Diese und andere kritische Erwägungen sind freilich stets vor dem Hintergrund fehlender besserer Alternativen auf dem Sektor Fernstudium zu sehen (die Taube auf dem Dach). Sie sind also wesentlich auch als Anregungen zur Verbesserung des Vorhandenen gemeint. Entsprechend veröffentlichte die Konferenz auch folgende Resolution, die an die Staatskanzleien der Bundesländer, insbesondere aber an das Kultusministerium in Nordrhein-Westfalen (verantwortlich für Hagen!) gerichtet ist: »1. Die Teilnehmer der Konferenz sind der Meinung, daß das Funkkolleg zur Zeit das einzige und seit Jahren bewährte Großmodell für ein Fernstudium im Medienverbund darstellt. 2. Daher empfehlen die Teilnehmer, bei der bevorstehenden Planung zum Fernstudium das Funkkolleg und die mit ihm gemachten Erfahrungen zu verwerten.«

Kritik am Funkkolleg »Literatur«
im Mediendienst »Tele-Control«, Bonn, 11.3.1977

[...] Die Sendungen werden vom HR produziert. Dessen zuständige Redaktion ist aber nur für funkgemäße Gestaltung der Kollegstunden verantwortlich. Die umfangreichen und ziemlich teueren (120.– pro Semester) Studienbegleitbriefe, die nur ratenweise erhältlich sind, werden von einem Redaktionsteam des DEUTSCHEN INSTITUTS FÜR FERNSTUDIEN (DIFF) an der Universität Tübingen nach den Manuskripten der Dozenten und nach Tests in kleinen Gruppen didaktisch zubereitet. Das DIFF ist überhaupt an allen Tätigkeiten des Kollegs, außer den Hörfunkproduktionen, beteiligt, vor allem an den Prüfungen, den sogenannten Testklausuren. Sodann machen noch die Volkshochschulen mit. Man kann bei ihnen Studienbegleitzirkel besuchen, in denen das Gesendete und die Briefe erläutert werden. Die Leiter dieser Zirkel sind angeblich in speziellen »Trainingskursen« darauf vorbereitet worden (mit unterschiedlichem Erfolg, wie sich feststellen ließ). Das Ganze geht jedoch von einem »wissenschaftlichen Team« aus, das – wie es im Begleitbrief heißt – »die Gesamtkonzeption« entwickelt, die Autoren »gewinnt« und fachlich berät, die Autorenmanuskripte und die Studienbegleitbriefe »verabschiedet« und bei den Prüfungen »mitwirkt«. Als Teamchefs für »LITERATUR« werden Prof. HELMUT BRACKERT (Frankfurt), Prof. EBERHARD LÄMMERT (Berlin) und JÖRN STÜCKRATH (Frankfurt) vorgestellt.

Doch außer diesen Instanzen gibt es noch eine Planungskommission, eine Zertifikats- und eine Prüfungskommission, in der die Kultusverwaltungen und die wissenschaftlichen Hochschulen der drei Bundesländer vertreten sind. [...]

Mit dieser Aufzählung bekommt das Prädikat »verantwortlich« offenbar eine sehr weite Bedeutung. Dem interessierten Rundfunkhörer wird hier ein unentwirrbares Instanzengeflecht dargeboten, das die Verantwortung für das Kolleg beliebig unter sich aufteilen oder umherschieben kann. Die Mitverantwortung der vier Landesrundfunkanstalten ist diffus; genau besehen können die vom Gesetz zur Verantwortlichkeit bzw. zur Kontrolle verpflichteten Organe des Rundfunks ihre Aufgabe gar nicht wahrnehmen. Der Rundfunk stellt ja auch nur sich selbst als Medium und seine Produktionsmittel zur Verfügung. Für Form und Inhalt des Kollegs ist er nicht heranzuziehen.

Das Funkkolleg liegt also etwas außerhalb der Landesrundfunkgesetze. Das ist zwar von der Sache her verständlich, denn der Rundfunk kann ja schließlich keine Massenprüfungen mit den höchst fragwürdigen Multiple-Choice-Fragebögen für die Zertifikate abhalten (die einen Seminarschein oder ein Zulassungsgutachten für ein Hochschulstudium ohne Reifeprüfung ersetzen können). Aber die formale Verantwortungslücke bleibt und niemand kann uns garantieren, daß so etwas – etwa bei den sogenannten Neuen Medien – nicht Schule macht. [...]

Letztlich tragen natürlich das Team und die von ihm engagierten Autoren für das, was übermittelt wird, die Verantwortung. Die aber läßt sich nicht einfach mit der Autorität der Wissenschaft oder mit dem Renommé der Dozenten abtun. Die Team-Chefs räumen denn auch schon im ersten Studienbrief ein, daß es z. Zt. »so etwas wie eine verbindliche literaturwissenschaftliche Auffassung oder eine konsistent ausgearbeitete Literaturtheorie« nicht gebe. Also käme es darauf an, den Problembestand heutiger Literaturwissenschaft und seine Entwicklungsphasen möglichst vielseitig aufzuzeigen. Das ist jedoch in diesem Funkkolleg vor allem dort, wo es um die Literaturtheorie geht, nicht der Fall. Das Kolleg bevorzugt vielmehr linguistisch-strukturalistische und marxistische Auffassungen auf Kosten der »herkömmlichen«, geistesgeschichtlich-ästhetischen Positionen.

LÄMMERT und BRACKERT müssen in dieser Hinsicht so etwas wie ein schlechtes Gewissen bekommen haben, sonst hätten sie nicht dem Begleitbrief Nr. 4 einen Artikel LÄMMERTS aus der FAZ über die gegenwärtige Situation der Germanistik angehängt und sonst würden sie nicht so auffällig oft betonen, daß das Team »ein breites Spektrum der vorfindlichen Pluralität von Arbeitsweisen in der Literaturwissenschaft« »abdecke« – ein offenbar jetzt auch für Germanisten unbedenkliches Verb. Aber schon Alter, Werdegang und Lehrposition der meisten Autoren (auffällig viele von Neu- oder Gesamthochschulen) lassen da andere Verdächte aufkommen.

Sie bestätigen sich bei näherem Zuschauen bzw. Zuhören. Der vier Kollegstunden umfassende Abschnitt über »Textkonstitution« wird ausschließlich von mehr oder weniger marxistisch angehauchten Strukturalisten bestritten. [...] Ein weiteres Beispiel für die Schlagseite des Funkkollegs: Die 10. Studieneinheit behandelt die Frage, wie »nichtfiktionale Texte« (d. h. Texte, die nicht auf Phantasieerfindungen des Autors beruhen) methodisch ausgelegt werden können. Die Frage der Auslegung von Gesetzestexten behandelt dabei kein Geringerer als Prof. LÄMMERT, der als Präsident der einstmals Freien Universität Berlin ja bereits ein etwas verwickeltes Verhältnis zu gewissen Rechtsnormen an den Tag gelegt hat. Wie kommt der Germanist dazu? Ein Rechtslehrer hätte das genau so gut gekonnt. Aber er hätte dann nicht den sogenannten Radikalenerlaß in nächste Nähe zu der »Anstellungsverweigerung wegen politischer Gesinnung in der NS-Zeit« gerückt. Er hätte auch nicht die Expektorationen von WALTER JENS zu diesem »Erlaß« ausführlich zitiert, sondern hätte dazu wohl das Bundesverfassungsgerichtsurteil vom 31. Mai 1975 sowie einige Verwaltungsgerichtsurteile angeführt. Der ganze Zweck dieses Beitrages von LÄMMERT besteht darin, den Kollegiaten die »richtige«, d. h. linke Sicht für den »Radikalenerlaß« zu verschaffen. Was LÄMMERT über Gesetzesauslegung zu sagen weiß, erweist sich also als ein Stück frecher Indoktrination. Im Gegensatz zu LINK verzichtet LÄMMERT denn auch darauf, Hausarbeitsfragen zu diesem seinem Beitrag zu stellen.

Die [...] Beispiele genügen wohl, um verständlich zu machen, daß die eingangs aufgeworfene Frage nach der Verantwortlichkeit und nach der Kontrolle nicht einfach nur theoretischer Natur ist. Es ist eine eminent politische Frage.

»Frankfurter Rundschau«, 7.10.1977:

Wer wirbt, trägt auch mal dick auf

Fragwürdige Funkkolleg-Reklame

Wer wirbt, der scheut nicht davor zurück, auch einmal besonders dick aufzutragen – besonders dann, wenn er's offensichtlich nötig hat. Daß der Hörfunk neuerdings auf nicht ganz seriöse Weise für sich, in muntere Spots gekleidet, die Werbetrommel rührt, dafür kann man das neueste Funkkolleg, das am 13. Oktober im zweiten Programm des Hessischen Rundfunks beginnt und dem Thema »Musik« gewidmet ist, als Beispiel anführen.

Eifrig wird beim Hörer für diese Sendereihe, die auch in den Programmen des SDR,

SWF, SR, WDR und von Radio Bremen ausgestrahlt wird, mit viel Pep und Pop geworben, ganz nach dem Motto: Alles zwischen Bach, Beat und Beethoven gehört in dieses Kolleg hinein. Und weil man laut Werbetext überhaupt keine Vorkenntnisse braucht, wird einem der Mund richtig wässerig gemacht.

Lange Gesichter freilich dürfen jene ziehen, die sich den Prospekt beim Zentralbüro des Funkkollegs in Frankfurt bestellt haben und sich per Äther eine leichtverständliche Einführung in die Welt der Noten und Rhythmen erhofften – ganz so, wie's der Werbespot suggerierte. [...] Wer von Tuten und Blasen, sprich von Noten, keinerlei Ahnung hat, dem wird erst einmal ein Vorkursus empfohlen. Auf diese Weise könne das entscheidende Problem des Notenlesens noch vor Beginn des Funkkollegs gelöst werden, kommentiert das Heft. Und wer sich ernsthaft mit den Inhalten des Kollegs [beschäftigt], das plötzlich so anspruchsvolle Studieneinheiten enthält wie »Polyphone und homophone Satzstrukturen« oder »Musikästhetische Paradigmen«, muß zur Bewältigung des Stoffs eine gehörige Portion Arbeit investieren. So spielerisch, wie es die Werbung weismachen wollte, geht's wohl doch nicht. [...]

Beim Funkkolleg wird [...] ganz offensichtlich eine Chance vertan, jene Schichten der Bevölkerung anzusprechen, die sich nach einem Acht-Stunden-Tag kaum noch dazu aufraffen können, etwa die Fortbildungsmöglichkeiten einer Volkshochschule wahrzunehmen. So löblich es auch ist, einem »gehobeneren« Zuhörerkreis Bildung per Funk anzubieten – das Funkkolleg wendet sich naturgemäß doch an solche Hörer, die sich auch anderer Gelegenheiten der Weiterbildung bedienen und dabei ohne weiteres das Angebot der zahlreichen Kurse an den Volkshochschulen wahrnehmen würden. Würde das Seminar das offerieren, was die übertriebene Ankündigung dafür verspricht, erschlösse sich der Hörfunk in puncto Funkkolleg ein ganz neues Publikum. Und ganz so elitär und wissenschaftlich bräuchte es ja dann nicht zuzugehen.

»Fernstudium aktuell« (DIFF-Journal), Jg. 2/1, März 1980:

Die Funkkollegs: Eine bewährte und zukunftsoffene Form der wissenschaftlichen Weiterbildung
Gespräch mit Dr. Henning Wicht

Interviewpartner von »Fernstudium aktuell« ist diesmal Programmdirektor Dr. Henning Wicht, Hessischer Rundfunk. Herr Dr. Wicht ist zugleich der Vorsitzende der Planungskommission »Funkkolleg«. Für die Fragen und die Aufbereitung des Interviews zeichnen Karlheinz Rebel und Adolf Stöber, DIFF, verantwortlich.

DIFF: Herr Dr. Wicht, über den gesellschaftlichen Auftrag des Rundfunks in der Bundesrepublik Deutschland und vor allem über die Gewichtung seiner Aufgaben im einzelnen kann man sich streiten. Vergangenheit und Gegenwart sind nicht arm an Beispielen, die diesen Streit belegen. Lassen Sie uns diesen Streit auf folgende Formeln bringen:

a) Der Rundfunk hat in erster Linie zu unterhalten.
b) Der Rundfunk hat vor allem zu informieren.
c) Der Rundfunk hat direkt oder indirekt einen Bildungsauftrag zu erfüllen.
d) Der Rundfunk sollte eine Form der informierenden Unterhaltung anstreben, die vor allem Bildungs- und Wissensinhalte transportiert.

Würden Sie bitte so freundlich sein, sich zu diesem – sicher sehr komplexen – Fragenkreis zu äußern? Wie würden Sie die Gewichte der einzelnen Teilaufgaben, sofern Sie alle akzeptieren, setzen?

Dr. Wicht: Der Programmauftrag des Rundfunks – zu informieren, zu bilden und zu unterhalten – setzt nach § 2 des Gesetzes über den Hessischen Rundfunk (HR) vom 2.10.1948 keine Prioritäten. Auch in den anderen mir bekannten Rundfunkgesetzen werden keine Gewichtungen dieser Trias »Information, Unterhaltung, Bildung« vorgenommen. In der Praxis lassen sich ohnehin diese drei sehr umfassenden Begriffe wohl kaum säuberlich trennen. Welche Unterhaltungssendung transportiert nicht auch zugleich einiges, wenn auch nur weniges, an Information? Welches Bildungsprogramm vermittelt nicht gleichzeitig Information, und wie sehr versuchen nicht gerade Journalisten, Magazinmacher und Reporter, ihre Sendungen mit unterhaltenden Elementen an den Hörer zu bringen? Welchem Bereich wäre das Hörspiel zuzuordnen?

Keiner der drei Programmsäulen »Bildung, Information, Unterhaltung« kann also ein Vorzug eingeräumt werden, und dem Rundfunk kann infolgedessen auch kein genereller Bildungsauftrag zuerkannt werden. Wenn jedoch im Rundfunkgesetz konstatiert wird, der Rundfunk sei Sache der Allgemeinheit, er habe dem Frieden, der Freiheit und der Völkerverständigung zu dienen, so ist dieser Verpflichtung ein gesamtgesellschaftlicher Auftrag zu entnehmen. Die hier zum Ausdruck gebrachte Zielsetzung sollte nach meiner Auffassung die Programmgestaltung insgesamt charakterisieren und durchdringen, gleichgültig ob es sich im engeren Sinn mehr um ein Unterhaltungs-, ein Bildungs- oder ein Informationsprogramm handelt.

DIFF: Sie, Herr Dr. Wicht, sind Vorsitzender der Planungskommission »Funkkolleg«. Es ist allgemein bekannt, daß Sie an Bildungsfragen besonders interessiert sind. Insbesondere die Funkkollegs sind Ihnen ans Herz gewachsen. Welche Möglichkeiten sehen Sie für den Hörfunk, einem breiten Hörerkreis wissenschaftlich fundiertes Orientierungswissen zu vermitteln und damit Chancen zur Bildung zu bieten?

Dr. Wicht: Die Beantwortung dieser Frage ist deshalb schwierig, weil es bei uns leider über die Wirkung unserer Medien keine verläßlichen und gesicherten Aussagen gibt. Die Erfahrungen, die wir mit dem Funkkolleg gemacht haben, lassen insofern eher zur Vorsicht raten, als die überwiegende Mehrheit der Teilnehmer am Funkkolleg bereits eine Hochschul-, zumindest eine Oberschulbildung hat. Einen »breiten Hörerkreis« kann man darunter wohl nicht verstehen, wenn man die Gesamtheit unserer Hörer zum Vergleich heranzieht. Natürlich versucht der Hörfunk, mit vielfältigen Programmformen wissenschaftliches Orientierungswissen zu vermitteln. Die Hörfunkprogramme und ihre Struktur beweisen das. Inwieweit damit »Chancen zur Bildung« geboten werden, vermag ich aus den eingangs genannten Gründen nicht schlüssig zu beantworten. Da aber, aus Hörerumfragen und Zuschriften leicht erkennbar, ein Bedürfnis nach derartigen Programmangeboten abzulesen ist, muß und wird der Hörfunk sich der ihm gegebenen Möglichkeiten weiterhin bedienen, sich durch das gesprochene Wort an Verstand, Vernunft und Sinn der Hörer zu richten.

DIFF: Die Funkkollegs werden – nimmt man das I. Modell des Hessischen Rundfunks aus den Jahren 1966–69 als Beginn der Funkkolleg-»Zeitrechnung« – nun schon 14 Jahre betrieben: mit bisher insgesamt 322 000 Einschreibungen in die jeweiligen Erstsemester zweifellos eine außerordentlich erfolgreiche Unternehmung, aber, mit den Augen eines Rundfunk-Insiders betrachtet, fast schon beängstigende Routine. Hat sich nach Ihrer Meinung das Funkkolleg nicht schon überlebt? Erkennen Sie Anzeichen einer Funkkolleg-Müdigkeit, auch bei Ihren Kollegen? Könnten Sie sich Funkkollegs einmal ganz anders vorstellen? Oder den Hessischen Rundfunk ganz ohne Funkkolleg?

Dr. Wicht: Die Frage, ob sich das Funkkolleg nach 14 Jahren »überlebt« habe, soll – aufgrund unserer Überlegungen – eine Ad-hoc-Kommission klären. Dazu zwei Anmerkungen:

a) Es muß nachdenklich stimmen, daß affektiv orientierte Kollegs geringeren Zulauf haben als solche mit einer kognitiven Orientierung.
b) Es müßte bedacht werden, daß die Beschränkung der Funkkollegs auf die akustische Dominanz eine Einengung der Themenwahl auf sozialwissenschaftliche, geisteswissenschaftliche und pädagogische Themen zur Folge hat. Eine Hinzuziehung einer visuellen Komponente würde das Funkkolleg vor völlig neue Aufgaben und Themen stellen.

Richtig ist aber auch, daß die Verwendungszwecke des Funkkollegs neu durchdacht werden müssen (denkbare neue Schwerpunkte: Einsatz in der reformierten gymnasialen Oberstufe mit Punktzuerkennung bei der Notenfindung im Abitur, Einsatz im Kontaktstudium mit neu zu definierender Honorierung des Zertifikats). Zu fragen ist schließlich, ob das im Funkkolleg erworbene Know-how nicht in Programmen für das berufsbildende Schulwesen und für die Berufsfachschulen nutzbar gemacht werden sollte, den derzeitigen Stiefkindern des allgemeinbildenden Schulwesens.

DIFF: Viele der bisher veranstalteten Funkkollegs waren ein außerordentlich großer Erfolg. Wäre es angebracht, solche Funkkollegs zu wiederholen? Und wäre es darüber hinaus zweckmäßig, an den Einsatz dieser Funkkollegs als Medienverbundprojekte in anderen Weiterbildungsinstitutionen zu denken? Würden Sie es begrüßen, wenn Teile der Funkkollegs, gleichsam als Fernstudienbausteine, weiter verwendet würden, seien es die Sendungen oder die Studienbegleitbriefe?

Dr. Wicht: Zum Teil geschieht es bereits: mit Zustimmung der Planungskommission werden die Funkkollegs »Erziehungswissenschaft«, »Pädagogische Psychologie« und »Beratung in der Erziehung« bereits von Fachbereichen und Fakultäten deutscher Universitäten genutzt. Das Problem liegt bei der Findung immer neuer Prüfungsaufgaben, die integrierender Bestandteil des Medienverbunds sind. Funkkollegs dürfen nur als Gesamtverbundpakete und mit Zustimmung der Planungskommission weiter verwendet werden. Auch dies ist nicht ad infinitum möglich: ein Drittel des vermittelten Wissens veraltet aufgrund eingehender und empirischer Untersuchungen heute bereits nach acht Jahren. Hinzu kommen hörästhetische Probleme: Auch Stimmen nutzen sich ab und sind nach einem gewissen Zeitraum nicht mehr zu ertragen. Schließlich spielen die in den Kollegs verwendete Wissenschaftssprache und die Fachnomenklatur eine wichtige Rolle: Sie sind in starkem Maße, gerade bei den Sozialwissenschaften, Moden und damit ständigen Veränderungen unterworfen. Überlegungen zur Stiftung eines »Sammelzertifikats« oder die Integration der Funkkolleg-Zertifikate als Bausteine in ein »ubiquitäres Bildungssystem« werden zur Zeit angestellt. Partner hierbei sind der Deutsche Volkshochschulverband und dessen Pädagogische Arbeitsstelle (Prof. Tietgens), der ein sehr erfolgreiches Zertifikationssystem entwickelt hat, das auch vom Bundeswissenschaftsministerium anerkannt wird und dessen Förderung erfährt (Ministerialrat Dr. Vulpius), sowie die Fernuniversität Hagen (Gründungsrektor Prof. Dr. Otto Peters). Voraussetzung hierfür ist die Entwicklung eines Normenkatalogs und eine Einigung über die Kompatibilität der Prüfungsanforderungen. Die Gespräche verlaufen bis jetzt positiv.

DIFF: Die Weiterbildungsdebatte in der Bundesrepublik Deutschland wird zunehmend konkreter. Sollte man nicht im Zug dieser Debatte erwägen, den Zertifikaten, die das bisher sehr gut funktionierende Fernstudienmodell »Funkkolleg« ermöglicht, ein neues, stärkeres Gewicht zu geben, sie gleichsam näher an ein wie auch immer zu definierendes Prinzip der fortschreitenden, Stufe um Stufe aufbauenden Qualifizierung heranzuführen?

Dr. Wicht: Die Ministerialbeauftragten für das Funkkolleg in den beteiligten Bundesländern arbeiten daran. Der schon erwähnte »Punkt« bei der Voraussetzung zur neuen Reifeprüfung im Rahmen der Reform der gymnasialen Oberstufe gehört ebenso hierher wie eine stärkere Honorierung bei den vorgelegten Nachweisen erbrachter Fort- und Weiterbildung im Rahmen des Strukturplans des Deutschen Bildungsrats. Angestrebt wird ein Baukastensystem, bei dem nicht nachgefragt wird, wo und auf welche Weise die einer Norm unterliegenden Bausteine erworben wurden. Die Diskussionen hierüber dauern an.

DIFF: Sozialwissenschaftler von Ruf diagnostizieren stets aufs neue, daß Fernsehen und Rundfunk nicht unerheblich zur Informationsschwemme beitragen und dadurch bei den Adressaten zu einer passiven Konsumentenhaltung führen können. Stellen nach Ihrer Auffassung die Funkkollegs zu dieser mißlichen Situation insofern ein wirkungsvolles Alternativprogramm bereit, als sie zur aktiven Mitarbeit herausfordern und gerade dadurch passives Konsumentenverhalten abbauen? Besteht nicht andererseits die Gefahr, daß das über Jahre gelernte Konsumentenverhalten den Erfolg der Funkkollegs in Frage stellt? Wie sollen nach Ihrer Auffassung Sendungen idealiter konzipiert sein, damit diese Gefahr gebannt wird?

Dr. Wicht: Ich meine in der Tat, daß die Funkkollegs ein wirkungsvolles Alternativprogramm darstellen. Die aktive Teilnahme an einem Funkkolleg fordert vom Zuhörer ein großes Maß an Selbstdisziplin, Abstraktionsfähigkeit, Lernwilligkeit und Konzentration. Passives Konsumentenverhalten läßt sich mit diesen Anforderungen nicht vereinen. Dieser Erziehungsprozeß wirkt sicherlich auch über die Dauer eines Funkkollegs hinaus und kann zu einem generellen Abbau passiven Konsumentenverhaltens führen. Gerade der geistige Anspruch, den die Funkkollegs stellen, ist die beste Gewähr gegen die von Ihnen mit Recht zitierte Gefahr. Die Funkkollegs sollten freilich noch didaktischer angelegt werden und gezielt mit allen Mitteln des Mediums arbeiten. Einer falsch verstandenen Popularisierung, d.h. Verflachung, aber kann nicht das Wort geredet werden. Besonders wichtig erscheint mir in diesem Zusammenhang jedoch, daß die Motivierung der aktiven Teilnehmer durch Prüfungen bzw. Zertifikate beibehalten, ja im Hinblick auf ihre Verwendungszwecke weiter ausgebaut wird.

DIFF: Lassen Sie uns abschließend, Herr Dr. Wicht, einen Perspektivewechsel vornehmen: Uns würde interessieren, was ein Programmdirektor an Konzeption und Realisierung der Funkkollegs kritisieren könnte. Diese Frage reicht von der Themenauswahl über die Zusammenarbeit mit den Funkkolleg-Partnern bis zur Sendereife und Ausstrahlung der einzelnen Funkkollegs. Wir möchten Sie aber auch danach fragen, was Ihnen, als dem für die Programmgestaltung des Hörfunks einer Rundfunkanstalt in besonderer Weise Verantwortlichen, an den Funkkollegs besonders gefällt, worin Sie deren besondere Chance heute und – vielleicht – in der Zukunft sehen. Würden Sie sich freundlicherweise auch noch zu diesem Problemkreis äußern?

Dr. Wicht: Auch das Funkkolleg ist ein Teil des Rundfunkprogramms, welches nach dem Rundfunkgesetz »Sache der Allgemeinheit« ist. Die Kollegs sind am besten, die sich dieses Gesetzesauftrags bewußt sind, die auch für »Zaungäste« interessant sind, die sich radiophoner Ausdrucksmittel bedienen und denen die Anstrengungen nicht anzumerken sind, wie schwierig es ist, komplizierte Sachverhalte einfach, gleichsam schwebend und mit äußerster Transparenz darzustellen. Die Funkkollegs wurden deshalb ins Programm gesetzt und sollen deshalb auch dort bleiben, weil sie durch die Systematik ihrer Darstellung und die energischen Hilfen bei der Rezeption ihrer Inhalte ein hohes Maß an Effizienz zu gewährleisten vermögen.

DIFF: Herr Dr. Wicht, haben Sie Dank für dieses Gespräch.

Christian Feldmann in »Publik-Forum«, 7.5.1982:

Bischöfe stoppen Funkkolleg
Mauschelei beim Süddeutschen Rundfunk

Aus Angst vor einer möglichen »dritten Konfession« stoppten die katholischen Bischöfe das vom Süddeutschen Rundfunk in Auftrag gegebene »Funkkolleg Religion«. Die Autoren waren ihnen nicht zuverlässig genug, der konfessionelle Proporz zu wenig gewahrt, das ganze Konzept zu liberal. Über den zuständigen Redakteur hinweg wurde ein neuer Projektentwurf mit neuen Autoren ausgehandelt.

Die traurige Geschichte des so unrühmlich baden gegangenen Projekts währte ein halbes Jahrzehnt. 1976 nämlich begann ein kleiner Kreis von Theologen im Auftrag des SDR mit den Planungen für das Funkkolleg. Das Ziel: In einer Reihe von insgesamt 30 Sendungen die Erfahrungen und Fragen moderner Menschen aufzunehmen und mit den Inhalten christlichen Glaubens zu konfrontieren, »induktiv«, wie das heute in Religionsunterricht und Erwachsenenbildung heißt, von der Erfahrung zum Glauben führend und nicht umgekehrt.

Der konfessionelle Proporz war den Autoren nicht so wichtig. Drei protestantische Theologen und ein katholischer Theologe zeichneten für das Projekt verantwortlich, das Lebensfragen und wesentliche Glaubensinhalte ohne konfessionelle Engführung behandeln sollte. Zwei Sendeeinheiten wurden als Pilotsendungen komplett produziert, eine über die Bewältigung des Bösen und leidvoller Erfahrungen in der Schöpfung, eine über die Frage nach Gott. Die Planungskommission des Rundfunks segnete das Projekt ab, der gesamte Entwurf wurde einer gemischt-konfessionellen Runde von Fachleuten vorgestellt.

Da kam vom Sender urplötzlich – in diesem Frühjahr – die Mitteilung, man habe ein neues wissenschaftliches Leitungsteam bestellt und ein neues Gesamtkonzept für alle 30 Sendungen vorliegen. Die beiden fertigen Piloteinheiten wurden honoriert und zu den Akten gelegt. Eine Begründung für den Sinneswandel wurde nicht geliefert. In mühsamen Recherchen reimten sich die Betroffenen selbst zusammen, was geschehen war:

Die deutschen katholischen Bischöfe hatten das Projekt – ohne die Autoren zu informieren – diskutiert und dem Rundfunk anschließend ihre entschiedene Ablehnung signalisiert. Wären die Sendungen ausgestrahlt worden, hätte jeder einzelnen Einheit die Ansage vorgeschaltet werden müssen, die Reihe sei gegen den Willen der Bischöfe entstanden. Weiter sickerte durch, SDR-Intendant Bausch habe seinem Studienfreund, dem Rottenburger Bischof Moser, in einem vertraulichen Gespräch beim Wein zugesichert, das Projekt zu stoppen.

Die Bischöfe hätten Bedenken gegen das »Redaktionsteam« geäußert, so war zu hören. Der katholische Moraltheologe Volker Eid aus Bamberg, dem linken Flügel seiner Zunft zugeordnet, war ihnen offenbar genauso suspekt wie die liberalen Lutheraner Klaus Berger, Neutestamentler in Heidelberg, und Falk Wagner, systematischer Theologe in München. Der vierte im Bunde, Carsten Colpe, hat nicht nur einen Lehrstuhl an der gefährlichen FU Berlin, sondern auch noch einen echten Marxisten als Schüler und ist zu allem Überfluß Neutestamentler und Iranist in einer Person.

Ein so zusammengesetztes Team konnte nach bischöflicher Ansicht nur eines im Sinn haben: die Etablierung einer »dritten Konfession«. Das Konzept des Funkkollegs wurde im neuen Anlauf denn auch bis zur Unkenntlichkeit verändert: An die Stelle der sachlichen Prioritäten trat eine peinlich genaue Aufteilung nach Konfessionen. Die meisten Themen, sogar so theologisch unbelastete wie »Staat und Kirche«, werden jetzt doppelt abgehandelt – in der einen Sendung aus katholischer, in der nächsten aus evangelischer Sicht. Die Sendung »Liturgie« wird ausschließlich von Katholiken betreut, das Thema »Reden vom Glauben« dagegen unerfindlicherweise nur von Protestanten. Überhaupt entstammt die veränderte Themenauswahl – von der Taufe bis zum Petrusamt und Maria – eher dem Inhaltsverzeichnis herkömmlicher Katechismen als dem Erfahrungshorizont der Zeit. Auch das neue Leitungsteam bietet mehr Gewähr, sich der bischöflichen Kontrolle einzufügen als die glücklosen Vorgänger: Die Religionspädagogen Biemer und Nipkow sind bisher ebensowenig durch allzu kritische Gedankengänge aufgefallen wie der Münchner Systematiker Trutz Rendtorff und der trotz eigener Dementis immer wieder als Bischofskandidat gehandelte Freiburger Dogmatiker Karl Lehmann.

Das abgeblockte bisherige Leitungsteam verübelt den bischöflichen Wunschkandidaten nicht so sehr deren Arroganz (das Konzept der Sendung sei »nunmehr wissenschaftstheoretisch fundiert«, loben sie sich selbst), sondern eher den Oberhirten und dem Sender die Art und Weise, wie da gemauschelt worden ist. Das beharrliche Schweigen auf alle Fragen mißachte die »in Mitteleuropa üblichen Regeln der Höflichkeit«, heißt es in einem Brief an Intendant Bausch. Und ein solches »Geheimverfahren aufgrund kirchenpolitischer Pression« widerspreche den Rechtsgrundsätzen einer öffentlich-rechtlichen Anstalt.

Waldemar Schmidt in »FUNK-Korrenspondenz«, 4.11.1982:

Als »offenes, konfessionell-kooperatives Modell« ausgelegt
August-1982-Projektentwurf »Funkkolleg Religion« verabschiedet

Die Billigung von sechs Kultusministerien und das Wohlwollen von zwei Kirchen besitzt nunmehr der im August 1982 vom Süddeutschen Rundfunk fertiggestellte Projektentwurf »Funkkolleg Religion«. In einer Sitzung am 8. Oktober 1982 in Frankfurt/M. einigte sich die Planungskommission des Funkkollegs [...] über den neuen Projektentwurf. Somit ist auch der Beginn der Ausstrahlung des Funkkollegs Religion gesichert. [...]

Der Einigungsbeschluß ist auch insofern ein wichtiges Datum, als er den vorläufigen Schlußpunkt unter eine annähernd sechsjährige Phase von nach außen hin verwirrenden Konsultationsspielen setzt (vgl. FK 23/81), die unter dem Gesichtspunkt der komplizierten

Verzahnung von Zuständigkeiten zwischen Kultusministerien und Kirchen im Bereich der kirchlichen Lehre und Ausbildung gesehen werden müssen.

Frage der Zertifikate war ein Kernpunkt

Noch am 20. August 1982 gab es im Süddeutschen Rundfunk eine Besprechung zwischen den Vertretern der katholischen und der evangelischen Kirche und dem wissenschaftlichen Leitungsteam des geplanten Funkkollegs. Bei dem Gespräch einigte man sich über die Adressatenbeschreibung des Funkkollegs und die Präambel zum Projektentwurf, außerdem über Verfahrensfragen im Zusammenhang mit den Zertifikaten. In dem entsprechenden Papier heißt es lapidar: »Über die Verwendung der Zertifikate im Rahmen der Aus-, Fort- und Weiterbildung im kirchlichen Bereich entscheiden die Kirchen.« Somit ist festgestellt, daß die katholische und die evangelische Kirche sich im eigenen Bereich die Anerkennung der Zertifikate jeweils vorbehalten, was keinesfalls gleichbedeutend ist mit einer Ablehnung der Zertifikate, wohl aber mit einer Betonung der Eigenständigkeit und Kirchenunabhängigkeit des massenmedialen Bildungsangebotes »Funkkolleg Religion«. Während im innerkirchlichen Bereich Kann-Formeln formuliert wurden, sind im säkularen Bereich die Formulierungen eindeutiger. Die Zertifikate sind schematisch in die Allgemeinbildung und Weiterbildung eingebunden: Ein im Funkkolleg Religion erworbenes Zertifikat wird als eines der beiden Gutachten anerkannt, die für die Zulassung zur »Begabtenprüfung« (Zulassung zum Hochschulstudium ohne Reifezeugnis) notwendig sind. In Bremen ist ein Funkkolleg-Zertifikat sogar ersatzweise als einziger Begabtenprüfungsnachweis möglich, in Hessen und Saarland muß ein Teilnehmer aber die Note »sehr gut« oder »gut« aufweisen, um mit dem Religions-Zertifikat als Gutachten etwas unternehmen zu können. Im Hochschulbereich selbst regeln die Fachbereiche und Fakultäten die Anrechnung der Funkkolleg-Zertifikate als Seminarscheine. Die Kultusverwaltung der Bundesländer rechnen das im Funkkolleg Religion erworbene Zertifikat für Lehrer aller Schularten, Schulstufen und Fächer als Nachweis erbrachter Fortbildung an, der auf Antrag zu den Personalakten genommen wird.

Der Auftrag für den August-1982-Projektentwurf des Funkkollegs war am 9. November 1981, also vor fast genau einem Jahr, an den Süddeutschen Rundfunk von der Planungskommission, vorbehaltlich einer endgültigen Zustimmung, erteilt worden. Er war der erste Auftrag, der qua Abstimmung von der Planungskommission erteilt wurde. Das Land Baden-Württemberg war dort gegen die Auftragserteilung, Nordrhein-Westfalen und Hessen enthielten sich der Stimme. Konzeptentwürfe, »Basismanuskripte« zum Funkkolleg wurden schon lange zuvor in der Planungskommission diskutiert, aber nie zur Abstimmung gestellt; die Autoren und Autorengruppen wechselten verschiedentlich.

Die Reserve des Landes Baden-Württemberg gegen den Planungsauftrag, ganz offenbar in Rücksicht auf die katholische Kirche gehandhabt, war auch Gegenstand eines Gesprächs, das Bischof Georg Moser, Vorsitzender der Publizistischen Kommission der Deutschen Bischofskonferenz, im Spätherbst 1981 im Stuttgarter Kultusministerium hatte. Bischof Moser schrieb am 19. November 1981 an SDR-Intendant Prof. Bausch einen Brief, in dem er auf das gehabte Gespräch hinwies und betonte, daß die katholische Kirche dem Projekt wohlwollend gegenüberstehe, sich allerdings die Frage der Zertifikats-Anerkennung ausdrücklich vorbehalte. Die evangelische Kirche Deutschlands hatte am 4. Juni 1981 durch den Stuttgarter Oberkirchenrat Dr. Basse ihre Bereitschaft bekundet, ihrerseits den Kontakt bei der Entwicklung des Projekts Funkkolleg Religion wahrzunehmen. Beide Kirchen haben Kontaktpersonen namentlich genannt.

Die Reserve der Bundesländer Nordrhein-Westfalen und Hessen gegenüber dem Projekt bezog sich vor allem auf die damals noch mangelnde Berücksichtigung des religionswissenschaftlichen Teils und des Themas Jugendreligionen. Nachdem diese Themenbereiche nunmehr stärker hineingenommen wurden, hatten die beiden Länder keine Bedenken mehr gegen das Projekt und beteiligten sich in der Abstimmung vom 8. Oktober 1982 mit ihrem Ja.

22 Autoren haben ihre Beteiligung zugesagt
Die wissenschaftliche Leitung des Projekts »Funkkolleg Religion« liegt in den Händen von Günter Biemer, Freiburg (Pastoraltheologe, katholisch) und Karl Ernst Nipkow, Tübingen (Pädagoge und praktischer Theologe, evangelisch). Das Professorenduo hat, so ist aus dem Projektentwurf ersichtlich, weitere sechs Kollegen aus verschiedenen theologischen und verwandten Fachbereichen und aus beiden Konfessionen zur Seite. Die programmliche Verantwortung des Projekts liegt bei Reinfried Hörl, Chef des Programmbereichs Erziehung beim SDR-Hörfunk. Das wissenschaftliche Leitungsteam beteiligt sich zwar auch an der inhaltlichen Ausarbeitung von Manuskripten, jedoch wurden für den größten Teil der 30 Kollegstunden weitere Fachleute dazugewonnen. 22 Autoren haben inzwischen mündlich oder schriftlich ihre Beteiligung zugesagt; erfreulich unter verschiedenen Gesichtspunkten. Vor allem wäre der Aspekt zu nennen, daß der dem Projekt schon implizit gemachte Vorwurf, sich in eine eher konservativ-theologische Richtung zu entwickeln, wahrscheinlich nicht weiter zu halten sein wird. Eine solche einseitige Ausrichtung entspräche auch nicht dem Auftrag eines Bildungsprojekts im Medium Hörfunk.

Themenbestimmung ein Problem für sich
Aus mehreren Gründen sei zunächst im Blick auf alle Betroffenen und am Thema Beteiligten zu klären, was unter Religion in einem Funkkolleg verstanden werden soll und was nicht, betonen die Autoren in der Einleitung des Basismanuskripts. Das könne allerdings nicht so erfolgen, daß ein Kompromiß aus verschiedenen Postulaten der öffentlichen Meinung oder ein Konsens der am Unternehmen Beteiligten das ersetzen könnte, was die Fachwissenschaft selbst über Wesen und Sinn der Religion zu sagen hat, heißt es weiter. Im Grundcharakter des Funkkollegs Religion solle sich zudem die Offenheit in bezug auf einen Absolutheitsanspruch religiöser Wahrheit spiegeln. Das wird versucht, indem man das Unternehmen unter den Anspruch eines »offenen konfessionell-kooperativen« Modells stellt. Im Hinblick auf die Jugendreligionen sehen die Autoren Aufgaben für ein Funkkolleg als Vermittler von Analyse-, Erklärungs- und Informationsbeiträgen. [...]

Die Adressaten des Funkkollegs
Es sind zunächst diejenigen, die von Berufs wegen sich für Religion interessieren, sodann werden solche Menschen genannt, die sich von einem Funkkolleg Religion Aufklärung und Gewinn für ihre eigene religiöse Praxis versprechen. Es sollen ebenso kritisch-distanzierte Hörer angesprochen werden; dabei wird damit gerechnet, daß sich von Zeit zu Zeit gerade die Distanzierten und die religiös interessierten Jugendlichen als Hörer einblenden werden, deshalb sollen die Kollegstunden auch als einzelne Sendebeiträge verstehbar sein. [...]

Konkret wendet sich das Funkkolleg, seiner Eigenschaft als Bildungsangebot entsprechend, besonders an fünf bildungsinteressierte Kreise: 1) Teilnehmer, die die Zulassung zu einem Hochschulstudium ohne Reifezeugnis über die »Begabtenprüfung« anstreben, 2) Studierende an Universitäten, Hochschulen oder Fachhochschulen, 3) Lehrer aller Schularten oder Schulstufen, 4) andere Berufsgruppen, die ein wissenschaftliches Angebot über religionswissenschaftliche oder theologische Grundfragen erhalten oder erweitern wollen, und 5) Schüler der Sekundarstufe II, insbesondere solche, die Berufe mit entsprechenden Qualifikationen anstreben oder ein entsprechendes Studium beginnen möchten.

Daß das Funkkolleg Religion von der Planung in die Wirklichkeit tritt, ist unter anderem auch dem Ergebnis einer kontinuierlichen Befragung unter Funkkolleg-Hörern zu verdanken. Diese hatte im Jahr 1981 unter 28 Themen erstmals das Thema »Religion« an die erste Stelle ihrer Prioritätenliste gesetzt. Mit dieser Präferenz der Hörer versehen, konnten die Planungen für das Funkkolleg auch programmpolitisch stärker begründet werden.

»FUNK-Korrespondenz«, 18.11.1983:

Bischöfe: Funkkolleg Religion *neben* der Ausbildungsordnung

Als Reaktion auf die Diskussion in der Öffentlichkeit, die sich im Gefolge der Veröffentlichung einer Erklärung der Deutschen Bischofskonferenz zum Funkkolleg Religion ergab, kommt aus Kreisen der Deutschen Bischofskonferenz die Mitteilung, der Eindruck, die Bischöfe lehnen das Funkkolleg ab, sei »ganz offensichtlich aufgrund einiger Mißverständnisse entstanden«. Die Bischöfe begrüßten im Gegenteil, daß sich ein Funkkolleg mit dem Thema Religion befaßt. Es wird darauf hingewiesen, daß dieses Funkkolleg eine grundsätzliche Problematik enthalte. Sie ergebe sich daraus, daß das Kolleg seiner Anlage nach bis hin zu den abschließend erteilten Zertifikaten als ein Teil der ordentlichen Aus-, Fort- und Weiterbildung im jeweiligen Sachbereich – beim Funkkolleg Religion insbesondere bei der Religionslehrerausbildung – angesehen werden solle. Ebenso wie die Ausbildung sei aber die Fort- und Weiterbildung der Religionslehrer konfessionell bestimmt und erfolge, soweit sie von staatlichen Einrichtungen getragen und durchgeführt werde, mit der kirchlichen Zustimmung. Das Funkkolleg Religion stelle sich als »konfessionell-kooperatives Modell« in seiner Grundkonzeption aber ausdrücklich *neben* diese Ordnung, heißt es in der Verlautbarung. Da das Kolleg zugleich durch die angestrebte staatliche und kirchliche Anerkennung der Zertifikate Wirkungen innerhalb dieser Ordnung entfalten wolle, greife es zugleich in diese ein und trage so zur Verunsicherung über die Konfessionalität der Religionsausbildung bei. Zugleich ergäben sich in diesem Zusammenhang rechtliche Fragen, wird betont.

Es sei wichtig, den Teilnehmern am Funkkolleg Religion, die neben dem persönlichen Studiengewinn zum nicht geringen Teil wohl auch eine berufliche Anerkennung erwerben wollen, diese Problematik rechtzeitig deutlich zu machen. Deshalb sollte ihnen von Beginn an mitgeteilt werden, daß eine kirchliche Anerkennung der Zertifikate aus diesen grundsätzlichen Erwägungen – und nicht aus inhaltlichen Erwägungen gegenüber den Autoren oder ihnen bisher noch gar nicht vollständig bekannten Beiträgen – nicht erteilt werden könne. [...]

Christoph von Wolzogen in »Frankfurter Allgemeine Zeitung«, 28.3.1985:

Ist Tugend lehrbar?
Eine Nachlese zum Funkkolleg »Praktische Philosophie/Ethik«

Es war ein Wagnis – selbst für eine in Sachen mediengerechter Aufarbeitung schwieriger Inhalte so erfahrene und experimentierfreudige Institution wie das Funkkolleg. [...] Einmal um die moralische Welt in dreißig Stunden: An dieser kühnen Reise beteiligten sich – neben den nicht eingeschriebenen Hörern – 24644 Kollegiaten.

Daß die Erwartungen an solch eine Einführung in die Praktische Philosophie, zumal in einer von atomarer Bedrohung, ökologischer Krise und »instrumenteller« Vernunft verunsicherten Zeit, sehr vielschichtig sein würden, war vorauszuahnen. [...] Ganz geheuer schien das Ganze nicht einmal dem Leiter der Abteilung »Bildung und Erziehung« beim Hessischen Rundfunk, Gerd Kadelbach, zu sein. Er gab während der Vorbereitungen des Projekts zu: »Eine große Dimension von Sokrates und Platon bis hin zum Bomberpiloten von Hiroshima: Mir wird angst und bange über die Vermittlungsstrategie, mit der dieses den einzelnen Hörer nun im Funk-Kolleg dargeboten wird.«

Der Text der dreißig Semesterstunden füllte 694 Manuskriptseiten, die den Begleitzirkelleitern jeweils vor den Sendungen zugingen. Dazu kamen zwölf gedruckte Studienbegleitbriefe (insgesamt 1184 Seiten) für alle eingeschriebenen Teilnehmer, die jeweils kurze einführende Informationen, einiges begleitende Text- und Bildmaterial sowie ausführlicheres ergänzendes Material für die anschließende Durcharbeitung enthielten. [...]

Auch die so sorgfältig wie einfallsreich typografische Gestaltung der »Studientexte« und die ausgetüftelte Didaktik der »Dialoge« kann nicht darüber hinwegtäuschen, daß hier eine »Quadratur des Kreises« versucht wurde, nämlich für jede Zielgruppe »das Material möglichst über das ganze Kolleg hinweg gleichermaßen interessant, anregend und lehrreich« zu machen, ohne dabei in jene Popularität zu verfallen, die Kant zufolge »auf alle gründliche Einsicht Verzicht tut«. So gemeinverständlich und farbig den Autoren zu Beginn auch das Bild der gegenwärtigen Krise gelang, so schwer fiel es ihnen offensichtlich, darin auch die Eigenart des Ethischen deutlich werden zu lassen, dessen Bearbeitung dann allerdings eher trocken und abstrakt ausfallen mußte.

»Es war in der Tat hinderlich«, resümierte K. O. Apel in einem Werkstattgespräch, »daß viele Hörer an die ersten Einheiten des Kollegs mit der Erwartung herangetreten sind, es sei hier so wie in anderen Funkkollegs über Wissenschaft, wo nämlich der Professor auftritt und von vornherein das sagt, was das Ergebnis der Wissenschaft ist, was man niederschreiben kann und was dann als gültig erhalten bleibt.«

Rezepte für Probleme, und wären sie auch noch so dringlich, konnte und wollte dieser philosophische Großversuch nicht bieten, sondern allenfalls Wege zu ihrer möglichen Klärung. Doch hier hat man des Didaktischen ein wenig zu viel getan, indem, wie eine Bremer Kollegiatin zu Recht bemängelt, »mehrfach interpretierte philosophische Texte in eindeutige Aussagen« gefaßt wurden, um sie »für ein Multiple-Choice-Verfahren aufzubereiten«. So wird etwa in der vierten Kollegstunde – wohl zum nicht geringen Erstaunen der Kantforschung – der kategorische Imperativ mit einer einzigen Frage elegant vom Tisch gefegt: »Erläutern Sie, weshalb der kategorische Imperativ für die Begründung einer realistischen Ethik nicht ausreicht.« Ob da der Philosophie-Erfahrene, wie Klaus Schilling in der Zeitschrift für Didaktik und Philosophie, noch von der Inszenierung eines »geradezu festlichen Sprach-Spiels« reden mag?

Weniger feierlich, sondern geradezu ärgerlich ist überhaupt die Behandlung Kants. Zugegeben: Seine Auffassung des Mitleids ist, sieht man sie nicht im Zusammenhang seiner Philosophie, befremdlich. Aber so eng mit Heinrich Himmler hat man den berühmten »Rigorismus« wohl noch nie verbunden – Hans Ebeling in der einundzwanzigsten Stunde: »Der rigorose Faschismus deutscher Prägung, die in der Tat perfekte Durchstreichung des Mitgefühls, erzwingt Bedenken auch noch Kant gegenüber [...] Sollte die kühle Bürokratie des Todes sogar noch Kant gegenüber eine Revision nahelegen?« Da ist man rückblickend wirklich dankbar, daß Hitler es ausdrücklich abgelehnt hat, Hegel in die Bibliothek der Reichskanzlei aufzunehmen, so daß uns wenigstens dieser Philosoph der »Bildung« noch bleibt.

Auch Platon und Aristoteles kommen, in der zwölften Stunde Dietrich Böhlers, nicht eben gut davon. Vielleicht ist es eine Ironie, daß dort gerade die Kritik Karl Poppers, des entschiedenen Vertreters der Fehlbarkeit, an Platons »totalitärer« Ethik als gültig unterstellt wird, obwohl eine weitergehende Auslegung des Griechen durchaus auf dessen Grundgedanke hätte stoßen können: nämlich auf die in dem gemeinschaftlichen Glück sämtlicher Staatsbürger zu verwirklichende Gerechtigkeit. Doch es wurde nicht einmal, obwohl sie das ganze Unternehmen hätte eröffnen sollen, die für alle praktische Philosophie so hochbedeutsame Frage gestellt: Ist Tugend lehrbar? Genau darin liegt das ganze Problem der »Vermittlung«, mit dem sich die Teamleiter so massiv konfrontiert sahen.

Nicht selten fiel der Vorwurf, daß das Funkkolleg, wider alle Erwartung, wenig repräsentativ verfahren sei, sondern gerade die Diskurs-Ethik Apels kräftig protegiert habe. So ist es auch kein Zufall, daß in den Stellungnahmen der Kollegiaten mit schöner Regelmäßigkeit der Begriff der »Letztbegründung« auftaucht, von dem man nicht recht weiß, wo er herkommt und wie er in den »hermeneutischen Zirkel des Verstehens« hineingeraten ist. Und nicht zufällig gilt als Höhepunkt der Veranstaltung überhaupt der in der Tat hochinteressante Disput zwischen K. O. Apel und Hans Albert unter dem Titel: »Ist eine Letztbegründung moralischer Normen möglich?«

Wenn auch viele Teilnehmer dieser Auseinandersetzung sehr bald nicht mehr folgen konnten und atemlos zurückblieben, so dürfte ihnen dennoch die Ironie der Situation, die ja eine des »ernsthaften Diskutierens« war, nicht entgangen sein. Denn auf die Frage des Moderators Gerd Kadelbach, ob, nach der Einführung von Hans Albert, Annäherungspunkte sichtbar geworden seien, war von seinem Kontrahenten zu hören: »Herr Albert ist bis jetzt immer auf seiner Unmöglichkeitsthese gegen jede Art von Letztbegründung [...] stehengeblieben. Ich hoffe geradezu, daß er diese These auch heute vertritt.« Und dabei blieb es, die Annäherung fand nicht einmal, wie eine Kollegiatin schrieb, im »Unendlichen« statt, sondern tauchte auf im Diskurs: »Wir scheinen uns auf diese Weise tatsächlich näherzukommen, und zwar nähern Sie sich mir, Herr Apel«, wie sie ebenso verschwand: »Jetzt habe ich den Eindruck, Herr Albert, als ob Sie sich nun mir annähern.«

So »atemberaubend«, wie der Moderator diesen Disput nannte, wird wohl mancher Teilnehmer das ganze Unternehmen empfunden haben: als eine Entwicklung der Moral mit Siebenmeilenstiefeln, die auch dem Zeitgeist ihren Tribut zollen sollte. [...]

Eines blieb auf diesem allzu materialreichen »Sprint durch den Garten des Menschlichen« jedenfalls auf der Strecke: die Vieldeutigkeit philosophischer Texte. Dementsprechend wurden auch Zensuren verteilt, die für einige, immerhin bedeutende Denker nicht gerade günstig ausfielen, wie für Heidegger, der von Hans Ebeling einer »schlecht verhüllten Verherrlichung des Immoralismus« geziehen wurde. Einen Dialog mit 24644 Teilnehmern hatte man gesucht und doch nur wieder eine »Schule« für sakrosankt erklärt. Aber es wäre wohl gerade die Frage gewesen, ob uns in einer Zeit, deren Krise die Autoren dieses Kollegs in ihrer Einleitung so bewegt zu schildern wußten, wirklich noch mit »Standpunkten« geholfen ist. Wir brauchen wohl eher den wirklich universalen Blick.

Einstweilen scheint Platons negative Antwort darauf, ob Tugend lehrbar sei, bestätigt und die Chance, Philosophie »populär« zu machen, vergeben worden zu sein. Doch vielleicht liegt in dieser Roßkur, die es für alle Beteiligten zweifellos war, auch die berühmte List der Vernunft, nämlich die Aufforderung, diese alte, aber so aktuelle Frage zum Ausgangspunkt eines erneuten, nun aber konzentrierten Versuchs zu machen.

Gerhard Pätzig in »Frankfurter Allgemeine Zeitung«, 12.8.1988:

Schwieriger Zutritt zum klingenden Musentempel
Zum Abschluß des Funkkollegs »Musikgeschichte« im Medienverbund / Kritik an der Überforderung der Hörer

[...] Eine großartige Idee: das »Funkkolleg«. Es ist eine Art Hochschul-Hausunterricht oder Freizeit-Uni mit Vorlesungen im Radio, Aussprachekreisen zum Zuhören in Feedback-Sendungen und – vor allem – äußerst ambitionierten Studienbegleitbriefen.

[...] Das jetzt über zwei Semester andauernde und gerade zum Abschluß gebrachte Thema hieß »Musikgeschichte«. Die europäische Musik vom zwölften bis zwanzigsten Jahrhundert, also vom Gregorianischen Choral bis zu den postseriellen Gegenwartstendenzen, wurde ausgiebig zur Sprache und – mit leider viel zuwenig Klangbeispielen – zu viel Papier gebracht. Was sich bei der Ankündigung des Themas in verlockenden Informationsbroschüren und Einführungssendungen wie ein spannender Streifzug durch ein zum allgemeinen Bildungsgut gehörendes Kulturwissen ausgab, entpuppte sich ganz schnell als waghalsiger Einstieg in eine exquisite, gelegentlich zum Traumtänzerischen neigende Wissenschaftlichkeit. Der naheliegende Gedanke, hier zur Tat gereift, für jede Studieneinheit einen hochqualifizierten Spezialisten der musikwissenschaftlichen Equipe mit internationalem Renommee zu gewinnen, führte de facto zu einem ungeahnten Gewaltmarsch im Eilschritt auf steilen Pfaden zum Gradus ad Parnassum. Absturzgefahr! [...]

Das originelle Leitmotiv, die vielfältigen Musiktraditionen Europas, Stile und Formen anhand von kontroversen Theoretiker-Zitaten, einander widerstreitenden Praktiker-Meinungen, literarischen und ästhetischen Richtungskämpfen bis hin zu ideologisch verbrämten Dogmen anschaulich werden zu lassen, verdient Anerkennung. Dabei mußten aber auch inhaltliche Nachteile in Kauf genommen werden. Ein Großteil des in den Konzertsälen weltweit kultivierten (und konservierten) Repertoires blieb mangels historischer Streitfragen unterbelichtet, andererseits erfuhr manches zu Recht in den Kulissen der Geschichte verschwundene Opus eine allenfalls funkkolleg-didaktisch zu begründende Wiederbelebung und Gewichtung.

Wer bei solchem Verfahren mithalten wollte und konnte, der allerdings hatte gute Chancen, von der Plattform des eroberten Musentempels einen packenden Panorama-Blick über die in eintausend Jahren recht zersiedelte Musiklandschaft zu erhaschen. Doch nur wenige – und dies stimmt nachdenklich – sind bis zu dieser oberen Plattform emporgestiegen. [...]

Zumindest ein Kardinalfehler wird bei der Werbung für die alljährlich wechselnden Funkkolleg-Themen gemacht: Mit gedankenloser Routine wird immer wieder mit der großen Teilnehmerzahl geliebäugelt. Seit Jahr und Tag richtet sich die Einladung zum Mitmachen an eine »Adressatengruppe«, für die es beim besten Willen gar kein inhaltlich zumutbares Inhaltskonzept geben kann: nämlich für alle und für jeden, von der interessierten Hausfrau und dem Hausmann bis zum hochsemestrigen Fachstudiker. Der ärgerliche Drang zur hohen Einschaltquote, das Krebsgeschwür der Medien, läßt grüßen. Das Kunststück, es bei qualitativ hochwertiger Programmgestaltung allen recht zu machen, scheiterte und trug auch prompt jene Früchte, die das Funkkolleg nach so vielen Jahren erfolgreicher Praxis mit eigentümlicher Starrheit auch beim Thema »Musikgeschichte« ernten mußte.

Das soll aber nicht heißen, daß das Funkkolleg keine vorzügliche Idee und Einrichtung ist. Ganz im Gegenteil sollten sich endlich einmal alle bundesdeutschen Rundfunkanstalten zur Beteiligung entschließen. Denn immer noch sind die bildungshungrigen Hörer in den Ländern Bayern, Niedersachsen, Schleswig-Holstein, Hamburg und Berlin von der zwar anspruchsvollen, im ganzen aber bewährten Heim-Universität im häuslichen Lehrstuhl ausgesperrt. [...]

Eva-Maria Lenz in »Frankfurter Allgemeine Zeitung«, 12.11.1988:

Zwischen Agonie und Hoffnung
Zu der Funkkolleg-Reihe »Jahrhundertwende«

[...] Das Funkkolleg »Jahrhundertwende (1880–1930)« hat den unerschrockenen Anspruch, Polaritäten [...] zu umspannen. Fern dem üblichen Verständnis datiert es höchst eigenwillig die Jahrhundertwende auf fünf Jahrzehnte (!) und umfaßt also gleich noch ein paar markante Wendepunkte unseres Jahrhunderts, von den russischen Revolutionen bis zum Vorabend nationalsozialistischer Machtergreifung.

Die wissenschaftlichen Initiatoren des Unternehmens, August Nitschke, Gerhard A. Ritter, Detlev Peukert, Rüdiger vom Bruch, streben eine Kultur- und Sozialgeschichte an. Dazu dehnen sie das Beobachtungsfeld nicht nur chronologisch in die Länge, sondern auch geographisch in die Breite, außer Amerika und dem in Europa einbezogenen Rußland werden auch noch China und Japan berücksichtigt. Quer zur Tendenz heutiger Universitätsseminare, sich engen Spezialgebieten gründlich zuzuwenden, wagen die vier Funk-Weisen mit ihren Mitarbeitern ein enzyklopädisches Panorama. Das kann imponieren. Andererseits ist solche Gesamtschau von Politik, Gesellschaft, Kunst, Naturwissenschaft, Technik und Alltag teuer erkauft. Je weniger die Thematik an den Rändern begrenzt wird, desto deutlicher klaffen zentrale Lücken. Bei der Auswahl aus dem gigantischen Stoff kreuzen sich oft Bildungswille und Willkür.

Paris und Berlin zum Beispiel treten einigermaßen plastisch hervor, kaum aber London und Wien. Dabei hätte jede der vier Metropolen allein das Jahrespensum eines Funkkollegs bestreiten können. Immerhin ist die unabsehbare Fülle des Stoffes übersichtlich portioniert. [...] Wenn dabei etwa der Jazz, Cézanne, van Gogh, Freud, Virchow und Darwin unter den gemeinsamen Nenner »Geistige Herausforderungen« gezwängt werden, während Einstein, Planck, Picasso, Kafka, Klee und Schönberg die »Neue Sicht der Wirklichkeit« vereint, dann ähneln die Raster Rätseln. Je summarischer der Überblick, desto mehr wächst die Gefahr, daß vielschichtige Zeiterscheinungen und Gedankengebäude auf Etiketten, Persönlichkeiten auf Visitenkarten reduziert werden.

Nach den bisher gewonnenen Eindrücken interessieren Kunstwerke oft weniger wegen ihrer Qualität und speziellen Formsprache denn als zeitbedingte oder zeiterhellende Faktoren. Das begünstigt auf dem Gebiet der Literatur eine Vorliebe für künstlerisch zweitrangige Texte. Methodische Aporien ergeben sich, weil naturwissenschaftlichen oder ästhetischen Erkenntnissen immer wieder die Pointe abverlangt wird, sich der Geschichtssicht einverleiben zu lassen. Freilich soll die mitgelieferte Bibliographie samt Dokumentensammlung den Funkkollegiaten verlocken, die hier aus allerlei historischen Partikeln zurechtgeschüttelten Muster aufzubrechen, Gewichte und Dimensionen einzelner Sachgebiete selbst weiter zu erkunden. Das Abschlußzertifikat allerdings erwirbt er nach Klausuren im Multiple-Choice-Verfahren, das weniger vertiefende Studien als den Hang zu festen Formeln fördert.

Auf der anderen Seite steuern die Initiatoren, um manche Begriffe mit Anschauung zu füllen, erstmals ein Fernsehangebot bei. Für dreißig auf die Radiolektionen abgestimmte Sendetermine wurden Produktionen aus dem Archiv geholt, darunter Kostbarkeiten wie kürzlich zum Auftakt Walter Ruttmanns Montagefilm »Berlin – Sinfonie einer Großstadt« (1927) oder zum Finale (im nächsten Juni) Bert Brechts und Slatan Dudows »Kuhle Wampe« (1932). Drei Glücksfälle aus dem Programm der nächsten Woche vertreten charakteristische Spielarten der außergewöhnlichen Fernsehreihe, die Dokumentation »Titanic«, Robert Lands Unterhaltungsfilm »Vierundzwanzig Stunden aus dem Leben einer Frau« und Georg Wilhelm Pabsts Lehrfilm »Geheimnisse einer Seele«. [...] Wenn das Funkkolleg gelegentlich solche und andere Pionierwerke wiederentdeckt, kann es auch Zaungäste anlocken.

Angela Hausner in »Süddeutsche Zeitung«, 12.7.1991:

Uni trifft Disco im Radio
Eine Bilanz des Funkkollegs »Medien und Kommunikation«: Ringen um Verständlichkeit

[...] Zuerst das so häufig genannte Positive: Es tut gut, wenn man in den Medien auch einmal etwas über Medien hört. Bedenkt man, wie viele unserer Erfahrungen wir mittlerweile nicht mehr aus erster Hand, sondern aus den Medien beziehen, ist es erschreckend, wie wenig allgemein bekannt ist über Vermittlungstechniken, Sachzwänge, Wirkungsweisen oder Einflußnahme. Das Publikum sollte viel öfter die Chance erhalten zu erkennen, daß hier keine Naturgesetze am Werk sind, sondern Menschen und Gruppen mit Stärken und Schwächen, Interessen und Machtgelüsten.

Und da zumindest der öffentlich-rechtliche Rundfunk als Massenmedium neben der Unterhaltung – immer noch – den Auftrag hat, durch Information und Aufklärung zur kritischen Reflexion anzuregen, ist es doppelt gut, wenn ein solches Kolleg über Medien gerade vom Rundfunk gefördert und gesendet wird.

Zum dritten schließlich ist es begrüßenswert, wenn Professoren die Früchte ihrer (oder ihrer Assistenten) Arbeit der Öffentlichkeit präsentieren. Gemeinhin zieht man es in deutschen Gelehrtenkreisen vor, durch Veröffentlichungen in renommierten oder obskuren Fachblättern zu brillieren – vornehm enthoben den Blicken der Allgemeinheit, die sie bezahlt.

Doch natürlich setzen sich Wissenschaftler mit einem solchem Funk-Seminar auch der Kritik der Öffentlichkeit aus. Meiner zum Beispiel.

Sie betrifft vor allem die Art der Durchführung, denn – so gut das Thema, so gut das Vermittlungsmedium – gut zusammengekommen sind die beiden hier nicht. Die Studieneinheiten sind zwar mal besser, mal schlechter, da sie ja von verschiedenen Autoren stammen, doch ist die Ebene meist schlicht zu hoch. Herrscht an deutschen Universitäten auch die altehrwürdige Unsitte, die Studenten mögen sich ruhig plagen, um zu verstehen, was die Professoren meinen könnten, so ist das bei einem Funkkolleg »kontraproduktiv«. [...]

Die inhaltliche Beschwernis schlägt vor allem bei den Studienbriefen durch (»Wirklichkeitskonstrukte dienen als gesellschaftlich einklagbarer Entscheidungsrahmen«, »Medienangebote als konventionalisierte Anlässe zur Durchführung kognitiver Operationen«). Bei den Sendungen wurde durch Bearbeitung der Konzepte von den Funkjournalisten einiges aufgefangen – wobei sie allerdings oft ins andere Extrem verfielen. Die Folge waren erhebliche Diskrepanzen zwischen Studienbrief und gesendeter Kollegstunde. Ich fand das sehr irritierend und wenig hilfreich, doch waren diese Diskrepanzen offenbar willentlich herbeigeführt. »Die 30 Kollegstunden«, so heißt es im Begleitheft, »wollen in den Stoff der jeweiligen Studieneinheit einführen und die Darlegung der Studienbriefe teils verlebendigend (sic!) unterstützen, teil auch ergänzen und erweitern. Ursprünglich stellten sie jedesmal eine reine Vorlesungsreihe ... dar; inzwischen haben sich diese Radiosendungen aber längst auf ihre eigenen funkdramatischen Möglichkeiten besonnen.« Und da sich die Sendungen nun einmal »besonnen« haben, griffen die Funkberater in die Vollen: Formale Mittel wie Hörspiel- und Reportageelemente oder Interviews wurden fröhlich mit Kreuz- und Querüberblendungen von Stimmen (offenbar funkspezifisch für unterschiedliche Meinungen) und Musikeinschüben versetzt.

Es war wohl so gedacht, daß die Wissenschaftler für die geistvollen Inhalte, die Journalisten für die lockere Form und »Hörernähe« sorgen sollten. Doch die Arbeitsteilung klappte nicht. Konnte nicht klappen, da lockere Formen nicht schaffen können, was vorher an inhaltlicher Aufarbeitung nicht geleistet wird. Zuweilen entbehrten die Produkte dieser Arbeitsteilung nicht der Komik.

[...] Mein zweiter Kritikpunkt zielt auf eine inhaltliche Schwäche. Wenn ein populäres Medium wie der Funk ein Kolleg über »Medien und Kommunikation« sendet, dann können die Teilnehmer, bei denen (laut Einführungsbrief) »kein fachspezifisches Grundwissen vorausgesetzt« wird, einen Überblick über Thema und Forschungsansätze erwarten. Grundlage dieses Funkkollegs war aber vor allem ein Ansatz, nämlich der »Konstruktivismus« (oder, imposanter noch, der »Radikale Konstruktivismus«). Nun ist dieser Ansatz durchaus interessant. Avanciert er aber sogar zum Untertitel der gesamten Veranstaltung (»Konstruktionen von Wirklichkeit«), entsteht beim Hören ohne Vorkenntnisse allzu leicht der Eindruck, dies sei nicht nur der jüngste Sproß, sondern auch gleich die Krönung der Kommunikationswissenschaft. [...]

Dieser Ansatz, der sich seine Bausteine aus der medizinischen, psychologischen und linguistischen Forschung holt, ist in der Kommunikationswissenschaft allgemein erst seit vier, fünf Jahren im Gespräch. Ein Medienkolleg auf dieses »junge«, noch ziemlich spekulative Konzept aufzubauen, ist so, als würde man ein Grundlagenseminar über Kunst und Architektur anhand der Thesen der Postmoderne halten. Wenn also – und damit komme ich zum Ergebnis meiner persönlichen Wirkungsforschung – ein Funkkolleg über Medien, dann bitte einen Gesamtüberblick und nicht nur eine Zeitgeist-Richtung. Und wenn ein Medienkolleg im Funk, dann bitte allgemeinverständlich. So, wie's war, bleibt bei mir der Eindruck einer doppelten Spielwiese: für die offenbar durchsetzungskräftigen Vertreter der konstruktivistischen Schule, die hier Gelegenheit erhielten, sich zu profilieren; und für experimentierfreudige Funkjournalisten, die sich mit allen Tricks des Metiers durch dreißig Lektionen toben durften.

Wolfgang Kessler in »Publik-Forum«, 1.5.1992:

Funkkolleg Humanökologie

Prüfung in rechter Gesinnung – Wie sich der öffentlich-rechtliche Rundfunk in den Dienst der konservativen Gegenreformation stellt

Die Funkkollegs der Rundfunkanstalten in Deutschland haben einen guten Ruf. Mit fundierten und ausgewogenen Bildungsangeboten wecken sie regelmäßig das Interesse Tausender Hörer, sich über neue Fachgebiete zu informieren oder frühere Kenntnisse wiederaufzufrischen. Dieser gute Ruf ist gefährdet, seit die Redaktion des Westdeutschen Rundfunks in Zusammenarbeit mit dem Deutschen Institut für Fernstudien an der Universität Tübingen ein Funkkolleg zum Thema »Humanökologie« erstellt hat, das die weltweiten Herausforderungen auf dem geistigen Niveau der fünfziger Jahre bewältigt.

Dabei ist die Zielsetzung des Funkkollegs ebenso aktuell wie brisant: »Weltbevölkerung,

Ernährung, Umwelt – das sind die Schlagworte, unter denen man die großen heutigen und zukünftigen Probleme der Menschheit zusammenfassen kann. Sie sind eng miteinander verknüpft und müssen entsprechend gemeinsam angegangen werden.« Diese – zu Recht – anspruchsvolle Zielsetzung wird schon dadurch entwertet, daß das Funkkolleg die Frage des Bevölkerungswachstums in den Mittelpunkt stellt. Im Kern reduziert es damit die weltwirtschaftlichen Probleme auf die gleiche Aussage, wie sie auch an vielen Stammtischen zu hören ist: Es gibt einfach zu viele Menschen, vor allem in der Dritten Welt. Zwar erklärt das Funkkolleg die Ursachen des Bevölkerungswachstums richtig: Es sind die Armut und eine untergeordnete Stellung der Frau. Gleichzeitig rücken alle Fragen in den fernen Hintergrund, die die Verantwortung der Industrieländer betreffen. Wenig ist zu lesen über die Auswirkungen der jahrhundertelangen Kolonisation auf die Bevölkerungsentwicklung. Auch die Frage des Kollegs, ob die Welt eine schnell wachsende Bevölkerung überhaupt wird ernähren können, stellt sich ganz anders, wenn man weiß, daß weltweit genügend Nahrungsmittel für alle Menschen produziert werden. Die entscheidende Frage ist eine ganz andere: Warum kommen die Nahrungsmittel nicht zu den Hungernden? [...]

Die gleiche Abstraktion von den weltwirtschaftlichen Herrschaftsstrukturen durchzieht sämtliche Studienbriefe. Auch beim Thema »Umwelt« analysieren die beteiligten Wissenschaftler breit den Zusammenhang zwischen Bevölkerungswachstum und Umweltbelastung. Viel zu kurz kommt dagegen die Beziehung zwischen dem kapitalistischen Industriemodell der reichen Länder und der weltweiten Umweltzerstörung, obwohl jeder Amerikaner 400mal soviel Energie verbraucht wie jeder Bewohner des »übervölkerten« Indiens. Gar nicht in den Blick kommt die Tatsache, daß die großen Unternehmen des Westens alles daransetzen, um dieses Industriemodell zum eigenen Nutzen auf die ganze Welt auszudehnen. Was dies für die sogenannte Dritte Welt bedeutet, zeigen bereits zahlreiche Chemieunfälle und die Giftmüllexporte aus den Industrieländern.

Konsequent einseitig bleiben die Autoren der Studienbriefe auch bei der Erklärung der Unterernährung in der Dritten Welt. [...] Zwar akzeptieren seine Autoren eine zarte Kritik an der Agrarpolitik der EG, die der Dritten Welt schwer schadet, doch letztlich endet alles in der beruhigenden Schlußthese: »Den wesentlichen Beitrag zur Verringerung von Massenarmut und Mangelernährung müssen die betroffenen Länder selbst erbringen.«

Auf der gleichen Linie bleibt das Bildungsprogramm auch bei der Diskussion über eine neue Weltwirtschaftsordnung. Hier wertet das Kolleg alle weltwirtschaftlichen Ursachen für die Misere der Dritten Welt konsequent ab. Begriffe wie Ausbeutung oder Abhängigkeit erscheinen in Anführungszeichen. [...]

Zwar erwartet niemand von einem Funkkolleg die Identifikation mit einer bestimmten kritischen Theorie. Wichtig wäre jedoch die unvoreingenommene Darstellung verschiedener Erklärungsansätze und der Interessenpositionen, die sich hinter scheinbar wertfreien Analysen und politischen Forderungen verbergen. Genau dies leistet das Funkkolleg nicht. Es widmet sich vor allem einem Ziel: die Hörer per Abschlußprüfung gegen den Gedanken zu immunisieren, der Lebensstil und das Wirtschaftssystem in den Industrieländern seien selbst die größte Herausforderung für die Humanökologie der Welt.

Kosten- und Finanzierungsplan zum Funkkolleg »Literarische Moderne« 1993/94

(Ein solcher Kosten- und Finanzierungsplan wurde für jedes Funkkolleg von der jeweils federführenden Anstalt – in diesem Fall dem Süddeutschen Rundfunk – spätestens ein Jahr vor Beginn aufgestellt und der Planungskommission vorgelegt. Nach Diskussion, Gutheißung oder eventueller Abänderung wurde er Teil der unter den beteiligten Veranstaltern zu schließenden Verwaltungsvereinbarung. Unter »Managementexemplaren« wurden die an Begleitzirkelleiter und -leiterinnen, an die Mitglieder der Planungskommission usw. kostenlos abgegebenen Studienbriefe verstanden.)

Zugrundegelegte Teilnahmeschätzung: 25000 Kollegiaten (davon 2 % = 500 aus nicht beteiligten Bundesländern)

Legende	Gesamtkosten		Kostenträger			
	feste Kosten	variable Kosten (teilnehmerabh.)	Rundfunk	DIFF	Länder	Volkshochschulen
Entwicklung Stoffplan	10.000,–		10.000,–			
Redaktion/ Produktion 30 Sendungen 4 Einführungssendungen 2 Feed-backsendungen Werbespots Sitzungen Wiss. Team	280.000,–		280.000,–			
Koordination der Medien: Teamassistenz Sachausgaben u.a.	90.000,–		45.000,–	45.000,–		
Werbung Prospekte Plakate Anzeigen	200.000,–		200.000,–			
Begleituntersuchungen	38.000,–		3.000,–	35.000,–		
Teamvertrag	30.000,–			30.000,–		
Studienbriefe Projektbez. Kosten Wiss. Gemeinkosten	680.000,– 268.000,–	2.524.000,–		2.524.000,– 680.000,– 268.000,–		
Zentralbüro	308.090,–	67.500,–			375.590,–	
Organe des Funkkollegs Zertifikats- u. Prüfungskomm.	28.000,–				28.000,–	
Prüfungssonderheft		47.000,–			47.000,–	
Prüfungen		280.000,–			280.000,–	
Management-Exemplare		110.000,–			110.000,–	
Schulung der Zirkelleiter	35.000,–				35.000,–	
Didaktische Umsetzung Koordination	5.000,–					5.000,–
Gesamtsumme	1.972.090,–	3.028.500,–	538.000,–	3.582.000,–	875.590,–	5.000,–

Feste Kosten Teilnehmerabhängige Kosten	1.972.090,– 3.028.500,–
Gesamtkosten abzüglich Teilnehmergebühren (je Teilnehmer DM 100,–)	5.000.590,– 2.500.000,–
Reale Kosten	2.500.590,–

Aufteilung der zu verrechnenden Kosten				Gesamtkosten
1.	Landesrundfunkanstalten			
	HR	18,7%	100.606,– DM	
	NDR	18,7%	100.606,– DM	
	SDR	18,7%	100.606,– DM	
	SWF	18,7%	100.606,– DM	
	WDR	18,7%	100.606,– DM	
	RB	2,5%	13.450,– DM	
	SR	4,0%	21.520,– DM	DM 538.000,–
2.	DIFF			DM 1.082.000,–*)
3.	Kultusministerien/Wissenschaftsministerien			
	Die Anteile der einzelnen Länder an den Kosten werden wie folgt berechnet: Die Kosten, die anteilig auf die Teilnehmer mit Wohnsitz in einem der an der Verwaltungsvereinbarung beteiligten Länder entfallen, werden im Verhältnis der Teilnehmerzahlen des ersten Semesters aufgeteilt; als Wohnsitz gilt die Anschrift, unter der der Teilnehmer gemeldet ist.			DM 875.590,–**)
4.	Volkshochschulen Landesverbände			DM 5.000,–**)
			Total	DM 2.500.590,–

*) nach Abzug der Teilnehmergebühren (DM 2.500.000,–)

**) Die Vorfinanzierung des Zentralbüros in Frankfurt durch das Land Hessen wird in der Schlußrechnung auf den Kostenanteil des Landes Hessen angerechnet.

Henrich von Nussbaum in »Rheinischer Merkur«, 28.8.1992:

Einfalt statt Vielfalt: Funkkolleg
Eine Planungskommission beschäftigt sich mit der Zukunft des Weiterbildungsprogramms. Sind Minderheitenangebote im öffentlichen Hörfunk nicht mehr erwünscht?

Am 8. September entscheidet die Planungskommission des ARD-»Funkkollegs«, traditionsgemäß im zentral gelegenen Gründungssender Hessischer Rundfunk unter dem Vorsitz seines Hörfunkprogrammdirektors, ob das beispielhafte Weiterbildungsprojekt über das Jahr 1994 hinaus fortgeführt werden kann. Und in welcher Form?

Landesfürsten, Kultus- und Bildungseinrichtungen, Politiker und Wissenschaftler sprachen sich dafür aus. Niedersachsens Ministerpräsident Gerhard Schröder warnte gar, wie schon NRW-Kollege Johannes Rau, emphatisch vor einer »Verflachung des Programms«, die andere – Personen wie Institutionen – seit langem konstatieren, ohne daß die mitverantwortlichen Ministerpräsidenten der Bundesländer sich für Reformvorschläge erwärmt hätten. [...]

Der Trend hält an: Im Zuge des letzten Jahrfünfts wurden Kulturdarbietungen wie -berichterstattungen rigoros aus dem öffentlich-rechtlichen Hauptprogramm herausgedrängt, im Rundfunk wie im Fernsehen. [...] Jetzt legen die unentwegten Optimierer einer eingängigen Programmfarbe die Axt an weitere Grundpfeiler der öffentlichen Massenkommunikation: das »Funkkolleg«. Das seit 25 Jahren existierende Projekt der ARD-Radios, 1966 vom Hessischen Rundfunk ursprünglich zur Lehrerfortbildung begründet, dann aber – wie das schon 1964 vom Bayerischen Rundfunk (BR) eingerichtete »Telekolleg« – als Allgemeinbildung für interessierte Hörer weitergeführt. [...]

In Beruf und Öffentlichkeit fanden sie zunehmend Anerkennung und Zuspruch. Zum 25. Jubiläum im Jahr 1991, nach dem 31. Funkkolleg (»Humanökologie«/Westdeutscher Rundfunk) mit 19000 Teilnehmern (nach »Moderne Kunst« mit 40000) hatte eine Broschüre die Glückwünsche der Geistesheroen der deutschen Wissenschaft und Bildungspolitik zusammengestellt. Die Gratulantenliste liest sich wie ein Auszug aus Kürschners Deutschem Gelehrtenkalender.

Süddeutscher Rundfunk (SDR) und Südwestfunk (SWF), verantwortlich für die nächsten beiden Funkkollegs »Anthropologie« und »Literatur modern« (ab Oktober 1993), wollen ab 1994 plötzlich aussteigen; daraufhin auch der NDR. Damit fehlen den verbleibenden vier ARD-Sendern (HR, WDR, SR, RB) fast 60 Prozent des Etats (derzeitlich 533000 Mark Direktkosten). Begründet wird das geplante Abwürgen – wen wundert's noch? – ausgerechnet mit Hörerservice: Das Interesse sei angeblich rückläufig.

Eine Schutzbehauptung, die einer Bankrotterklärung des öffentlich-rechtlichen Informationsauftrages gleichkommt. Der Zuspruch schwankte schon immer je nach Thema zwischen 18000 und 40000 Teilnehmern; das Mittel liegt bei 25 000 Kursteilnehmern. Summe aller Jahre: 600000 Teilnehmer. Nicht zu verwechseln mit der gesamten Hörerzahl: die liegt bei 150000 bis 200000 pro Kurs. Zum Vergleich: Das breitgefächerte Gesamtangebot aller hessischen Volkshochschulen nutzen zirka eine halbe Million Menschen.

Mit der Nutzung haben sich Angebot und Form des »Funkkollegs« laufend gewandelt: Ausgleichsdenksport für Spezialisten war es zuletzt. Demnach geht es verstärkt nicht bloß um Wissen, sondern um die gesamtgesellschaftliche Vernetzung des Fachwissens, um interdisziplinäre Integration und Rekonstruktion. Oft wirkten diese Zwischenbilanzen damit sogar in die Einzelwissenschaft zurück. Auf die Mündigkeit des Staatsbürgers sowieso: Bildung hat nicht bloß politische Dimension, sie entspringt auch einem politischen Willen, einem Bild vom Menschen als selbstbestimmendem politischen Wesen.

Abwehr durch Angleichen: Statt Bildung sei »Erlebnisorientierung« angesagt, heißt es im Süden, wo die Kultur im gemeinsamen Programm S 2 gerade »durchhörbar« gemacht wurde, wie Hörfunkdirektor Friedmar Lüke (SDR) und SWF-Kulturchef Gert Haedecke sich in die Brust werfen. Beide erinnert man noch anders. Funkkolleg sei »hörerunfreundlich«, weil »wenig radiophon«. Ein »sperriger Riegel« im stromlinienförmigen Programmfluß. [...]

Thomas Adam in »Frankfurter Rundschau«, 5.10.1994:

Von Atomkraft und Gentechnik bis Digitalisierung
Start des neuen »Funkkolleg Technik« in reformierter Form

Beim Funkkolleg wird die altehrwürdige Fahne der Aufklärung noch hochgehalten. Für Hans Jürgen Koch, Kulturchef beim mitveranstaltenden Saarländischen Rundfunk, ist das Fernstudium via Radio ein seit bald 30 Jahren bewährtes »Instrument aufklärerischen Bemühens«. Doch auch an dieser Frucht des öffentlich-rechtlichen Bildungsauftrags hat der Zahn der Zeit Spuren hinterlassen.

Unter dem programmatischen Titel »Technik, Einschätzen – Beurteilen – Bewerten« präsentiert sich das neue Funkkolleg in merklich knapper geschneidertem Kleid: Das »Lernen im Medienverbund« erstreckt sich künftig nur noch über ein statt bisher zwei Semester. Die Zahl der Studieneinheiten wurde um ein Drittel auf 20 gekürzt, und für die Vermittlung des Lehrstoffs bleiben pro Sendung statt der herkömmlichen 60 nur noch 40 Minuten übrig. Das reformierte Konzept ist nicht allein der Tatsache geschuldet, daß dem Kreis der Veranstalter durch das Ausscheiden von SDR und SWF – in puncto Finanzen – wichtige Partner fehlen. Die Reform trägt, so Koch, auch einem »veränderten Mediennutzungsverhalten« des Publikums Rechnung. Mit einem Wort: Selbst bildungsbeflissene Kollegiaten sind kaum noch für die Dauer eines ganzen Jahres bei der Stange zu halten.

Der wissenschaftlichen Seriosität des Unternehmens soll die kompaktere Form keinen Abbruch tun. Ein Blick auf die Themenpalette des Funkkollegs Technik bestätigt, daß eine erfolgversprechende Teilnahme auch künftig nicht zum intellektuellen Nulltarif zu haben ist. Im Mittelpunkt der Kollegstunden stehen von der Atomenergie über die Gentechnik bis zur vermeintlich grenzenlosen Kommunikation via Datenautobahn typische Problemfelder moderner Technologien. An solchen Beispielen wollen die Autoren Begriffe, Kriterien und Verfahren erarbeiten, »die Diskussion und Handeln aus Verantwortung für Mensch, Umwelt und Technik möglich machen«. [...]

Werbung für das Funkkolleg »Steuern – das Geld der Gesellschaft«
Zusammenstellung (Tischvorlage) für die Planungskommissionssitzung am 7.11.1995

Prospekt:
12seitig, zweifarbig, mit anhängender Teilnahmeerklärung; Auflage: 150.000; Streuung (Zeitraum April bis Oktober 1995):
- über direct mailing vom Beltz Verlag und vom Funkkolleg Zentralbüro (s. u.);
- über Auslage in Volkshochschulen, Bibliotheken und ähnlichen Einrichtungen;
- über Verteiler-Institutionen wie die Landeszentralen für politische Bildung, Akademien, ca. 260 Hochschuleinrichtungen für Weiterbildung, studium generale und Seniorenstudium und sonstige Bildungseinrichtungen;
- Zusendung auf Anforderung an die durch Werbespots, Anzeigen oder Plakate geworbenen Interessenten (Zentralbüro, Rundfunkanstalten)

Plakate:
- DIN A 2, Auflage 15.000; Versand an Schulen, Volkshochschulen, Bibliotheken, Akademien, Hochschul- und ähnl. Einrichtungen sowie an Finanzämter
- DIN A 1, Auflage 1.000; öffentliche Plakatierung in Frankfurt am Main (hr) und in Berlin (City u. ausgew. Bezirke; hr in Verbindung mit Berliner Volkshochschulen)

Direct mailing:
Rundschreiben verschiedener Formulierung mit beigefügtem Prospekt (z. T. auch mit beigefügtem Plakat sowie Werbemittel-Anforderungskarten) an:

1.319 Schulen, Fachschulen und Fachhochschulen
675 Hochschulfachbereiche, -institute, -seminare

rd. 2.300 sonst. Bildungsinstitutionen und -verbände, Bibliotheken usw.
343 Lehrerfortbildungseinrichtungen
8.000 Fachlehrer und schulische Fachleiter Wirtschaftskunde
5.315 Steuerberatungsfirmen (2 x)
1.000 Steueranwälte (2 x)
600 Finanzämter
133 Industrie- und Handelskammern
rd. 40 Wirtschaftsverbände und -institutionen
142 Verbraucherberatungsstellen und -verbände
rd. 1.500 Dauer-Funkkolleginteressenten (gemeldet mit Anforderungskarte)
rd. 10.000 Teilnehmer/innen am Funkkolleg »Literarische Moderne« in NRW

Anzeigen in der Tages- und Wochenpresse sowie in Zeitschriften:
DIE ZEIT (2 x)
Frankfurter Allgemeine
Frankfurter Rundschau
WOCHENPOST
Ostseezeitung (Ausg. Rostock)
Thüringer Allgemeine (Ausg. Erfurt, Weimar)
Märkische Allgemeine (Ausg. Potsdam, Brandenburg, Nauen, Rathenow)
BERLINER ZEITUNG
Erziehung und Wissenschaft
DM
impulse (Ost-Ausgabe)
CAPITAL (Ost-Ausgabe)
Der Steuerzahler
Die Steuerberatung
Die Steuerfachgehilfen

(Für die vorstehenden, überwiegend über den Beltz Verlag abgewickelten Werbemaßnahmen wurden insgesamt rd. 240.000 DM aufgewendet.)

Für Teilnehmer des vorangehenden Funkkollegs:
Informationen über das bevorstehende Funkkolleg »Steuern«, dazu beigeheftete Teilnahmeerklärungen, in Studienbrief 6 des Funkkollegs »Technik« (DIFF)

Werbespots im Radio:
Vielfache Ausstrahlung der zehn vom hr produzierten bzw. eigener Werbespots in den Hörfunkprogrammen der beteiligten Anstalten ab Juni/Juli 95. (Werbespots wurden auf Initiative einer Volkshochschule auch von einem Lokalradio gesendet.)

Fernseh-Werbespots:
Mehrfache Ausstrahlung eines vom hr produzierten Werbespots in Hessen 3, West 3 und Nord 3 im September/Oktober 95

Pressearbeit:
Über den Beltz Verlag wurden angeschrieben und mit Pressetexten versehen: sämtliche Nachrichtenagenturen, die Tages- und Wochenzeitungen, Funk- und Fernsehzeitschriften, Illustrierte Zeitschriften, die Fachpresse auf den Gebieten Steuern, Wirtschaft, Rechtsberatung, Verbraucherberatung, Gesellschaftspolitik, Pädagogik, Erwachsenenbildung, ferner die Unizeitungen, die Lehrerzeitschriften, die Studenten- und Schülerpresse, Partei- und Gewerkschaftszeitschriften sowie die Amtsblätter und Schulverwaltungsblätter der Bundesländer.

Das Funkkolleg Zentralbüro verschickte an ausgewählte größere Zeitungen und wichtige Fachblätter zusätzlich eine Pressemappe, die u. a. auch den Einführungsbrief enthielt.

Über persönliche Kontakte wurden Pressemappen gezielt an bestimmte Redaktionen bzw. Redakteure/Redakteurinnen verteilt.

Das Funkkolleg Zentralbüro richtete ein Rundschreiben an alle Volkshochschulen und sonstige Erwachsenenbildungseinrichtungen, die die Veranstaltungen von Begleitzirkeln zum Funkkolleg beabsichtigen, und regte sie mit beigefügten Pressetexten zu einer Kontaktaufnahme mit der jeweiligen Lokalpresse an.

Das DIFF veranstaltete am 5. Oktober eine Pressekonferenz in Tübingen.

Kooperation mit den Volkshochschulen:
Auf Initiative des Funkkollegbeauftragten der Volkshochschul-Landesverbände hin wurden im Frühjahr in Weimar, Berlin und Frankfurt am Main allgemeine Informationstage zum Funkkolleg für Leiter/innen und hauptamtliche Mitarbeiter/innen von Volkshochschulen veranstaltet, bei denen das Funkkolleg »Steuern« jeweils exemplarisch behandelt wurde.

Für Begleitzirkelleiter und -leiterinnen zum Funkkolleg »Steuern« fanden im September Einführungsseminare in Köln, Mainz, Berlin und Hannover unter Beteiligung des hr, des DIFF, des Funkkolleg Zentralbüros sowie des Wissenschaftlichen Teams statt (in Berlin zugleich eine öffentliche Einführungsveranstaltung der vhs Friedrichshain zum Funkkolleg »Steuern«).

Der Funkkollegbeauftragte der Volkshochschul-Landesverbände brachte eine Informationsschrift für Begleitzirkelleiter und -leiterinnen heraus, die u. a. Beiträge eines Mitglieds des Wissenschaftlichen Teams sowie des Koordinators im hr enthielt.

Bertram Eisenhauer in »Frankfurter Allgemeine Zeitung«, 2.9.1997:

Armenbegräbnis
»Deutschland im Umbruch« verabschiedet das Funkkolleg

Der kategorische Imperativ der Messe ist die Zukunft, mit dem Alten hat sie nichts zu schaffen. [...] Zu dem Glauben ans Morgen paßt auch, was abseits von den flirrenden Bildschirmen und aufdringlichen Tönen im Congreß Center geschieht: In einem der Tagungsräume stellt das DeutschlandRadio Berlin das diesjährige Funkkolleg vor, »Deutschland im Umbruch« heißt es, und Rita Süssmuth, die als Präsidentin des Deutschen Volkshochschulverbandes gekommen ist, müßte mit den zwanzig Sendungen, die wieder einmal Wissenschaftler und Rundfunkautoren versammeln, eigentlich zufrieden sein. Nur: »Das heutige Pressegespräch ist auch ein trauriges Ereignis.« Gerda Hollunder, Programmdirektorin des DeutschlandRadio, weiß, weshalb: »Das Funkkolleg in seiner bisherigen Form wird es nicht weiter geben.«

Daß die bildungspolitische Institution Funkkolleg nun, in ihrem dreißigsten Jahr, eingestellt wird, ist keine Überraschung; es war ein langer Abschied. Ihr Ende ist Eingeständnis und Zugeständnis zugleich. Vielen Landesrundfunkanstalten, gerade den kleineren unter ihnen, ist der finanzielle Aufwand angesichts allgegenwärtiger Sparzwänge zuviel geworden; obgleich der Beteiligungsanteil pro Sender, so Hollunder, »vergleichsweise billig« ist, wollen etwa die 2,5 Millionen Mark, die »Deutschland im Umbruch«, Infrastruktur und Personalkosten exklusive, gekostet hat, erst einmal aufgebracht sein. Einer um den anderen haben sich die produzierenden Sender zurückgezogen, Ende 1994 SDR und SWF, die ihre eigene »Radio Akademie«, eine Rundfunksendung ohne Begleitmaterial oder -veranstaltungen, gegründet haben, erst im letzten Jahr der SR. Dem Funkkolleg verblieben sind HR, NDR, Radio Bremen, WDR, die Deutsche Welle und das DeutschlandRadio, dem es vor allem zu danken ist, daß das Kolleg dieses Jahr noch erleben durfte. Jetzt aber ist endgültig Schluß: »Man braucht eine gewisse Zahl von beteiligten Sendern, um durchstehen zu können«, meint Gerda Hollunder, »und diese Zahl war am Ende nicht mehr zustandezubekommen.«

Die Einstellung ist aber auch ein Zugeständnis an die echten oder vermeintlichen Hörgebräuche des Publikums: »Man hat befunden«, erklärt Hollunder, »daß die Darstellungsformen des Funkkollegs der modernen Rezeption nicht mehr entsprechen. Die Leute seien überfordert, wenn sie sich zu einem festen Termin einmal pro Woche vors Radio setzen sollen.« Gegen das Argument, das Funkkolleg sei somit nicht mehr »zeitgemäß«, hat auch nicht verfangen, daß seit der Premiere »Zum Verständnis der modernen Gesellschaft« 1966 weit über 700000 Teilnehmer das Kolleg in Anspruch genommen haben und »Literarische Moderne« 1993/94 33000 Zuhörer an die Geräte und in die Volkshochschulen lockte. Oder daß sich das Funkkolleg mittlerweile damit abgefunden hat, daß sich sein ursprüngliches Ziel einer Öffnung der Hochschulen als für ein Radioprogramm doch zu ehrgeizig erwiesen hat und sich das Gros der Kollegiaten heute der persönlichen, nicht der beruflichen Weiterbildung wegen anmeldet.

Daß »Deutschland im Umbruch« das passende Thema für dieses letzte Funkkolleg ist, wird nicht nur empfinden, wer jeden Morgen auf dem Weg zur Funkausstellung durchs Brandenburger Tor fährt. In vier thematischen Blöcken beschäftigen sich die je halbstündigen Sendungen unter anderem mit dem Epochenjahr 1989, dem Verhältnis der Deutschen zu Europa, der gesamtdeutschen Verfassung und der Stadtentwicklung; der wissenschaftliche Beirat, dem der Soziologe Hans Bertram, der Politologe Klaus von Beyme und der Historiker Christoph Klessmann angehören, bürgt für den interdisziplinären Zugriff des Programms. Daß die letzte Sendung des Kollegs, die sich mit der Generation der Wendezeit beschäftigt, »Hoffnungsträger« betitelt ist, wollte Gerda Hollunder als gutes Zeichen auffassen. Auch Rita Süssmuth bestand darauf: »Das ist kein Armenbegräbnis, das muß weitergehen.« Viel mehr als solche beschwörenden Worte werden aber kaum bleiben vom Funkkolleg [...].

Heribert Seifert in »Neue Zürcher Zeitung«, 3.10.1997:

Abschaffen und Ausschaffen
Fragwürdige Modernisierung bei ARD und ZDF

[...] Der Versuch der öffentlichen Sender in Deutschland, marktinduzierte Modernisierung im Programm durchzusetzen und zugleich an Prinzipien festzuhalten, die allein die Finanzierung durch Teilnehmergebühren rechtfertigen, gelingt bisher nicht sehr überzeugend. Der Spagat zwischen Fixierung auf die »Quote« und der lautstark beteuerten Orientierung am Auftrag zu gesellschaftlicher Integration und zu Programmqualität gerät selten zur Kunstfigur. Da wächst die Neigung, diese Spannungen aufzulösen und sich mit aufs Marktgängige zugerichteten Programmflächen in die Konkurrenz mit den kommerziellen Sendern zu begeben.

Mit einer schon ruppigen Achtlosigkeit entledigt sich gerade das ARD-Radio einer solchen »Altlast«: Das »Funkkolleg« wird nach über 30 Jahren nicht mehr fortgeführt werden. Die Oktober auslaufende Sendefolge zum Thema »Deutschland im Umbruch« beendet die Geschichte eines einzigartigen Bildungsprogramms im Medienverbund. Seit 1966 haben mehr als 700000 Teilnehmer nicht bloß die von Wissenschaftlern verantwortete und von Radiomachern umgesetzten Sendungen gehört. Sie haben auch die dazugehörigen »Studienbegleitbriefe« des Deutschen Instituts für Fernstudien bearbeitet, die Themen in Begleitzirkeln der Volkshochschulen diskutiert, Hausaufgaben geschrieben und Prüfungen abgelegt. [...]

Im Laufe der letzten Jahre zogen sich immer mehr ARD-Rundfunkanstalten vom »Funkkolleg« zurück, zum Teil mit abenteuerlichen Begründungen. Da paßten im Südwesten die sechzig Minuten langen »Funkkolleg«-Stücke nicht mehr ins Format des neuen Kulturprogramms. Anderen Sendern war das »Funkkolleg« irgendwie zu altmodisch, roch zu sehr nach Volkshochschule und nach Schulradio für Erwachsene. Auch bot es als Gemeinschaftsprojekt zu wenig Profilierungsmöglichkeiten für die einzelnen Stationen. Allein das DeutschlandRadio verfocht die Idee des »Funkkollegs« mit Verve und konnte WDR, NDR, Hessischen Rundfunk und die Deutsche Welle noch zu einem letzten Projekt gewinnen, sonst wäre das Ende schon vor zwei Jahren gekommen. Obwohl die auf die ARD-Sender entfallenen Kosten lächerlich gering sind – von den 2,5 Millionen DM, die das letzte »Funkkolleg« insgesamt kostet, zahlt die ARD nur 424.000 DM –, ist jetzt aber außer dem DeutschlandRadio kein Sender mehr zur Fortführung oder gar zur Weiterentwicklung dieses Radio-Klassikers unter Nutzung der neuen multimedialen Möglichkeiten bereit. [...]

Stimmen von Kollegiaten und Kollegiatinnen

Aus Briefen, abgedruckt im »Kollegiatenforum« des letzten Studienbriefes (6), Funkkolleg »Deutschland im Umbruch«, 1998:

[...] Mit der Teilnahme an Ihrem neuen Funkkolleg knüpfe ich an frühere Erfahrungen mit dem Medium »Funkkolleg« an, das für mich persönlich immer auch mit biographischen Lebensstationen verknüpft war.

Angefangen hat es 1981/82 mit dem Funkkolleg »Mensch und Umwelt«, das ich parallel zu der praktischen Vorbereitung auf ein Fachhochschulstudium im Bereich Forstwirtschaft bearbeitete. Weil es mir Spaß gemacht hatte, auf diese Weise ganz neue Themengebiete zu erschließen, schloß ich das Funkkolleg »Recht« an. Zum echten »Treffer« wurde für mich das Funkkolleg »Religion« im Jahre 1983/84. Es trug unter anderem dazu bei, mich biographisch neu zu orientieren. So begann ich zum Wintersemester 1984 das Studium der evangelischen Theologie. Es folgten die Funkkollegs »Kunst« und »Politik«, die jedes auf seine Weise mein Interesse für Bereiche weckten, die bislang wenig Beachtung gefunden hatten.

Nach der Hörpause von elf Jahren wurde ich durch den Hinweis eines väterlichen Freundes, der schon beim erstem Mal »Geburtshelfer« für ein Funkkolleg war, erneut auf Ihr Studienprogramm aufmerksam. Diesmal betrifft mich das Thema »Deutschland im Umbruch« unmittelbarer als je zuvor. Seit Mai 1995 bin ich als »gelernter Westdeutscher« Gemeinde- und Diakoniepfarrer in Ostdeutschland, genauer in Schmalkalden in Thüringen. Viele Beobachtungen, die ich hier gemacht habe beziehungsweise noch mache, begegnen mir nun wieder in der wissenschaftlichen Aufbereitung des neuen Funkkolleg-Themas. Ich freue mich sehr darüber, noch einmal auf diese Weise von einem Funkkolleg in meinem menschlichen und beruflichen Erleben »begleitet« zu werden und sogar zu profitieren. [...]

Hans Jürgen Basteck, Springstille/Thüringen

Seit 19 Jahren in Folge bin ich begeisterte Funkkolleg-Teilnehmerin und habe alle erfolgreich mit dem Zertifikat abgeschlossen. Es ist daher sehr verständlich, daß ich die Einstellung dieser Weiterbildungsmaßnahme sehr bedauere. [...]

Uta Steinfeld, Krefeld-Traar

[...] In der Regel beteilige ich mich an den sehr groß angelegten (schriftlichen) Protestaktionen von Greenpeace, die in ihrer Breite auch des öfteren mit Erfolg gekrönt sind. Gibt es noch eine konzentrierte Aktion für das Weiterbestehen des Funkkollegs, oder ist es schon ad acta gelegt worden?

Regina-Maria Stenzel, Hamburg

Auch ich bedauere, daß dies gezwungenermaßen wohl meine letzte Teilnahme an einem Funkkolleg sein wird (mein erstes war »Sozialer Wandel« 1974!). [...]

G. Günther, Tübingen

Wie andere KollegiatInnen auch, empfinde ich die Abschaffung des Funkkollegs als einen Rückschlag für das Bildungssystem. Es gibt nur wenige Medien, in denen ein sehr breiter interdisziplinärer Ansatz für verschiedene Thematiken gewählt wird. Die hohe Informationsdichte macht das Funkkolleg zu einem unersetzlichen Nachschlagewerk. [...]

Jörg Ramsauer, Kevelaer

Bibliographie

In den 32 Jahren, in denen Funkkollegs angeboten wurden, hat es laufend Publikationen aus und zu diesen gegeben: Ankündigungen, Vor- und Nachberichte zu den einzelnen Veranstaltungen, Buchausgaben von Sende- wie von Studienbrieftexten, Fachaufsätze zu curricularen und didaktischen, bildungstheoretischen und prüfungstechnischen Fragen und vieles mehr.

Die folgende Literaturliste kann diese Materialfülle nicht vollständig wiedergeben. Nicht aufgenommen wurden: Artikel in Tages- und Wochenzeitungen; Pressemitteilungen der Veranstalter und ihre Abdrucke; nur im Typoskript vorliegende Arbeiten, ungedruckte Vorträge, Rundfunksendungen, interne Projektpapiere und Memoranden; die einzelnen Studienbriefe, die nur für die Begleitzirkelleiter und -leiterinnen gedruckten Manuskripte der Kollegsendungen und die für den gleichen Kreis herausgegebenen »Handreichungen«. – Für Vorarbeiten zu dieser am DIFF fertiggestellten Bibliographie ist Heike Länge und Walburga Borgert zu danken.

1. Buchausgaben von Funkkollegs auf der Grundlage der Kollegsendungen

APEL, Karl-Otto; BÖHLER, Dietrich; KADELBACH, Gerd (Hrsg.): *Funkkolleg Praktische Philosophie/Ethik. Dialoge, Bd. 1 u. 2.* Frankfurt/Main 1984.

Bibliographie

BAUMGÄRTNER, Klaus; STEGER, Hugo (Hrsg.): *Funkkolleg Sprache. Eine Einführung in die moderne Linguistik in zwei Bänden.* Frankfurt/Main 1973.

BEYME, Klaus von; CZEMPIEL, Ernst-Otto; GRAF KIELMANSEGG, Peter (Hrsg.): Funkkolleg Politik, Bd. 1 u. 2. Frankfurt/Main 1987.

BRACKERT, Helmut; LÄMMERT, Eberhard in Verbindung mit STÜCKRATH, Jörn (Hrsg.): *Funkkolleg »Literatur«*, Bd. 1 u. 2. Frankfurt/Main 1977.

BUSCH, Werner (Hrsg.): *Funkkolleg Kunst. Eine Geschichte der Kunst im Wandel ihrer Funktionen.* Bd. 1 u. 2. München 1987 (Neuauflage in 1 Bd., 1997).

CONZE, Werner; FABER, Karl-Georg; NITSCHKE, August (Hrsg.): *Funkkolleg Geschichte*, Bd. 1 u. 2. Frankfurt/Main 1981.

DAHLHAUS, Carl unter Mitwirkung von KÜHN, Hellmut; DE LA MOTTE-HABER, Helga; ZIMMERSCHIED, Dieter (Hrsg.): *Funkkolleg Musik*, Bd. 1 u. 2. Frankfurt/Main 1981.

DAHLHOFF, Theo in Verbindung mit BICK, Hartmut; HANSMEYER, Karl Heinrich; OLSCHOWY, Gerhard (Hrsg.): *Funkkolleg Mensch und Umwelt*, Bd. 1–3. Frankfurt/Main 1983.

FETSCHER, Iring: *Politikwissenschaft*. Frankfurt/Main 1968 (= *Funkkolleg zum Verständnis der modernen Gesellschaft,* Bd. 3).

FIEDLER, Gerhard; FRIES, Heinrich; HÄRLE, Wilfried; HUMMEL, Reinhart; MÜLLER, Josef; NIPKOW, Karl Ernst; SCHILSON, Arno; WALLMANN, Johannes (Hrsg.): *Funkkolleg Religion*, Bd. 1 u. 2. Gütersloh 1985.

HANF, Theodor; HÄTTICH, Manfred; HILLIGEN, Wolfgang; VENTE, Rolf E.; ZWIEFELHOFER, Hans (Hrsg.): *Funkkolleg Sozialer Wandel*, Bd. 1 u. 2. Frankfurt/Main 1975.

HÄUSER, Karl: *Volkswirtschaftslehre*. Frankfurt/Main 1967 (= *Funkkolleg zum Verständnis der modernen Gesellschaft*, Bd. 2).

HEUSER, Harro; TILLMANN, Heinz Günther (Hrsg.): *Funkkolleg Mathematik. Eine Einführung in zwei Bänden*. Frankfurt/Main 1971.

HORNSTEIN, Walter; BASTINE, Reiner; JUNKER, Helmut; WULF, Christoph (Hrsg.): *Funkkolleg Beratung in der Erziehung*, Bd. 1 u. 2. Frankfurt/Main 1977.

HUBIG, Christoph; ALBERS, Jürgen (Hrsg.): *Technikbewertung. Sendetexte des Funkkollegs »Technik: einschätzen – beurteilen – bewerten«*. Weinheim und Berlin 1995.

KADELBACH, Gerd (Hrsg.): *Wissenschaft und Gesellschaft*. Frankfurt/Main 1967 (= *Funkkolleg zum Verständnis der modernen Gesellschaft. Eine Vorlesungsreihe der Johann Wolfgang Goethe-Universität Frankfurt am Main in Zusammenarbeit mit dem Hessischen Rundfunk*, Bd. 1).

KLAFKI, Wolfgang; RÜCKRIEM, Georg M.; WOLF, Willi; FREUDENSTEIN, Reinhold; BECKMANN, Hans-Karl; LINGELBACH, Karl-Christoph; IBEN, Gerd; DIEDERICH, Jürgen (Hrsg.): *Funkkolleg Erziehungswissenschaft. Eine Einführung in drei Bänden*. Frankfurt/Main und Weinheim 1970.

KLUKE, Paul: *Neuere Geschichte. Deutsche Außenpolitik im Zeitalter des Nationalstaates*. Frankfurt/Main 1969 (= *Funkkolleg zum Verständnis der modernen Gesellschaft*, Bd. 5).

LÖWISCH, Manfred; GRIMM, Dieter; OTTE, Gerhard (Hrsg.): *Funkkolleg Recht*, Bd. 1 u. 2. Frankfurt/Main 1985.

NITSCHKE, August; RITTER, Gerhard A.; PEUKERT, Detlev (Hrsg.): *Jahrhundertwende. Der Aufbruch in die Moderne 1880 – 1930*. Bd. 1 u. 2. Reinbek 1990.

RÜEGG, Walter: *Soziologie*. Frankfurt/Main 1969 (= *Funkkolleg zum Verständnis der modernen Gesellschaft*, Bd. 6).

SCHAEFER, Hans unter Mitarbeit von BIRR, Christian (Hrsg.): *Funkkolleg Umwelt und Gesundheit. Aspekte einer sozialen Medizin*, Bd. 1 u. 2. Frankfurt/Main 1982.

TODT, Dietmar (Hrsg.): *Funkkolleg Biologie – Systeme des Lebendigen*, Bd. 1 u. 2. Frankfurt/Main und Weinheim 1976.

WAGNER, Monika (Hrsg.) in Zusammenarbeit mit Franz VERSPOHL und Hubertus GASSNER: *Moderne Kunst. Das Funkkolleg zum Verständnis der Gegenwartskunst*, Bd. 1 u. 2. Reinbek 1991.

WEINERT, Franz E.; GRAUMANN, Carl Friedrich; HECKHAUSEN, Heinz; HOFER, Manfred u.a. (Hrsg.): *Funkkolleg Pädagogische Psychologie*, Bd. 1 u. 2. Frankfurt/Main 1974.

WIETHÖLTER, Rudolf unter Mitarbeit von BERNHARD, Rudolf und DENNINGER, Erhard: *Rechtswissenschaft*. Frankfurt/Main 1968 (= *Funkkolleg zum Verständnis der modernen Gesellschaft*, Bd. 4).

2. Buchausgaben von Funkkollegs auf der Grundlage von Studienbriefen

APEL, Karl-Otto; BÖHLER, Dietrich; REBEL, Karlheinz (Hrsg.): *Funkkolleg Praktische Philosophie/Ethik*. Buchausgabe auf der Grundlage der Studientexte des Deutschen Instituts für Fernstudien an der Universität Tübingen, Bd. 1–3. Weinheim und Basel 1984.

BAUMGÄRTNER, Klaus; STEGER, Hugo (Hrsg.): *Lehrgang Sprache. Einführung in die moderne Linguistik. Bearbeitete Neuausgabe der Studienbegleitbriefe zum Funkkolleg Sprache*. Überarbeitet von der Projektgruppe des DIFF: Charlotte BENNECKE, Johannes DAHL, Godhard Tietze unter Mitarbeit der Autoren. Lieferung 1–4. Weinheim und Basel/Tübingen 1974.

BEYME, Klaus von; CZEMPIEL, Ernst-Otto; GRAF KIELMANSEGG, Peter (Hrsg.): *Politikwissenschaft. Eine Grundlegung*. Band I: *Theorien und Systeme*. Band II: *Der demokratische Verfassungsstaat*. Band III: *Außenpolitik und Internationale Politik*. Buchausgabe auf der

Grundlage der Studienbegleitbriefe des Deutschen Instituts für Fernstudien an der Universität Tübingen zum Funkkolleg »Politik«. Weinheim-Basel und Stuttgart 1987.

BICK, Hartmut; HANSMEYER, Karl Heinrich; OLSCHOWY, Gerhard; SCHMOOCK, Peter (Hrsg.): *Angewandte Ökologie – Mensch und Umwelt. Buchausgabe auf der Grundlage der Studienbegleitbriefe zum Funkkolleg »Mensch und Umwelt« des Deutschen Instituts für Fernstudien an der Universität Tübingen*. Bd. 1 u. 2. Stuttgart 1984.

BUSCH, Werner; SCHMOOCK, Peter (Hrsg.): *Kunst: Die Geschichte ihrer Funktionen.* Weinheim und Berlin 1987.

DAHLHAUS, Carl; EHRMANN-HERFORT, Sabine; FINSCHER, Ludwig; SCHUBERT, Giselher (Hrsg.): *Europäische Musikgeschichte vom 12. bis zum 20. Jahrhundert*. 4 Bde. Mainz 1999f. (in Vorbereitung).

FIEDLER, Peter (Hrsg.): *Studientexte Funkkolleg Religion.* Weinheim 1985. [Übersetzung von 13 Studieneinheiten ins Italienische: »Tema Religione«. Padova 1990 ff.]

GRIMMINGER, Rolf; MURAŠOV, Jurij; STÜCKRATH, Jörn (Hrsg.): *Literarische Moderne. Europäische Literatur im 19. und 20. Jahrhundert.* Reinbek 1995.

HEUSER, Harro; TILLMANN, Heinz Günther (Hrsg.): *Lehrgang Moderne Mathematik. Eine Einführung zum Selbststudium.* Bearbeitete Neuausgabe der Studienbegleitbriefe zum Funkkolleg Mathematik. Überarbeitet von einer Redaktionsgruppe des DIFF: Rainer ENGELHARD; Renate ENGELHARD-SCHAEFER, Udo SCHWEIZER unter Mitarbeit der Autoren, Bd. 1 und 2. Weinheim und Basel, Freiburg, Basel, Wien 1973/74.

IMMELMANN, Klaus u.a. (Hrsg.): *Psychobiologie. Grundlagen des Verhaltens.* Buchausgabe nach den Studienbriefen zum Funkkolleg »Psychobiologie. Verhalten bei Mensch und Tier« des Deutschen Instituts für Fernstudien an der Universität Tübingen. Stuttgart und Weinheim 1988.

KLAFKI, Wolfgang u.a.: *Funkkolleg Erziehungswissenschaft.* Studienbegleitbriefe, Bd. 1 u. 2. Weinheim – Berlin – Basel 1969.

MERTEN, Klaus; SCHMIDT, Siegfried J.; WEISCHENBERG, Siegfried (Hrsg.): *Die Wirklichkeit der Medien. Eine Einführung in die Kommunikationswissenschaften.* Buchausgabe auf der Grundlage der Studienbriefe des Deutschen Instituts für Fernstudien an der Universität Tübingen zum Funkkolleg *»Medien und Kommunikation«.* Opladen 1994.

SCHIEFENHÖVEL, Wulf; VOGEL, Christian; VOLLMER, Gerhard; OPOLKA, Uwe (Hrsg.): *Vom Affen zum Halbgott: Der Weg des Menschen aus der Natur. Beiträge aus dem Funkkolleg »Der Mensch – Anthropologie heute«* (= Der Mensch in seiner Welt; 1) – *Zwischen Natur und Kultur: Der Mensch in seinen Beziehungen. Beiträge aus dem Funkkolleg »Der Mensch –Anthropologie heute«* (= Der Mensch in seiner Welt; 2) – *Gemachte und gedachte Welten: Der Mensch und seine Ideen. Beiträge aus dem Funkkolleg »Der Mensch – Anthropologie heute«* (= Der Mensch in seiner Welt; 3). Stuttgart 1994.

WEINERT, Franz E.; GRAUMANN, Carl F.; HECKHAUSEN, Heinz; HERTER, Manfred (Hrsg.): *Pädagogische Psychologie*. Bearbeitete Neuausgabe der Studienbegleitbriefe des DIFF. (Redaktion: Frank HALISCH). Teil I–VI. Weinheim und Basel 1976.

3. Begleitende Buchausgaben zu einzelnen Funkkollegs (Reader)

APEL, Karl-Otto; BÖHLER, Dietrich; BERLICH, Alfred; PLUMPE, Gerhard (Hrsg.): *Praktische Philosophie/Ethik. Aktuelle Materialien*. Reader zum Funkkolleg, Bd. 1. Frankfurt/Main 1980.

BRACKERT, Helmut; LÄMMERT, Eberhard in Verbindung mit STÜCKRATH, Jörn (Hrsg.): *Funkkolleg Literatur*. Reader, Bd. 1 u. 2. Sonderausgabe des Deutschen Instituts für Fernstudien für die Teilnehmer des Funkkollegs. Frankfurt/Main 1976.

GRAUMANN, Carl Friedrich; HECKHAUSEN, Heinz (Hrsg.): *Funkkolleg Pädagogische Psychologie. Grundlagentexte 1, Entwicklung und Sozialisation*. Frankfurt/Main 1973.

HÖFFE, Otfried; KADELBACH, Gerd; PLUMPE, Gerhard (Hrsg.): *Praktische Philosophie/Ethik.* Reader zum Funkkolleg, Bd. 2. Frankfurt/Main 1981.

HOFER, Manfred; WEINERT, Franz E. (Hrsg.): *Funkkolleg »Pädagogische Psychologie«: Grundlagentexte 2, Lernen und Instruktion.* Frankfurt/Main 1973.

4. Veröffentlichungen zum Funkkolleg insgesamt oder zu einzelnen Kollegs

ABEL, Friedhelm: *Lernen im Funkkolleg »Sozialer Wandel« – Aspekte einer Kritik.* In: *Hessische Blätter für Volksbildung.* Frankfurt/Main, H. 3/1975, S. 264–277.

ALLINGER, Ulrich; BUSCH, Hans-Günter; GROSS, Margarete; RÜTTER, Theodor (Hrsg.): *Computerunterstützte Prüfungen im Quadriga-Funkkolleg.* IBM-Fachbibliothek. Sindelfingen 1970.

APEL, Karl-Otto: *Vermittlungsprobleme unter dem Horizont von Wissenschaft und Ethik.* In: TIETGENS, Hans (Hrsg.): *Wissenschaftliche Perspektiven zur Erwachsenenbildung.* Braunschweig 1982. S. 115–131.

BALSER, Frolinde; BRACKERT, Helmut; NAEHER, Jürgen: *Das Funkkolleg »Linguistik« in der Universität.* Ein Beitrag zum Fernstudium im Medienverbund. In: Didaktisches Zentrum der Johann Wolfgang Goethe-Universität (Hrsg.): *DZ-Information* 4/1973. Frankfurt/Main.

BALSER, Wolfgang: *Teilnehmer an Studienbegleitzirkeln des Funkkollegs. Sozialstruktur – Interessen – Lernverhalten.* Frankfurt/Main (Hessischer Volkshochschulverband) 1982.

BALSER, Wolfgang: *Urteilsfähigkeit als Ziel politischer Bildung: Informationen zum Funkkolleg »Politik«. Start am 15. Oktober.* In: *Das Parlament*, 35. Jg. (1985).

BALSER, Wolfgang: *Die Beteiligung am Fernstudium unter regionalen Gesichtspunkten. Das Beispiel des Funkkollegs.* In: *Raumforschung und Raumordnung*, 44. Jg. (1986), H. 4–5, S. 175–182.

BALSER, Wolfgang: *Die Informationsbroschüre zum Funkkolleg »Kunst« in der Einschätzung der Leser.* Tübingen 1986 (= DIFF/Materialien, 5).

BALSER, Wolfgang: *Fernstudium und Bildungsbenachteiligung.* In: *Hessische Blätter für Volksbildung*, 36. Jg. (1986), H. 3, S. 272–277.

BALSER, Wolfgang: *Funkkolleg: Bewährtes Bildungsprogramm in neuem Gewand.* In: *DVV-Magazin Volkshochschule*, 2. Jg. (1995), H. 3, S. 21–24.

BALSER, Wolfgang; PLAUL, Thomas: *Die Bedeutung des Funkkollegs für die berufliche und persönliche Entwicklung seiner Teilnehmerinnen und Teilnehmer. Zwischenbericht einer Studie.* Funkkolleg Zentralbüro, Frankfurt/Main, 1991.

BANDLOW, Ute: *Alterns-Bildung: Lerninhalte und Lernbedingungen. Vorstudie zum Curriculum des Funkkollegs »Altern«.* Tübingen 1996 (= DIFF/Funkkolleg-Werkstatt: Materialien und Analysen, Nr.4).

BELOW, Elke: *Lernprobleme Erwachsener im angeleiteten Selbststudium. Eine Fallanalyse zum Lehr-Lernsystem »Funkkolleg«.* DIFF/Tübingen 1983.

BELOW, Elke; KUCKLICK, Peter; KURBJUHN, Ingeborg: *Begleituntersuchung Funkkolleg »Religion«.* DIFF/Tübingen 1986.

BELOW, Irene: *The Blind Man – Nachlese zum Funkkolleg Kunst.* In: *BDK-Mitteilungen*, 22. Jg. (1986), H. 2, S. 25–33.

BENNECKE, Charlotte; TIETZE, Godhard: *Abschlußbericht zum Funkkolleg »Sprache«.* DIFF/Tübingen 1972.

BICK, Hartmut: *Das Projekt »Funkkolleg Humanökologie«.* In: *Grundlagen der Weiterbildung – Praxishilfen.* Neuwied 1992, S. 1–8.

BINDER, Klaus: *Mittler im Verbundsystem der Medien? Oder: Die Quadratur des Kreises in den Begleitzirkeln zum Funkkolleg.* In: *Hessische Blätter für Volksbildung*, 31. Jg. (1981), H. 3, S. 235–238.

BOCKEMÜHL, Christian: *Wie kann Medienverbund organisiert werden? Erfahrungen und Empfehlungen aus Nordrhein-Westfalen.* In: *Volkshochschule im Westen*, 28. Jg. (1976), H. 3, S. 116–119.

BOHR, Dorothee: *Was nützt Rechtsphilosophie? Teilnehmerinteressen in Begleitkursen zum Funkkolleg »Recht«.* In: *Materialien zur politischen Bildung*, Jg. 1983, H. 4, S. 47–49.

BOHR, Konrad: *Politische Bildung im Medienverbund. Telekolleg Sozialkunde und Funkkolleg Politik im Vergleich.* In: *Materialien zur politischen Bildung*, Jg. 1986, H. 3, S. 84–88.

BOHR, Konrad: *Funkkolleg »Jahrhundertwende«. Die Entstehung der modernen Gesellschaft.* In: *Materialien zur politischen Bildung*, Jg. 1989, H. 3, S. 59–62.

BOSSINADE, Johanna; FELKA, Rike; GARBE, Christine; RIESS-BEGER, Daniela: *Da verschlägt es einer Frau die Sprache ... Über das Unmoderne am Funkkolleg »Literarische Moderne«.* In: *Literatur und Erfahrung.* 26/27 (Jg. 1993), S. 130–135.

BOVENTER, Hermann: *Medien konstruieren Wirklichkeit. Im Anfang war die Presse – und dann erschien die Welt. Anmerkungen zum Funkkolleg »Medien und Kommunikation«.* In: *Erwachsenenbildung*, 37. Jg. (1991), H. 3, S. 135–138, 161.

BRANDES, Uwe, MÖLLER, Ingrid; SIGELEN, Hermann: *Bildungsbarrieren für Arbeiter im Quadriga-Funkkolleg.* In: *Volkshochschule im Westen*, H. 5/1974, S. 218–220.

BRUDER-BEZZEL, Almuth; BRUDER, Klaus-Jürgen: *Funkkolleg Pädagogische Psychologie – Technologisches Hippodrom für 40 000 Kollegiaten. Die Quadriga der Ideologen.* In: *betrifft: erziehung*, H. 11/1973, S. 16–28.

BUSCH, Werner: *Curriculare und inhaltliche Konzeption des Funkkollegs »Kunstgeschichte«.* In: *visodata 83.* Dokumentation hg. vom Visodata-Generalsekretariat am Staatsinstitut für Bildungsforschung und Bildungsplanung. München 1983. S. 341–349.

BUSCH, Werner: *Funkkolleg Kunst.* In: *BDK-Mitteilungen*, 20. Jg. (1984), H. 1, S. 13–17.

CATTENBERG, Sandra: *Deutschland im Umbruch.* In: *Damals*, H. 10/1997.

CLOBES, Heinz Günter; HORN, Wolfgang: *Lernen am Lautsprecher.* In: *Weiterbildung & Medien*, Jg. 1980, H. 2, S. 17–21.

CLOBES, Heinz Günter: *Mehr über sich erfahren. 20. Funkkolleg: Psychobiologie.* In: *Weiterbildung und Medien aktuell*, 9. Jg. (1986), S. 6.

CLOBES, Heinz Günter: *Von Zeichen und Symbolen. Das neue Funkkolleg »Medien und Kommunikation«.* In: *Weiterbildung und Medien aktuell*, Juli 1990.

CONRADY, Helene: *Lernen, wie Technik eingeschätzt und bewertet wird: Fünf ARD-Sender und die Deutsche Welle bieten Weiterbildung im Funkkolleg.* In: *VDI Nachrichten*, 48. Jg. (1994), Nr. 10, S. 21.

CONZE, Werner: *Erwartungen an das Funkkolleg »Geschichte«.* In: *Fernstudium aktuell*, 2. Jg. (1980), H. 1, S. 5–6.

CROOKS, Sam B.: *Open Learning and Non-Traditional Study* In: *Pädagogica Europaea*, 13. Jg. (1978), H. 1, S.121–140.

DAHLHAUS, Carl: *Überlegungen zu einem Funkkolleg Musik.* In: *Musik & Bildung*, Jg. 1977, H. 6, S. 317–319.

DELLING, Rudolf Manfred: *Quadriga-radiokolegij u Saveznoj Republici Njemackoj.* In: *Andragogija (Zagreb)*, 18. Jg. (1972), H. 2, S. 83–85.

Deutsche Bischofskonferenz (Hrsg.): *Stellungnahme der Deutschen Bischofskonferenz bezüglich der Ausstrahlung der Sendung »Funkkolleg Religion«.* In: *Amtsblatt für das Erzbistum München und Freising*, Jg. 1983, H. 17, S. 375–376.

DICHANZ, Horst; SCHWITTMANN, Dieter: *Medienverbund: Systemzwang ohne Selbstbestimmung?* In: *Praxis Schulfernsehen*, 5. Jg. (1981), H. 59, S. 4–6 und 8.

DICK, Egon: *Funkkolleg mit Fragezeichen.* In: *inform (Stuttgart)*, 2. Jg. (1974), H. 2, S. 29–30.

DIESTELMEIER, Friedrich: *»Technikbewertung« im offenen Fernstudium – das Beispiel des Funkkollegs Technik.* DIFF/Tübingen 1996.

DIESTELMEIER, Friedrich; Hampel, Jürgen: *Lernziel »Bewertungskompetenz«. Das Funkkolleg »Technik: einschätzen – beurteilen – bewerten«.* Tübingen 1996 (= DIFF/Funkkolleg-Werkstatt: Materialien und Analysen, Nr.5).

DOHMEN, Günther: *Lernen im Medienverbund.* In: OTTO, Volker u.a. (Hrsg.): Materialien zur

Arbeit mit Medien. Beispiele für Theorie und Praxis von Unterrichtsmedien in der Erwachsenenbildung. Grafenau 1974, S. 73–77.

DOHMEN, Günther: *Funkkollegs, Zeitungskollegs. Zukunftsbezogene Formen der wissenschaftlichen Weiterbildung.* In: *Fernstudium aktuell*, 2. Jg. (1980), H. 1, S. 3–4.

DOHMEN, Günther: *Offene wissenschaftliche Weiterbildung.* In: *Volkshochschule im Westen*, 33. Jg. (1981), H. 1, S. 8–12.

DÖRKS-KOUBENEC, Heide: *Verunsicherung in der Erziehung: das Funkkolleg »Beratung in der Erziehung«.* In: *päd. extra*, Jg. 1976, H. 21–22, S. 19–26.

EHMANN, Christoph: *Fernstudium in Deutschland.* Dissertation Universität Marburg 1977. Köln 1978.

EHMANN, Christoph: *Der ernstgenommene Hörer. Bildung im Rundfunk – am Beispiel Funkkolleg.* In: *Nachrichtendienst Deutsche Evangelische Arbeitsgemeinschaft für Erwachsenenbildung*, Jg. 1992, H. 3–4, S. 28–35.

EHMANN, Christoph; MONSHAUSEN, Karl-Heinz; TUTTAS, Marie-Luise (Hrsg.): *Einzellernen – Vereinzeltes Lernen? Beiträge und Ergebnisse der Workshops zum Fernunterricht am 18.–19.6.1980.* Heidelberg 1981 (= Berichte der AfeB. 19).

ELSCHOT, Reinhold: *Medienverbund.* In: *Medien praktisch*, Jg. 1984, H. 4, S. 75.

EMMERLING, Dieter: *Fernstudium an den Volkshochschulen von Rheinland-Pfalz: Die Studienbegleitzirkel im Quadriga-Funkkolleg.* In: *Erwachsenenbildung in Rheinland-Pfalz*, Jg. 1972, H. 1, S. 18–25.

EMMERLING, Dieter: *Die Volkshochschulen von Rheinland-Pfalz im Quadriga-Funkkolleg »Sprache«. Eine Einführung in die moderne Linguistik.* In: *Erwachsenenbildung in Rheinland-Pfalz*, Jg. 1973, H. 1, S. 14–20.

ESSER, Albert: *Das Quadriga-Funkkolleg »Mathematik«.* In: *Rundfunk und Fernsehen*, hg. vom Hans-Bredow-Institut an der Universität Hamburg, H. 1/1970, S. 21–31.

ESSER, Albert: *Zur Entwicklung des Quadriga-Funkkollegs »Mathematik«.* In: *Zeitschrift für erziehungswissenschaftliche Forschung*, H. 4/1970, S. 50–53.

ESSER, Albert: *Das Funkkolleg »Sozialer Wandel«.* In: *Materialien zur politischen Bildung. Politische Bildung im Funkkolleg.* Neuwied 1975. S. 88–91.

Fernstudieneinheiten, Die Verwendungsmöglichkeiten von: Eine Untersuchung über den Einsatz des Fernstudiums in ausgewählten Fachgebieten und ein Vorschlag für eine Projektrahmenkonzeption. Im Auftrag des Deutschen Instituts für Fernstudien an der Universität Tübingen vorgelegt von der Hochschulvereinigung für das Fernstudium. Bonn-Bad Godesberg, April 1974.

Forschungsgruppe des DIFF (Hrsg.): *Forschungsreport Funkkolleg – Modell V und VI.* Weinheim und Basel 1975 (= Tübinger Beiträge zum Fernstudium, Bd. 8).

FRAHM, Eckart: *Zu sehr von oben und nicht sehr volkshochschulbezogen. Vertreter von zehn Volkshochschulen äußern sich zum Zeitungskolleg, zu Medienverbundprojekten und zum Alltag ihrer Arbeit.* DIFF, Tübingen 1985 (= Materialien, 3).

FRAHM, Eckart: *Neue Kleider oder: Lernen im Mini-Rock? Die Funkkollegs wandeln sich.* In: *Weiterbildung und Fernstudium*, 1. Jg. (1992), H. 2, S. 4.

FRAHM, Eckart: *Neue Funkkolleg-Struktur.* In: *Weiterbildung und Fernstudium,* 3. Jg. (1995), H. 2, S. 14.

FRAHM, Eckart: *Betreutes Wohnen im Alter. Ein neues Konzept sichert eine eigenständige Lebensführung.* Video-Film und Begleitbroschüre. Tübingen 1996 (= DIFF/Funkkolleg-Werkstatt: Materialien & Analysen, Nr. 2).

FRIEDRICH, Helmut Felix: *Ein Vergleich zwischen unterschiedlichen Verfahren der Gewichtung von Auswahlantworten bei Multiple-Choice-Wissenstests. Ein Beitrag zur Evaluierung der Funkkolleg-Prüfungen.* In: *Zeitschrift für Empirische Pädagogik*, 2. Jg. (1978), H. 2, S. 70–88.

FRIEDRICH, Helmut Felix: *Die Funkkolleg-Prüfungen. (DIFF/Handreichung für Mitglieder der Funkkolleg-Prüfungskommissionen).* Tübingen 1979.

FRIEDRICH, Helmut Felix: *Entwicklung und Evaluierung programmierter Prüfungen im Lehr-Lernsystem »Funkkolleg«.* In: *Fernstudium aktuell*, 2. Jg. (1980), H. 1, S. 12.

FRIEDRICH, Helmut Felix: *Erstellung und Evaluierung von lehrmaterialbezogenen Testaufga-*

ben im Lehr-Lernsystem »Funkkolleg«. In: Adolf MELEZINEK; Jván KISS; Pál SZÜCS (Hrsg.): *Ingenieurpädagogik – Lösungsansätze im internationalen Vergleich.* Alsbach/Bergstraße 1985, S. 632–637.

FRIEDRICH, Helmut Felix: *Multiple Choice-Prüfungen im Lehr-Lernsystem »Funkkolleg«*. In: Ralf HORN; Karlheinz INGENKAMP; Reinhold S. JÄGER (Hrsg.): *Tests und Trend 6 – Jahrbuch der Pädagogischen Diagnostik.* München, Weinheim 1987, S.128–175.

FRIEDRICH, Helmut Felix: *Hinweise zur Formulierung von Multiple Choice-Aufgaben für Funkkolleg-Prüfungen (7. Fassung). (DIFF/Handreichung für Autoren von Funkkolleg-Prüfungsaufgaben).* Tübingen 1988.

FRIEDRICH, Helmut Felix: *Textgestaltung in den Funkkollegs – Textlernhilfen im schriftlichen Begleitmaterial.* In: Horst Dieter SCHLOSSER (Hrsg.): *20 Jahre Funkkolleg – Vorträge und Berichte anläßlich der 8. Frankfurter Fernstudienkonferenz.* Alsbach/Bergstraße 1988.

FRIEDRICH, Helmut Felix; KUCKLICK, Peter: *Begleituntersuchung zum Funkkolleg »Literatur«.* DIFF, Tübingen 1980.

FRIEDRICH, Helmut Felix; BELOW, Elke; KUCKLICK, Peter; MANDL, Heinz: *Wie gehen Erwachsene mit Lernproblemen um? Eine vergleichende Fallstudie.* In: H. NEBER (Hrsg.): *Angewandte Problemlösepsychologie.* Münster 1987, S. 217–239.

FRIEDRICH, Helmut Felix; HEINS, Jochen; MAYER, Robert Emmanuel: *Gruppengröße, Nachrichtenmenge, Kohärenzprobleme und Informationsorganisation beim Lernen in Netzen.* In: Simone PRIBBENOW, H. Peter OHLY; Hans CZAP (Hrsg.): *Herausforderungen an die Wissensorganisation.* Würzburg 1998, S. 107–117.

FRIEDRICH, Helmut Felix; KLEMT, Walter; SCHUBRING, Gerhard: *Ein Ratemodell für Mehrfachwahlaufgaben («n aus N«-Aufgaben).* In: *Zeitschrift für Erziehungswissenschaftliche Forschung,* Jg. 14 (1980), H. 4, S. 189–208.

FRIEDRICH, Helmut Felix; KOLB, Günter; KURBJUHN, Ingeborg (Hrsg.): *Forschungsdokumentation I - Kurzberichte über Begleituntersuchungen zu Fernstudienprojekten und Funkkollegs.* DIFF, Tübingen 1975 (= *Studien und Berichte zum Fernstudium im Medienverbund*, 15).

FRIEDRICH, Helmut Felix; KUCKLICK, Peter; KURBJUHN, Ingeborg (Hrsg.): *Zwölf Funkkollegs auf dem Prüfstand.* In: *Fernstudium aktuell*, 2. Jg. (1980), H. 4, S. 6–7.

FRIEDRICH, Helmut Felix u.a.: *Forschungsdokumentation II - Kurzberichte über Begleituntersuchungen zu Fernstudienprojekten und Funkkollegs.* DIFF, Tübingen 1978 (= *Studien und Berichte zum Fernstudium im Medienverbund*, 25).

FRINK, Gerlind: *Joyce, Woolf und ich: Schreibspiele und Rätsel zur modernen Literatur. Eine Sammlung der kreativen Aufgaben aus dem Funkkolleg »Literarische Moderne«.* Tübingen 1996 (= DIFF/Funkkolleg-Werkstatt: Materialien & Analysen, Nr. 1).

FRITSCH, Helmut: *Massenmedien in Erwachsenenbildungsprogrammen.* In: HERTKORN, Ottmar (Hrsg.), Schriftenreihe Universitäre Medieninformation. FEOLL, Paderborn 1981, Nr. 12, S. 27ff.

Funkkolleg. In: TIETGENS, Hans (Hg.): *Die Volkshochschule.* Handbuch für die Praxis der VHS-Leiter und -Mitarbeiter [Loseblatt-Sammlung]. Pädagogische Arbeitsstelle des Deutschen Volkshochschul-Verbandes. Frankfurt/Main 1982.

Funkkolleg: Ende einer Tradition – Aus für das Funkkolleg. In: FUNK-*Korrespondenz,* H. 37, 12.9.1997.

Funkkolleg stellt Sendebetrieb nach über 30 Jahren ein – den begleitenden Buchverlagen wird damit wenig genommen. In: *Buchreport.* H. 39, 25.9.1997.

FUNKKOLLEG ZENTRALBÜRO (Hrsg.): *Funkkolleg-Aktuell,* Nr. 1–34, Frankfurt/M. 1987–1997 (v.a. statistische Auswertungen).

GALLUS, Leo: *Computerunterstützte Übungs- und Prüfungssysteme.* In: *Das Quadriga-Funkkolleg »Erziehungswissenschaft« als Modell der multimedialen Erwachsenenbildung.* IBM, Sindelfingen 1971. S. 29–35.

GAMM, Gerhard; OPOLKA, Uwe; SPIERLING, Volker: *Funkkolleg »Praktische Philosophie/Ethik«.* In: *Fernstudium aktuell*, 2. Jg. (1980), H. 1, S. 7.

GANGLOFF, Tilmann P.: *Zeitenwende. Eine Institution des Hörfunks wird geschlossen.* In: *journalist*, H. 10/1997, S. 78–79.

GANGLOFF, Tilmann P.: *Abschied von einer Institution.* In: *agenda,* H. 30, Sept./Okt. 1997.

GANSS, Andreas: *Das neue Funkkolleg »Medien und Kommunikation« läuft seit Oktober: Ab Januar »Verbannung« auf die Mittelwelle.* In: *Publizistik & Kunst,* Januar 1991.

GERBOTH, Silke; KNOBELSPIES, Irmgard; TATJE, Ulrich; WUNDEN, Wolfgang: *Und war'n so klug als wie zuvor. Zur Gestaltung von Funkkolleg-Stunden.* In: *Materialien zur politischen Bildung*, Jg. 1981, H. 2, S. 77–81.

GLÜCK, Gerhard: *Funkkollegs – ganz anders? Zur Entakademisierung einer Fernstudienform.* In: *AVpraxis*, 25. Jg. (1975), H. 5, S. 5–12.

GRÄTZ, Reinhard: *Weiterbildung und Rundfunk. Zwischenbilanz.* In: *Informationen Weiterbildung in Nordrhein-Westfalen.* Jg. 1992, H. 10, S. 28–32.

GRAUER, Angelika; MOLITOR, Sylvie; KUCKLICK, Peter: *Begleituntersuchung Funkkolleg Kunst.* DIFF, Tübingen 1986.

GREVEN, Jochen: *Wissenschaft, öffentlich: Das Funkkolleg nach 25 Jahren.* In: *außerschulische bildung*, Jg. 1991, H. 2, S. 192–195.

GREVEN, Jochen: *Gespensterjagd. Anmerkungen zu Lutz Hachmeisters Kritik des Funkkollegs »Medien und Kommunikation«.* In: *Rundfunk und Fernsehen,* hg. vom Hans-Bredow-Institut an der Universität Hamburg, H. 2/1992, S. 257–263.

GROSS, Margarete: *Computerunterstützte Prüfungen für ein Fernstudium im Medienverbund.* In: *Das Quadriga-Funkkolleg »Erziehungswissenschaft« als Modell der multimedialen Erwachsenenbildung.* IBM, Sindelfingen 1971. S. 22–28.

GROSS, Margarete; ALLINGER, Ulrich; BUSCH, Hans-Günther; RÜTTER, Theodor: *Das Quadriga-Funkkolleg Erziehungswissenschaft als Modell der multimedialen Erwachsenenbildung. Teil 4: Computerunterstützte Prüfungen für ein Fernstudium im Medienverbund.* In: *IBM-Nachrichten,* H. 20/1970, S. 489–495.

GRUCHEL, Jürgen: *Individualisierung des Lernens im Funkkolleg.* Tübingen 1997 (= DIFF/ Funkkolleg-Werkstatt: Materialien & Analysen, Nr. 6).

HAAGMANN, Hans Günter: *Stand und Entwicklung des Fernlehrwesens in der Bundesrepublik Deutschland. Bericht zum Europarats-Symposium über Fernunterricht vom 20.–27.9.1972. Hg. von der Staatlichen Zentralstelle für Fernunterricht der Länder der Bundesrepublik Deutschland.* Köln o.J.

HACHMEISTER, Lutz: *Das Gespenst des Radikalen Konstruktivismus. Zur Analyse des Funkkollegs »Medien und Kommunikation«.* In: *Rundfunk und Fernsehen,* hg. vom Hans-Bredow-Institut an der Universität Hamburg, H. 1/1992, S. 5–21.

HARTKEMEYER, Johannes: *Das Menschenbild der Psychobiologie. Anmerkungen zum Funkkolleg.* In: *Volkshochschule im Westen*, 39. Jg. (1987), H. 6, S. 278–283.

HARTMANN, Eva-Maria: *Optimale Nutzung der natürlichen Umwelt. Eine Nachlese zum Funkkolleg »Mensch und Umwelt«.* In: *Soznat*, 5. Jg. (1982), H. 6, S. 171–174.

HEIDT, Erhard Ulrich: *Higher Education at a Distance: Developments and Projects in Germany* In: *Teaching at Distance, Milton Keynes*, Jg. 1975, H. 2, S. 49–60.

HEINZ-SADROZINSKI, Renate: *Funkkolleg »Pädagogische Psychologie« – ein Modell für die Weiterbildung von Volkshochschul-Personal?* In: *Hessische Blätter für Volksbildung*, H. 3/1973, S. 259–263.

HENTSCHEL, Volker: *Funkkolleg »Geschichte«: Lernzielraster.* Frankfurt a. M. 1979.

HÖRL, Reinfried: *Bericht über das Funkkolleg Geschichte.* In: *Volkshochschule im Westen*, 32. Jg. (1980), H. 6, S. 323–324.

HOPF, Barbara: *Das Prüfungssystem im Funkkolleg »Erziehungswissenschaft«.* In: *Volkshochschule im Westen,* H. 21/1969, S. 256.

HRON, Aemilian; KURBJUHN, Ingeborg: *Begleituntersuchung Funkkolleg »Mensch und Umwelt«.* DIFF, Tübingen 1983.

HYMMEN, Friedrich Wilhelm: *Funkkolleg.* In: *Medium*, 15. Jg. (1985), H. 11–12, S. 115.

Infratest – Studien zur Bildungsforschung: Hessischer Rundfunk. *Funkkolleg Modell I »Zum Verständnis der modernen Gesellschaft«.* Sozialwissenschaftliche Begleituntersuchung unter Mitarbeit von Horst BECKER. München 1966.

JARREN, Otfried; LEUDTS, Peter (Hrsg.): *Rundfunkproduktionen und Weiterbildung.* In: *FUNK-Korrespondenz* (Sonderausgabe: Rundfunk und Bildung), 27. Jg., Nr. 38, 19.9.1979.

KABISCH, Thomas: *Erfahrungen mit dem Funkkolleg Musik.* In: *Anschläge (*Bremen*)*, 1. Jg. (1978), H. 1, S. 119–123.

KADE, Jochen; SEITTER, Wolfgang: *Fortschritt und Fortsetzung. Biographische Spuren lebenslangen Lernens.* In: KRÜGER, H.-H.; u.a. (Hrsg.): *Erziehungswissenschaftliche Biographieforschung.* Opladen 1995, S. 308–331.

KADE, Jochen; SEITTER, Wolfgang: *Lebenslange Bildungsprozesse im Kontext von Einrichtungen der Erwachsenenbildung. Bericht über eine Untersuchung langjähriger Teilnahme am Funkkolleg.* In: DERICHS-KUNSTMANN, Karin; FAULSTICH, Peter; TIPPELT, Rudolf (Hrsg.): *Theorien und forschungsleitende Konzepte der Erwachsenenbildung.* DIE, Frankfurt/Main 1995, S. 123–134.

KADE, Jochen; SEITTER, Wolfgang: *Lebenslanges Lernen in modernen Gesellschaften.* In: *Forschung Frankfurt* (Universität Frankfurt), 14. Jg. (1996), H. 3, S. 14–21.

KADE, Jochen; SEITTER, Wolfgang: *Lebenslanges Lernen. Mögliche Bildungswelten.* Opladen 1996 (= Studien zur Erziehungswissenschaft und Bildungsforschung, 10).

KADELBACH, Gerd: *Funkkolleg zum Verständnis der modernen Gesellschaft.* In: *Hessische Blätter für Volksbildung*, 16. Jg. (1966), H. 3, S. 258–264.

KADELBACH, Gerd: *Demokratisierung, Objektivierung und Partizipation im deutschen Bildungswesen.* In: *Hessische Blätter für Volksbildung*, Jg. 1970, H. 1, S. 2–11.

KADELBACH, Gerd: *Über die multimediale Struktur des Funkkollegs.* In: *Das Forum – Zeitschrift der Volkshochschulen Bayerns*, H. 2/1970, S. 12–22.

KADELBACH, Gerd u.a.: *Das Quadriga-Funkkolleg »Erziehungswissenschaft« als Modell der multimedialen Erwachsenenbildung.* In: *IBM-Nachrichten*, Hefte 202–205, Aug. 1970 – Febr. 1971. Sindelfingen 1971.

KADELBACH, Gerd: *Ubiquitärer Bildungsweg? Prüfungen und denkbare Innovationsprozesse.* In: *Hessische Blätter für Volksbildung,* H. 2/1972, S. 165–170.

KADELBACH, Gerd: *Curricular organisierter Lernprozeß im Medienverbund.* In: *Materialien zur politischen Bildung. Politische Bildung im Funkkolleg.* Neuwied 1975, S. 84–88.

KADELBACH, Gerd: *Beratung als Voraussetzung und Hilfe für das Lernen im Medienverbund.* In: *Hessische Blätter für Volksbildung*, 30. Jg. (1980), H. 1, S. 43–48.

KADELBACH, Gerd: *Funkkolleg – Kooperation im Medienverbund. Antwort auf eine neue bildungspolitische Situation.* In: *ARD-Jahrbuch 82,* hg. von der ARD. Hans-Bredow-Institut, Hamburg 1982, S. 32–42.

KADELBACH, Gerd: *Zur Rolle des Hörfunks als Bildungsmedium: AgiPress sprach mit Gerd Kadelbach.* In: *Agipress*, Jg. 1983, H. 2, S. 18–20.

KADELBACH, Gerd: *25 Jahre Funkkolleg.* In: *Grundlagen der Weiterbildung (GdWZ)*, 2. Jg. (1991), H. 2, S. 96–98.

KADELBACH, Gerd: *Funkkolleg – Fernstudium im Medienverbund.* In: BOEHNCKE, Heiner; CRONE, Michael; GÖTZE, Rainer; SARKOWICZ, Hans (Hrsg.): *hr – 50 Jahre Rundfunk für Hessen. Eine mediengeschichtliche Dokumentation.* Frankfurt/Main 1995.

KADELBACH, Gerd: *Das Funkkolleg und seine Begleitzirkel im Entstehungsland Hessen.* In: *Hessische Blätter für Volksbildung*, 46. Jg. (1996), H. 2, S. 146–149.

KADELBACH, Gerd; REBEL, Karlheinz (Hrsg.): *Forschungsreport Funkkolleg – Modell I und II.* Weinheim und Basel 1972 (= Tübinger Beiträge zum Fernstudium, Bd. 5).

KANOCZ, Stephen: *Part-Time higher education using radio – an example from the Federal Republic of Germany.* In: UNESCO-*Report Open Learning 1975,* S. 164–181 (o.O.).

KAPPEL, Hans-Henning (Hrsg.): *Fernstudium. Beobachtungen und Analysen personaler Lehr- und Lernformen in einem Studienzentrum und bei Funkkollegs.* Frankfurt a.M. 1979.

KAPPEL, Hans-Henning: *Das Ende des Funkkollegs. Von den Schwierigkeiten einer Bilanz nach 30 Jahren Medienverbund.* In: *AUE-Informationsdienst, Hochschule und Weiterbildung*, Jg. 1997, H. 1, S. 15–20.

KEIM, Helmut; OLBRICH, Josef; SIEBERT, Horst: *Strukturprobleme der Weiterbildung. Koope-*

ration – Koordination – Integration. In: *Kulturarbeit und Medienverbund,* H. 11/1973, S. 171–173.

KIESSLER, Bernd-Wilfried: *Funkkolleg ist nicht für alle da.* In: *X magazin für naturwissenschaft und technik*, 4. Jg. (1972), H. 5, S. 25–26.

KLAFKI, Wolfgang: *Zielsetzung, inhaltlicher und methodischer Aufbau des Quadriga-Funkkollegs »Erziehungswissenschaft«.* In: *Das Quadriga-Funkkolleg »Erziehungswissenschaft« als Modell der multimedialen Erwachsenenbildung.* IBM, Sindelfingen 1971; S. 11–16.

KNOBEL, Ernst (Hrsg.): *Öffentlicher Auftrag und Markt – Erwachsenenbildung mit Hörfunk und Fernsehen. 15. Frankfurter Gespräch zur Erwachsenenbildung.* Frankfurt/Main (Hessischer Volkshochschulverband) 1994.

KOCH, Hans Jürgen: *Kunstgeschichte im Hörfunk. Mediendidaktische Rahmenbedingungen des Funkkollegs »Kunstgeschichte«.* In: *visodata 83.* Dokumentation hg. vom Visodata-Generalsekretariat am Staatsinstitut für Bildungsforschung und Bildungsplanung. München 1983, S. 330–340.

KOCK, Renate: *Funkkolleg Psychobiologie.* In: *hochschule aktuell*, Jg. 1986, H. 2, S. 27–28.

KÖDER, Kurt W.: *Berufsbegleitendes Studium. Studienkonzeptionen, historische Entwicklung und vergleichende Betrachtung.* Grafenau 1983 (= Beruf und Bildung, 9).

KOLB, Günter: *Die Rolle und Funktion der selbstorganisierten Arbeitsgruppen im Rahmen eines Fernstudiums im Medienverbund: Eine empirische Studie zum Problem der Verzahnung von direkten mit indirekten Kommunikationsprozessen innerhalb des Lehr- und Lernprozesses, aufgezeigt am Funkkolleg »Sprache – Eine Einführung in die moderne Linguistik«.* Dissertation Tübingen 1976 (= Studien und Berichte zum Fernstudium im Medienverbund, 18).

KRINGS, Heinz: *Die Rolle der Volkshochschulen bei der Planung und Rezeption der Programme des Funkkollegs.* In: *Hessische Blätter für Volksbildung*, 28. Jg. (1977), H. 3, S. 200–205.

KRINGS, Heinz: *Mediendidaktik im Leerlauf.* In: *Volkshochschule und Fernsehen (Marl)*, 20. Jg. (1979), H. 21, S. 7–8.

KRINGS, Heinz: *Erfahrungen mit dem Funkkolleg.* In: *Zeitschrift für Weiterbildung in Rheinland-Pfalz*, 5. Jg. (1980), H. 4, S. 7–8.

KRINGS, Heinz: *Das Funkkolleg. Informationen zum Modell eines Fernstudiums im Medienverbund,* hg. vom Hessischen Volkshochschulverband, Frankfurt/Main 1981.

KRINGS, Heinz: *Funkkolleg und Volkshochschule.* In: *Volkshochschule im Westen*, 33. Jg. (1981), H. 3, S. 196–197.

KRINGS, Heinz: *Ein bildungspolitisches Unikum: Das Funkkolleg.* In: *Agipress*, 2. Jg. (1983), H. 2, S. 16–18.

KRINGS, Heinz: *Das Funkkolleg »Literatur« in den vhs-Begleitzirkeln.* In: *Hessische Blätter für Volksbildung*, 35. Jg. (1985), H. 3, S. 205–209.

KRINGS, Heinz: *Medienverbund Funkkolleg.* In: *Volkshochschule im Westen*, 39. Jg. (1987), H. 2, S. 61–63.

KRÖLL, Ulrich (Hrsg.): *Historisches Lernen in der Erwachsenenbildung.* Münster 1984 (= Forum Geschichtsdidaktik, 2).

KUCKLICK, Peter: *Analyse von Lernproblemen im angeleiteten Selbststudium Erwachsener. Zweite Fallanalyse im Lehr-Lernsystem Funkkolleg.* DIFF, Tübingen 1984 (= Forschungsberichte, 25).

KUCKLICK, Peter: *Begleituntersuchung zum Funkkolleg »Psychobiologie«.* DIFF, Tübingen 1988.

KUCKLICK, Peter: *Bedarfsanalysen zum Funkkolleg: Untersuchung der Teilnehmerwünsche und -interessen für künftige Funkkolleg-Themen im Zeitraum 1983 bis 1988.* DIFF, Tübingen 1989.

KUCKLICK, Peter: *Begleituntersuchung zum Funkkolleg »Jahrhundertwende«.* DIFF, Tübingen 1989.

KUCKLICK, Peter: *Begleituntersuchung zum Funkkolleg »Musikgeschichte«.* DIFF, Tübingen 1990.

KUCKLICK, Peter: *Begleituntersuchung zum Funkkolleg »Moderne Kunst«.* DIFF, Tübingen 1991.

KUCKLICK, Peter: *Begleituntersuchung zum Funkkolleg »Medien und Kommunikation«.* DIFF, Tübingen 1992.

KUCKLICK, Peter: *Begleituntersuchung zum Funkkolleg »Humanökologie«.* DIFF, Tübingen 1993.

KUCKLICK, Peter: *Begleituntersuchung zum Funkkolleg »Der Mensch – Anthropologie heute«.* DIFF, Tübingen 1994.

KUCKLICK, Peter: *Begleituntersuchung zum Funkkolleg »Literarische Moderne: Europäische Literatur im 19. und 20. Jahrhundert«.* DIFF, Tübingen 1995.

KUCKLICK, Peter: *Funkkolleg-Synopse 1966–1994. Eine Längsschnittanalyse vergleichbarer Evaluationsbefunde zum Lehr-Lernmodell Funkkolleg.* DIFF, Tübingen 1995.

KUCKLICK, Peter: *Lernmotivation und Lerninteresse beim distributiven Lernen Erwachsener im Fernstudium: Teil I: Pilotuntersuchung zum Funkkolleg »Technik«.* Tübingen 1996.

KUCKLICK, Peter; Molitor, Sylvie: *Begleituntersuchung zum Funkkolleg »Psychobiologie«.* DIFF, Tübingen 1988.

KÜHNHOLD, Gerhard: *Der nachgeholte Schulabschluß. Beiträge zur Situation des Zweiten Bildungsweges.* Bad Honnef 1985.

KUNERT, Kristian: *Lernen im Medienverbund.* In: *Fernstudium aktuell*, 4. Jg. (1982), H. 2, S. 6–7.

KURBJUHN, Ingeborg: *Funkkolleg »Sozialer Wandel«: Begleituntersuchung. Berichts- und Tabellenband.* DIFF, Tübingen 1977.

KURBJUHN, Ingeborg: *Begleituntersuchung zum Funkkolleg »Umwelt und Gesundheit«.* DIFF, Tübingen 1980.

KURBJUHN, Ingeborg: *Funkkolleg-Modell II–XII: Entwicklung der Adressatengruppen.* DIFF, Tübingen 1980.

KURBJUHN, Ingeborg: *Themen künftiger Funkkollegs? Präferenzen von Teilnehmern am Funkkolleg »Geschichte«.* DIFF, Tübingen 1980.

KURBJUHN, Ingeborg: *Begleituntersuchung zum Funkkolleg »Musik« 1977–1978.* DIFF, Tübingen 1981.

KURBJUHN, Ingeborg: *Begleituntersuchung zum Funkkolleg »Geschichte« (1979–1980).* DIFF, Tübingen 1981.

KURBJUHN, Ingeborg: *Themen künftiger Funkkollegs? Präferenzen von Teilnehmern am Funkkolleg »Praktische Philosophie/Ethik«.* DIFF, Tübingen 1981.

KURBJUHN, Ingeborg: *Zur Frage der Wirksamkeit der Funkkollegwerbung: Ansichten von Teilnehmern. Ein Teilergebnis aus der Begleituntersuchung zum Funkkolleg »Mensch und Umwelt«.* DIFF, Tübingen 1982.

KURBJUHN, Ingeborg: *Zur Frage künftiger Funkkollegthemen. Präferenzen von Teilnehmern am Funkkolleg »Mensch und Umwelt«. Kurzbericht 82–1.* DIFF, Tübingen 1982.

KURBJUHN, Ingeborg: *Begleituntersuchung zum Funkkolleg »Recht«. 1982–1983.* DIFF, Tübingen 1985.

KURBJUHN, Ingeborg; HRON, Aemilian: *Begleituntersuchung zum Funkkolleg »Praktische Philosophie/Ethik« (1980/81).* DIFF, Tübingen 1983.

KURBJUHN, Ingeborg; MUTSCHLER, Klaus: *Begleituntersuchung zum Funkkolleg Biologie. Konzeption und Ergebnisse der Teilnehmerbefragung.* Infratest Sozialforschung, München 1974.

KUSTOR, Beatrice: *Funkkolleg »Politik«: Praktische Erfahrungen aus einem Studienbegleitzirkel.* In: *Hessische Blätter für Volksbildung*, 36. Jg. (1986), H. 3, S. 278–280.

LANGE, Otto: *Das Funkkolleg »Mathematik«.* In: *Das Forum – Zeitschrift der Volkshochschulen Bayerns,* H. 2/1970, S. 22–25.

LEEUW, Karel van der; MOSTERT, Pieter: *Philosophieren lehren. Ein Modell für Planung, Analyse und Erforschung des einführenden Philosophieunterrichts.* Delft 1988.

LEWICKI, Bernhard: *Volkswirtschaftslehre im Rundfunk – wozu? Eine öffentliche Diskussion der Bezirksgruppe Rhein-Main über das Quadriga-Funkkolleg »Volkswirtschaftslehre«.*

In: *Bundesverband Deutscher Volks- und Betriebswirte (BDVB)*, 17. Jg. (1971), H. 194, S. 3–4.

LILIENTHAL, Volker u.a.: *Fürs Wort kein Ort? Radio: Programmstrategien der Zukunft. (Heftthema).* In: *Weiterbildung und Medien*, Jg. 1991, H. 3, S. 13–48.

LINGKOST, Angelika: *Teilnahme und Nichtteilnahme an Funkkolleg-Begleitkursen. Eine qualitative Studie zur Drop-out-Forschung.* DIE, Frankfurt/Main 1996.

LOHMANN, Michael: *»Bevor sie ins Fettnäpfchen treten, da schweigen sie lieber«. Über das Funkkolleg »Mensch und Umwelt«.* In: *Ökopäd*, Jg. 1982, H. 2, S. 26–33.

LÖHR, Brigitte; MÖHRING, Hannes; RENTSCHLER, Michael: *Funkkolleg »Geschichte«.* In: *Fernstudium aktuell*, 2. Jg. (1980), H. 1, S. 6.

LÜTKEHAUS, Ludger: *Planetarische Verantwortung, ethische Phantasie. Zur Konzeption des Funkkollegs »Praktische Philosophie/Ethik«.* In: *Frankfurter Hefte*, 36. Jg. (1981), H. 1, S. 8–9.

LÜTKEHAUS, Ludger: *Religion gleich Christentum? Zum Funkkolleg »Religion«.* In: *Medium*, 14. Jg. (1984), H. 3, S. 47.

MAAS, Utz; WUNDERLICH, Dieter: *Pragmatik und sprachliches Handeln. Mit einer Kritik am Funkkolleg »Sprache«.* Frankfurt/Main 1972.

MADER, Wilhelm: *Selbststeuerung des Lernens im Medienverbundsystem.* In: *Hessische Blätter für Volksbildung*, 28. Jg. (1977), H. 3, S. 211–216.

MCLEAN, Neil: *A Study of the Utilization of Electronic Technology in Post-Secondary Education in Britain and West Germany. Prepared for the Commission on Post-Secondary Education in Ontario.* Toronto 1972.

MEISTER, Dorothee: *Besser schlichter und praktikabel? Aus den Begleitzirkeln zum Funkkolleg »Medien und Kommunikation«.* In: *Weiterbildung und Medien*, H. 4/1991, S. 42–43.

MERKERT, Rainald: *Über 45.000 Anmeldungen für das neue Funkkolleg.* In: *FUNK-Korrespondenz*, 23. Jg. (1975), H. 41, S. 9–10.

MERKERT, Rainald: *Übernahme des Funkkollegs durch den WDR erneut verschoben.* In: *FUNK-Korrespondenz*, 24. Jg. (1976), H. 16–17, S. 14–15.

MERKERT, Rainald: *Wirken im Schatten der Publizität: Das Funkkolleg. Analyse und Dokumentation. FUNK-Korrespondenz* 37. Jg. (1989), H. 9.

MERKERT, Rainald: *Warum so radikal? Zu den ersten zehn Studieneinheiten des Funkkollegs Medien und Kommunikation.* In: *FUNK-Korrespondenz,* Nr. 3, 17.1.1991.

MERKERT, Rainald: *Medien und Kommunikation. Einige Anmerkungen zum Abschluß des gleichnamigen Funkkollegs.* In: *FUNK-Korrespondenz,* Nr. 28, 11.7.1991.

MIKOS, Lothar: *Ein Medium thematisiert sich selbst. Die Konstruktionen des Funkkollegs »Medien und Kommunikation«.* In: *Weiterbildung und Medien*, 14. Jg. (1991), H. 3, S. 44–45.

MOLITOR, Sylvie: *Begleituntersuchung zum Funkkolleg »Politik«.* DIFF, Tübingen 1987.

MOSCH, Ulrich: *Funkkolleg »Musikgeschichte«.* In: *Volkshochschule im Westen*, 40. Jg. (1988), H. 1, S. 39–41.

MÜLLER, Helmut-Gerhard: *Erwachsenenbildung via Internet. Ein virtuelles Begleitseminar zum Funkkolleg Altern.* In: *Hochschule und Weiterbildung*, Jg. 1997.

MÜLLER, Klaus: *Das Seminar im Rahmen eines Fernstudiums im Medienverbund: Untersuchungen zum QUADRIGA-Funkkolleg-Modell II Erziehungswissenschaft – insbesondere über die dazu durchgeführten Studienbegleitzirkel.* Dissertation Tübingen 1974 (= DIFF/Studien und Berichte zum Fernstudium im Medienverbund, 10).

MÜLLER, Klaus: *Beitrag zu einer Theorie des Studienbegleitseminars im Rahmen eines Fernstudiums im Medienverbund.* In: Volker OTTO u.a. (Hrsg.): *Materialien zur Arbeit mit Medien.* Beispiele für Theorie und Praxis von Unterrichtsmedien in der Erwachsenenbildung. Grafenau 1974, S. 78–88.

MÜLLER, Klaus: *Zur Arbeit mit Studienbebleitzirkeln im Funkkolleg.* In: *Volkshochschule im Westen,* H. 1/1975, S. 23–26.

MÜLLER, Klaus: *Rollen und Aufgaben des Zirkelleiters beim Quadriga-Funkkolleg.* In: *Volkshochschule im Westen,* H. 4/1976, S. 163–166.

MÜLLER, Klaus: *Freiwillige Teilnehmer an den Studienbegleitzirkeln des Funkkollegs.* Kongreß: *Workshop zum Fernunterricht; Berlin-West 1980.* In: *Einzellernen – Vereinzeltes Lernen.* Heidelberg, Jg. 1981, S. 27–38.

MÜLLER-BLATTAU, Michael; ECKART-BECKER, Ursula; HOLTMEYER, Gert (Hrsg.): *Musikalische Weiterbildung.* (Heftthema). In: *Volkshochschule im Westen*, 40. Jg. (1988), H. 1, S. 10–41.

NOLTE, Ludger: *Propaganda der Geistlosigkeit.* In: *Volkshochschule*, 45. Jg. (1993), H. VI, S. 41.

OLBERT, Frank: *Für Wissensdurstige: 25 Jahre Funkkolleg.* In: *Weiterbildung und Medien aktuell, München*, Jg. 1991.

OPAHLE, Joachim: *Inhaltsanalytische Auswertung der Kollegiatenpost zum Funkkolleg »Religion«.* DIFF, Tübingen 1985 (= Materialien, 1).

OPOLKA, Uwe: *Alterns-Bilder. Ein historischer Text- und Bilderbogen zum Funkkolleg »Altern«.* DIFF, Tübingen 1996 (= DIFF/Funkkolleg-Werkstatt: Materialien & Analysen, Nr. 3).

OPPERMANN, Detlef; SCHNEIDMÜLLER, Bernd: *Funkkolleg Geschichte. Anmerkungen zu Erfahrungen in einem Begleitkurs der VHS Frankfurt.* In: *Hessische Blätter für Volksbildung*, 31. Jg. (1981), H. 2, S. 173–177.

OTTO, Volker: *Funkkolleg. Ein Medienverbund im Hörfunk.* In: *Das Forum*, Jg. 1989, H. 1, S. 55–58.

PÄTZIG, Gerhard: *Niedersachsen ohne Zutritt zum Musentempel.* In: *Volkshochschule im Westen*, 40. Jg. (1988), H. 4, S. 220–221.

PAUKENS, Hans: *Medienverbund. Ein immer noch aktuelles Thema.* In: *Zeitschrift für Weiterbildung in Rheinland-Pfalz*, 5. Jg. (1980), H. 4, S. 2–3.

PAULI, Margarete: *Älter werden im Landkreis Tübingen. Lokalzeitung und wissenschaftliche Weiterbildung. Eine Kooperation zwischen dem Schwäbischen Tagblatt und dem Funkkolleg »Altern«.* Tübingen 1997 (= DIFF/Funkkolleg-Werkstatt: Materialien & Analysen, Nr. 7).

PETERS, Otto: *Das Modell »Lernen im Medienverbund« beim Funkkolleg.* In: *Jahrbuch 1992 der Gesellschaft der Freunde der FernUniversität Hagen*, Jg. 1993, S. 80–93.

PETERS, Otto: *Das Modell »Lernen im Medienverbund« beim Funkkolleg.* In: *Grundlagen der Weiterbildung – Praxishilfen.* Neuwied 1991, S. 1–9.

PLAUL, Thomas: *Literatur im Funkkolleg.* In: *Hessische Blätter für Volksbildung*, 45. Jg. (1995), H. 3, S. 261–265.

POELCHAU, Heinz-Werner: *Volkshochschulen als Partner des Staates bei Telekolleg und Funkkolleg.* In: *Volkshochschule im Westen*, 39. Jg. (1987), H. 2, S. 64–65.

PUZBERG, Günter: *Einsichten und Konsequenzen aus der Arbeit mit dem »Funkkolleg Religion«.* In: *Themen der praktischen Theologie – Theologia practica*, 21. Jg. (1986), H. 1, S. 21–26.

RADDEN, Günter; KIPPE, Gudrun: *Funkkolleg »Sprache«: Kritischer Rückblick eines Begleitzirkels.* In: *Erwachsenenbildung in Rheinland-Pfalz*, Jg. 1972, H. 2, S. 20–24.

REBEL, Karheinz: *Bericht über die Planung des QUADRIGA-Funkkollegs III: Mathematik.* In: *Programmiertes Lernen, Unterrichtstechnologie und Unterrichtsforschung,* 7. Jg. (1970), H. 2, S. 90–99.

REBEL, Karlheinz: *Modelle der Kooperation von wissenschaftlichen Hochschulen und Rundfunkanstalten.* In: *Neue Sammlung*, 10. Jg. (1970), H. 5, S. 459–470.

REBEL, Karlheinz: *Wissenschaftliche Ausbildung auf visuell-auditivem Wege: Zur Frage medienadäquater Lehrformen und fachadäquater Medien.* In: *Pädagogische Arbeitsblätter*, 22. Jg. (1970), H. 4, S. 49–64.

REBEL, Karlheinz: *Zur didaktischen Struktur des Funkkollegs Erziehungswissenschaft.* In: *Die Deutsche Schule*, 62. Jg. (1970), H. 3, S. 175–183.

REBEL, Karlheinz: *Die Funkkollegs der Quadriga.* In: *Fernsehen und Bildung*, H. 3/4–1971, S. 185–194.

REBEL, Karlheinz: *Probleme bei der Erstellung des Begleitmaterials zu Funkkollegs.* In: *Das Quadriga-Funkkolleg »Erziehungswissenschaft« als Modell der multimedialen Erwachsenenbildung.* IBM, Sindelfingen 1971, S. 17–21.

REBEL, Karlheinz: *Probleme wissenschaftlicher Begleituntersuchungen zu Funkkollegs.* In: *Zeitschrift für Pädagogik*, 17. Jg. (1971), H. 5, S. 649–658.

REBEL, Karlheinz: *Die Prüfungen und die Zertifikate in ihrer Bedeutung für die Arbeit der Volkshochschulen.* In: *Hessische Blätter für Volksbildung,* H. 2/1972, S. 151–164.

REBEL, Karlheinz: *Die mediendidaktische Struktur des Quadriga-Funkkollegs und die sich daraus ergebenden Konsequenzen für den Institutionenverbund.* In: *Neue Sammlung*, 12. Jg. (1972), H. 5, S. 418–430.

REBEL, Karlheinz: *Das Funkkolleg: Ein Lehrangebot an die Hochschulen.* In: *Konstanzer Blätter für Hochschulfragen,* 10. Jg. (1972), H. 4(37), S. 32–42.

REBEL, Karlheinz: *Die Lehrerfortbildung in den Quadriga-Funkkollegs. Ein Zwischenbericht über wissenschaftliche Begleituntersuchungen*. In: *AVpraxis*, München 1972, S. 25–29.

REBEL, Karlheinz: *Probleme der Medienwahl bei der Entwicklung von Funkkolleg-Projekten: redigierte Abschrift des Mitschnitts eines Vortrags am 4.Dezember 1973 an der Universität des Saarlandes.* In: *Fernstudium – Eine Anleitung.* Saarbrücken 1974, S.123–139.

REBEl, Karlheinz: *Das unterrichtstechnologisch fundierte Lehr- und Lernsystem Funkkolleg.* In: *Epistolodidaktika, London*, Jg. 1974, H. 2, S. 5–31.

REBEL, Karlheinz: *Medienverbund – was ist das?* In: *Hessische Blätter für Volksbildung*, 28. Jg. (1977), H. 3, S. 196–199.

REBEL, Karlheinz: *Medienverbund Funkkolleg: Möglichkeiten und Grenzen.* In: *Musik und Bildung*, 9. Jg. (1977), H. 6, S. 313–317.

REBEL, Karlheinz: *Medienverbund Funkkolleg: Möglichkeiten und Grenzen.* In: *Das Orchester*, 25. Jg. (1977), H. 7/8, S. 524–528.

REBEL, Karlheinz: *Der Beitrag des Deutschen Instituts für Fernstudien zum Medienverbundmodell Funkkolleg*. In: *Zehn Jahre DIFF*. Weinheim 1978, S. 217–244.

REBEL, Karlheinz: *»Praktische Philosophie« im Funkkolleg.* In: *Zeitschrift für Didaktik der Philosophie*, 1. Jg. (1979), H. 3, S. 150–152.

REBEL, Karheinz (Hrsg.): *Studienmaterialien für ein Fernstudium im Medienverbund.* DIFF, Tübingen 1980.

REBEL, Karlheinz: *Die Funkkollegs – Erfahrungen und Perspektiven aus der Sicht des DIFF.* In: *Fernstudium aktuell*, 2. Jg. (1980), H. 1, S. 2–3.

REBEL, Karlheinz: *Die Rolle der Printmedien im Medienverbund.* In: *Hessische Blätter für Volksbildung*, 31. Jg. (1981), H. 3, S. 219–225.

REBEL, Karlheinz: *Teilnahmemotivation und Lernerfolg beim Funkkolleg »Praktische Philosophie/Ethik«* In: *Zeitschrift für Didaktik der Philosophie*, 5. Jg. (1983), H. 4, S. 248–253.

REBEL, Karlheinz: *Das Fernstudium als weiterbildendes Studium. Das Modell des Deutschen Instituts für Fernstudien an der Universität Tübingen (DIFF).* In: J.-H. SCHOEPS; R. PROSKE; F. GREINER: *Weiterbildung durch Medien. Ein Handbuch*. Stuttgart, Bonn 1985, S. 199–209.

REBEL, Karlheinz (Hrsg.): *Zwanzig Jahre Deutsches Institut für Fernstudien. (Themenheft).* In: *Fernstudium aktuell*, 9. Jg. (1987), H. 1–2, S. 1–16.

REISCHMANN, Jost: *Direktunterricht im Fernstudium: Rückblick auf das Funkkolleg »Beratung in der Erziehung«*. In: *Volkshochschule im Westen*, 28. Jg. (1976), S. 269-272.

REISCHMANN, Jost: *Probleme der Direktunterrichtsphase im Medienverbund und die Ausbildung der Zirkelleiter.* In: *Hessische Blätter für Volksbildung*, 28. Jg. (1977), H. 3, S. 206–210.

REISCHMANN, Jost: *Die Vorbereitung von Zirkelleitern in Medienverbundprojekten.* In: *Hessische Blätter für Volksbildung*, 31. Jg. (1981), H. 3, S. 227–234.

RITTERHOFF, Claus; SCHMIDT, Wolf: *Vom Funkkolleg Literatur-«Wissenschaft« zum Kolleg Literatur als Grundqualifikation.* In: *Didaktische Modelle (AUE)*, Nr. 5. Hannover 1979.

RÜSEN, Ingetraud: *Eine halb verschenkte Chance. Zum Funkkolleg Geschichte.* In: *Geschichtsdidaktik*, 6. Jg. (1981), H. 1, S. 81–85.

SCHECHER, Otto: *Bildungschance Fernlehre: Grundlagen und Möglichkeiten einer modernen Unterrichts- und Studienform.* In: *Ruperto-Carola (Heidelberg)*, 21. Jg. (1969), H. 2(47), S. 270–274.

SCHEIER, Lydia: *Das Funkkolleg »Sozialer Wandel« in der Schweiz.* Aarau 1980.

SCHEITHAUER, Ingrid: *Theorie-Diskussion – Mit der »Konstruktion von Wirklichkeit« in den Massenmedien befaßt sich das neue Funkkolleg »Medien und Kommunikation«.* In: *journalist,* H. 5/1990. – Dazu: Leserbrief Dr. Jochen Greven (HR): *Machtaspekte spielen eine Rolle.* In: *journalist,* H. 7/1990.

SCHELL, Christa: *Beratung – wie und wozu? Bemerkungen zum Funkkolleg »Beratung in der Erziehung«.* In: *Zeitschrift für Pädagogik*, 22. Jg. (1976), H. 3, S. 469–477.

SCHILLING, Klaus: *»Ein schwer beladener Versuch«: Stimmen zum Funkkolleg »Praktische Philosophie/Ethik«* In: *Zeitschrift für Didaktik der Philosophie*, 5. Jg. (1983), H. 1, S. 52–59.

SCHLOSSER, Horst D.: *Zwanzig Jahre Funkkolleg: Rückblick und Perspektiven.* In: *Uni-Report, Universität Frankfurt*, 19. Jg. (1986), H. 9, S. 3.

SCHLOSSER, Horst D. (Hrsg.): *Zwanzig Jahre Funkkolleg. Vorträge und Berichte anläßlich der 8. Frankfurter Fernstudienkonferenz.* Alsbach/Bergstraße 1988 (= Impulse, 6).

SCHMITZ, Veronika: *Professoraler Habitus. Anmerkungen zum Funkkolleg »Politik«.* In: *Medium*, 16. Jg. (1986), H. 4, S. 29–30.

SCHMOOCK, Peter: *Zur Organisation der Funkkollegs.* In: *Fernstudium aktuell*, 2. Jg. (1980), H. 1, S. 4–5.

SCHMOOCK, Peter: *Umwelt – vor dem Menschen für den Menschen schützen. Neues Funkkolleg im Herbst 1981.* In: *Fernstudium aktuell*, 3. Jg. (1981), H. 1, S. 3.

SCHMOOCK, Peter: *Funkkolleg »Praktische Philosophie/Ethik«. Eine Zwischenbilanz.* In: *Zeitschrift für Didaktik der Philosophie*, 3. Jg. (1981), H. 3, S. 155–157.

SCHMOOCK, Peter: *Die Philosophie verläßt den elfenbeinernen Turm. Abschlußbericht zum Funkkolleg »Praktische Philosophie/Ethik«.* In: *Fernstudium aktuell*, 4. Jg. (1982), H. 2, S. 11–12.

SCHMOOCK, Peter: *Funkkolleg »Mensch und Umwelt« – Aufnahme und Wirkung.* In: *Fernstudium aktuell*, 5. Jg. (1983), H. 1–2, S. 13–15.

SCHMOOCK, Peter: *Funkkolleg »Recht« – Aufnahme und Wirkung.* In: *Fernstudium aktuell*, 5. Jg. (1983), H. 3–4, S. 18–20.

SCHMOOCK, Peter: *Funkkolleg »Religion« – Zielsetzung, Konzeption und Wirkung.* In: *Fernstudium aktuell*, 6. Jg. (1984), H. 3–4, S. 20–23.

SCHMOOCK, Peter: *Funkkolleg »Kunst« – erste Ergebnisse zur Teilnahme und zur Wirkung.* In: *Fernstudium aktuell*, 7. Jg. (1985), H. 1–2, S. 13–14.

SCHMOOCK, Peter: *Open learning through media: »Courses by Radio« – An open academic program for adults – Funkkolleg.* In: REISCHMANN, Jost (Hrsg.): *Adult education in West-Germany in case studies.* Frankfurt/Main, Bern, New York, Paris 1988, S. 71–83.

SCHRAMM, Dagmar: *Partner in Sachen Literatur: Kooperationswege von öffentlichen Bibliotheken und dem Funkkolleg bei der Vermittlung kultureller Bildung.* Diplomarbeit, Fachhochschule für Bibliothekswesen, Stuttgart 1994.

SCHÜES, Christina; OSTBOMK-FISCHER, Elke: *Das Menschenbild im Schatten der Soziobiologie: Funkkolleg 1992/93: Der Mensch – Anthropologie heute* In: *GwG Zeitschrift (Köln)*, 24. Jg. (1993), H. 89, S. 14–18.

SCHULZ, Walter: *Die Schwierigkeiten mit der praktischen Philosophie.* In: *Fernstudium aktuell*, 2. Jg. (1980), H. 1, S. 6–7.

SCHUWERACK, Leopold: *Techno-Freaks und Graswurzler. Das neue Funkkolleg »Technik: Einschätzen – beurteilen – bewerten«.* In: *Agenda*, Jg. 1994, H. 16, S. 43.

SCHWITTMANN, Dieter: *Zeit und Lernen im Fernstudium. Eine Untersuchung studienorganisatorischer, mediendidaktischer und bildungspolitischer Probleme des Fernstudiums am Beispiel des Funkkollegs »Biologie«.* Weinheim 1980 (= Tübinger Beiträge zum Fernstudium, 13).

SEEBER, David A.: *Funkkolleg Religion: ein Experiment weckt Erwartungen.* In: *Herder-Korrespondenz*, 37. Jg. (1983), H. 10, S. 444–446.

SEITZ, Christiane: *Funkkollegs auf dem Prüfstand. Zur Verständlichkeit naturwissenschaftlicher Lehrtexte.* Alsbach/Bergstrasse 1989 (= Impulse, 7).

SIMON, Manfred: *Herrn Prof. Dr. Paul Kluke gewidmet: Volkshochschule und Funkkolleg. Über die Sendereihe »Neuere Geschichte« des Funkkollegs und das Begleitseminar der Volkshochschule Wiesbaden.* In: *Hessische Blätter für Volksbildung*, H. 2/1969, S. 151–160.

SÖRGEL, Werner: *Funkkolleg des Hessischen Rundfunks – Hörer und Nichtteilnehmer. Eine soziologische Untersuchung.* Infratest, München 1966.

STRITTMATTER, Peter: *Zur empirischen Überprüfung des Quadriga-Funkkollegs »Mathematik«. Eine Pilotstudie.* In: *Zeitschrift für erziehungswissenschaftliche Forschung*, H. 4/1970, S. 54–69.

STURM, Hermann: *Erwachsenenbildung und Rundfunk. Der Beitrag der Erwachsenenbildung in katholischer Trägerschaft zum Bildungsauftrag des Rundfunks.* Dissertation Universität Eichstätt. Trier 1992.

SWEERTS-SPORCK: *Peter: Funkkolleg »Medien und Kommunikation« – Abschied von Realität und Objektivität?* In: *MedienKritik,* Nr. 33, 13.8.1990. – Dazu Leserbrief: *Funkkolleg »Medien und Kommunikation« – Dr. J. Greven (HR) verteidigt »Radikalen Konstruktivismus«.* In: *MedienKritik,* Nr. 35, 27.8.1990.

TERGAN, Sigmar Olaf: *Der Einfluß von Textverständlichkeit und Orientierungshinweisen auf den Lernerfolg von Funkkollegiaten.* DIFF, Tübingen 1979.

TERGAN, Sigmar Olaf: *Begleituntersuchung zum Funkkolleg »Beratung in der Erziehung«.* DIFF, Tübingen 1980.

TIETGENS, Hans: *Lernen mit Erwachsenen.* In: *Theorie und Praxis der Erwachsenenbildung.* Braunschweig 1967, S. 238–243.

TIETGENS, Hans: *Zertifikate für Erwachsene.* Hg. von der Pädagogischen Arbeitsstelle des Deutschen Volkshochschulverbandes, Frankfurt/Main 1969, S. 9–10.

TIETGENS, Hans (Hrsg.): *Wissenschaftliche Perspektiven zur Erwachsenenbildung.* Braunschweig 1982.

TSCHACHE, Helmut: *Der Lager-Boogie. Unterrichtsbeitrag zum Funkkolleg Musik. Studienbegleitbrief 8. 19. Kollegstufe zum Thema »Umrisse einer zukünftigen Musikdidaktik«.* In: TSCHACHE, Helmut (Hrsg.): *Handlungsorientierte Ansätze und Perspektiven praxisnaher Curriculumentwicklung im Schulfach Musik. II,2.* Wolfenbüttel u.a. 1982.

WEINBERG, Johannes: *Studienbegleitzirkel im Medienverbund.* In: OTTO, Volker u.a. (Hrsg.): *Materialien zur Arbeit mit Medien. Beispiele für Theorie und Praxis von Unterrichtsmedien in der Erwachsenenbildung.* Grafenau 1974, S. 89–107.

WEISCHENBERG, Siegfried: *Die Wirklichkeit der Medien(wissenschaft). Ein Nachtrag zum »konstruktivistischen Funkkolleg«.* In: *Medien praktisch*, 16. Jg. (1992), H. 3(63), S. 18–22.

WEISGERBER, Leo: *Fünfspännige Linguistik.* In: *Muttersprache*, 82. Jg. (1972), H. 3, S. 129–143.

WICHT, Henning: *Die Funkkollegs: Eine bewährte und zukunftsoffene Form der wissenschaftlichen Weiterbildung.* In: *Fernstudium aktuell*, 2. Jg. (1980), H. 1, S. 8–10.

WOLF, Friedrich: *Quadriga-Funkkolleg als multimediale Lerneinrichtung.* In: *Aus Forschung und Lehre* (Hochschule des Saarlandes), H. 4/1973, S. 61–64.

WOLF, Friedrich: *Fernstudium: Eine Anleitung.* Saarbrücken 1976.

Wrede, K.: *Alma mater auf dem Dorf: Ziel und Arbeit des Funk-Kollegs.* In: *Uni-Report*, Universität Frankfurt, 1. Jg. (1968), H. 9, S. 4.

WUNDEN, Wolfgang: *Funkkolleg.* In: *Medien praktisch*, Jg. 1987, H. 1, S. 77.

ZIMMERMANN, Reinhard: *Die profanierte Moderne. Kritische Anmerkungen zu einigen Beiträgen des Funkkollegs »Moderne Kunst«.* In: *Zeitschrift für Ästhetik und allgemeine Kunstwissenschaft,* Bd. 37/1992, S. 181–201.

ZIMMERSCHIED, Dieter: *Funkkolleg »Musik«: Fachdidaktische Überlegungen.* In: *Musik und Bildung*, 9. Jg. (1977), H. 6, S. 319–321.

ZIMMERSCHIED, Dieter: *Funkkolleg »Musik«: Fachdidaktische Überlegungen.* In: *Das Orchester*, 25. Jg. (1977), H. 7/8, S. 528–530.

ZIMMERSCHIED, Dieter: *Musikalische Erwachsenenbildung als Schutz und Chance.* In: *Musik und Bildung*, 12. Jg. (1980), H. 7–8, S. 434–437.

Die Beiträger(in) zu diesem Buch

Wolfgang Balser, Jahrgang 1951, studierte Betriebs- und Volkswirtschaftslehre. Seit 1980 hat er das Funkkolleg Zentralbüro an der Johann Wolfgang Goethe-Universität Frankfurt am Main geleitet.

Walburga Borgert, Jahrgang 1937, gelernte Industriekauffrau und Verlagsbuchhändlerin, war 1973–1985 Sekretärin Prof. Gerd Kadelbachs, des Leiters der Hauptabteilung Bildung und Erziehung Hörfunk beim Hessischen Rundfunk. Seit 1986 betreute sie hier das Funkkolleg als Sachbearbeiterin und Redaktionsassistentin.

Eckart Frahm, Jahrgang 1941, hat Germanistik, Sportwissenschaft und Empirische Kulturwissenschaft (Volkskunde) studiert; er war zunächst Lehrer, dann freier Journalist. Seit 1981 am Deutschen Institut für Fernstudienforschung an der Universität Tübingen (DIFF) tätig, übernahm er dort 1991 die Koordination der Funkkollegs.

Jochen Greven (Dr. phil.), Jahrgang 1932, hat nach dem Studium (Germanistik, Geschichte, Philosophie) in Buchverlagen, als freier Publizist und Herausgeber gearbeitet, ab 1974 beim Rundfunk. 1986–1992 Leiter der Hauptabteilung Bildung und Erziehung Hörfunk des Hessischen Rundfunks, u.a. für das Funkkolleg zuständig.

Jochen Kade (Dr. phil. habil.), Jahrgang 1943, hat Erziehungswissenschaften, Germanistik und Betriebswirtschaftslehre studiert und war Dozent in der Berufsbildung. Seit 1990 ist er Professor für Erziehungswissenschaft mit dem Schwerpunkt Erwachsenenbildung an der Johann Wolfgang Goethe-Universität Frankfurt am Main.

Hans Jürgen Koch, Jahrgang 1934, studierte Germanistik, Anglistik und Geographie. 1961–1971 war er Redakteur und Lektor im S. Fischer Verlag, wo er neben anderem die Funkkolleg-Reihe in der »Fischer Bücherei« betreute. Seit 1971 beim Saarländischen Rundfunk, war er auch dort u. a. für das Funkkolleg zuständig.

Thomas Plaul, Jahrgang 1961, studierte Germanistik, Philosophie sowie Theater-, Film- und Fernsehwissenschaften. Seit 1991 war er Stellvertretender Leiter des Funkkolleg Zentralbüros und arbeitete daneben als freier Literaturkritiker und als Dozent in der Erwachsenenbildung.

Eberhard Scheler (Dr. phil.), Jahrgang 1936, war nach einem Geschichts-, Germanistik- und Geographiestudium 1964–1976 im Hessischen Volkshochschulverband unter anderem für die Kooperation mit dem Rundfunk zuständig; 1976-1996 betreute er das Funkkolleg als Referatsleiter Erwachsenenbildung im Hessischen Kultusministerium.

Hans-Martin Schreiber (Dr. phil.), Jahrgang 1934, hat alte Sprachen und evangelische Theologie studiert. Er war zunächst Gymnasiallehrer, dann einige Jahre Referent in einer Kirchenverwaltung. Seit Ende 1971 ist er Abteilungsleiter im Hessischen Kultusministerium und dort seit 1985 unter anderem für Erwachsenenbildung und damit auch für das Funkkolleg zuständig.

Wolfgang Seitter (Dr. phil.), Jahrgang 1958, Erziehungswissenschaftler, ist seit 1993 wissenschaftlicher Assistent am Institut für Sozialpädagogik und Erwachsenenbildung der Universität Frankfurt am Main. Einer seiner Arbeitsschwerpunkte ist die pädagogische Biographieforschung.

Heinz-Dieter Sommer (Dr. phil.), Jahrgang 1956, hat Musikwissenschaft studiert und war u. a. beim WDR und beim Hessischen Rundfunk als Musikredakteur tätig. Seit 1995 ist er Programmdirektor Hörfunk des Hessischen Rundfunks.

Bernhard S. T. Wolf, Jahrgang 1947, hat Germanistik und Politikwissenschaften studiert und war Sprachlehrer an der schwedischen folkeuniversitet, Wissenschaftlicher Mitarbeiter an der Universität Gießen, schließlich Studienrat am Abendgymnasium. Seit 1978 beim Hessischen Volkshochschulverband (Ressorts Kultur, Öffentlichkeitsarbeit), ab 1988 Beauftragter der vhs-Landesverbände für das Funkkolleg.

Inhalt